國家社科基金重大項目（10&ZD104）

上海師範大學古籍整理研究所編
項目首席專家、主編　戴建國
主編　朱易安　傅璇琮　周常林

全宋筆記

第十編 三

国家出版基金项目
NATIONAL PUBLICATION FOUNDATION

大象出版社

顧　　問　王水照　朱瑞熙　徐　規　李裕民

項目首席專家、主編　戴建國

主　　編　朱易安　傅璇琮　周常林

編纂委員會（以姓氏筆畫爲序）

王劉純　朱易安　李亞娜　周常林　俞　鋼　查清華

徐時儀　陳　新　張劍光　傅璇琮　虞雲國　戴建國

目録

西山讀書記（三）

真德秀 撰

◎真德秀撰

西山讀書記

（三）

劉光勝　整理

目録

甲集三十一

朱子記南軒張氏之事曰：某嘗竊病聖門之學不傳，而道術遂爲天下裂，士之醇慤者拘於記誦，其敏秀者衒於詞章，既皆不足以發明天理而見諸人事。於是言理者歸於老、佛，而論事者騖於管、商，則於理事之正反皆有以病焉，而去道益遠矣。中間河洛之間，先生君子得其不傳之緒而推明之，然今不能百年，而學者又失其指。近歲乃幸得吾友敬夫焉，而天下之士乃有以知理之未始不該於事，而事之未始不根於理也。公諱某，字敬夫，故丞相魏國忠獻公之嗣子也。生有異質，穎悟夙成，忠獻公愛之。自其幼學而所以教者，莫非忠孝仁義之實，既長又命往從南嶽胡公仁仲先生問河南程氏學。先生一見，知其大器，即以所聞孔門論仁親切之指告之。公退而思，若有得也，以書質焉，而先生報之曰：聖門有人，吾道幸矣。公以是益自奮厲，直以古之聖賢自期，作《希顔録》一篇，蚤夜觀省以自警策。所造既深遠矣，而猶未敢自以爲足，則又取友四方，益務求其學之所未至。蓋玩索講評，踐行體驗，反覆不置者十有餘年，然後昔之所造深者益深，遠者益遠，而反以得乎簡易平實之地。其於天下之理，蓋皆瞭然心目之間，而實有以見其不能已者。是以決之勇，行之力，而守之固。其所以篤於君親，一於道義，而没世不忘者，初非有所勉慕而强爲也。

又曰：公爲人坦蕩明白，表裏洞然，詣理既精，信道又篤。其樂於聞過而勇於徙義，則又奮厲明決，無毫髮滯吝意。以至病疾垂死，而口不絶吟於天理人欲之間，則平日可知也。故其德日新，業日廣，而所以見於論説行事之間者，上下信之至於如此。雖小人以其好惡之私，或能壅害於一時，然至於公論之久長，蓋亦莫得而揜之也。公之教人，必使之先有以察乎義利之間，而後明理居敬以造其極。其剖析開明，傾倒切至，必竭兩端而後已。所爲郡必葺其學，於静江又特盛。暇日召諸生告語不倦，民以事至廷中者，亦必隨事教戒，而於孝悌忠信、睦婣任恤之意尤孜孜焉。世俗鬼神老佛之説，所至必屏絶之，獨於社稷、山川、古先聖賢之奉爲兢兢，雖法令所無亦以義起，其水旱禱祠，無不應也。平生所著書唯《論語説》最後出，而《洙泗言仁》、《諸葛忠武侯傳》爲成書。其他如《書》、《詩》、《孟子》、《太極圖説》、《經世編年》之屬，則猶欲稍更定焉而未及也，然其提綱挈領，所以開悟後學，使不迷於所鄉，其功則已多矣。蓋其常言有曰：學莫先於義利之辨，而義也者，本心之所當爲而不能自已，非有所爲而爲之者也。一有所爲而後爲之，則皆人欲之私，而非天理之所存矣。嗚呼，至哉言也！其亦可謂擴前聖之所未發，而同於性善養氣之功者歟！

南軒事未畢

《詩·狼跋》，美周公也。「狼跋其胡，載疐其尾。公孫碩膚，赤舄几几。」鄭氏曰：「公，周公也。」程氏曰：「遜者，遜而弗居也。」毛氏曰：「碩，大。膚，美也。」王氏曰：「几，人所馮以爲安。几几，安也。」程氏曰：「周公攝政，居危疑之地，雖成王不知，四國流言，終不能損其聖德者，以其忠誠在於王家，無貪欲之私心也。狼，獸之貪者，猛於求欲，故陷於機穽羅繫，前跋後疐，進退困險。詩人取之，以言夫狼之所以致禍難危困如是者，以其有貪欲故也。若周公者，至公不私，進退以道，無私欲之蔽，以謙遜自處，不有其尊，不矜其德，故雖在危疑之地，安然舒泰【一】，赤舄几几然也。」又曰：「周公之處己也，夔夔然存恭畏之心。其存誠也，蕩蕩然無顧慮之意，所以不失其聖也。」范氏曰：「其德備者，其容亦盛。赤舄几几，則其餘可見矣。」朱氏曰：「赤舄，冕服之舄也。几几，安重貌。周公雖遭疑謗，然所以處之不失其常，故詩人美之。言狼跋其胡則疐其尾矣，公遭流言之變，而其安肆自得乃如此。蓋其道隆德盛，而安土樂天有不足言者，所以遭大變而不失其常也。」明道對神宗言：「王安石之學不是。」上愕然曰：「何故？」對曰：「臣嘗讀《詩》，言周公之德曰：『公孫碩膚，赤舄几几。』周公盛德，形容如是之盛。如王安石其身猶不能自治，何足以及此？」《龜山集》載「上問王安石是聖人否」，餘同。

《淇奧》，美武公之德也。「瞻彼淇奧，緑竹猗猗。毛氏曰：「美盛貌。」有匪君子，匪，文章貌。如切如磋【二】，治骨曰切，象曰磋。如琢如磨。治玉曰琢，石曰磨。瑟兮僩兮，瑟，矜莊貌。僩，寬大貌。赫兮咺兮。赫，有明德赫赫然。咺，威儀容止宣著也。有匪君子，終不可諼兮！諼【三】，忘也。瞻彼淇奧，緑竹青青。有匪君子，充耳琇瑩，充耳，瑱也。琇瑩，美石。會弁如星。弁，皮弁。會，縫中飾以玉采。瞻彼淇奧，緑竹如簀。密比如簀。有匪君子，如金如錫，如圭如璧。毛氏曰：「金、錫鍊而精，圭、

【一】安然舒泰　「然」原作「步」，據四庫本改。

【二】如切如磋　「磋」原作「瑳」，據四庫本改。

【三】諼忘也　「諼」字原脱，據四庫本補。

璧性有質。」程氏曰：「成質之美，如金錫圭璧然。」寬兮綽兮，程氏曰：「寬，弘裕。綽，開豁也。」猗重較兮。重較，卿士之車也【四】。善戲謔兮，不爲虐兮。」程氏曰：「言其樂易而以禮自飾【五】，防節不至於過，是不爲虐也。」

《烝民》：「仲山甫之德，柔嘉維則。令儀令色，小心翼翼。古訓是式，威儀是力。」朱氏曰：「柔嘉維則，不過其則也。過其則，爲弱，不得謂之柔嘉矣。令儀令色，小心翼翼，言其表裏柔嘉也。古訓是式，威儀是力，言其學問進修也。」

《論語》：「子禽問於子貢曰：『夫子至於是邦也，必聞其政，求之與？抑與之與？』子貢曰：『夫子温、良、恭、儉、讓以得之。夫子之求之也，其諸異乎人之求之與？』」朱子曰：「温，和厚也。良，易直也。恭，莊敬也。儉，節制也。讓，謙遜也。五者，夫子之盛德光輝接於人者也。言夫子未嘗求之，但其德容如是，故時君敬信，自以其政就而問之耳，非若他人必求之而後得也。聖人過化存神之妙，未易窺測，然即此而觀，則其德盛禮恭而不願乎外，亦可見矣。學者所當潛心而勉學也。」謝氏曰：「學者觀於聖人威儀之間，亦可以進德矣。若子貢亦可謂善觀聖人矣，亦可謂善言德行矣。今去聖人千五百年，以此五者想見其形容，尚能使後人興起【六】，而況於親炙之者乎！」南軒曰：「夫子至是邦必聞其政，而未有能委國而授之以政者。蓋見聖人之儀刑而樂告之者，秉彝好德之良心也，而私欲害之，是以終不能用耳。」

顔淵、季路侍，子曰：「盍各言爾志？」子路曰：「願車馬、衣輕裘，與朋友共。敝之而無憾。」顔淵曰：「願無伐善，無施勞。」朱子曰：「伐，誇也。善，謂有能。施，亦張大之意。勞，謂有功，《易》曰『勞而不伐』是也。或曰『勞，勞事也。勞事非己所欲，故亦不欲施之於人』，亦通。」子路曰：「願聞子之志。」子曰：「老者安之，朋友信之，少者懷之。」老者養之以安【七】，朋友與之以信，少者懷之以恩。

【四】重較卿士之車也　「重較卿士之」一句原脱，據四庫本補。

【五】以禮自飾　「飾」字原脱，據《程氏經説》卷三補。

【六】後人興起　「後」字原脱，據四庫本補。

【七】老者養之　「老」原作「者」，據四庫本改。

一說：安之，安我也。信之，信我也【八】。懷之，懷我也。亦通。　程子曰：「夫子安仁，顏淵不違仁，子路求仁。」又曰：「子路、顏淵、孔子之志，皆與物共者也，但有小大之差爾。」又曰：「子路勇於義者，觀其志，豈可以勢利拘之哉？亞於浴沂者也。顏子不自私己，故無伐善。如同於人，故無施勞。其志可謂大矣，然未免出於有意也。至於夫子，則如天地之化工，付與萬物而己不勞焉，此聖人之所爲也。今夫羈靮以御馬而不以制牛，人皆知羈靮之作在乎人，而不知羈靮之生由於馬，聖人之化，亦猶是也。先觀二子之言，後觀聖人之言，分明天地氣象。凡看《論語》，非但欲理會文字，須要識得聖賢氣象。」　南軒曰：「人之不仁，病於有己。故雖衣服、車馬之間，此意未嘗不存焉。子路蓋欲先去其私於車馬之間者，其志可謂篤，而用工亦实矣。至於顏子，則幾於廓然大公，而無物我之間矣。然猶所謂誠之者，人之道也。至於孔子，則純乎天矣。物各付物，止於其分，而無不得焉，此『誠者，天之道也』。然而學者有志於求仁，則子路之事，亦不可忽。要當如此用力，然後顏子之事，可以馴致。若慕高遠而忽卑近，則亦妄意躐等，終身無所成就而已耳。」

子之燕居，申申如也，夭夭如也。　朱子曰：「燕居，閒暇無事之時。」楊氏曰：「申申，其容舒也。夭夭，其色愉也。」　程子曰：「此弟子善形容聖人處也，爲『申申』字說不盡，故更著『夭夭』字。今人燕居之時，不怠惰放肆，必太嚴厲，嚴厲時著此四字不得，怠惰放肆時亦著此四字不得，唯聖人便自有中和之氣。」　南軒曰：「聖人聲氣容色之所形，盛德之至，不勉而中也。」　黃氏曰：「記此語者，足以見聖人渾然天理，與時偕行，一弛一張，皆有當然之則，初豈有心爲之哉！」

子食於有喪者之側，未嘗飽也。　朱子曰：「臨喪哀，不能甘也。」子於是日哭，則不歌。　哭，謂弔哭。一日之内，餘哀未忘，自不能歌也。　謝氏曰：「學者於此二者，可見聖人情性之正也。能識聖人之情性，然後可以學道。」　南軒曰：「臨喪則哀，食何由飽？哭者哀之至，歌者樂之至【九】，二者不容相襲。學者法聖人而勉之，亦足以養忠厚之心也。」

子與人歌而善，必使反之，而後和之。　朱子曰：「反，復也。必使復歌者，欲得其詳而取其善也。而

【八】信我也　「信我」原作「我信」，據四庫本乙正。

【九】歌者樂之至　「至」原作「著」，據四庫本改。

後和之者，喜得其詳而與其善也。此見聖人氣象從容，誠意懇至，而其謙遜審密，不掩人善又如此。蓋一事之微，而衆善之集，有不可勝既者焉，讀者宜詳味之。」

子温而厲，威而不猛，恭而安。朱子曰：「厲，嚴肅也。人之德性本無不備，而氣質所賦，鮮有不偏。惟聖人全體渾然，陰陽合德，故其中和之氣見於容貌之間者如此。門人熟察而詳記之，亦可見其用心之密矣。抑非知足以知聖人而善言德行不能記，故程子以爲曾子之言。學者所宜反復而玩味也。」

陳司敗問：「昭公知禮乎？」孔子曰：「知禮。」孔子退，揖巫馬期而進之，曰：「吾聞君子不黨，君子亦黨乎？君取於吳，爲同姓，謂之吳孟子。君而知禮，孰不知禮？」巫馬期以告，子曰：「丘也幸，苟有過，人必知之。」朱子曰：「孔子不可自謂諱君之惡，又不可以娶同姓爲知禮，故受以爲過而不辭。」吳氏曰：「魯蓋夫子父母之國，昭公，魯之先君也。司敗又未嘗顯言其事，而遽以知禮爲問，其對之宜如此也。及司敗以爲有黨，而夫子受以爲過，蓋夫子之盛德，無所不可也。然其受以爲過也，亦不正言其所以過，初若不知孟子之事者，可以爲萬世之法矣。」南軒曰：「它國之大夫，問吾國之君知禮與否，則但可告之以知禮而已。及巫馬期以司敗之言告，則又豈可謂取同姓爲知禮哉？若言爲君隱之意，則淺露已甚，而失前對之本意矣。故但引己之過而已。然而取同姓之爲非禮，其義固已在其中矣。聖人辭氣之間，其天地造化歟？」愚按：聖人之言，如元氣之運，渾然無迹，而春生秋殺，默寓其中，如對王孫賈媚竈之問，答陽貨懷寶迷邦之誚，皆此類也。雖非學者所可望而及，然優游諷詠，涵浸而不已，則其所以轉移变化於冥冥之中者，其益可勝計哉！

子見齊衰者、冕衣裳者與瞽者，見之，雖少必作；過之，必趨。范氏曰：「聖人之心，哀有喪，尊有爵，矜不成人。其作與趨，蓋有不期然而然者。」尹氏曰：「此聖人之誠心，內外一者也。」南軒曰：「愛敬生於中而形於外，惟聖人爲能有常而無失：於齊衰哀有喪也，於冕衣裳貴達尊也，於瞽者矜困窮也。推之，則帝王所以治天下之綱要，亦在是也。」

《鄉黨》：孔子於鄉黨，恂恂如也，似不能言者。程子曰：「《鄉黨》一篇，形容聖人動容注措甚好【一〇】，使學者宛然如見聖人。」楊氏曰：「聖人之所謂道者，不離乎日用之間也。故夫子之平日一動一靜，門人皆審視而詳記之。」尹氏曰：「甚矣，孔門諸子之耆學也！於聖人之容色言動，無不謹書而備録之，以貽後世。今讀其書即其事，宛然如聖人之在目也。雖然，聖人豈拘拘而爲之者哉？蓋盛德之至，動容周旋自中乎禮耳。學者欲潛心於聖人，宜於此求焉。」朱子曰：「恂恂，信實之貌。似不能言者，謙卑遜順，不以賢知先人也。鄉黨，父兄宗族之所在，故孔子居之，其容貌辭氣如此。」南軒曰：「此篇所記，於夫子言語、容貌、衣服、飲食之際，可謂察之精矣。門人亦善學聖人哉！蓋聖人之道，如是其高深也，茫然測度，懼夫泛而無入德之地也，故即其顯見之實而盡心焉。存而味之，則而象之，於此有得，則内外並進、體用不離，而其高深者可以馴致矣。」其在宗廟、朝廷，便便言，唯謹爾。便便，辯也。宗廟，禮法之所在；朝廷，政事之所出：言不可以不明辯，故必詳問而極言之，但謹而不放爾。此一節，記孔子在鄉黨、宗廟、朝廷言貌之不同。朝與下大夫言，侃侃如也，與上大夫言，誾誾如也。此君未視朝時也。侃侃，剛直也。誾誾，和悦而諍也【一一】。君在，踧踖如也，與與如也。君在，視朝也。踧踖，恭敬不寧之貌。與與，威儀中適之貌。張子曰：「與與，不忘向君也。」亦通。此一節，記孔子在朝廷事上接下之不同也。君召使擯，色勃如也，足躩如也。擯，主國之君所使出接賓者。勃，變色貌。躩，盤辟貌。皆敬君命故也。揖所與立，左右手。衣前後，襜如也。與立，謂同擯者也。揖左人，則左其手，揖右人，則右其手。襜，整貌。趨進，翼如也。疾趨而進，張拱端好，如鳥舒翼。賓退，必復命曰：賓不顧矣。紓君敬也。此一節記孔子爲君擯相之容。黄氏曰：「色勃、足躩，被命之初也。揖也、趨進也，行禮之際也。賓退，禮畢之後也。

【一〇】動容注措　「注措」，四庫本作「周旋」。

【一一】和悦而諍　「和」原作「知」，據四庫本、乾隆本改。

皆天理之節文所當然也。至於揖之左右，衣之前後，手之翼如，皆禮文之至末者，聖人於此動容周旋，無不中禮，盛德之至，從心所欲不踰矩也。門人弟子亦必審觀而詳記之，可謂善學者矣。」入公門，鞠躬如也，如不容。鞠躬，曲身也。公門高大而若不容，敬之至也。立不中門，行不履閾。中門，中於門也。謂當棖闑之間，君出入處也。謝氏曰：「立中門則當尊，行履閾則不恪。」過位，色勃如也，足躩如也，其言似不足者。位，君之虚位，謂門屏之間人君宁立之處，所謂宁也。君雖不在，過之必敬，不敢以虚位而慢之也。言不敢肆也。南軒曰：「君不在焉，而莊敬也如此，則其事君之誠可知矣。」攝齊升堂，鞠躬如也，屏氣似不息者。禮：將升堂，兩手摳衣【一二】，使去地尺【一三】。恐躡之而傾跌失容也。屏，藏也。息，鼻息出入者也。近至尊，氣容肅也。出，降一等，逞顏色，怡怡如也。没階趨進，翼如也。復其位，踧踖如也。等，階之級也。逞，放也。漸遠所尊，舒氣解顏。怡怡，和説也。没階，下盡階也。趨，走就位也。復位踧踖，敬之餘也。此一節，記孔子在朝之容。執圭，鞠躬如也，如不勝。上如揖，下如授。勃如戰色，足蹜蹜如有循。圭，諸侯命圭。聘問鄰國，則使大夫執以通信。如不勝，執主器，執輕如不克，敬慎之至也。上如揖，下如授，謂執圭平衡，手與心齊，高不過揖，卑不過授也。戰色，戰而懼也。蹜蹜，舉足促狹也。如有循，《記》所謂「舉前曳踵」。言行不離地，如緣物也。享禮有容色。享，獻也。既聘而享，用圭璧，有庭實。有容色，和也。《儀禮》曰：「發氣滿容。」私覿，愉愉如也。私覿，以私禮見也。愉愉，則又和矣。此一節，記孔子爲君聘於鄰國之禮也。君子不以紺緅飾。紺，深青揚赤色，齊服也。緅，絳色。三年之喪，以飾練服。飾，領緣也。紅紫不以爲褻服。紅紫，間色不正，且近於婦人女子之服也。褻服，私居服也。言此，則不以爲朝祭之服可知。當暑，袗絺綌，必表而出之。欲其不見體也。《詩》所謂「蒙彼縐絺」是也。緇衣，羔裘；素衣，麑裘；黄衣，狐裘。褻裘長，短右袂。狐

【一二】兩手摳衣　「兩」原作「西」，據《論語集説》卷五改。

【一三】使去地尺　「尺」原作「乃」，據四庫本改。

貉之厚以居。去喪，無所不佩。非帷裳，必殺之。羔裘玄冠不以弔。吉月，必朝服而朝。吉月，月朔也。孔子在魯致仕時如此。　此一節，記孔子衣服之制。　齊，必有明衣，布。齊必沐浴，浴竟即著明衣【一四】，所以明潔其體也，以布爲之。此下脱前章寢衣一簡。　必有寢衣，長一身有半。齊主於敬，不可解衣而寢，又不可著明衣而寢，故別有寢衣，其半蓋以覆足。　從程子説，移附此。

齊必變食，居必遷坐。变食，謂不飲酒、不茹葷。遷坐，易常處也。此一節記孔子謹齊之事。楊氏曰：「齊所以交神，故致潔变常以盡敬。」食不厭精，膾不厭細。食精則能養人，膾麤則能害人。不厭，言以是爲善，非謂必欲如是也。食饐而餲，魚餒而肉敗，不食。色惡，不食。臭惡，不食。失飪，不食。不時，不食。饐，飯傷熱濕也。餲，味变也。魚爛曰餒，肉腐曰敗。色惡、臭惡，未敗而色臭变也。飪，烹調生熟之節也。不時，五穀不成，果實未熟之類。此數者，皆足以傷人，故不食。割不正，不食。不得其醬，不食。割肉不方正者，不食，造次不離於正也。漢陸績之母，切肉未嘗不方，斷葱以寸爲度，蓋其質美，與此暗合也。食肉用醬，各有所宜，不得則不食，惡其不備也。此二者，無害於人，但不以嗜味而苟食耳。肉雖多，不使勝食氣。惟酒無量，不及亂。食以穀爲主，故不使肉勝食氣。酒以爲人合歡，故不爲量，但以醉爲節，而不及亂耳。程子曰：「不及亂者，非唯不使亂心志，雖血氣亦不可使亂，但浹洽而已可也。」沽酒、市脯，不食。沽、市，皆買也。恐不精潔，或傷人也，與不嘗康子之藥同意。不撤薑食。薑，通神明，去穢惡，故不撤。不多食。適可而止，無貪心也。祭於公，不宿肉。祭肉，不出三日。出三日，不食之矣。助祭於公，所得胙肉，歸頒賜，不俟經宿者，不留神惠也。家之祭肉，則不過三日，皆以分賜。蓋過三日，則肉必敗，而人不食之，是褻鬼神之餘也。食不語，寢不

【一四】浴竟即著明衣　「浴」字原脱，據《論語纂疏》卷五補。

言。答述曰語，自言曰言。范氏曰：「聖人存心不他，當食而食，當寢而寢，言語非其時也。」楊氏曰：「肺爲氣主，而聲出焉。寢食則氣窒而不通，語言恐傷之也。」**雖疏食菜羹，瓜祭，必齊如也。**齊，嚴敬貌。孔子雖薄物必祭，其祭必敬，聖人之誠也。此一節，記孔子飲食之節。謝氏曰：「聖人飲食如此，非極口腹之欲。然聖人之所不食，窮口腹者或反食之，欲心勝而不暇擇也。」胡氏曰：「亂者，内昏其心志，外喪其威儀，甚則班伯所謂淫亂之原，皆在於酒是也。聖人飲無定量，亦無亂態，蓋從心所欲而不踰矩，是以如此。學者未能然，則如晉元帝可也。帝初鎮江東，以酒廢事，王導以爲言，帝命酌飲觴覆之，於此遂絶。」黄氏曰：「飲食以養生，故欲其精。然亦能傷生，故惡其敗。至於失節違禮，縱欲敗德，無不致其謹焉。聖人一念之微，莫非天理，學者不可以不戒也。」**席不正，不坐。**謝氏曰：「聖人心安於正，故於位之不正者，雖小不處。」**鄉人飲酒，杖者出，斯出矣。**杖者，老人也。六十杖於鄉，未出不敢先，既出不敢後。**鄉人儺，朝服而立於阼階。**無所不用其誠敬也。或曰：「恐其驚先祖五祀之神，欲其依己而安也。」此一節，記夫子居鄉之事。**問人於他邦，再拜而送之。**拜送使者，如親見之，敬也。**康子饋藥，拜而受之。曰：「丘未達，不敢嘗。」**楊氏曰：「大夫有賜，拜而受之，礼也。未達不敢嘗，謹疾也。必告之，直也。」

閔子侍側，誾誾如也。子路行行如也，冉有、子貢侃侃如也。子樂。朱子曰：「誾、侃，義見《鄉黨》。行行，剛强之貌。子樂者，樂得英才而教育之。」**「若由也，不得其死然。」**尹氏曰：「子路剛强，有不得其死之理，故因以戒之。其後子路卒死於衛孔悝之難。」或問：「誾誾、侃侃於前篇之訓，其亦通已乎？」曰：「誾誾者，外和内剛，德氣深厚，所謂和説而諍者也。侃侃則和順不足，而剛直稍外見矣。前篇之訓樂，故侃侃直而果，故行行有諸中形於外，莫掩也。」按：《鄉黨》注引許氏《説文》：「侃侃，剛直也【一五】。誾誾，和悦而諍。」或問：「二字之

【一五】剛直也　「直」原作「真」，據四庫本改。

訓不同，《説文》爲得，何也？」曰：「太史公稱魯道之衰，洙泗之間，齗齗如也。亦作誾誾。説者以爲争讓之意，而晉人亦有侃侃正色之語。蓋以音義求之，亦宜如此。《説文》之訓所以爲得也。誾誾之爲中正，義有不盡。衎衎而樂，自作衎，不作侃也。《後漢書》云：『誾誾衎衎，得禮之容，寢默抑心，非朝廷福。』其意亦以争辨剛直爲是而有此言，但侃字誤作衎爾。」朱、張二先生誾侃之訓不同，更當詳玩。

子路、曾皙、冉有、公西華侍坐，子曰：「以吾一日長乎爾，毋吾以也。居則曰：『不吾知也。』如或知爾，則何以哉？」子路率爾而對曰：「千乘之國，攝乎大國之間，加之以師旅，因之以饑饉；由也爲之，比及三年，可使有勇且知方也。」夫子哂之。朱子曰：「率爾，輕遽之貌。方，向也。謂向義也。民向義，則能親其上、死其長矣。哂，微笑也。」「求，爾何如？」對曰：「方六七十，如五六十，求也爲之，比及三年，可使足民。如其禮樂，以俟君子。」「赤，爾何如？」對曰：「非曰能之，願學焉。宗廟之事，如會同，端章甫，願爲小相焉。」宗廟之事，謂祭祀。諸侯時見曰會，衆頫曰同。端，玄端服。章甫，禮冠。相，贊君之禮者。「點，爾何如？」鼓瑟希，鏗爾，舍瑟而作，對曰：「異乎三子者之撰。」希，間歇也。作，起也。撰，具也。子曰：「何傷乎？亦各言其志也。」曰：「暮春者，春服既成，冠者五六人，童子六七人，浴乎沂，風乎舞雩，詠而歸。」夫子喟然嘆曰：「吾與點也。」曾點之學，蓋有以見夫人欲盡處，天理流行，隨處充滿，無少欠闕，故其動静之際，從容如此。而其言志，則又不過即其所居之位，樂其日用之常，初無舍己爲人之意。而其胷次悠然，直與天地萬物上下同流，各得其所之妙，隱然自見於言外。視三子之規規於事爲之末者，氣象不侔矣。故夫子嘆息而深許之。三子者出，曾皙後。曾皙曰：「夫三子者之言何如？」子曰：「亦各言其志也已矣。」曰：

「夫子何哂由也？」曰：「爲國以禮，其言不讓，是故哂之。」「唯求則非邦也與？」「安見方六七十、如五六十而非邦也者？」「唯赤則非邦也與？」「宗廟會同，非諸侯而何？赤也爲之小，孰能爲之大？」

程子曰：「古之學者，優柔厭飫，有先後之序。如子路、冉有、公西赤言志如此，夫子許之，亦以此自是實事。後之學者好高，如人游心千里之外，然自身却只在此。」又曰：「孔子與點，蓋與聖人之志同，便是堯、舜氣象也。誠異乎三子之撰，特行有不掩焉耳，此所謂狂也。子路等所見者小。子路只爲不達爲國以禮道理，是以哂之。若達，却便是這氣象也。」又曰：「三子皆欲得國而治之，故孔子不取。曾點，狂者也，未必能爲聖人之事，而能知夫子之志，故曰『浴乎沂，風乎舞雩，詠而歸』，言樂而得其所也。孔子之志，在於『老者安之，朋友信之，少者懷之』，使萬物各遂其性。曾點知之，故孔子喟然歎曰：『吾與點也。』」又曰：「曾點、漆雕開，已見大意。」《集義》謝氏論佛學之失，曰：「爲它不窮天理，只將拈匙把筯日用底，便承當做大小大事，任意縱橫，將來作用，便是差處，便是私處。問：作用何故是私？曰：把來作用做弄，便是做兩般看當了，是將此事橫在肚裏。一如子路、冉有相似，便被他曾點將冷眼看他，只管獨對春風吟詠，肚裏渾没些能解，豈不快活！又問：堯、舜、湯、武做底事業，豈不是作用？曰：它做底事業，只是與天理合一，幾曾做作，橫在肚裏？他見做出許多掀天動地蓋世底功業，如太空中一點雲相似，他把做甚麽！」又引吕氏《詩》云：「函丈從容問且酬，展才無不至諸侯。可憐曾點惟鳴瑟，獨對春風詠不休！」謝氏之説，《集注》不取，今附此。或問：「夫子何以與點也？」曰：「方三子之競言所志也，點獨皷瑟於其間，漠然若無所聞者。及夫子問之，然後瑟音少間，乃徐舍瑟而起對焉。而悠然遜避，若終不肯見所爲者。及夫子慰而安之，然後不得已而發其言焉。而其志之所存，又未嘗少出其位，蓋澹然若將終身焉者，此夫子所以與之也。」曰：「何以言其與天地萬物，各得其所也？」曰：「夫暮春之日，生物暢茂之時也。春服既成，人體和適之候也。冠者五六人，童子六七人，長少有序而和也。沂上舞雩，魯國之勝處也。既浴而風，又詠而歸，樂而得其所也。夫以所居之位而言，其樂若止於一身，然以其心論之，則固藹然天地生萬物之心，聖人對時育物之事也，夫又安有物我内外之間哉！程子以爲與聖人之志同，便是堯、舜氣象，正謂此爾。」或曰：「曾皙胷中無一毫能事，列子御風之事近之，其説然乎？」曰：「聖賢之心，所以異於佛、老者，正以無意必固我之累，而所謂地生物之心，對時育物之事者，未始一息而停也。若但曰曠然無所倚著，而不察乎此，此則亦何以異於虚無寂滅之學，而豈聖人之事哉！」　曾點之志，如鳳凰翔于千仞之上，故曰異乎三子之撰。只看他「鼓瑟希，鏗爾，舍瑟而作」，從容優裕悠然自得處，無不是這個道理。　人之一身，便是天地，只緣人爲人欲隔了，自看此理意思不見。曾點却超然看破這意思。　曾點於道，見其遠者大者，而視其近與小者，皆不足爲。故其言超然，無一毫作爲之意，唯欲樂其所樂，以終身焉耳。　先生令門人説曾點之志，門人以爲只是樂其性分而已。日用間見得天理流行，才着一毫私意去安排，便不得。曰：「不是不要着私意去安排，這道理自是天生自然，私意自著不得，更待誰去安排？與聖人安老、懷少、信朋友底意思相似。惟曾點見得到這裏，聖人便做得到這裏。」　人只見説曾點狂，看夫子特與之之意，須是大段高。緣它資質明敏，洞然自得見斯道之體，看天下甚麼事能動得它。它大綱如莊子。明道先生亦稱莊子云：「有大底意思。」又云：「莊生形容道體，儘有好處。曾點見得大意，然裏面工夫却疎略。」明道亦云：「莊子無禮，無本。」　問：「曾點浴沂氣象，與顔子樂底意思相近否？」曰：「顔子恬静，無許多事。曾點是自恁地説。顔子是孔子稱他樂，他不曾自説我樂。」　問：「吾與點處，程子謂便是堯、舜氣象，如何？」曰：「曾點却只是見得，未必能做堯、舜事。看其見到處，直有堯、舜氣象，如莊子亦見得堯、舜分曉。」或問：「天王之用心何如？」便説「得天德而出寧，日月照而四時行，若晝夜之有經，雲行而雨施。以是知它見得堯、舜氣象出。曾點見識儘高，見得此理洞然，只是未曾下得工夫。點、參父子正相反。以點如此高明，參却魯鈍，一向低頭捱將去，直到一貫，方始透徹。此時見識方到曾點地位【一六】，然而規模氣象又别。」　此一段，唯上蔡見分曉。蓋三子只説事上見得此道理，曾點只去自己心性上見得個中原道理。使曾點做三子事，未必做得。然曾點見處，雖堯、舜事業亦不過以此爲之而已。　諸子皆有安排期必之意，曾點只以平日所樂處言之。　曾點見得道理大，所以堯、舜事業優爲之，視三子規規於事爲之末，固有

【一六】此時見識　「此」原作「大」，據四庫本改。

問矣。是它見得聖人氣象如此，雖超然事物之外，而實不離乎事物之中。是個無事無爲底道理，却做有事有爲底功業。此所謂大本，所謂忠，所謂一者，是也。點操得柄欛，據着源頭。諸子則從支流上做工夫。諸子底小，他底大。　觀季武子死，曾點倚門而歌，便有些莊、老底意思。　曾點言志云云，蓋其見道分明，無所係累，從容和樂，欲與萬物各得其所之意，莫不藹然見於詞氣之間。明道謂與聖人之志同，便是堯、舜氣象者，正指此而言之也。　嚴時亨問：「曾皙一章，夫子既語以『居則曰：不吾知也。如或知尒，則何以哉』，正是使之盡言，一旦進用，何以自見。及二子自述其才之所能堪，志之所欲爲，夫子皆不許之，而獨與曾點。看來三子所言皆是實事，曾點雖答言志之問，實未嘗言其志之所欲爲，有似逍遥物外、不屑當世之務者，而聖人與此而不與彼，何也？嘗因是而思之，爲寧與爲治，本來只是一統事，它日之所用，不外乎今日所存，三子却分作兩截看。如治軍旅，治財賦，治禮樂，與凡天下之事，皆學者所當理會，無一件是少得底。然須先理會自家身心，使自得無欲，常常神清氣定，涵養直到清明在躬，志氣如神，則天下無不可爲之事。程子所謂不得以天下事物撓己，己立後，自能了當得天下事物者是矣。夫子嘗因孟武伯之問而言由可治賦，求可爲宰，赤可與賓客言，固已深知其才所能辦，而獨不許其仁。夫仁者，體無不具，用無不該，豈但止於一才一藝而已？使三子不自安於所已能，孜孜惟求仁是務，而好之樂之，則何暇規規於事爲之末？緣它有這能解横在胷中，常恐無以自見，故必欲得國而治之。一旦夫子之問有以觸其機，即各述所能。凡聖門平日所與講切，自身受用處，全不之及，將爲學爲治作兩截看了，所以氣象不宏，事業不能到得至處。如曾點浴沂風雩，自得其樂，却與夫子飯蔬食飲水，樂在其中，顔子陋巷簞瓢，不改其樂，襟懷相似。大抵士之未用，須知舉天下之物，不足以易吾天理自然之安，方是本分學者。曾點言志，乃是素其位而行，不願乎其外，無入而不自得者，故程子以爲樂而得其所也。孟子謂：『廣土衆民，君子欲之，所樂不存焉。中天下而立，定四海之民，君子樂之，所性不存焉。君子所性，雖大行不加焉，雖窮居不損焉，分定故也。』孟子所謂所性，即孔子、顔子、曾點之所樂。顔子惟所樂如此，故夫子以四代禮樂許之。浴沂風雩，識者所以知堯、舜事業，曾點優爲之也。如子路食於孔悝，求也爲季氏聚斂，後來成就止於如此。正爲它不知平日所養，便是建功立業之本，未到無入不自得處。夫子之不與，其有以知之矣。所見如此，不背馳否？」朱子答曰：「此段説得極有本末，學者立志要當如此。然其用力却有次弟，已爲希遜言之矣。」按：先生答歐陽希遜云：「學者當循下學上達之序，若一向求曾晢見解，未有不流於釋、老者也。」南軒曰：「三子之對，非偶然而言。蓋體察其力之所至，而言其實也。言三年而可使如此者，其先後條貫素定於胸中，而知其然也。向使用力不素，驟聞聖人之問，非茫乎無所措，則泛然肆其説矣。至於曾晢則又異乎是，其鼓瑟、舍瑟之間，已可見其從容不迫之意矣。言暮春之時，與數子者浴沂舞雩，吟詠而歸，蓋其中心和樂，無所係累，油然欲與萬物俱得其所。玩味辭氣，温乎如春陽之無不被也。故程子以爲此即是堯、舜氣象，而亦夫子『老安少懷』之意也。晢之志若此，非其見道之明，涵泳有素，其能然乎？然而未免於行有不揜焉，則以其於顔氏工夫，有所未盡耳。」黄氏曰：「觀夫子逝如斯之言，欲無言之意，是亦歎曾點之意也。」又曰：「夫子以是與點矣，獨不以是教門人，何也？」曰：「夫子未嘗不以是教門人也。誨之以務内，語之以求仁，無非使之存此心之天理也。」又曰：「晢之不免爲狂，何也？」曰：「天下之理，固根於人心，而未嘗不形見於事物。爲學之方，固當存養於德性，而亦不可不省察乎實行。夫是以精粗不遺而表裏相應，内外交養而動静如一，然後可以爲聖學之全功。點之質甚高【一七】，志甚大，然深厚沉潛淳實中正之意有未足，則見高而遺卑，見大而略小，此所以不及乎顔、曾也。」

師冕見，及階，子曰：「階也。」及席，子曰：「席也。」皆坐，子告之曰：「某在斯，某在斯。」師冕出。子張問曰：「與師言之道與？」朱子曰：「聖門學者，於夫子之一言一動，無不存心省察如此。」子曰：「然。固相師之道也。」相，助也。古者瞽必有相，其道如此。蓋聖人於此，非作意而爲之，但盡其道而已。尹氏曰：「聖人處己爲人，其心一致，無不盡其誠故也。有志於學者，求聖人之心，於斯可見矣。」范氏曰：「聖人不侮鰥寡，不虐無告，可見於此。推之天下，無一物不得其所矣。」或問卒章之説。曰：「張敬夫推之尤詳。曰：『道無往而不存，聖人之動静語默，無往而非道，蓋各止於其所而已。師冕之見，及階則告之階，及席則告之

【一七】質甚高　「甚」原作「其」，據四庫本、乾隆本改。

席，既坐則歷告之以在坐者，蓋待瞽者之道當然耳。子張竊窺而有問焉，夫子以爲固相師之道，辭則近而意無不盡矣。事事物物，莫不有其道，蓋所當然者，天之所爲也。夫以一日之間，起居則有起居之道，飲食則有飲食之道，見是人則有待是人之道，遇是事則有處是事之道，不可須臾離也。一失所宜，則廢是道矣。是故君子戰兢自持，顛沛必於是，造次必於是，惟懼其失之也。夫惟天下之至誠，一以貫之，道之所在，如影隨形，蓋無往而非是也。』」謝先生爲朱震子發説《論語》，首舉子見齊衰者與冕衣裳者與瞽者，見之雖少必作，過之必趨。又舉師冕見及階，子曰「階也」，及席，子曰「席也」，皆坐，子曰「某在斯，某在斯」。子張問曰：「與師言之道與？」曰：「固相師之道也。」夫聖人之道，無微顯，無内外，由洒掃應對進退而上達天道，本末一以貫之，一部《論語》只恁地看。

子夏曰：「君子有三變：望之儼然，即之也温，聽其言也厲。」朱子曰：「儼然者，貌之莊。温者，色之和。厲者，辭之確。」程子曰：「他人儼然則不温，温則不厲，惟孔子全之。」謝氏曰：「此非有意於變，蓋並行而不相悖也，故良玉温潤而栗然。」南軒曰：「其爲三變，豈君子之强爲之哉？禮樂無斯須而去身，故其成就發見如此。」

孟子曰：「仁、義、禮、智根於心，其生色也睟然。見於面，盎於背，施於四體，四體不言而喻。」程子曰：「言四者，本於心而生色也。孟子非自及此，焉能道得到此【一八】？」又曰：「人必有仁義之心，然後仁義之氣睟然達於外，故曰『不得於心，勿求於氣』可也。」

程子曰：「仲尼，元氣也。顔子，春生也。孟子，并秋殺盡見。仲尼，無所不包。顔子，示『不違如愚』之學於後世，有自然之和氣，不言而化者也。孟子則露其材，蓋亦時然而已。仲尼，天地也。顔子，和風慶雲也。孟子，泰山巖巖之氣象也。觀其言，皆可見之

【一八】焉能道得到此　「得」字原脱，據《二程遺書》卷二補。

矣。仲尼無跡，顏子微有跡，孟子其跡著。」謝氏曰：「顏子具體而微。所謂具體者，合下來自恁地氣象，但未彰著耳。孟子强勇，以身任道，壁立萬仞【一九】，誰敢正覷着，非孟子恁地手脚，也撑拄此事不去。雖然猶有大底氣象，未能消磨得盡，不然藐大人等語言不説出來。孔子曰：『事君盡禮，人以爲諂。』當時諸國君相，怎生當得它聖人恁地禮數？是它只管行禮，又不與你計較長短。與上大夫言便誾誾，與下大夫言便侃侃。冕者、瞽者，見之便作，過之便趨。蓋其德全盛，自然到此，不是勉强做出來，與孟子全别。」

豫章黄氏曰：「周茂叔胷中灑落，如光風霽月。」延平先生李氏以爲善形容，有道者氣象。朱子曰：「濂溪清和。」孔經甫祭文曰：「公年壯盛，玉色金聲，從容和毅，一府皆傾。」墓誌亦謂其「精密嚴恕」，氣象可想矣。又曰：「所謂灑落者，只是形容一个不疑所行、清明高遠之意。若有一毫私吝心，何處更有此等氣象耶？只如此看有道者胷懷表表，亦自可見。」

伊川先生曰：「明道先生資禀既異，而充養有道，純粹如精金，温潤如良玉。寬而有制，和而不流，忠誠貫於金石，孝悌通於神明。視其色，其接物也，如春陽之温。聽其言，其入人也，如時雨之潤。胷懷洞然，徹視無間。測其藴，則浩乎若滄溟之無際。極其德，美言蓋不足以形容。先生行己，内主於敬，而行之以恕，見善若出諸己，不欲弗施於人。居廣居而行大道，言有物而動有常。」謝氏云：「明道先生坐如泥塑人，接人則渾是一團和氣。」又云：「學者須是襟懷擺脱得開，始得。明道在鄠縣時，有詩云：『雲淡風輕近午天，望花隨柳過前川。旁人不識予心樂，將謂偷閒學少年。』看它襟懷直是好，與曾點底事一般。」侯師聖云：「朱公掞見明道于汝，歸謂人曰：『光庭在春風中坐了一個月。』游、楊初見伊川，伊川瞑目而坐，二子侍立。既覺，顧謂曰：『賢輩尚在此乎？日既晚，且休矣。』及出門，門

【一九】壁立萬仞　「壁」原作「壁」，據四庫本改。

外之雪深一尺。其嚴厲如此。晚年乃更平易，蓋其學已到至處，但於聖人氣象差少從容爾。明道則已從容，惜其早死，不及用也。使及用於元祐間，則不至有今日事矣。」劉安禮云：「明道先生德性充完，粹和之氣盎於面背【二〇】，樂易多恕，終日怡悦。立之從先生三十年，未嘗見其忿厲之容。」

右論聖賢氣象

程子嘗言：「學者不學聖人則已，欲學之，須熟玩味聖人之氣象。故《近思録》亦立此篇，今放之。然《近思》所録併及其道德學行，此則專取其儀形辭氣之可以想像而興起者，若道德學行則別見云。」

《論語》：「子曰：『君子不器。』」朱子曰：「器者，各適其用而不能相通。成德之士，體無不具，故用無不周，非特爲一才一藝而已。」南軒曰：「器者拘於一用，凡人可以器言者，皆以其才而論之也。器雖有小大，然其拘於才而有限則一也。若君子則進於德，進於德則器質變化，而才有弗器者矣，不亦君子乎？」先行其言而後從之，與「訥言敏行」章已見前。

子曰：「君子無所爭，必有射乎？揖讓而升，下而飲，其爭也君子。」朱子曰：「揖讓而升者，大射之礼，耦進三揖，而後升堂也。下而飲，謂射畢揖降，以俟衆耦皆降，勝者乃揖不勝者，升，取觶立飲也。言君子恭遜，不與人爭，惟於射而後有爭。然其爭也，雍容揖遜乃如此，則其爭也君子，而非小人之爭矣。」南軒曰：「爭生於有己，君子克己者也，是以無所爭。惟射疑於可爭，而君子之於射，于以正己而觀德耳。揖讓而升，揖讓而下，揖讓而飲，其雍容辭遜，自反而下，人之意蓋如此。然則君子其爭乎？於射而不爭，則它可知矣。」「司馬牛問君子與君子人與」章，已見前。

子曰：「質勝文則野，文勝質則史。文質彬彬，然後君子。」朱子曰：「野人，言鄙略也。史掌文書，多聞習事，而誠或不足也。彬彬，猶班班，物相雜而適均之貌【二一】。言學者當損有餘補不足【二二】，至於成德，則不期然而然矣。」楊氏曰：「文質不可以相勝，然質之勝文，猶之甘可以受和，白可以受采也。文勝而至於滅

【二〇】盎於面 「盎」原作「盜」，據四庫本改。

【二一】班班物相雜 「班班物」原作「斑」，據四庫本改。

【二二】學者當損有餘 「學」原作「臣」，據四庫本改。

質，則其本亡矣。雖有文，將安施乎？然則與其史也，寧野。」　南軒曰：「以一者論之，若未得中而有所偏勝，與其失而爲府史，無亦寧爲野人之野乎？」

棘子成曰：「君子質而已矣，何以文爲？」子貢曰：「惜乎，夫子之説君子也！駟不及舌。文猶質也，質猶文也。虎豹之鞹，猶犬羊之鞹。」朱子曰：「鞹，皮去毛者也，言文質等耳，不可相無。若必盡去質文，而獨存其質，則君子小人無以辨矣。夫棘子成矯當時之弊，固失之過，而子貢矯子成之弊，又無本末輕重之差，胥失之矣。」　或問：「棘子成之言與夫子之答林放何異，而子貢非之若是耶？」曰：「夫子之言，權衡審密而詞氣和平，蓋未始以文爲可盡去也。若子成則詞氣矯激，而取舍過中矣。其流之弊，將至於棄禮蔑法，如西晉君子之爲者，故子貢惜其言而力正之也。」曰：「何以言子貢之言之有病也？」曰：「子成之説偏矣，而子貢於文質之間又一視之，而無本末輕重緩急之差焉，則又矯子成之失而過中者也。立言之難如此，自非聖人，孰能無所偏倚而常適其平也哉？」　恥言過行及君子道者三，子路問君子義以爲質章，並見前。

子曰：「君子病無能焉，不病人之不己知也。」南軒曰：「病無能者，病夫履行之無其實。」

子曰：「君子疾没世而名不稱焉。」范氏曰：「君子學以爲己，不求人知。然没世而名不稱焉，則無爲善之實可知矣。」　南軒曰：「有是實，則有是名。名者，所以命其實，終其身而無實之可名，君子疾諸，非謂求名於人也。」

子曰：「君子矜而不争，羣而不黨。」朱子曰：「莊以持己曰矜，然無乖戾之心，故不争；和以處衆曰羣，然無阿比之意，故不黨。」　南軒曰：「矜莊以自持，則易以不和而失於争；羣居而相與，則易以有比而失於黨。君子非與人異也，處己嚴而不失其和，故『矜而不争』；君子非與人同也，待物平而不失其公，故『羣而不黨』。惟敬者，爲能處此而弗失也。」

子曰：「君子不以言舉人，不以人廢言。」南軒曰：「以言舉人，則行不踐者進矣，此固不可也。然而雖使小人言之而善，亦不害其爲善言也，以人廢之，則善言棄矣。故君子云云，公心無蔽也。」

子曰：「君子貞而不諒。」朱氏曰：「貞，正而固也。諒則不擇是非，而必於信。」或問貞諒之別，曰：「處義既精，不期固而自固者，貞也。不擇邪正，惟知必信而不易者，諒也。」南軒曰：「貞者，貞於義也。諒者，執於小信也。貞於義則信在其中，若但執其小信，而於義有蔽，則失其正而反害於信矣。蓋貞於義者，公理所存，而執小信者，私意之守而已。」君子有三戒三畏與九思三变章，並見前。五美章，見《丙記》。不知命，見《丁記》。以上言君子之道。

子張問善人之道。子曰：「不踐迹，亦不入於室。」朱子曰：「善人，質美而未學者也。」程子曰：「踐迹，如言循途守轍。善人雖不必踐舊迹，而自不爲惡，然亦不能入聖人之室也。」張子曰：「善人欲仁，而未志於學者也。欲仁故雖不踐成法，亦不蹈於惡，有諸己也。由不學，故無自而入聖人之室。」或謂：「善人者未能有諸己乎？」南軒曰：「不能有之則安得善？然所謂有諸己者，蓋亦有淺深。善人謂其不能有諸己則不可，然謂其盡夫有諸己之道，則亦未也。」此章言善人之道。

子張問：「士何如，斯可謂之達矣？」朱子曰：「達者，德孚於人，而行無不得之謂。」子曰：「何哉爾所謂達者？」子張務外，夫子蓋已知其發問之意，故反詰之，將以發其病而藥之也。子張曰：「在邦必聞，在家必聞。」言名譽著聞也。子曰：「是聞也，非達也。聞與達相似而不同，乃誠僞之所以分，學者不可不審也。故夫子既明辨之【一三】，而下文又詳言之。夫達也者，質直而好義，察言而觀色，慮以下人，在邦必達，在家必達。內主忠信而所行合宜，審於接物而卑以自牧，皆自脩於內，不求人知之事。然德脩於

【一三】夫子既明辨之　「夫」原作「本」，據《論語纂疏》卷六改。

己而人信之，則所行自無窒礙矣。夫聞也者，色取仁而行違，居之不疑。在邦必聞，在家必聞。」善其顏色，以取於仁，而行實背之，反自以爲是而無所忌憚，此不務實而專求名者。故虚譽雖隆，而實德則病矣。　程子曰：「學者須是務實，不要近名。有意近名，大本已失，更學何事？爲名而學，則是僞也。今之學者，大抵爲名，爲名與爲利，雖清濁不同，然其利心則一也。」尹氏曰：「子張之學，病在乎不務實，故孔子告之皆篤實之事，充乎内而發乎外者也。」　聞只是求聞於人，達却有實，有實方能達。　色取仁而行違，居之不疑，正是指子張病痛處。　問察言而觀色。曰：「此是實要做工夫，察人之言，觀人之色，乃是要驗吾之言是與不是。今有人自任己意説將去，更不看人之意是信受他，是不信受它，如此則只是自高，更不能謙下於人，實去做工夫。大抵人之爲學，須自低下做將去，才自高了，便不齊事，這一項都是詳細收斂工夫。如色取仁，居之不疑，只是籠謾將去。」　此章大意，一個是名，一個是實。　吕氏謂德孚於人者必達，矯行求名者必聞，此説却好。　質與直是兩件：質是朴實，直是無偏曲。　南軒曰：「聖人論達，蓋爲己篤實工夫。若有求聞之意，則其心外馳矣。色取仁者，其色則有取於仁，其行則違，如内交要譽惡其聲之類，一毫萌于中，皆所謂行違也。雖然使其有所不安于心，則庶乎可使之反者。惟其居之不疑，則終爲不仁而已矣。」　又曰：「聞與達異：聞謂人知之，達謂道行於家邦也。」

子貢問曰：「何如斯可謂之士矣？」子曰：「行己有恥，使於四方，不辱君命，可謂士矣。」朱子曰：「此其志有所不爲，而其材足以有爲者也。子貢能言，故以使事告之，蓋爲使之難，不獨貴於能言而已。」曰：「敢問其次。」曰：「宗族稱孝焉，鄉黨稱弟焉。」此本立而材不足者，故爲其次。　曰：「敢問其次。」曰：「言必信，行必果，硜硜然小人哉！抑亦可以爲次矣。」果，必行也。硜，小石之堅確者。小人，言其識量之淺狹也。此其本末皆無足觀，然亦不害於自守也。故聖人猶有取焉，下此則市井之人，不復可爲士矣。　曰：「今之從政者，何如？」子曰：「噫！斗筲之人，何足算也？」算，亦作筭。今之從政，蓋如魯三家之屬。噫，心不平聲。斗，量名，容十升。筲，竹器，容斗二升。斗筲之人，言鄙細也。算，數也。子貢之問每下，故夫子以是警之。　程子曰：「子貢之意，蓋欲爲皎皎之行，聞於人者，夫子告之皆篤實自得之事。」　晁氏曰：「尊義於己，不窮於外，士之上也；　僅能有義於己，而未能不窮於外，士之次也；　孝弟親於宗族鄉黨，特行己有恥之事【二四】。」　或問：「行己有恥，爲使不辱，亦何足以爲高，而夫子以爲士之上，何邪？」曰：「是二者，泛而觀之，雖若僅免於羞辱，然嘗反諸身而度之【二五】，則能充其實者，正不易得。程子所謂篤實自得者，正謂此也。」曰：「硜硜小人而亦可以爲士，何也？」曰：「彼其識量雖淺，而非惡也。至其所守，雖規規於信果之小節，然與夫誕謾苟賤之人，則不可同年而語矣。此與不得中行而取狂狷同意，故下章言之。」　「子路問何如斯可謂士」章，見前。

子曰：「士而懷居，不足以爲士矣。」朱子曰：「居謂意所便安也。」　南軒曰：「懷居者志不立，其何以爲士乎？」　愚按：懷居與小人懷土之義同。

周有八士：伯達、伯适、仲突、仲忽、叔夜、叔夏、季隨、季騧。楊氏曰：「盡爲士之道。」「子張曰士見危致命」章，見前。

孟子曰：「待文王而後興者，凡民也；　若夫豪傑之士，雖無文王猶興。」朱子曰：「興者，感動奮發之意。豪傑，有過人之才，知者也。蓋降衷秉彝，人所同得，惟上智之材無物欲之蔽，爲能無待於教，而自能感發以有爲也【二六】。」　「士尚志」章，見前。　以上言爲士之道。

子路問成人。子曰：「若臧武仲之知，公綽之不欲，卞莊子之勇，冉求之藝，文之以禮樂，亦可以爲成人矣。」朱子曰：「成人，猶言全人，言兼此四子之長，則知足以窮理，廉足以養心，勇足以力行，藝足以泛應，而又節之以禮【二七】，和之以樂，使德成於内，而文見乎外，則材全德備，渾然不見一善成名之迹，中正和樂【二八】，粹然無復偏倚駁雜之蔽，而其爲人也亦成矣。然亦之爲言，非其至者，蓋就子路之所可及而語之也。

【二四】特行己　「特」原作「時」，據四庫本改。

【二五】反諸身　「反諸」原作「及詣」，據四庫本改。

【二六】無待於教　「待」原作「符」，據《孟子纂疏》卷十三改。

【二七】又節之　「又」原作「及」，據四庫本、乾隆本改。

【二八】中正和樂　「正」原作「王」，據四庫本、乾隆本改。

曰：「今之成人者何必然，見利思義，見危授命，久要不忘平生之言，亦可以爲成人矣。」

復加曰字者，既答而復言也。授命，言不愛其生，持以與人也。久要，舊約也。平生，平日也。有是忠信之實，則雖其才知礼樂有所未備，亦可以爲成人之次也。　程子曰：「知之明，信之篤，行之果，天下之達德也。若孔子所謂成人，亦不出此三者。武仲知也，公綽仁也，卞莊子勇也，冉求藝也，須是合此四人之能，文之以禮樂，亦可以爲成人矣。然而論其大成，則不止於此。若今之成人，有忠信而不及於礼樂，則又其次者也。」又曰：「臧武仲之知非正也，若文之以禮樂，則無不正矣。」又曰：「語成人之名，非聖人孰能之？孟子曰：『惟聖人然後可以踐形。』如此方可以稱成人之名。」胡氏曰：「今之成人以下，乃子路之言，蓋不復聞斯行之之勇，而有終身誦之之固矣，未詳是否。」　或問四子之事，曰：「武仲則《春秋傳》詳矣。公綽它無所見，而前章所稱亦可以得其爲人。卞莊子事見《新序》，曰：『莊子養母，戰而三北。及母死，齊伐魯，莊子赴鬭，三獲甲首以獻。曰：此塞三北。遂赴齊師，殺十人而死。』冉求之藝，則夫子固嘗稱之矣。」曰：「必兼四子之長，而又必文之以禮樂，然後可以爲成人，何也？」曰：「四子各有所長，而不能相兼，又無禮樂以文之，故知者至於要君，勇者至於輕死，藝者至於聚歛，而不欲者，又或不能於小國之大夫也，亦難以爲成人矣。故孔子言必兼此四人之能，而又文之以禮樂，則集其所長，去其所短，而後可以爲成人也。」洪氏以爲特以四人爲言者，四人皆魯人，而莊子与子路皆卞人，冉求又朋友也，舉其近而易知者。胡氏以爲言卞莊子，蓋以況子路耳。言有是一能，而不能兼衆之長爲成於礼樂焉，則亦不足爲成人矣。恐亦有此意也。曰：「今之成人以下，或以爲子路之言，何如？」曰：「未可知也。然姑存之，以備參考可也。」胡氏曰：「此子路之所已能也，夫子方進子路於成人之域，豈又取其已能者，而重奬之哉？蓋子路晚節末路，不復聞斯行之之勇，而有終身誦之之固，是以自名其善而爲此辭，與未見其止者異矣。」　文之以禮樂，此一句最重。上面四人所長，且把做個樸素子，唯文之以禮樂始得。　南軒曰：「文之以礼樂，道問學之事也。又言其次者，聖人所以引而進也。見利思義，無苟得也。見危授命，無苟避也。久要不忘，不食其言也。是雖未有過人之才，而亦篤實忠信之士也。故在今日亦可謂成人，此亦思狂狷之意。」此章言成人。

子曰：「聖人吾不得而見之矣，得見君子者斯可矣。善人吾不得而見之矣，得見有恒者斯可矣。亡而爲有，虚而爲盈，約而爲泰，難乎有恒矣。」朱子曰：「亡讀爲無。三者皆虚夸之事，凡若此者，必不能守其常也。」或問云云。曰：「吴氏、曾氏説亦得之。吴氏曰：『君子蓋有賢良而又有作用者，特不及聖人尔。若善人則粗能嗣守成緒，不至於爲惡而已，非若君子之能有爲也。』曾氏曰：『當夫子時，聖人固不可得而見，豈無君子、善人、有常者乎？而夫子云然者，蓋其人少而思見之也。及其見，則又悦而進之，曰：君子哉若人。凡此類，當得意而忘言【二九】。善人明乎善者也，有常雖未明乎善，亦必有一節終身不易者。若本無一長而爲有之狀，未能充實而爲盈之狀【三〇】，貧約而爲泰之狀【三一】，此亦妄人而已矣。孟子所謂雨集溝澮皆盈，其涸可立而待也，烏能久矣。』」曰：「有無、虚實、約泰之分柰何？」「無，絶無也，虚則未滿之名耳。一者兼内外學之所至，事之所能而言。約之與泰，則貧富貴賤之稱耳。爲之云者，作爲如是之形，作爲如是之事者也。爲而無以繼，則雖欲爲有常，不可得矣。」釋曰：「亡爲有，虚爲盈，約爲泰，三者夸大欺妄之意，不實之謂也。人惟實也【三二】，則始終如一，故能有常。今其人不實如此，又豈敢望其有常哉？夫子稱聖人、君子、有恒不可得見，而卒及乎此，又以明夫有恒者之亦不可見也。言舉世皆虚浮之徒，豈敢望其有常而得見之哉？歎風俗之益薄也。」南軒曰：「聖人、君子以學言，善人、有恒者以質言。聖人者，肖天地者也；君子者，具其體而未能充盡者也。故聖人不得而見，得見君子斯可矣。善人資禀醇篤無惡之稱，有恒者則能謹守常分而已，故善人不得而見，得見有恒者斯可矣。雖然以善人之質，而進學不已，聖蓋可幾。有恒者力加勉焉，亦足以有至也。若夫以亡而爲有，以虚而爲盈，在約以爲泰，則是驕矜浮虚，不務實者，其能以有恒乎？未能言恒【三三】，况可言學乎？」此章言聖人、君子、善人有恒之分。

【二九】得意而忘言　「得」原作「待」，據乾隆本改。

【三〇】爲盈之狀　「狀」原作「伏」，據《論語集説》卷四改。

【三一】貧約而爲泰　「約」原作「爲」，據四庫本、乾隆本改。

【三二】惟實也　「惟」原作「帷」，據四庫本改。

【三三】未能言恒　「恒」原作「悟」，據四庫本改。

甲集三十二

子曰：「君子周而不比，小人比而不周。」朱子曰：「周，普徧也【一】。比，偏黨也。皆與人親厚之意，但周公而比私耳。」君子小人所爲不同，如陰陽晝夜之相反，然究其所以分，則在公私之際【二】，毫釐之差耳。故聖人於周比、和同、驕泰之屬，常對舉而互言之，欲學者察乎兩間，而審其取捨之幾也。」南軒曰：「君子小人之分，公私之間而已。周則不比，比則不周，天理人欲不並立也。君子内恕以及人，其於親疎遠近賢愚，處之無不得其分，蓋其施無不溥焉，所謂周也。若小人則有所偏係而失其正，其所親暱，皆私情耳，所謂比也。」

子曰：「君子懷德，小人懷土；君子懷刑，小人懷惠。」朱子曰：「懷，思念也。懷德，謂存其固有之善。懷土，謂溺其所處之安。懷刑，謂畏法。懷惠，謂貪利。君子小人趨向不同，公私之間而已。」尹氏曰：「樂善惡不善【三】，所以爲君子；苟安務得，所以爲小人。」或問：「君子小人安知不以位言耶？」曰：「以例求之，凡言君子小人而相須者，則君民之謂，如愛人、易使之類是也。言君子小人而相反者，則善惡之謂也，如周比、和同之類是也。此蓋以相反爲言，云云。」又問：「懷刑之説，以爲惡不善，何也？」曰：「樂善惡不善，猶曰好仁惡不仁也，必以刑爲言，則猶管仲所謂畏威如疾之謂耳。」南軒曰：「懷德懷刑，好善惡惡之公心也；懷土懷惠，苟安務得之私意也。」「喻義喻利」章，已見前。

子曰：「君子坦蕩蕩，小人長戚戚。」朱子曰：「坦，平。蕩蕩，寬廣貌。」程子曰：「君子循理，故常舒泰；小人役於物欲，故多憂戚。」程子曰：「君子坦蕩蕩，心廣體胖。」南軒曰：「正己而不求於人，故坦蕩蕩；徇

校勘記

【一】普徧也 「普」原作「曾」，據四庫本改。

【二】公私之際 「際」原作「除」，據四庫本改。

【三】惡不善 「惡」原作「思」，據四庫本、乾隆本改。

欲而不反諸己，故長戚戚。坦蕩非謂放懷自適，無所憂慮之謂也。謂求之在己，而無必於外，故常舒泰云耳。」

子曰：「君子成人之美，不成人之惡。小人反是。」朱子曰：「成者，誘掖獎勸，以成其事也。君子小人既有厚薄之殊，而其所好又有善惡之異，故其用心不同如此。」南軒曰：「君子充其忠愛之心，於人之美其樂之，如在己也。從而扶持之，又從而勸相之，惟欲其美之成也；於人之惡則從而正救之，正救之不可，則哀矜之，惟恐其惡之成也。若小人則以刻薄爲心，幸人之有過，而疾人之勝己，非徒坐視其入於惡，又從而濟之；非從欲其美之不成，又從而毁之。君子小人之操存，未嘗不相反也。」

子曰：「君子和而不同，小人同而不和。」朱子曰：「和者，無乖戾之心；同者，有阿比之意。」尹氏曰：「君子尚義，故有不同；小人尚利，安得而和？」或問云云。曰：「諸説皆祖晏子之意，然晏子之言乃就事而言，而此章之意，則直指君子、小人之情狀而言，似不可引以爲證也。蓋此所論君子之和者，乃以其同寅協恭，而无乖爭忌克之意；其不同者，乃以其守正循理，而無阿黨朋比之風。若小人則反是焉。此二者外雖相似，而内實相反。乃君子小人情狀之隱微，自古至今，如出一轍，非聖人不能究極而發明之也。且以本朝諸公論之，韓、富、范公上前議論不同，或至失色，而卒未嘗失和氣。王、吕、章、曾、蔡氏父子同惡相濟，而其究也，無所不至焉，亦足以驗聖言之不可易也。如此説則君子之心無可否同異之私，而惟欲必歸於是。若晏子之説，則是必於立異，然後可以爲和而不同也，是非矯枉過直之論哉？然其爲齊景公、梁丘據而發，則切中其病耳。」

子曰：「君子易事而難説也。説之不以道，不説也；及其使人也，器之。小人難事而易説也。説之雖不以道，説也；及其使人也，求備焉。」朱子曰：「器之，謂隨其材器而使之也。君子之心公而恕，小人之心私而刻，天理人欲之間，每相反而已矣。」南軒曰：「易事者，平恕之心；難説者，正大之情。」

子曰：「君子泰而不驕，小人驕而不泰。」朱子曰：「君子循理，故安舒而不矜肆；小人逞欲，故反是。」南軒曰：「泰者心廣而體胖，驕者意盈而氣盛。曰：驕則何由泰，泰則奚驕之有？然而能不驕矣，而未之泰者則亦有之。蓋雖能制其私而涵養未至，未免乎拘迫者也。」「君子而不仁」章，已見前。

子曰：「君子上達，小人下達。」朱子曰：「君子循天理【四】，故日進乎高明；小人徇人欲，故日究於汙下。」按：張子曰：「上達循天理，下達徇人欲。」朱子之說本此。南軒曰：「上達及本，下達趍末，皆云達者，如喻義喻利同言喻。」「固窮窮斯濫」章，見《丁記》。

子曰：「君子求諸己，小人求諸人。」謝氏曰：「君子無不反求諸己，小人反是。此君子、小人所以分也。」楊氏曰：「君子雖不病人之不己知，然亦疾没世而名不稱也。雖疾没世而名不稱，然所以求者，亦反諸己而已。小人求諸人，故違道干譽，無所不至。二者文不相蒙而意實相足，亦記言者之意【五】。」按：此章在「病人不己知」與「疾没世名不稱」之次，故楊氏云云。朱子有說，見《學》篇。

子曰：「君子不可小知，而可大受也。小人不可大受，而可小知也。」朱子曰：「此言觀人之法。知，我知之也。受，彼所受也。蓋君子於細事未必可觀，而材德足以任重；小人雖器量淺狹，而未必無一長可取。」吳氏曰：「方舜之耕稼時，視之猶人也。一旦受堯之天下，若素有之。小人有立談之間，其材可知者，至委以國，則未有不敗。」南軒曰：「君子所存者大，故不可以小者測知，而可以當其大者；小人局於狹小，其長易見，故不可以任大，而可以小知之。大受，如學者之學聖人，有爲者之當大任也。」

右論君子小人之分

學，所以學爲君子者也。故先之以君子之道，次之以善人之道，又次之以士之道與成人之道，然後及君子小人之分。學者誠能深玩乎此，則其願爲君子而不願爲小人也，必矣。

子夏曰：「雖小道，必有可觀者焉。致遠恐泥，是以君子不爲也。」朱子曰：「小道，如農圃

【四】君子循天理　「循」原作「反」，據四庫本、乾隆本改。下同。

【五】記言者之意　「者之」原作「之者」，據四庫本乙正。

醫卜之屬。泥，不通也。」楊氏曰：「百家衆枝，猶耳目鼻口，皆有所明而不能相通。非無可觀也，致遠則泥矣，故君子不爲也。」或問：「何以言小道之爲農圃之屬也？」曰：「小者對大之名。正心脩身以治人，道之大者也；專一家之業以治於人，道之小者也。然皆用於世而不可無者，其始固皆聖人之作，而各有一物之理焉，是以必有可觀也。然能於此者，或不能於彼，而皆不可以達於君子之大道，是以致遠恐泥，而君子不爲也。」黄氏曰：「小道之不可以致遠者，聖人之道，自脩身而齊家治國而平天下，與夫參天地、贊化育，無適而不通也。農圃醫卜之屬，施之目前淺近不爲無益，然求其如聖人之道無所不通，則不可也。許行欲以並耕而治天下，此孟子所以譏其相率而爲僞也。或曰：安知所謂小道者，不指楊、墨、佛、老之類而言耶？曰：小道合聖人之道而小者也。異端者，違聖人之道而異者也。小者猶可以施之近，異者則不可以頃刻而施也。楊、墨、老、佛之無父無君，又何待致遠而後不通哉！所謂正墻面而立，跬步而不可行者也。」

有爲神農之言者許行，自楚之滕，踵門而告文公曰：「遠方之人，聞君行仁政，願受一廛而爲氓。」文公與之處。其徒數十人，皆衣褐，捆屨、織席以爲食。朱子曰：「神農氏始爲耒耜，教民稼穡者也。爲其言者，史遷所謂農家者流也。」程子曰：「許行所謂神農之言，乃後世稱述上古之事，失其義理者耳，猶陰陽、醫方稱黄帝之説也。」陳良之徒陳相與其弟辛，負耒耜而自宋之滕，曰：「聞君行聖人之政，是亦聖人也。願爲聖人氓。」陳良，楚之儒者。陳相見許行而大悦，盡棄其學而學焉。陳相見孟子，道許行之言曰：「滕君則誠賢君也，雖然，未聞道也。賢者與民並耕而食，饔飧而治。今也滕有倉廩府庫，則是厲民而以自養也，惡得賢？」孟子曰：「許子必種粟而後食乎？」曰：「然。」「許子必織布而後衣乎？」曰：「否。許子衣褐。」「許子冠乎？」

曰：「冠。」曰：「奚冠？」曰：「冠素。」曰：「自織之與？」曰：「否。以粟易之。」曰：「許子奚爲不自織？」曰：「害於耕。」曰：「許子以釜甑爨，以鐵耕乎？」曰：「然。」「自爲之與？」曰：「否。以粟易之。」「以粟易械器者，不爲厲陶冶？陶冶亦以其械器易粟者，豈爲厲農夫哉？且許子何不爲陶冶，舍皆取諸其宫中而用之？何爲紛紛然與百工交易？何許子之不憚煩？」曰：「百工之事，固不可耕且爲也。」「然則治天下獨可耕且爲與？有大人之事，有小人之事。且一人之身，而百工之所爲備，如必自爲而後用之，是率天下而路也。故曰：或勞心，或勞力。勞心者治人，勞力者治於人。治於人者食人，治人者食於人。天下之通義也。」君子無小人則飢，小人無君子則亂，以此相易，正猶農夫、陶冶以粟與械器相易，乃所以相濟，而非所以相病也。治天下者，豈必耕且爲哉？

「當堯之時，天下猶未平，洪水横流，氾濫於天下。草木暢茂，禽獸繁殖，五穀不登，禽獸偪人，獸蹄鳥跡之道交於中國。堯獨憂之，舉舜而敷治焉。舜使益掌火，益烈山澤而焚之，禽獸逃匿。禹疏九河，瀹濟、漯，而注諸海，決汝、漢，排淮、泗，而注之江，然後中國可得而食也。當是時也，禹八年於外，三過其門而不入，雖欲耕，得乎？后稷教民稼穡，樹藝五穀，五穀熟而民人育。人之有道也，飽食、煖衣、逸居而無教，則近於禽獸。聖人有憂之，使契爲司徒，教以人倫：父子有親，君臣有義，夫婦有别，長幼有序，朋友有信。放勳曰：『勞之來之，匡之直之，輔之翼之，使自得之，又從而振德之。』聖人之憂民如此，而暇耕乎？」人之有道，言皆有秉彝之性也，然無教，則亦放逸怠惰而失之。故聖人設官而教以人倫，亦因其固有者而道之耳。《書》曰：「天叙五典，勑我五典五惇哉！」此之謂也。德，猶惠也。堯言：「勞者勞之，來者來之，邪者正之，枉者直之，輔以立之，翼以行之。」使自得其性矣，又從而提撕警覺以加惠焉，不使其放逸怠惰而或失之。蓋命契之辭也。「堯以不得舜爲己憂，舜以不得禹、皋陶爲己憂。夫以百畝之不易爲己憂者，農夫也。分人以財謂之惠，教人以善謂之忠，爲天下得人者謂之仁。是故以天下與人易，爲天下得人難。孔子曰：『大哉，堯之爲君！惟天爲大，惟堯則之。蕩蕩乎，民無能名焉。君哉，舜也！巍巍乎，有天下而不與焉！』堯、舜之治天下，豈無所用其心哉？亦不用於耕耳。吾聞用夏變夷者，未聞變於夷者也。陳良，楚産也，悦周公、仲尼之道，北學於中國。北方之學者，未能或之先也。彼所謂豪傑之士也，子之兄弟事之數十年，師死而遂倍之。豪傑，才德出衆之稱，言其能自拔於流俗也。倍與背同，言陳良用夏變夷，陳相變於夷也。昔者孔子没，三年之外，門人治任將歸，入揖於子貢，相嚮而哭，皆失聲，然後歸。子貢反，築室於場，獨居三年，然後歸。他日，子夏、子張、子游以有若似聖人，欲以所事孔子事之，彊曾子。曾子曰：『不可。江、漢以濯之，秋陽以暴之，皜皜乎不可尚已！』江漢水多，言濯之潔也。秋日燥烈，言暴之乾也。皜皜者，白貌。尚，加也。言夫子道德明著，光輝潔白，非有若所能彷彿也。今也南蠻鴃舌之人，非先王之道，子倍子之師而學之，亦異於曾子矣。吾聞出於幽谷遷于喬木者，未聞下喬木而入於幽谷者。《魯頌》曰：『戎狄是膺，荆、舒是懲。』周公方且膺之，子是之學，亦爲不善變矣。從許子之道，則市賈不貳，國中無僞。雖使五尺之童適市，莫之或欺。布帛長短同，則賈相若。麻縷絲絮輕重同，則賈相若。五穀多寡同，則賈相若。屨大小同，則賈相若。曰夫物之不齊，物之情也。或相倍蓰，或相什伯，或相千萬，子比而同之，是亂天下也。巨屨小屨同賈，人豈爲之哉？從許子之道，相率而爲僞者也，惡能治國家？」南軒曰：「許行之説，初若淺近，而乃盛行於時，其所以能動人者，蓋其人亦清苦高介之士，遠慕古初，而燭理不明。見世有神農之説，不知其爲後世傳習之謬，則從而祖述之，以謂農者天下之本。善爲治者，必使斯民盡力於農，而人君必力耕以先之，不當使民勞而己逸，以爲是乃以道治天下，而非後世所及。此其説若高，而有以惑人者也。樊遲請學稼，微夫子救之，蓋亦幾陷於此矣。夫帝王之道，如長江大逵，無往而不達者，以其述天之理故耳。異端之説，如斷港荒蹊，卒歸於不可行者，以其私意之所爲故耳。」又曰：「陳相言許行之説，以謂使其説行，其效可使天下反於淳朴，凡天下之物皆可齊也。嗟乎，豈有此理哉！有天地則有万物，其巨細多寡、高下美惡之不齊，乃物之情，而實天之理也。物各付物，止於其所，吾何加損於其間哉！故莊周之齊物，强欲以理齊之，猶爲賊夫道；況乎許子遂欲一天下之物，而泯其一定之分，其蔽豈不甚矣哉？孟子曰：『夫物之不齊，物之情也。』斯兩言也，足以發明天理之大，不但可以闢許行，而莊周之説併可坐見其偏矣。故曰『從許子之道，相率而爲僞者也』。强使巨者細，多者寡，高者下，美者惡，豈非相率而爲僞乎？」

墨者夷之，因徐辟而求見孟子。孟子曰：「吾固願見。今吾尚病，病愈，我且往見，夷子不來！」朱子曰：「墨者，治墨翟之道者。徐辟，孟子弟子。孟子稱疾，疑亦託辭以觀其意之誠否。」他日，又求見孟子。孟子曰：「吾今則可以見矣。不直，則道不見；我且直之。吾聞夷子墨者，墨之治喪也，以薄爲其道也。夷子思以易天下，豈以爲非是而不貴也？然而夷子葬其親厚，則是以所賤事親也。」又求見，則其意已誠矣，故因徐辟以質之如此。直，盡言以相正也。莊子曰：「墨子生不歌，死无服，桐棺三寸而无椁。」是墨之治喪，以薄爲道也。易天下，謂移易天下之風俗也。夷子學於墨氏而不從其教，其心必有所不安者，故孟子因以詰之【六】。徐子以告夷子。夷子曰：「儒者之道，古之人『若保赤子』，此言何謂也？之則以爲愛無差等，施由親始。」徐子以告孟子。孟子曰：「夫夷子，信以爲人之親其兄之子，爲若親其鄰之赤子乎？彼有取爾也。赤子匍匐將入井，非赤子之罪也。且天之生物也，使之一本，而夷子二本故也。「若保赤子」，《周書·康誥》篇文，此儒者之言也。夷子引之，蓋欲援儒而入於墨，以拒孟子之非己。又曰「愛無差等，施由親始」，則推墨而附於儒，以釋己所以厚葬其親之意。皆所謂遁辭也。孟子言人之愛其兄子與鄰之子，本有差等。《書》之取譬，本爲小民無知而犯法，如赤子無知而入井耳。且人物之生，必各本於父母而無二，乃自然之理，若天使之然也。故其愛由此立，而推以及人，自有差等。今如夷子之言，則是視其父母本無異於路人，但其施之之序，姑自此始耳，非二本而何哉？然其於先後之間，猶知所擇，則又其本心之明有終不得而息者，此其所以卒能受命而自覺其非也。蓋上世嘗有不葬其親者。其親死，則舉而委之於壑。他日過之，狐狸食之，蠅蚋姑嘬之。其顙有泚，睨而不視。夫泚也，非爲人泚，中心達於面目。蓋歸反虆梩而掩之。掩之誠是也，則孝子仁人之掩其親，亦必有道矣。」因夷子厚葬其親而言此，以深明一本之意。上世，謂太古也。委，棄也。壑，山水所趍也。蚋，蚊屬。姑，語助聲，或曰螻蛄也。嘬，攢共食之也。顙，額也。泚，泚然汗出之貌【七】。睨，邪視也。視，正視也。不能不視，而又不忍正視，哀痛迫切，不能爲心之甚也。非爲人泚，言非爲他人見之而然也。所謂一本者，於此見

【六】因以詰之　「詰」原作「誥」，據四庫本改。

【七】泚然汗出　「泚」字原脱，據《孟子集注》卷五補。

之，尤爲親切。蓋惟至親故如此，在他人則雖有不忍之心，而其哀痛迫切，不至若此之甚矣。反，覆也。虆，土籠也。梩，土轝也。於是歸而掩覆其親之尸，此葬埋之禮所由起也。此掩其親者，若所當然，則孝子仁人所以掩其親者，必有其道，而不以薄爲貴矣。徐子以告夷子。夷子憮然爲間，曰：「命之矣！」憮然，茫然自失貌。間者，有頃之間也。命，猶教也。言孟子已教我矣。蓋因其本心之明，以攻其所學之蔽，是以吾之言易入而彼之惑易解也。

南軒曰：「仁莫大於愛親，其達之天下，皆是心所推也。故其等差輕重，莫不有別焉，此仁義之道所以相爲體用也。若夫愛無等差，則是無義也；無義，則亦害夫仁之體矣，以失其所以爲本之一故也。故孟子於墨氏之説，所以深闢之，而發二本之論也。」

公都子曰：「外人皆稱夫子好辯，敢問何也？」孟了曰：「予豈好辯哉！予不得已也。天下之生久矣，一治一亂。朱子曰：「生，謂生民也。一治一亂，氣化盛衰，人事得失，反覆相尋，理之常也。」當堯之時，水逆行，氾濫於中國，蛇龍居之。民無所定，下者爲巢，上者爲營窟。《書》曰：『洚水警余。』洚水者，洪水也。洚水，洚洞無涯之水也。警，戒也。此一亂也。使禹治之。禹掘地而注之海，驅蛇龍而放之菹。水由地中行，江、淮、河、漢是也。險阻既遠，鳥獸之害人者消，然後人得平土而居之。此一治也。堯、舜既没，聖人之道衰，暴君代作。壞宫室以爲汙池，民無所安息。棄田以爲園囿，使民不得衣食。邪説暴行又作，園囿、汙池、沛澤多而禽獸至。及紂之身，天下又大亂。自堯、舜没至此，治亂非一，及紂而又一大亂也。周公相武王誅紂，伐奄三年討其君，驅飛廉於海隅而戮之；滅國者五十；驅虎豹犀象而遠之。天下大悦。《書》曰：『丕顯哉！文王謨。丕承哉！武王烈。佑啓我後人，咸以正無缺。』此一治也。世衰道微，邪説暴行有作，臣弒其君者有之，子弒其父者有之。此周室東遷之後，又一亂也。孔子懼，作《春秋》。《春秋》，天子之事也。是故孔子曰：『知我者其惟《春秋》乎！罪我者其惟《春秋》乎！』孔子作《春秋》以討亂賊，則致治之法垂於萬世，是亦一治也。聖王不作，諸侯放恣，處士横議。楊朱、墨翟之言盈天下。天下之言，不歸楊，則歸墨。楊氏爲我，是無君也。墨氏兼愛，是無父也。無父無君，是禽獸也。公明儀曰：『庖有肥肉，廐有肥馬，民有飢色，野有餓莩。此率獸而食人也。』楊、墨之道不息，孔子之道不著，是邪説誣民，充塞仁義也。仁義充塞，則率獸食人，人將相食。」楊朱但知愛身，而不復知有致身之義，故無君。墨子愛無差等，而視其至親無異衆人，故無父。無父無君，則人道滅絶，是亦禽獸而已。充塞仁義，謂邪説偏滿，妨於仁義也。孟子引公明儀之言，以明楊、墨道行，則人皆無父無君，以陷於禽獸，而大亂將起，是亦率獸食人而人又相食也。此又一亂也。

「吾爲此懼，閑先聖之道，距楊、墨，放淫辭，邪説者不得作。作於其心，害於其事；作於其事，害於其政。聖人復起，不易吾言矣。閑，衛也。放，驅而遠之也。作，起也。事，所行。政，大體也。孟子雖不得志於時，然楊、墨之害自是滅息，而君臣父子之道賴以不墜，是亦一治。程子曰：「楊、墨之害甚於申、韓，蓋楊氏爲我疑於義，墨氏兼愛疑於仁，申、韓則淺陋易見。故孟子止闢楊、墨，爲其惑世之甚也。」昔者禹抑洪水而天下平，周公兼夷狄、驅猛獸而百姓寧，孔子成《春秋》而亂臣賊子懼。《詩》云：『戎狄是膺，荆舒是懲，則莫我敢承。』無父無君，是周公所膺也。我亦欲正人心，息邪説，距詖行，放淫辭，以承三聖者。豈好辯哉？予不得已也。」承，繼也。三聖，禹、周公、孔子也。蓋邪説橫流，壞人心術，甚於洪水猛獸之災，慘於夷狄篡弑之禍，故孟子深懼而力捄之。再言「豈好辯哉，予不得已也」，所以深致意焉。然非知道之君子，孰能真知其所以不得已之故哉？能言距楊、墨者，聖人之徒也。」言苟有能爲此距楊、墨之説者，則其所趍正矣，雖未必知道，是亦聖人之徒也。孟子既答公都子之問，而意有未盡，故復言此。蓋邪説害正，人人得而攻之，不必聖賢；如《春秋》之法，亂臣賊子人人得而討之，不必士師也。聖人救世立法之意，其切如此。若以此意推之，則不能攻討，而又唱爲「不必攻討」之説者，其爲邪詖之徒、亂賊之黨可知矣。尹氏曰：「學者於是非之原，毫釐有差，則害及於生民，禍及於後世，故孟子辨邪説如是之嚴【八】，而自以爲承三聖之功也。當是時，方且以『好辯』目之，是以常人之心而度聖賢之心也。」南軒曰：「爲我、兼愛，特其見之偏耳。而比之遽及於禽獸者，蓋爲我則自私，自私則賊義，而君臣之分遂可廢也。兼愛則無本，無本則害仁，而父子之親遂可夷也。人之異乎庶物，以其有君臣、父子也。無父無君，則與禽獸有異乎哉？」愚按：莊子以曾、史、楊、墨並譏者，凡數焉。曾子，孔門之高弟【九】。史魚，亦孔子所與。莊生非孔子者也，其譏之宜矣。併及於楊、墨者，以其兼愛之似仁，爲我之似義故也。孟子、莊子同於非楊、墨，而其意不同。蓋莊子直以爲仁義，孟子則以其似仁義而實非仁義，此所以爲不同也。

《論語》：「子曰：『攻乎異端，斯害也已。』」范氏曰：「攻，專治也，故治木石金玉之工曰攻。異端，非聖人之道而別爲一端，如楊、墨是也。其率天下至於無父無君，專治而欲精之，爲害甚矣！」或問：「有以攻爲攻擊之攻，言異端不必深排，但當反經而已者，如何？」朱子曰：「不務反經而徒與之角其無涯之辨，固所以自蔽，然熟視異端之害，而不一言以正之，則亦何以祛習俗之蔽，而反之於經哉！蓋正道異端，如水火之相勝，彼盛則此衰，此强則彼弱，反經固所當務，而不可以徒反異端，固不必辨；然亦有不可不辨者，熟觀孟子所以答公都子好辨之問者，則可見矣。」或問：「諸説如何？」「如張子謂孔子不闢異端，其考之亦不詳矣。當時所謂異端，固未有以見其爲誰氏，姑以楊、墨論之，如墨氏之無父，則悖德悖禮之訓，固已深闢之；楊氏之無君，則潔身亂倫之戒，又已深闢之矣。」愚

【八】辨邪説　「辨」原作「辯」，據四庫本改。

【九】孔門之高弟　「弟」原作「第」，據四庫本、《癸巳論語解》卷五改。

按：孔子之言，雖非爲楊、墨發，然此兩言實深中二氏之病。此義當明，則楊、墨之禍自熄矣。

孟子曰：「楊子取爲我，拔一毛而利天下，不爲也。墨子兼愛，摩頂放踵利天下，爲之。」全文見前。

孟子曰：「逃墨必歸於楊，逃楊必歸於儒。歸，斯受之而已矣。朱子曰：「墨氏務外而不情，楊氏太簡而近實，故其反正之漸，大略如此。『歸斯受之』者，閔其陷溺之久，而取其悔悟之新也。」今之與楊、墨辯者，如追放豚，既入其苙，又從而招之。」放豚，放逸之豕豚也。苙，闌也。招，罥也，羈其足也。言彼既來歸，而又追咎其既往之失也。此章見聖賢之於異端，距之甚嚴，而於其來歸，待之甚恕。距之嚴，故人知彼説之爲邪；待之恕，故人知此道之可反，仁之至，義之盡也。問：「逃墨歸楊」云云。」曰：「楊、墨皆是邪説，無大輕重，但墨氏之説尤出於矯僞，不近人情而難行，故孟子之言如此，非以楊氏爲可取也。」程子曰：「儒者潛心正道，不容有差，其始甚微，其終則不可救。如『師也過，商也不及』，於聖人中道，師只是過於厚些，商只是不及些。然而厚則漸至於兼愛，不及則便至於爲我，其過不及同出於儒者，其末遂至楊、墨。至如楊、墨，亦未至於無父無君，孟子推之便至於此，蓋其差必至於是也。」呂氏《大事記》曰：「齊宣王喜文學游説之士，鄒衍之徒七十六人，皆賜列第【一〇】，爲上大夫，不治而議論。是以齊稷下學士盛者，數百千人。是時，諸子並起，秦、漢以後所謂六家九流，特其畧耳。」《孟子荀卿列傳》曰：「騶衍作《怪迂之變》、《終始》、《大聖》之篇，稱引天地剖判以來，五德轉移，治各有宜。其語閎大不經，王公大夫初見其術，懼然顧化。淳于髡，齊人，博聞强記，學無所主。慎到，趙人，田駢、接子，齊人，環淵，楚人，皆學黄、老之術。騶奭者，齊諸騶子，亦頗采騶衍之術，文具難施。公孫龍爲堅白同異之辯，魏有李悝盡地力之教，楚有尸子、長盧，阿之吁子焉。自騶衍與齊之稷下先生淳于髡、慎到、環淵、接子、田駢之徒，各著書言治亂之事，以干世主，豈可勝道哉！」《莊子·天下》篇曰：「古之人其備乎？配神明，醇天地，育萬物，和天下，澤及百姓，明於本數，係於末度，六通四闢，小大

【一〇】皆賜列第　「第」原作「弟」，據四庫本改。

精粗，其運無乎不在。其明而在數度者，舊法、世傳之史尚多有之。其在《詩》、《書》、《禮》、《樂》者，鄒魯之士、縉紳先生多能明之。《詩》以導志，《書》以導事，《禮》以導行，《樂》以導和，《易》以導陰陽，《春秋》以導名分。其數散於天下而設於中國者，百家之學或稱而道之。天下大亂，道德不一。天下多得一察焉以自好，譬如耳目鼻口，皆有所明，不能相通。天下之人，各爲其所欲焉以自爲方。悲夫，百家往而不反，必不合矣！後世學者，不見天地之純，古人之大體，道術將爲天下裂。」司馬子長與莊生所談，皆當深味也。愚按：莊生所述諸子，墨翟、禽滑釐其一也，宋鈃、尹文其二也，彭蒙、田駢、慎到其三也，關尹、老聃其四也，莊周其五也，惠施其六也。異端之盛，莫甚於此時，而孟子獨深辨楊、墨者。或曰：「楊、墨之禍仁義固也，必若何而後爲仁義耶？」曰：「孟子嘗言之矣，曰『君子親親而仁民，仁民而愛物』是也。蓋自親親而推之於民，物是其理之一也。明乎理之一，則心無不傳，而非楊氏之爲我矣。親親與仁民不同，仁民與愛物不同，是其分之殊也。明乎分之殊，則其施有序，而非墨氏之兼愛矣。聖賢正大之學，異端私邪之見，其霄壤也。」學者徒知孟子之闢楊、墨，而不知此章乃闢楊、墨之本，故附見焉。

詖辭知其所蔽，淫辭知其所陷，邪辭知其所離，遁辭知其所窮。程子曰：「詖辭偏蔽，淫辭陷溺，邪辭信其説至於耽惑，遁辭生於不正，窮著便遁，此四者楊、墨皆有。」愚按：此亦闢異端之詞，故附著於此，全章見《志氣》篇。

景春曰：「公孫衍、張儀豈不誠大丈夫哉？一怒而諸侯懼，安居而天下熄。」朱子曰：「景春，人姓名。公孫衍、張儀，皆魏人。怒則説諸侯使相攻伐，故諸侯懼也。」孟子曰：「是焉得爲大丈夫乎？子未學禮乎？丈夫之冠也，父命之。女子之嫁也，母命之，往送之門，戒之曰：『往之女家，必敬必戒，無違夫子。』以順爲正者，妾婦之道也。加冠於首曰冠。女家，夫家也。婦人內夫家，以嫁爲歸也。夫子，夫也。女子從人，以順爲正道也。蓋言二子阿諛苟容，竊取權勢，乃妾婦順從之道耳，非丈夫之事也。居天下之廣居，立天下之正位，行天下之大道。得志與民由之，不得志獨行其道。富貴不能淫，貧賤不能移，威武不能屈，此之謂大丈夫。」廣居，仁也。正位，礼也。大道，義也。與民由之，推其所得於人也。獨行其道，守其所得於己也。淫，蕩其心也。移，变其節也。屈，挫其志也。何叔京曰：「戰國之時，聖賢道否，天下不復見其德業之盛。但見姦巧之徒得志横行，氣燄可畏，遂以爲大丈夫。不知由君子觀之，是乃妾婦之道耳，何足道哉？」愚按：此章闢縱横家，又宋鈃章亦闢游説之徒，見《仁義》篇。

孟子曰：「求也爲季氏宰，無能改於其德，而賦粟倍他日。孔子曰：『求非我徒也，小子鳴鼓而攻之可也。』求，孔子弟子冉求。季氏，魯卿。宰，家臣。賦，猶取也。取民之粟倍於他日也。小子，弟子也。鳴鼓而攻之，聲其罪而責之也。由此觀之，君不行仁政而富之，皆棄於孔子者也，况於爲之强戰？爭地以戰，殺人盈野；爭城以戰，殺人盈城，此所謂率土地而食人肉，罪不容於死。爲，去聲。林氏曰：「富其君者，奪民之財耳，而夫子猶惡之，况爲土地之故而殺人，使其肝腦塗地，則是率土地而食人之肉。其罪之大，雖至於死，猶不足以容之也。」故善戰者服上刑，連諸侯者次之，辟草萊、任土地者次之。」辟，與闢同。善戰，如孫臏、吴起之徒。連結諸侯，如蘇秦、張儀之類。辟，開墾也。任土地，謂分土授民，使任耕稼之責，如李悝盡地力、商鞅開阡陌之類也。愚按：此章兼闢兵、縱横、農三家。

魯欲使慎子爲將軍。朱子曰：「慎子，魯臣。」孟子曰：「不教民而用之，謂之殃民。殃民者，不容於堯、舜之世。教民者，教之礼義，使知入事父兄，出事長上也。用之，使之戰也。一戰勝齊，遂有南陽，然且不可。」是時，曾蓋欲使慎子伐齊取南陽也。故孟子言就使慎子善戰有功，如此且猶不可。慎子勃然不悦，曰：「此則滑釐所不識也。」滑釐，慎子名。曰：「吾明告子：天子之地方千里；不千里，不足以待諸侯。諸侯之地方百里；不百里，不足以守宗廟之典籍。待諸侯，謂待其朝覲聘問之禮。宗廟典籍，祭祀、會同之常禮也。周公之封於魯，爲方百里也；地非不足，而儉於百里。太公之封於齊也，亦爲方百里也；地非不足也，而儉於百里。二公有大勳勞於天下，而其封國不過百里。儉，止而不過之意也。今魯方百里者五，子以爲有王者作，則魯在所損乎？在所益乎？魯地之大，皆并吞小國而得之。有王者作，則必在所損矣。徒取諸彼以與此【一二】，然且仁者不爲，况於殺人以求之乎？徒，空也。言不殺人而取之也。君子之事君也，務引其君以當道，志於仁而已。」當道，謂事合於理。志仁，謂心在於仁。孟子曰：「今之事君者曰：『我能爲君辟土地，充府庫。』今之所謂良臣，古之所謂民賊也。君不鄉道，不志於仁，而求富之，是富桀也。爲，去聲。辟，與闢同。鄉與向同。下皆同。辟，開墾也。我能爲君約與國，戰必克。今之所謂良臣，古之所謂民賊也。君不鄉道，不志於仁，而求爲之强戰，是輔桀也。約，要結也。與國，和好相與之國也。由今之道，無變今之俗，雖與之天下，不能一朝居也。」言必爭奪而至於危亡也。

愚按：此二章專闢兵家。

孟子曰：「有人曰：『我善爲陳，我善爲戰。』大罪也。陳，去聲。制行伍曰陳，交兵曰戰。國君好仁，天下無敵焉。好，去聲。南面而征，北狄怨；東面而征，西夷怨。曰：『奚爲後我？』此引湯之事以明之，解見前篇。武王之伐殷也，革車三百兩，虎賁三千人。兩，去聲。賁，音奔。

【一二】徒取諸彼　「彼」原作「侯」，據《孟子注疏》卷十二改。

又以武王之事明之也。兩，車數，一車兩輪也。「千」，《書序》作「百」。王曰：『無畏！寧爾也，非敵百姓也。』若崩厥角稽首。《書·泰誓》文與此小異。孟子之意當云：「王謂商人曰：『無畏我也。我來伐紂，本爲安寧汝，非敵商之百姓也。』於是商人稽首至地，如角之崩也。」征之爲言正也，各欲正己也，焉用戰？」焉，於虔反。　民爲暴君所虐，皆欲仁者來正己之國也。

太史公曰：「世之學老子者，則絀儒學，儒學亦絀老子，道不同不相爲謀。」《史記·老子列傳》：老子姓李氏，名耳，字伯陽，謚曰聃，周守藏室之史。孔子適周，將問禮於老子。老子曰：「吾聞之，良賈深藏若虛，吾子盛德容貌若愚。去子之驕氣與多欲，態色與淫志，是皆無益於子之身。吾所以告子，若是而已。」老子脩道德，其學以自隱無名爲務。著書言道德之意，五千餘言，莫知其所終。　莊子名周，嘗爲蒙漆園吏，與梁惠王、齊宣王同時。其學無所不闚，然其要本歸於老子之言。故其著書十餘萬言，大抵皆寓言也。作《漁父》、《盜跖》、《胠篋》，以詆訾孔子之徒，以明老子術。畏累虛、亢桑子之屬，皆空語無事實。然善屬書離辭，指事類情，用剽剥儒、墨，雖當世宿學不能自解免也。其言洸洋自恣以適己，故自王公大人不能器之。終身不仕，以快其志焉。　按：《莊子》之稱老聃、關尹曰：「以本爲精，以末爲粗，澹然獨與神明居。以懦弱謙下爲表【一二】，以空虛不毁萬物爲實。」又曰：「在己無居，形物自著。其動若水，其靜若鏡，其應若響。未嘗先人而常隨人。」又曰：「人皆取先，己獨取後，曰受天下之垢。人皆取實，己獨取虛，無藏也故有餘。」又曰：「關尹、老聃，古之博大真人哉！其自稱則曰寂漠無形，變化無常。」又曰：「以繆悠之説，荒唐之言，無端厓之辭，時恣縱而不儻，不以觭見之也。以天下爲沉濁，不可與莊語，以卮言爲曼衍，以重言爲真，以寓言爲廣。獨與天地精神往來，而不敖倪於萬物，上與造物者遊，而下與外死生、無終始者爲交。」老、莊之學，即此可見其大畧矣。　揚子曰：「老子之言道德，吾有取焉耳。搥提仁義，絶滅禮學，吾無取焉耳。」　程子曰：「揚子看老子，謂言道德則有取云云，則無取。若以老子剖斗折衡，聖人不死，大盜不止，爲救時反本之言，爲可取，却尚可恕。

【一二】懦弱謙下　「懦」原作「儒」，據四庫本改。

如老子言『失道而後德，失德而後仁，失仁而後義，失義而後禮』，則自不識道，已不成言語，却言其『言道德有取』，則是揚子已不見道。」又曰：「今語道德，須要寂滅湛静，形使如槁木，心使如死灰。豈有直做牆壁木石而謂之道？所貴乎『智周天地萬物而不遺』，又幾時要如死灰？所貴乎『動容周旋中禮【一三】』，又幾時要如槁木？」又曰：「物之不齊，物之情也。莊周彊要齊物，然而物終不齊也。堯夫有言：『泥空終是著，齊物到頭争。』」問：「莊子《齊物論》如何？」曰：「莊子之意欲齊物理，物理從來齊，何待莊子而後齊？若齊物形，物形從來不齊，如何齊得？」又曰：「莊生形容道體之語，儘有好處。《老子》『谷神不死』一章，最佳。」

又曰：「莊言『遊方之内』、『遊方之外』，方何嘗有内外？如此，則是道有隔斷，内外各是一處也。豈有此理？」　龜山楊氏曰：「聖人以爲尋常事者，莊周則夸言之。莊周之博，乃禪家呵佛駡祖之類是也。如《逍遥遊》、《養生主》曲譬廣喻，張大其説，論其要則《逍遥遊》一篇，乃子思所謂『無入而不自得』，而《養生主》一篇，乃孟子所謂『行其所無事』而已。」　朱子曰：「老子之術，須自家占得十分穩便，方肯做。才有一毫於己不便，便不肯做。」又曰：「老子之術，沖嗇不肯役精神。」又曰：「老子之學，只要退步柔伏，不與你争，才有一毫主張計較思慮之心，這氣便麄了，故曰致虚極，守静篤。」又曰：「專氣致柔，能如嬰兒乎？」又曰：「知其雄，守其雌，爲天下谿。知其白，守其黑，爲天下谷。所謂谷，只是低下處。讓你在高處，他只要在卑下處，全不與你争。只是他用出術數來，便不可當。如曰以正治國，以奇用兵【一四】，以無事取天下，他取天下便是用此道。如張子房之術，全是如此。嶢關之戰，啗秦將以利，與之連和，即回兵殺之。與項羽約和，已講解了，即勸高祖追之。漢家始終治天下，全是得此術。」又曰：「老子也見得此个道理，只是怕與事物交涉，故其言有曰：『豫兮若冬涉川，猶兮若畏四隣，儼乎其若客。』老子説話大抵如此。只是欲得退步占姦【一五】，不要與事物接。如治人事天莫若嗇，迫之而後動，不得已而後應，皆是這樣意思。故爲其學者多流於術數，如申、韓之徒皆是也。其後則兵家亦祖其説，如《陰符經》之類是也。」問老氏柔能勝剛，弱能勝强之説。曰：「它便揀便宜底先占了。若這下，則剛柔寬猛各有用。」問：「老子云：『夫禮，忠信之薄而亂之首。』孔子又却問禮於

【一三】動容周旋　「容」原作「吞」，據四庫本、乾隆本改。

【一四】以奇用兵　「奇」，原作「可」，據《朱子語類》卷一百二十五改。

【一五】退步占姦　「占」原作「古」，據《朱子語類》卷一百二十五改。

他，不知何故？」曰：「他曉得禮之曲折，只是他説這个無緊要底物事，不將爲事。某初間疑有兩个老聃，橫渠亦意其如此。今看得來不是如此。他曾爲柱下史，故禮自是理會得，所以與孔子説得如此好。只是他又説這个物事不用得亦可，一似聖人用禮時反若多事，所以如此説。《禮運》中『謀用是作，而兵由此起』等語，便自有這个意思。」又曰：「《易》不言有無，老子言有生於無，便不是。」又曰：「一便生二，二便生四，老子却説二生三，便是不理會得。」又曰：「莊周都理會得，只是不把做事。觀其第四篇《人間世》及《漁父》篇以後，多是説孔子與諸人語，只是不肯學孔子，所謂知者過之者也。如説《易》以道陰陽，《春秋》以道名分等語，後來人如何下得？它直是似快刀利斧劈截將將去，字字有着落【一六】。」

問【一七】：「莊子較之老子，較平帖些。」曰：「莊子跌蕩，老子收斂。莊子却將許多道理掀翻説，不拘繩墨。」

又曰：「莊周《列禦寇》亦似曾點底意思，他也不是專學老子。吾儒書他都着來，不知如何被他晫見這個物事，便放浪去了。」又曰：「列、莊本楊朱之學，故其書多引其語。莊子説：『子之於親也，命也，不可解於心。』至臣之於君，則曰：『義也，無所逃於天地之間。』是他看得那君臣之義，却似是逃不得，不奈何，須着臣服他。更無一個自然相胥爲一體處，可怪！故孟子以爲無君，此類是也。」又曰：「莊子云：『各有儀則之謂性。』此謂各有儀則，如有物有則，比之諸家差善。」又曰：「『天其運乎？地其處乎？日月其爭於所乎？孰主張是？孰綱維是？孰居無事推而行是？意者其有機緘而不得已邪？意者其運轉而不能自止邪？雲者爲雨乎？雨者爲雲乎？孰隆施是？孰居無事淫樂而勸是？』莊子這數語甚好，是他見得，方説到此。其才高。如《庄子·天下篇》言《詩》以導志，《書》以導事，《禮》以導行，《樂》以導和，《易》以導陰陽，《春秋》以導名分，若見不分曉，焉敢如此道？要之，他病我雖理會得，只是不做。」又曰：「人説孟子闢楊、墨，不闢老氏，却不知道家脩養之説只是爲己，獨自一身便了，更不管別人，便是楊氏爲我之學。」《大事記》：周安王四年，書鄭人列禦寇爲李耳之學，著書傳於世耳。楚人，與孔子同時，楊朱亦師耳。與宋人墨翟，春秋後各以其學行天下。吕氏曰：「耳，老子也，孔子嘗問礼焉。今載於《曾子問》者，與五千言殊不類。蓋告孔子者其所職，著於書者自其所見也。《列子》多引《黃帝書》，蓋古之微言傳久而差者也。《玄牝》一章，今見於《老子》，

【一六】字字有着落　前「字」原脱，據四庫本補。

【一七】問　「問」原作「明」，據四庫本改。

此戰國、秦、漢以來，所以多喜並言黄帝、老子，而謂之黄、老也。孔子定書而始《堯典》，其有以哉！以《列子》所載『楊朱遇老子，老子中道而嘆』一章觀之，則朱受學於老子不疑。朱子言見於《列子》者固多，後人所附益爲我之説，亦略可見也。史謂墨翟並孔子時，又或曰其後，雖不可考，然楊、墨之説肆行於天下，必在春秋後。蓋異端之説，非王教盡廢，不能行也。」

按：曾子問曰：「古者師行，必以遷廟主行乎？」孔子曰：「天子巡守，以遷廟主行，載於齊車，言必有尊也。今也取七廟之主以行，則失之矣。當七廟五廟無虚主。虚主者，唯天子崩，諸侯薨與去其國，與祫祭於祖，爲無主耳。吾聞諸老聃曰：『天子崩，國君薨，則祝取群廟之主而藏諸祖廟，禮也。卒哭成事，而后主各反其廟。君去其國，太宰取群廟之主以從，禮也。祫祭於祖，則祝迎四廟之主。主出廟入廟必蹕。』老聃云。」曾子問曰：「葬引至于堩，日有食之，則有變乎？且不乎？」孔子曰：「昔者吾從老聃助葬於巷黨，及堩，日有食之。老聃曰：『丘！止柩就道右，止哭以聽變。』既明，反而後行。曰：『禮也。』反葬而丘問之曰：『夫柩不可以反者也。日有食之，不知其已之遲數，則豈如行哉？』老聃曰：『諸侯朝天子，見日而行，逮日而舍奠。大夫使見日而行，逮日而舍。夫柩不蚤出，不莫宿。見星而行者，唯罪人欲奔父母之喪者乎！日有食之，安知其不見星也？且君子行禮，不以人之親痁患。』吾聞諸老聃云。」子夏問曰：「三年之喪，卒哭，金革之事無避也者，禮與？初有司與？」孔子曰：「夏后氏三年之喪，既殯而致事。殷人既葬而致事。《記》曰：『君子不奪人之親，亦不可奪親也。』此之謂乎！」子夏曰：「金革之事無避也者，非與？」孔子曰：「吾聞諸老聃曰：『昔者魯公伯禽有爲爲之也。』今以三年之喪從其利者，吾不知也！」此吕氏所謂與五千言異者。《列子》引《黄帝書》有曰：「谷神不死，是謂玄牝。玄牝之門，是謂天地之根。綿綿若存，用之不勤。」此章亦見《老子》。又引《黄帝書》曰：「『形動不生形而生影，聲動不生聲而生響，無動不生無而生有。』形，必終者也。天地終乎？與我偕終。終進乎？不知也。」張湛曰：「聚則成形，散則爲終，此世之所謂終始也。然則聚者以形實爲始，以離散爲終；散者以虚漠爲始，以形實爲終，故迭相爲終始，而理實無終無始者也。」又《黄帝書》曰：「精神入其門，骨骸反其根，我尚奚存？」其大指與老、莊相若，而朱子又謂佛氏所謂「四大各散，幻身何在」，蓋本此意。楊朱之語，多見於《列子》，其「遇老子」一章云：「楊朱南之沛【一八】，老聃西遊於秦，邀於郊【一九】。至梁而遇老子。老子中道仰天而歎曰：『始以汝爲可教，今不可教也。』楊朱不答。至舍，進漱巾櫛，脱履户外，膝行而前，曰：『向者弟子欲請夫子，夫子辭，行不閒，是以不敢。今夫子閒矣，請問其過。』老子曰：『而睢睢盱盱，而誰與居？大白若辱，盛德若不足。』楊朱蹵然變容，曰：『敬聞命矣！』其往也，舍者迎將其家，公執席，妻執巾櫛，舍者避席，煬者避竈。其反也，舍者與之爭席矣。楊朱之宋【二〇】，宿於逆旅。逆旅人有妾二人，其一人美【二一】，其一人惡，惡者貴而美者賤。楊子問其故。逆旅小子對曰：『其美者自美，吾不知其美也；其惡者自惡，吾不知其惡也。』楊子曰：『弟子記之：行賢而去自賢之行，安往而不愛哉？』天下有常勝之道，有不常勝之道。常勝之道曰柔，常不勝之道曰彊。」

又曰：「百年壽之大齊，得百年者，千無一焉。設有一者，孩抱以逮昏老，幾居其半矣。夜眠之所弭，晝覺之所遺，又幾居其半矣。痛疾哀苦，亡失憂懼，又幾居其半矣。率十數年之中，逌然而自得【二二】，亡介焉之慮者，亦亡一時之中尔。夫人之生也奚爲哉？奚樂哉？爲美厚爾，爲聲色爾。而美厚復不常可厭足【二三】，聲色不可常翫聞。乃復爲刑賞之所禁勸，名法之所追遺。遑遑爾競一時之虚譽，規死後之餘榮；偊偊爾慎耳目之視聽，惜身意之是非；徒失當年之至樂，不能自肆於一時。重囚桎梏，何以異哉？太古之人，知生之暫來，知死之暫往，故從心而動，不違自然所好；當身之娱，非所去也，故不爲名所勸。從性而行，不逆萬物所好，死後之名，非所取也，故不爲刑所及。名譽先後，年命多少，非所量也。」又曰：「伯成子高不以一毫利物，舍國而隱耕。大禹不以一身自利，一體偏枯。古之人損一毫利天下不與也，悉天下奉一身不取也。人人不損一毫，人人不利天下，天下治矣。」禽子問楊朱曰：「去子體之一毫以濟一世，汝爲之乎？」楊子曰：「世固非一毛之所濟。」禽子曰：「假濟，爲之乎？」楊子弗應。禽子出，語孟孫陽。孟孫陽曰：「子不達夫子之心，吾請言之。有侵若肌膚獲萬金者，若爲之乎？」曰：「爲之。」孟孫陽曰：「有

【一八】

楊朱南之沛　「沛」原作「師」，據《列子》卷二改。

【一九】

邀於郊　「邀」原作「激」，據四庫本改。

【二〇】

楊朱之宋　「宋」原作「不」，據四庫本改。

【二一】

其一人美　「一」原作「二」，據《列子》卷二改。

【二二】

逌然而自得　「逌」原作「道」，據《列子》卷七改。

【二三】

美厚復爾　「爾」原作「不」，據四庫本改。

断若一節得一國，子爲之乎」？禽子默然有間。孟孫陽曰：「一毛微於肌膚，肌膚微於一節，省矣。然則積一毛以成肌膚，積肌膚以成一節。一毛固一體萬分中之一物，奈何輕之乎？」禽子曰：「吾不能所以答子。然則以子之言問老聃、關尹，則子言當矣；以吾言問大禹、墨翟，則吾言當矣。」孟孫陽因顧與其徒説他事。楊朱曰：「天下之美歸之舜、禹、周、孔，天下之惡歸之桀、紂。然而舜耕於河陽【二四】，陶於雷澤，四體不得暫安，口腹不得美厚，父母之所不愛，弟妹之所不親。及受堯之禪，年已長，智已衰，戚戚然以至於死，此天人之窮毒者也。禹荒土功，過門不入，身體偏枯，手足胼胝。及受舜禪，卑宮室，美黻冕，戚戚然以至於死，此天人之憂苦者也。周公攝天子之政，四國流言，居東三年，誅兄放弟，僅免其身，戚戚然以至於死，此天人之危懼者也。孔子明帝王之道，應時君之聘，伐樹於宋，削迹於衛，窮於商、周，圍於陳、蔡，受屈於季氏，見辱於陽虎，戚戚然以至於死，此天民之遑遽者也。凡彼四聖者，生無一日之歡，死有萬世之名。名者，固非實之所取也。桀藉累世之資，居南面之尊，恣耳目之所娱，窮意慮之所爲，熙熙然以至於死，此天民之逸蕩者也。紂亦藉累世之資，居南面之尊，肆情於傾宮，縱欲於長夜，不以禮義自苦，熙熙然以至於死，此天民之放縱者也。彼二凶也，生有從欲之歡，死被愚暴之名。實者，固非名之所與也。彼四聖雖美之所歸，苦以至終，同歸於死矣。彼二凶雖惡之所歸，樂以至終，亦同歸於死矣。」其它言論尚多，大抵皆邪説詖論也。吕氏所謂爲我之説，亦畧可見其不信夫。

太史公曰：「申子卑卑，施之於名實。韓子引繩墨，切事情，明是非，其極慘礉少恩，皆原於道德之意，而老子深遠矣。」《傳》云：「申不害，京人也，故鄭之賤臣。學術以干韓昭侯，昭侯用爲相。内脩政教，外應諸侯，國治兵强，無侵韓者。申子之學本於黄、老而主刑名，著書二篇，號曰《申子》。韓非者，韓之諸公子也。喜刑名法術之學，而其歸本於黄、老。與李斯俱事荀卿，斯自以爲不如非。非見韓之削弱，數以書諫韓王，韓王不能用。於是韓非疾治國不務脩明其法制，執勢以御其臣下，富國强兵而以求人任賢，反舉浮淫之蠹加之於功實之

【二四】舜耕於河陽　「河」原作「何」，據《列子》卷七改。

上。以爲儒者用文亂法，而俠者以武犯禁，寬則寵名譽之人，急則用介胄之士。今者所養非所用，所用非所養。悲廉直不容於邪枉之臣，觀往者得失之變，故作《孤憤》、《五蠹》、《内外儲》、《説林》、《説難》千餘萬言。然韓非知説之難，終死於秦，不能自脱。」申子、韓子皆著書傳於後世。　宛丘張氏曰：「吾嘗論黄、老之道德，遺去情累，而其末流爲智術刑名，何哉？夫惟静者見物之情，而無爲者知事之要。據其要而中其情者，智術之所從出也。仁義生於恩，恩生於人情，聖人節情而不遣也。無情之至，至於無親。人而無親，則忍矣。此刑名之所以用也。」眉山蘇氏之説畧同，而張尤精明而得之。　問「反者道之動，弱者道之用」。朱子曰：「老子説話都是這樣意思。緣它看得天下事變熟了，都於反處做起。且如人剛强咆哮跳躑之不已，其勢必有時而屈，故它只務爲弱。人纔弱，便蓄得那精剛完全，及其發也，自然不可當。故張文潛説老子惟静故能知變，然其勢必至於忍心無情，視天下之人皆如土偶。其心冷冰冰地，便是殺人也不卹，故其流入於變詐刑名。太史公將老子與申、韓同傳，非是强安排，源流實是如此。」　吕氏曰：「按《新序》申子之書號曰『術』，商鞅之書號曰『法』，太史公謂非喜刑名法術之學，則兼治之也。六經、孔、孟之教，與人之公心合，故治世宗之。申、商、韓非之説，與人之私情合，故末世宗之，彼各有所合也。」

董子對策曰：「《春秋》大一統者，天地之常經，古今之通誼也。今師異道，人異論，百家殊方，指意不同，是以上亡以持一統，法制數變，下不知所守。臣愚以爲，諸不在六藝之科、孔子之術者，皆絶其道，勿使並進，邪辟之説滅息，然後統紀可一而法度可明，民知所從矣。」《武帝紀》建元元年，丞相綰奏：「所舉賢良，或治申、商、韓非、蘇秦、張儀之言，亂國政，請皆罷。」奏可。吕氏曰：「此行仲舒之言也，衛綰特使之書奏耳。建白大義，豈綰所能辦哉！武帝年未二十，而知所決擇如此，可謂英主矣。然轅固以老而見棄，莊助以容悦而見録，仲舒雖殷勤三策，而不能引以自近也。以舉賢良一事考之，武帝終身之得失皆可推矣。」　按：《仲舒本傳》自武帝立，魏其、武安爲相而隆儒矣。及仲舒對策，推明孔氏，抑黜百家，皆自仲舒發之。胡氏曰：「仲舒推明《春秋》之義，以隆仲尼之教，道術有統，異端滅息，民到於今賴之。其功不在孟子之下，漢、唐大儒皆莫能及。」

又遷、固二史，並稱魏其、武安俱好儒術，推轂趙綰爲御史大夫，王臧爲郎中令。迎魯申公，欲設明堂，云云。竇太后好黃、老言，而魏其、武安、趙綰、王臧等隆重儒術，貶道家言，太后滋不悅。及建元二年，御史大夫綰請毋奏事東宮。太后大怒，得綰、臧之過，以讓上。上因廢明堂事，下綰、臧吏，皆自殺而免。丞相太尉申公亦疾免以歸。又《外戚傳》曰：「竇太后好黃帝、老子言。景帝及諸竇，不得不讀《老子》，尊其術。其後太后崩，武安侯田蚡爲丞相，絀黃、老之言，復申刑名百家之禁，於時學儒者以百數。」呂氏曰：「武帝即位之初，罷申、韓、蘇、張之言，尊尚黃、老，以竇太后之故，至是始禁之。」太史公曰：「自曹參薦蓋公明黃、老，而賈生、晁錯明申、韓，蓋漢初以來，黃老、申韓迭用於世，攷其源流皆有傳授。張留侯得之黃石公，而參得諸蓋公，蓋亦皆自有所本。蓋河上丈人教安期生，安期生傳之毛翕公，毛翕公傳之樂瑕公，樂瑕公傳之樂臣公，樂臣公傳之蓋公，蓋公當時擢國師，此黃、老源流之可見者也。晁錯學申、商刑名於軹张恢生所，與洛陽宋孟及劉帶同師，此申、商之源流可見者也。曹參丞相之學、賈傅之學亦必有所傳授，特史失之耳。又以文帝清净其性，與黃、老合，景帝深刻其性，與申、韓合，故道家刑名盛行於時，而儒術闇昧不明。微仲舒發其端，則六經之教終爲二家所揜矣。然武帝雖曰罷黜百家，然張、杜之徒以深文峻法進，則刑名家未嘗不用也。嚴助、朱買臣以談説親幸，則縱横家之得志如故也。至其顛倒没溺於神仙方士之説，幾終其身而弗悟，是又黃、老之末流耳。名雖崇儒而所得者則公孫弘輩，是又何益於治亂之數哉！」

又《太史公自序》：太史公學天官於唐都，受《易》於楊何，習道論於黃子。太史公仕於建元、元封之間，愍學者之不達其意而師悖，乃論六家之要指。曰：「《易大傳》：『天下一致而百慮，同歸而殊塗。』夫陰陽、儒、墨、名、法、道德，此務爲治者也，直所從言之異路，有省不省耳。陰陽之術，大祥而衆忌諱【二五】，使人拘而多所畏，然其序四時之

【二五】大祥　「大」原作「天」，據四庫本改。

大順，不可失也。儒者博而寡要，勞而少功，是以其事難盡從，然其序君臣父子之禮，列夫婦長幼之別，不可易也。墨者儉而難遵，是以其事不可偏循，然其彊本節用，不可廢也。法家嚴而少恩，然其正君臣上下之分，不可改也。名家使人儉而善失真，然其正名實，不可不察也。道家使人精神專一，動合無形，贍足萬物，其爲術也，因陰陽之大順，采儒、墨之善，撮名、法之要，與時遷移，應物變化，立俗施事，無所不宜，指約而易操，事少而功多。儒者則不然，以爲人主天下之儀表也，主倡而臣和，主先而臣隨，如此，則主勞而臣逸。至於大道之要，去健羨，絀聰明，釋此而任術。夫神大用則竭，形大勞則敝，形神騷動，欲與天地長久，非所聞也。夫陰陽，四時、八位、十二度、二十四節名有教令，順之者昌，逆之者亡，未必然也，故曰『使人拘而多畏』。夫春生夏長，秋收冬藏，此大道之大經也，弗順則無以爲天下紀綱，故曰『四時之大順，不可失也』。夫儒者以六藝爲法，六藝經傳以千萬数，累世不能通其學，當年不能究其禮，故曰『博而寡要，勞而少功』。若夫列君臣父子之禮，序夫婦長幼之別，雖百家弗能易也。墨者亦尚堯、舜，言其德行曰：『堂高三尺，土階三等，茅茨不剪，采椽不斲；飯土簋，啜土刑，糲粱之食，藜藿之羹；夏日葛衣，冬日鹿裘。』其送死，桐棺三寸，舉音不盡其哀。教喪礼，必以此爲萬民之率。使天下法若此，則尊卑無別也。夫世異時移，事業不必同，故曰『儉而難遵』。要曰彊本節用，則人給家足之道也。此墨子之所長，雖百家不能廢也。法家不別親疏，不殊貴賤，一断於法，則親親尊尊之恩絶矣，可以行一時之計，而不可長用也，故曰『嚴而少恩』。若尊主卑臣，明分職不得相踰越，雖百家不能改也。名家苛察繳繞，使人不得反其意，剸決於名，時失人情，故曰『使人儉而善失真』。若夫控名責實，參伍不失，此不可不察也。道家無爲，又曰無不爲，其實易行，其辭難知。其術以虛無爲本，以因循爲用。無成勢，無常形，故能究萬物之情。不爲物先，不爲物後，故能爲萬物主。有法無法，因時爲業；有度無度，因物興舍，故曰『聖人不巧，時變是守』。虛者道之常也，因者君之綱也。羣臣並至，使各自明也。其實中其聲者謂之端，實不中其聲者謂之窾。窾言不聽，姦乃不生，賢不肖自分，白黑乃形。在所欲用耳，何事不成！乃合大道，混混冥冥。光耀天下，復反無名。凡人所生者神也，所託者形也。神大用則竭，形大勞則敝，形神離則死。死者不可復生，離者不可復合，故聖人重之。由是觀之，神者生之本也，形者生之具也。不先定其神形，而曰我有以治天下，何由哉？」太史公之論如此，宜班固以「先黄、老後六經」爲譏也，其視仲舒有間矣。

又劉歆序諸子，分爲九流：曰儒，曰道，曰陰陽，曰法，曰名，曰墨，曰縱横，曰雜，曰農。以爲：「九家者其言雖殊，譬如水火相滅亦相生，仁義相反而皆相成也。若能修六藝之術，而觀此九家之言，舍短取長，則可以通萬方之畧矣。」胡氏論之曰：「歆言九流，猶仁義之相反而相成也。夫仁以親親，義以尊尊，施之雖有等衰，發端則非異道。故事父孝，則忠可移於君，求忠臣必於孝子，未聞相反之理也。曰法則慘刻，曰名則苛嬈，曰墨則二本，曰縱横則妾婦之道，是皆五經之棄也，其歸豈足安乎？儒家者流，固修六藝矣，列儒於九家，而曰修六藝之術，以觀九家之言，則修六藝者無所名家，謂誰氏耶？何其言之多舛也？歆資性穎利而不端，學該博而不正，方之仲舒，豈直什百而已哉！」

甲集三十三

揚子曰：「舍舟航而濟乎瀆者，末矣；舍五經而濟乎道者，末矣。弃常珍而嗜乎異饌者，惡覩其識味也？委大聖而好乎諸子者，惡覩其識道也？山陘之蹊，不可勝由矣。向牆之户，不可勝入矣。曰：惡由入？曰：孔氏。孔氏者，户也。」又曰：「述正道而稍邪哆者有矣，未有述邪哆而稍正也。」

古者楊、墨塞路，孟子辭而闢之，廓如也。後之塞路者有矣，竊自比於孟子。按：子雲此言，不可謂無意於衛道者，然其論老子以言道德爲有取，則未可謂知道者。夫未能知道，而欲以衛道自任，可乎？此所以見譏於程子也。

或問：「人有倚孔子之牆，弦鄭、衛之聲，誦韓、莊之書，則引諸門乎？」曰：「在夷貉則引之，倚門牆則麾之。」按：此論得之，故韓子取以爲法焉。

或問道。曰：「道也者，通也，無不通也。」或曰：「可以適它與？」曰：「適堯、舜、文王爲正道，非堯、舜、文王爲它道。君子正而不它。」

狙詐之家曰：「狙詐之計，不戰而屈人兵，堯、舜也。」曰：「不戰而屈人兵，堯、舜也。沾項漸襟，堯、舜乎？」或曰：「狙詐與亡孰愈？」曰：「亡愈。」或曰：「子將六師則誰使？」曰：「御得其道，則天下狙詐咸作使； 御失其道，則天下狙詐咸作敵。故有天下者，審其御而已矣。」或曰：「無狙詐，將何以征乎？」曰：「縱不得不征，不有《司馬法》乎？申、韓之術，不仁之至矣，若何牛羊之用人也！」愚按：《司馬法》謂《周官》「九伐之法」也。

或曰：「刑名非道邪？何自然也？」曰：「何必刑名？圍碁、擊劍、反目、眩刑，亦皆自然也。由其大者作正道，由其小者作姦道。」或曰：「申、韓之法非法與？」曰：「法者，謂唐虞、成周之法也。如申、韓！如申、韓！」

或曰：「莊周有取乎？」曰：「少欲。」「鄒衍有取乎？」曰：「自持。至周罔君臣之義，衍無知於天地之間，雖鄰不覿也。」

或曰：「淮南、大史公者，其多知與？曷其雜也？」曰：「雜乎雜。人病以多知爲雜，惟聖人爲不雜。書不經，非書也；言不經，非言也。言、書不經，多多贅矣。」

莊、楊蕩而不法，墨、晏儉而廢禮，申、韓險而無化，鄒衍迂而不信。

多聞見而識乎正道者，至識也。多聞見而識乎邪道者，迷識也。

或問：「儀、秦學乎鬼谷術，而習乎縱横言，安中國者各十餘年，是夫？」曰：「詐人也，聖人惡諸。」曰：「孔子讀而儀、秦行，何如也？」曰：「甚矣，鳳鳴而鷙翰也！」「然則子貢不爲與？」曰：「亂而不解，子貢恥諸。説而不富貴，儀、秦耻諸。」

曰：「仲尼之道，猶四瀆也，經營中國，終入大海。他人之道者，西北之流也，綱紀夷貉，或入於沱，或淪於漢。淮南説之用，不如太史公之用也。太史公，聖人將有取焉。淮南，鮮取焉爾。必也，儒乎！乍出乍入，淮南也；文麗用寡，長卿也；多愛不忍，子長也。仲尼多愛，愛義也；子長多愛，愛奇也。」

或問：「人言仙者，有諸乎？」「吁，吾聞宓羲、神農歿，黄帝、堯、舜殂落而死。文王，畢。孔子，魯城之北。獨子愛其死乎？非人之所及也。仙亦無益子之彙矣。」或曰：「聖人不師仙，厥術異也。聖人之於天下，恥一物之不知；仙人之於天下，恥一日之不生。」曰：「生乎！生乎！名生而實死也。」或曰：「世無仙，則焉得斯語？」曰：「語乎者，非囂囂也與？惟囂囂，能使無爲有。」或問仙之實。曰：「無以爲也，有與無，非問也。問也者，忠孝之問也。忠臣孝子，偟乎不偟。有生者必有死，有始者必有終，自然之道也【一】。」按：道家養生之説，出於老子。如「谷神」章，其最要也。莊子云：「黄帝見廣成子於空同之上，順下風膝行而進，曰：『敢問治身奈何而可以長久？』廣成子曰：『善哉！至道之精，窈窈冥冥；至道之極，昏昏默默，無視無聽，抱神以静，形將自正。必静必清，無勞汝形，無摇汝精，乃可以長生。』」此其至要之言也。其後道家者流，推而衍之，乃有神仙飛昇之説。時君之信其術者，自燕昭王始，秦始、漢武溺之尤甚。武帝蓋晚而後悟，善乎谷永之論曰：「明於天地之性者，不可惑以神怪；知萬物之情者，不可罔以非類。諸背仁義之正道，不遵五經之法言，而盛稱奇怪鬼神，廣崇祭祀之方，求報無福之祠。及世有仙人，服食不終之藥，遥興輕舉，登遐倒景，覽觀縣圃，浮游蓬萊，耕耘五德，朝種暮穫，與山石無極，黄治变化，堅冰淖溺，化色五倉之術者，皆姦人惑衆，挾左道，懷詐僞，以欺罔世主。聽其言，洋洋滿耳，若將可遇。求之，盪盪如係風捕景，終不可得。是以明主距而不聽，聖人絶而不語【二】。唯陛下距絶此類，毋令姦

【一】自然之道也　「自然」原脱，據四庫本補。

【二】聖人絶而不語　「語」原作「悟」，據四庫本改。

人有所窺朝者。」成帝末年，頗好鬼神，多上書言祭祀者，故永之論如此。朱子以爲發端數語，蓋必古人遺言，非永所能道也。　歐陽氏序《黃庭經》曰：「自古有道無仙，而後世之人知有道而不得其道，不知無仙而妄學仙，此我之所哀也。道者，自然之理也。生而必死，亦自然之理也。以自然之道，養自然之生，不自戕賊夭閼而盡其天年，此自古聖智之所同也。禹走天下，乘四載，治百川，可謂勞其形矣，而壽百年。顏子蕭然臥於陋巷，簞食瓢飲，外不誘於物，內不動於心，可謂至樂矣，而年不及三十。斯二人者，皆古之仁人也。勞其形者長年，安其樂者短命，蓋命之長短，禀之於天，非人力之所爲也。惟不自戕賊而各盡其天年，則二人之所同也。此所謂以自然之道，養自然之生。後世貪生之徒，爲養生之術者，無所不至，至茹草木，服金石，吸日月之精光。又有以謂此外物不足恃，而反求諸內，於是息慮絶欲，鍊精氣，勤吐納，專於內守，以養其神。其術雖本於貪生，及其至也，尚或可以全形而卻疾，猶愈於肆欲稱情以害其生者，是謂養內之術。故上智任之自然，其次養內以卻疾，最下妄意而貪生。」　問：「神仙飛昇之說有諸？」程子曰：「若謂白日飛昇之類，則無之。若言居山林間，保形鍊氣，以延年益壽，則有之。譬如一爐火，置之風中則易過，置之於密室則難過，有此理也。」又問：「揚子言聖人不師仙，厥術異也，聖人能爲此等事否？」曰：「此是天地間一賊，若非竊造化之機，豈能延年？使聖人肯爲，周、孔爲之矣。」人有語導氣者，問程子曰：「君亦有術乎？」曰：「吾嘗夏葛而冬裘，飢食而渴飲，節嗜欲，定心氣，如斯而已矣。」　朱子《詩》曰：「盜啓元命祕，竊當生死關。」又曰：「但恐逆天理，偷生詎能安。」是亦程子之意。至其釋屈原《遠遊》於所謂「一氣孔神兮，於中夜存。毋滑其魂兮，彼將自然。虛以待之兮，無爲之先」，則深取之以爲養生之至言。雖廣成子之告黃帝者，曾不過是，則其意亦可識矣。後世方士眩惑人主，如寇謙之、柳泌、趙歸真之屬，可爲世主戒者，別著之《乙記》云。

晉范氏甯。曰：「王、何之罪，甚於桀、紂。」或以爲太過，甯曰：「王、何滅弃典文，幽沈仁義，游辭浮說，破蕩後生。桀、紂縱暴一時，適足以喪身覆國，豈能回百姓之觀聽哉？故患以自喪之惡小，迷衆之罪大也。」　按：

魏正始中，何晏等祖述老、莊，以清談相尚，至晉此風益甚。晏嘗立論，以天地萬物皆以無爲本，由是士大夫皆以浮誕爲美。裴頠著《崇有論》以釋其蔽，然不能救也。陳頵嘗遺王導書，以老、莊之俗傾惑朝廷，今宜改張，然後大業可舉。導不能從。一時名士如庾亮輩，皆以清談爲風流之宗，國子祭酒袁瓌嘗請立太學，而士大夫習尚莊、老，儒術終以不振。會稽王昱、敫洗等，又從而扇之，雖謝安石之賢，不免爲習俗所移。甯獨好儒學，故爲此論。然終於晉亡，而不能革。至梁武帝好佛，而太子又講莊、老，詹事何敬容歎曰：「西晉尚浮虛，使中原淪於胡羯。今江東復爾，江南其爲戎乎！」其後元帝好玄談，於龍光殿講《老子》。胡氏論之曰：「《老子》之言，其害非釋氏比也。然弃仁義、捐禮樂以爲道，遺物離人，趍於澹泊，而生人之治忽矣。或問：『曹參治齊師蓋公，其相漢也以清静，文、景之治大率依本黄、老，約躬省事，薄斂緩獄，不言兵而天下富。老子之教，亦何負欤？』曰：『蓋公之語參曰：治道貴清淨而民自定。此在《老子》書中一語尔。此一語，非有搥提仁義、絶滅禮樂之失也。故參用之，務爲休息不擾，至於文、景，斯極功矣。雖然，庶矣、富矣，而未及於教也。比之二帝、三王化民成俗之道，可同日語哉？又況掇拾其玄談清論，而不切於事理，有如西晉，至使胡羯氐羌，腥羶岱華幾三百年，仲尼之道豈有此禍哉？彼蕭繹曾何足云，然方在漂揺阢杌中，不思保國之計，而講《老子》，近有簡文，不知監也，其亦愚蔽之甚矣。』」又曰：「自何晏、王弼以老、莊之書，訓釋大《易》，王衍、葛玄競相慕效，專事清談，糟粕五經，蔑弃本實，風流波蕩，晉遂以亡。」又曰：「爲清談者，以心與迹二，道與事殊，形器法度皆芻狗之餘，視聽言動非性命之理，此其所以大失而不自知也。何晏、王衍自喪其身，喪人之國者，如出一軌。後世宗師釋氏，其弊又甚於清談。其教源之差，則亦相類耳。」　愚按：文中子有曰：「清談盛而晉室衰，非老、莊之罪也。」夫清談之弊，正祖於老、莊，謂非其罪，可乎？近歲文士又謂：「自正始以風流相命，賞好成俗，士雖坐談空解，不畏臨戎，紈袴子弟能破百萬兵矣。是清言致效而非喪邦也。」夫却敵者臨戎之功，而喪邦由清談所致，其得失自不相掩，而曰清言致效，可乎？此所謂反理之評，不得不辨。

韓子《原道》曰：博愛之謂仁，行而宜之之謂義。由是而之焉之謂道，足乎己無待於外之謂德。仁與義爲定名，道與德爲虛位，故道有君子，有小人，而德有凶、有吉。老子之小仁義，非毁之也，其見者小也。坐井而觀天，曰天小者，非天罪也。彼以煦煦爲仁，孑孑爲義，其小之也則宜。其所謂道，道其所道，非吾所謂道也。其所謂德，德其所德，非吾所謂德也。凡吾所謂道德云者，合仁與義言之也，天下之公言也。老子之所謂道德云者，去仁與義言之也，一人之私言也。周道衰，孔子没，火於秦，黄、老於漢，佛於晉、宋、魏、齊、梁、隋之間，其言道德仁義者，不入于楊則入於墨，不入於老則入於佛。入於彼，必出乎此。入者主之，出者奴之。入者附之，出者汙之。噫！後之人其欲聞仁義道德之説，孰從而聽之？老者曰：「孔子，吾師之弟子也。」佛者曰：「孔子，吾師之弟子也。」爲孔子者，習聞其説，樂其誕而自小也，亦曰：「吾師亦嘗云耳。」不惟舉之於其口，而又筆之於其書。

噫！後之人雖欲聞仁義道德之説，其孰從而求之？甚矣，人之好怪也。不求其端，不訊其末，惟怪之欲聞。古之爲民者四，今之爲民者六。古之教者處其一，今之教者處其三。農之家一，而食粟之家六；工之家一，而用器之家六；賈之家一，而資焉之家六，奈之何民不窮且盗也？古之時，人之害多矣。有聖人者立，然后教之以相生養之道。爲之君，爲之師，驅其蟲蛇禽獸而處之中土。寒然後爲之衣，飢然後爲之食。木處而顛，土處而病也，然后爲之宫室。爲之工以贍其器用，爲之賈以同其有無，爲之醫藥以濟其夭死，爲之葬埋祭祀以長其恩愛，爲之禮以次其先後，爲之樂以宣其湮鬱，爲之政以率其怠勸，爲之刑以鋤其强梗。相欺也，爲之符璽斗斛以信之；相奪也，爲之城郭甲兵以守之。害至而爲之備，患生而爲之防。今其言曰：「聖人不死，大盗不止。剖斗折衡而民不争。」嗚呼！其亦不思而已矣。如古之無聖人，人之類滅久矣。何也？無羽毛鱗介以居寒熱也，無爪牙以争食也。是故君者出令者也，臣者行君之令而致之民者也，民者出粟米麻絲，作器皿通貨財，以事其上者也。君不出令，則失其所以爲君。臣不行君之令而致之民，民不出粟米麻絲，作器皿通貨財，以事其上，則誅。今其法曰：必棄而君臣，去而父子，禁而相生養之道，以求其所謂清淨寂滅者。嗚呼！其亦幸而出於三代之後，不見黜於禹、湯、文、武、周公、孔子也。其亦不幸而不出於三代之前，不見正於禹、湯、文、武、周公、孔子也。帝之與王，其號名殊，其所以爲聖一也。夏葛而冬裘，渴飲而飢食，其事殊，其所以爲智一也。

今其言曰：曷不爲太古之無事？是亦責冬之裘者曰：曷不爲葛之之易也？責飢之食者曰：曷不爲飲之之易也？傳曰：「古之欲明明德於天下者，先治其國；欲治其國者，先齊其家；欲齊其家者，先修其身；欲修其身者，先正其心；欲正其心者，先誠其意。」然則古之所謂正心而誠意者，將以有爲也。今也欲治其心而外國家天下，滅其天常，子焉而不父其父，臣焉而不君其君，民焉而不事其事。孔子之作《春秋》也，諸侯用夷禮則夷之，夷而進於中國則中國之。經曰：「夷狄之有君，不如諸夏之亡。」《詩》曰：「戎狄是膺，荆舒是懲。」今也舉夷狄之法而加之先王之教之上，幾何其不胥而爲夷也！夫所謂先王之教者，何也？博愛之謂仁，行而宜之之謂義，由是而之焉之謂道，足乎己無待於外之謂德。其文，《詩》、《書》、《易》、《春秋》；其法，禮、樂、刑、政；其民，士、農、工、賈；其位，君臣、父子、師友、賓主、昆弟、夫婦。其服麻絲，其居宫室，其食粟米、果蔬、魚肉。其爲道易明，而爲教易行也。是故以之爲己則順而祥，以之爲人則愛而公，以之爲心則和而平，以之爲天下國家，無所處而不當。

是故生則得其情，死則盡其常。郊焉而天神假，廟焉而人鬼饗。曰：斯道也，何道也？曰：斯吾所謂道也，非向所謂老與佛之道也。堯以是傳之舜，舜以是傳之禹，禹以是傳之湯，湯以是傳之文、武、周公，文、武、周公傳之孔子，孔子傳之孟軻，軻之死不得其傳焉。荀與揚也，擇焉而不精，語焉而不詳。由周公而上，上而爲君，故其事行；由周公而下，下而爲臣，故其説長。然則如之何其可也？曰：不塞不流，不止不行。人其人，火其書，廬其居，明先王之道以道之，鰥寡孤獨廢疾者有養也，其亦庶乎其可也。

又《與孟簡書》曰：蒙惠書云，有人傳愈近少奉釋氏者，妄也。潮州時有一老僧，號大顛，頗聰明，識道理。遠地無可與語者，故自山召至州郭，留十數日，實能外形骸，以理自勝，不爲事物侵亂。與之語，雖不盡解，要自以爲難得，因與來往。及祭神至海上，遂造其廬。及來袁州，留衣服爲别，乃人之情，非崇信其法求福田利益也。孔子云：「丘之禱久矣。」凡君子行己立身，自有法度。聖賢事業，具在方册，可效可師。仰不愧天，俯不愧人，内不愧心。積善積惡，殃慶自各以其類至。何有去聖人之道，捨先王之法，而從夷狄之教，以求福利也？《詩》不云乎：「豈弟君子，求福不回。」《傳》又曰：「不爲威惕，不爲利疚。」假如釋氏能與人爲禍祟，非守道君子之所懼也，况萬萬無此理。且彼佛者果何人哉？其行事類君子邪，小人邪？若君子也，必不妄加禍於守道之人。如小人也，其身已死，其鬼不靈，天地神祇，昭布森列，非可誣也。又肯令其鬼行胷臆、作威福於其間哉？進退無所據，而信奉之，亦且惑矣。

且愈不助釋氏而排之者，其亦有説。孟子云：「今天下不之楊則之墨。」楊、墨交亂而聖賢之道不明，則三綱淪而九法斁，禮樂崩而夷狄横，幾何其不爲禽獸也？故曰：「能言距楊、墨者，皆聖人之徒也。」揚子雲云：「古者楊、墨塞路，孟子辭而闢之，廓如也。」夫楊、墨行，正道廢，且將數百年，以至於秦，卒滅先王之法，燒除其經，坑殺學士，天下遂大亂。

及秦滅，漢興且百年，尚未知脩明先王之道。其後始除挾書之律，稍求亡書，招學士，經雖多得，皆殘缺，十亡二三。故學士多老死，新者不見全經，不能盡知先王之事，各以所見爲守，分離乖隔，不合大公。二帝三王羣聖人之道，於是大壞。後之學者無所尋逐，以至於今，泯泯也。其禍出於楊、墨肆行而莫之禁故也。孟子雖賢聖，不得位，空言無施，雖切何補？然賴其言，而今學者尚知宗孔氏，崇仁義，貴王賤霸而已。其大經大法皆亡滅而不救，壞爛而不收，所謂存十一於千百，安在其能廓如也？然苟無孟氏，則皆服左衽而言侏離矣。故愈嘗推尊孟氏，以爲功不在禹下者爲此也。漢已來，羣儒區區脩補，百孔千瘡，隨亂隨失，其危如一髮引千鈞，緜緜延延，寖以微滅。於是時也，而唱釋、老於其間，鼓天下之衆而從之。嗚呼！其亦不仁甚矣。釋、老之害，過於楊、墨。韓愈之賢不及孟子，孟子不能救之於未亡之前，而韓愈乃欲全之於已壞之後。嗚呼！其亦不量其力，且見其身之危，莫之救以死也！雖然，使其道由愈而粗傳，雖滅死萬萬無恨。天地鬼神臨之在上，質之在傍。又安得因一摧折，自毁其道以從於邪也？

又《送浮屠文暢師序》曰：人固有儒名而墨行者，問其名則是，校其行則非，可以與之游乎？如有墨名而儒行者，問其名則非，校其行則是，可以與之游乎？揚子雲稱：「在門牆則麾之，在夷狄則進之。」吾取以爲法焉。

文暢喜文章，其周遊天下，凡有行，必請於搢紳先生，以求咏歌其所志。貞元十九年春，將行東南，柳君宗元爲之請。解其裝，得所敘詩，累百餘篇。非至篤好，其何能致多如是耶？惜其無以聖人之道告之者【三】，而徒舉浮屠之説贈焉。夫文暢，浮屠也。如欲聞

【三】告之者　「之」字原脱，據《韓愈集》卷二十補。

浮屠之説，當自就其師而問之，何故謁吾徒而來請也？彼見吾君臣父子之懿，文物之盛，其心有慕焉，拘其法而未能入，故樂聞其説而請之。如吾徒者，宜當告之以二帝三王之道，日月星辰之行，天地之所以著，鬼神之所以幽，人物之所以蕃，江河之所以流而語之【四】，不當又爲浮屠之説而瀆告之也。民之初生，固若禽獸夷狄然。聖人者立，然後知宫居而粒食，親親而尊尊，生者養而死者藏。是故道莫過乎仁義，教莫大乎禮樂刑政。施之於天下，萬物得其宜；措之於其躬，體安而氣平。堯以是傳之舜，舜以是傳之禹，禹以是傳之湯，湯以是傳之文、武，文、武以是傳之周公、孔子。書之於册，中國之人世守之。今浮屠者，孰爲而孰傳之邪？夫鳥俛而啄，仰而四顧；夫獸深居而簡出，懼物之爲己害也，猶且不脱焉。弱之肉，彊之食。今吾與文暢安居而暇食，優游以生死，與禽獸異者，寧可不知其所自邪？按：後漢永平八年，楚王英奉黄縑、白紈詣國相曰：「託在蕃輔，過惡累積，奉送縑帛，以贖愆咎。」詔報曰：「楚王通黄、老之微言，尚浮屠之仁祠，潔齊三月，與神爲誓，何嫌何疑，當有悔吝！其還所贖，以助伊蒲塞、桑門之盛饌。」初，帝聞西域有神，其名曰佛，因遣使之天竺求其道，得其書及沙門以來。其書大抵以虚無爲宗，貴慈悲不殺；以爲人死精神不滅，隨復受形；生時所行善惡，皆有報應，故所貴修鍊精神，以至爲佛；善爲宏闊勝大之言，以勸誘愚俗。精於其道者，號曰沙門。於是中國始傳其術，圖其形像，而王公貴人，獨楚王英最先好之。

又後魏《釋老志》曰：案漢武元狩中，遣霍去病討匈奴，至皋蘭，過居延，斬首大獲。昆邪王殺休屠王，將其衆五萬來降。獲其金人，帝以爲大神，列於甘泉宫。金人率長丈餘，不祭祀，但燒香禮拜而已。此則佛道流通之漸也。及開西域，遣張騫使大夏還，傳其旁有身毒國，一名天竺，始聞有浮屠之教。哀帝元壽元年，博士弟子秦景憲受大月氏王使

【四】江河之所以流　「江河」原作「河江」，據四庫本、《昌黎文鈔》卷七乙正。

伊存口授浮屠經。中土聞之，未之信了也。後孝明帝夜夢金人【五】，頂有白光，飛行殿庭，乃訪羣臣，傅毅始以佛對。遣使於天竺，寫浮屠遺範【六】。乃與沙門攝摩騰、竺法蘭東還洛陽。中國有沙門及跪拜之法，自此始也。又得佛經《四十二章》及釋迦像，明帝令畫工圖置清涼臺及顯節陵上，經緘於蘭臺石室。使之還也，以白馬負經而至，漢因立白馬寺於洛城雍關西。浮屠正号曰佛陀，佛陀與浮圖聲相近，皆西方言，其來轉爲二音。華言譯之則曰淨覺。其經大抵言生生之類，皆因行業而起。有過去、當今、未來，歷三世，識神常不滅。凡爲善惡，必有報應。漸積勝業，陶冶麤鄙，經無數形，藻鍊神明，乃致無生而得佛道。其間階次心行，等級非一，皆緣淺以至深，藉微而至著。率在於積仁順，蠲嗜慾，習虚靜而成通照也。故其始修心則依佛、法、僧，謂之三歸。又有五戒：去殺、盗、淫、妄言、飲酒，奉之則生天人勝處，虧犯則墜鬼畜諸苦。善惡生處【七】，凡有六道焉。其爲沙門者，初修十誡，曰沙弥，而終於二百五十，則具足成大僧。婦人曰比丘尼。其誡至于五百，皆以浄爲本，隨事增數，在於防心、攝身、正口。心去貪、忿、癡，身除殺、淫、盗，口断妄、雜、諸非正言，總謂之十善道。能具此，謂之三業清浄。凡人修行有三種，其根業各差，謂之三乘，聲聞乘、緣覺乘、大乘【八】。取其可乘運以至道爲名【九】。此之人惡迹已盡，但脩心盪累，濟物進德。初根人爲小乘，行四諦法；中根人爲中乘，受十二因緣；上根人爲大乘，則修六度。雖階三乘，而要由修進萬行，極度羣生，乃可登佛境矣。所謂佛者，本号釋迦文者【一〇】，譯言能仁，謂道充德盛，堪濟萬物也。釋迦前有六佛，釋迦繼六佛而成道。釋迦者，天竺迦維衛國王之子。天竺其總稱，迦維名也。初，釋迦以四月八日生，姿相超異者三十二種。生時當周莊王九年，《春秋》「魯莊公七年夏四月，恒星不見，夜明」是也。年三十，成佛，導化羣生。四十九載，乃於拘尸那城娑羅雙樹間，入般涅槃。涅槃譯言滅度，或言常樂我浄，明無遷謝及諸苦累也。諸佛法身有二種義：一者真實，二者權應。真實身，謂至極之體，妙絶拘累，不得以方處期，不可以形量限，有感斯應，體常湛然。權應身者，謂和光六道，同塵萬類，生滅隨時，脩短應物，形由感生，體非實有。惟形雖謝，真體不遷，但時無妙感，莫得常見耳。明佛生非實生，滅非實滅也。既涅槃後，有聲聞弟子大迦葉等五百人，撰集著録。阿難親承囑授，多聞總持，蓋能綜覈深致，無所漏失。乃綴文字，撰載三藏

【五】孝明帝　「帝」字原脱，據《魏書》卷一百一十四補。

【六】浮屠遺範　「遺」原作「貴」，據四庫本改。

【七】善惡生處　「善」字原脱，據《魏書》卷一百一十四補。

【八】覺乘大乘　「大乘」原脱，據《魏書》卷一百一十四補。

【九】以至道爲名　「名」原作「各」，據四庫本改。

【一〇】釋迦文者　「者」原脱，據四庫本補。

十二部經，如九流之異統，其大歸終以三乘爲本。漢明帝時云云。桓帝時，襄楷言佛陀、黄、老道以諫，欲令好生惡殺，少嗜慾，去奢泰，尚無爲。魏明帝曾欲壞宫西佛圖。沙門乃金盤盛水【一一】，置於殿前，以佛舍利投之於水，乃有五色光起，於是帝歎異之。後有天竺沙門曇柯迦羅入洛，宣譯誡律，中國誡律之始也。自洛中構白馬寺，盛飾佛圖，畫迹甚妙，爲四方式。凡宫塔制度，猶依天竺舊狀而重構之【一二】，從一級至三、五、七、九。世人相承，謂之「浮圖」，或云「佛圖」。晋世【一三】，洛中佛圖有四十二所矣。晋元康中，有胡沙門支恭明譯《維摩》、《法華》等經，微言隱義，未之能究。後有沙門衛道安性聰敏，日誦經萬餘言，研求幽旨。既無師匠，獨坐静室十二年，覃思構精，神悟妙賾，以前所出經，多有舛駁，乃正其謬。石勒時，有佛圖澄爲勒所宗。澄卒後，中國紛亂，道安乃率門徒，南遊新野。欲令玄宗所在流布，分遣弟子，各趣諸方。法汰詣揚州，法和入蜀，道安與慧遠之襄陽。道安後入苻堅【一四】，堅宗以師禮。時西域有胡沙門鳩摩羅什，思通法門，道安思與講釋，勸堅致羅什。道安卒後，羅什至長安。道安所正經義，與羅什譯出，符會如一，於是法旨大著中原。後魏太祖天興元年，下詔曰：「佛法之興，其來遠矣。濟益之功，冥及存没。敕有司於京城飾容範，整宫舍，令信向之徒，有所居也。」其後累朝彌加崇敬，是時鳩摩羅什爲姚興所重，於長安草堂寺集義學八百人，重譯經本。羅什聰辨有淵思，達東西方言。時沙門道形等數人，與羅什共相提挈，發明幽致。諸大經論十有餘部，更定章句，辭義通明。道形等皆識學洽通【一五】，僧肇尤爲其最。羅什之撰譯，僧肇常執筆，定諸辭義，學者宗之。魏世祖初即位，每引高德沙門，與其談論。於四月八日，輿佛像行於通衢，帝御樓臨觀散花【一六】，以致禮敬。及得寇謙之，信行其術。司徒崔浩亦奉謙之道，尤不信佛，與帝言，數加非毁。帝頗信之。後而伐蓋吴，至長安。先是長安沙門種麥寺内，御騶牧馬於麥中，帝入觀馬。沙門飲從官酒，從官入其便室，見有弓矢矛楯。帝怒，以爲與蓋吴通謀。又閲其財産，得釀具及淫亂之迹。浩因進説，詔誅長安沙門，焚破佛像。及下四方行之，時真君七年三月也。崔浩死，帝頗悔之，禁稍寬弛。高宗即位，詔諸州縣各聽建佛圖一所，任其財用，不制會限。其欲爲沙門者，不問長幼，聽其出家。天下承風，朝不及夕，往時所毁圖寺，仍還修矣。孝文太和中，數幸永寧寺，設齋聽講。時京城内寺新舊且百所，僧尼二千餘人，四

【一一】金盤　「盤」原作「槃」，據《魏書》卷一百一十四改。

【一二】依天竺舊狀　「天」字原脱，據《魏書》卷一百一十四補。

【一三】晋世　「晋世」前原衍「佛圖」兩字，據四庫本删。

【一四】後入苻堅　「苻」原作「符」，據四庫本改。

【一五】道形等皆識學洽通　「道」字原脱，據《魏書》卷一百一十四補。「洽」原作「給」，據四庫本改。

【一六】帝御樓臨觀　「樓」原作「桉」，據四庫本改。

方諸寺六千四百七十八，僧尼七萬七千二百五十八人。自魏有國，至於禪代，佛經流通中國凡有四百一十五部，合一千九百一十九卷。正光以後，天下多虞，王役尤甚。於是所在編民相與入道，假慕沙門，實避調役，猥濫之極，自中國之有佛法，未之有也。略計僧尼二百萬，寺三萬有餘。流弊不歸【一七】，一至於此，識者所以歎息也。隋《經籍志》所叙畧同者，不録。其云：魏黄初中，中國人始依佛戒，剃髮爲僧。晉太始中，有月支沙門竺法護，西遊諸國，大得佛經，至洛翻譯，部数甚多。佛法東流，自此而盛。姚萇時，胡僧至長安數十輩，惟鳩摩羅什才德最優，與曇摩羅懺等所譯經典不可勝記，自是佛法流通遍於四海。梁武大崇佛法，於華林園中總集釋氏經典，凡五千四百卷。隋開皇初，高祖普詔天下，任聽出家，仍令計口出錢，營造經像。而京師及諸大都邑之處，並官寫一切經，置於寺内。而又別寫，藏於秘閣。天下之人，從風而靡，競相景慕，民間佛經，多於六經數十百倍。合魏、隋二史志觀之，則漢明以後，已有佛法，至晉以後始盛，故韓子曰「佛於晉、宋、齊、梁、魏、隋之間」。今畧摘其要以備稽考云。

歐陽子《本論》曰：佛法爲中國患千餘歲，世之卓然不惑而有力者，莫不欲去之。已嘗去矣，而復大集，攻之暫破而愈堅，撲之未滅而愈熾，遂至於無可奈何。是果不可去邪？蓋亦未知其方也。夫醫者之於疾也，必推其病之所白來，而治其受病之處。病之中人，乘乎氣虚而入焉，則善醫者，不攻其疾而務養其氣，氣實則病去，此自然之效也。故救天下之患者，亦必推其患之所自來，而治其受患之處。佛爲夷狄，去中國最遠，而有佛固已久矣。堯、舜、三代之際，王政修明，禮義之教充於天下，於此之時，雖有佛無由而入。及三代衰，王政缺，禮義廢，後三百餘年而佛至乎中國。由是言之，佛所以爲吾患者，乘其缺廢之時而來，此其受患之本也。補其缺，修其廢，使王政明而禮義充，則雖有佛無所施

【一七】流弊不歸　「流」原作「泒」，據四庫本改。

於吾民矣，此亦自然之勢也。昔堯、舜、三代之爲政，設爲井田之法，籍天下之人，計其口而皆受之田，凡人之力能勝耕者，莫不有田而耕之。斂以什一，差其征賦，以督其不勤，使天下之人力皆盡於南畝，而不暇乎其他。然又懼其勞且怠而入於邪僻也，於是爲制牲牢酒醴以養其體，弦匏俎豆以悦其耳目，於其不耕休力之時而教之以禮。故因其田獵而爲蒐狩之禮，因其嫁娶而爲婚姻之禮，因其死葬而爲喪祭之禮，因其飲食羣聚而爲鄉射之禮。非徒以防其亂，又因而教之，使知尊卑長幼，明人之大倫也。故凡養生送死之道，皆因其欲而爲之制。飾之物采而文焉，所以悦之，使其易趣也。順其情性而節焉，所以防之，使其不過也。然猶懼其未也，又爲立學以講明之。故上自天子之郊，下至鄉黨，莫不有學，擇民之聰明者而習焉，使相告語而誘勸其愚惰。嗚呼，何其備也！蓋堯、舜、三代之爲政如此，其慮民之意甚精，治民之具甚備，防民之術甚周，説民之道甚篤。行之以勤而被於物者洽，浸之以漸而入於人者深。故民之生也，不用力乎南畝，則從事於禮樂之際，不在其家，則在乎庠序之間。耳聞目見，無非仁義禮樂，而趣之不知其倦。終身不見異物，又奚暇夫外慕哉！故曰雖有佛無由而入者，謂有此具也。及周之衰，秦并天下，盡去三代之法而王道中絶，後之有天下者，不能勉强，其爲治之具不備，防民之術不周，佛於此時乘間而出。千有餘歲之間，佛之來者日益衆，吾之所爲者日益壞。井田最先廢，而兼并游惰之姦起。其後所謂蒐狩、婚姻、喪祭、鄉射之禮，凡所以教民之具，相次而盡廢，然後民之姦者有暇而爲他，其良者泯然不見禮義之及己。夫姦民有餘力則思爲邪僻，良民不見禮義則莫知所趣，佛於此時乘其隙，方鼓其雄誕之説而牽之，則民不得不從而歸矣。

又況王公大人往往倡而驅之，曰：「佛是真可歸依者。」然則吾民何疑而不歸焉。幸而有一不惑者，方艴然而怒曰：「佛何爲者，吾將操戈而逐之。」又曰：「吾將有説以排之。」夫千歲之患遍於天下，豈一人一日之可爲？民之沈酣入於骨髓，非口舌之可勝，然則將柰何？曰：莫若修其本以勝之。昔戰國之時，楊、墨交亂，孟子患之而專言仁義，故仁義之説勝，則楊、墨之學廢。漢之時，百家並興，董生患之而退修孔氏之道，故孔子之道明而百家息。此所謂修其本以勝之之效也。

今八尺之夫，被甲荷戟，勇蓋三軍，然而見佛則拜，聞佛之説則有畏慕之誠者，何也？彼誠壯佼，中心茫然無所守而然也。一介之士，眇然柔懦，進趨畏怯，然而聞有道佛者則義形於色，非徒不爲之屈，又欲驅而絶之者，何也？彼無他焉，學問明而禮義熟，中心有所守以勝之也。然則禮義者，勝佛之本也。今一介之士知禮義者，尚能不爲之屈，使天下皆知禮義，則勝之矣。此自然之勢也。

又曰：昔荀卿子之説，以爲人性本惡，著書一篇以持其論。予始愛之，及見世人之歸佛者，然後知荀卿之説繆焉。甚矣，人之性善也！彼爲佛者，弃其父子，絶其夫婦，於人之性甚戾，又有蠶食蟲蠹之弊，然而民皆相率而歸焉者，以佛有爲善之説故也。嗚呼！

誠使吾民曉然知禮義之爲善，則安知不相率而從哉！柰何教之諭之之不至也。佛之説，熟於人耳，入乎其心久矣，至於禮義之事，則未嘗見聞。今將號於衆，曰「禁汝之佛而爲吾禮義」，則民將駭而走矣。莫若爲之以漸，使其不知而趣焉可也。蓋鯀之治水也鄣之，故其害益暴；及禹之治水也導之，則其患始息。蓋患深勢盛則難與敵，莫若馴致而去之易也。今堯、舜、三代之政，其説尚傳，其具皆在，誠能講而修之，行之以勤而浸之以漸，使民皆樂而趣焉，則充行乎天下，而佛無所施矣。《傳》曰「物莫能兩大」，自然之勢也。同時徂徠石氏亦有《怪説》，今不録。

程子曰：「楊、墨之害，甚於申、韓；佛、老之害，甚於楊、墨。楊氏爲我疑於仁，墨氏兼愛疑於義，申、韓則淺陋易見，故孟子只闢楊、墨，爲其惑世之甚也。佛、老其言近理，又非楊、墨之比，此所以爲害尤甚。」

釋氏之學，於敬以直内則有之矣，義以方外則未之有也。故滯固者，入於枯槁；疏通者，歸於恣肆。此佛之教所以爲隘也。又云：「佛有一個覺之理，可以謂『敬以直内』矣，然無『義以方外』，其直内者，要之其本亦不是。」

聖人本天，釋氏本心。愚謂天者指理而言，心者兼乎血氣而言。釋氏以精靈知覺爲主，故曰本心。聖人以仁義禮智爲主，故曰本天。

釋氏本怖死生爲利，豈是公道？唯務上達而無下學，然則其上達處，豈有是也？元不相連屬，但有間斷，非道也。孟子曰：「盡其心者，知其性也。」彼所謂識心見性是也，若存心養性一段事則無矣。彼固曰出家獨善，便於道體自不足。或曰：「釋氏地獄之類，皆是爲下根之人設此，怖令爲善。」先生曰：「至誠貫天地，人尚有不化，豈有立僞教而人可化乎？」又曰：「學者於釋氏之説，直須如淫聲美色以遠之，不爾，則駸駸然入其中矣。」又曰：「所以謂萬物一體者，皆有此理，只爲從那裏來。『生生之謂易』，生則一時生，皆具此理。人則能推，物則氣昏，推不得，不可道他物不與有也。人只爲自私，將自家軀殻上頭起意，故看得道理小了他底。放這身來，都在萬物中一例看，大小大快活。釋氏以不知此，去他身上起意思，奈何那身不得，故却厭惡，要得去盡根塵，爲心源不定，故要得如枯木死灰。然没此理，要有此理，除是死也。釋氏其實是愛身，放不得，故説許多。譬如負蝂之蟲，已載不起，猶自更取物在身。又如抱石沈河，以其重愈沉，終不道放下石頭，惟嫌重也。」又曰：「佛氏不識陰陽、晝夜、死生、古今，安得謂形而上者與聖人同乎？」又曰：「釋氏之説，若欲窮其説而去取之，則其説未能窮，固已化而爲佛矣。只於迹上考之，其設教如是，則其心果如何，固難爲取其心不取其迹，有是心則有是迹。王通言心、跡之判，便是亂説。故不若且於迹上断定，不與聖人合。其言有合處【一八】，則吾道固已有；所不合者，固所不取。如是立定，却省易。」謝顯道歷舉佛説與吾儒同處，問伊川。伊川曰：「恁地同處雖多，只是本領不是，一齊差却。」又曰：「道之外無物，物之外無道，是天地之間無適而非道也。即父子而父子在所親，即君臣而君臣在所嚴，以至爲夫婦、爲長幼、爲朋友，無所爲而非道，所以不可須臾離也。然則毁人倫、去四大者，其分於道也遠矣。」

又曰：「聖賢以生死爲本分事，無可懼，故不論死生。佛之學爲怕死生，故只管説不已。下俗之人固多懼，易以利動。楊、墨之害，今世已無之。道家之説，其害終小。惟佛學，今人人談之，弥漫滔天，其害無涯。舊嘗問學佛者：『《傳燈録》幾人？』云：『千七百。』某曰：『敢道此千七百人無一達者。果有一人見得聖人朝聞道，夕死可矣，與曾子易簀之理，必不肯削髮胡服而終。』禪者曰：『此迹也，何不論其心？』曰：『心迹一也，豈有迹非而心是者？正如兩足方行，指其心曰我本不欲行，它兩足自行。豈有此理？蓋上下、本末、内外都是一理，方是道。』」又曰：「古亦有釋氏

【一八】其言有合處　「有合」原脱，據《二程遺書》卷十五補。

盛時，尚只是崇設像教，其害至小。今日之風，便先言性命道德，先驅了知者，才愈高明，陷溺愈深。」又曰：「今日卓然不爲此學者，惟范景仁與君實爾。然其所執理，有出於禪學之下者。」又曰：「今日釋氏盛而道家蕭索，方其盛時，天下之士往往自從其學，自難與之力爭。惟當自明吾理，吾理自然明，則彼不必與爭。」又曰：「《中庸》言『禮儀三百，威儀三千』，方是説『優優大哉』。非如異教之説，須得如槁木死灰以爲得也。」或謂：「佛之理比孔子爲徑。」曰：「天下果有徑理，則仲尼豈欲使學者迂遠而難至乎？故外仲尼之道而由徑，則是冒險阻、犯荆棘而已矣。」

又曰：「釋氏説道，譬之以管窺天，只務直上去，惟見一偏，不見四旁，故皆不能處事。聖人之道，則如在平野之中，四方莫不見也。」又曰：「釋氏無實。」又曰：「佛言前後際断，純亦不已是也，彼安知此哉？子在川上曰：『逝者如斯夫，不舍晝夜。』自漢以來儒者，皆不識此義，此見聖人之心純亦不已也。」又曰：「聖人致公，心盡天地萬物之理，各當其分。佛氏揔爲一己之私，是安得同乎？聖人循理，故平直易行。異端造作，大小大費力，非自然也，故失之遠。」又曰：「學者之流必談禪者，只是爲無處滂模，故須入此。」

又曰：「釋氏尊宿者【一九】，自言覺悟，是既已達道，又却須要印證，則是未知也。得它人道是，然後無疑，則是信人言語，不可言自信。」又曰：「釋氏之學，不可道它不知，亦儘極乎高深，然要之卒歸乎自私自利之規模。何以言之？天地之間，有生便有死，有樂便有哀，釋氏却言免死生【二〇】，齊煩惱，卒歸乎自私。老氏之學，更挾些權詐，若言與之乃意在取之，張之乃意在翕之，又大意在愚其民而自智。秦之愚黔首，其術蓋亦出於此。」又曰：「聖人之言依本分，至大至妙事，語之若尋常，此所以味長。釋氏之説，才見得些，便驚天動地，言語走作，却是味短。只爲乍見，不似聖人慣見。」又曰：「昔謂異教中疑有達者，或是無歸，且安於此。考之，卒不達。若達，則於其前日所處，不能一朝居也。觀曾子易簀之意，便知其不達。『朝聞道，夕死可矣』，豈能安其所未安？如毁其人形，絶其倫類，無君臣父子之道，若達則不安也。只夷言左衽，尚可言隨其國俗，至如人道，豈容有異？」又曰：「儒者其卒必入異教，其勢自然如此。蓋智窮力屈，欲休來，又知得未安穩，故見人有一道理，其勢須從之。譬之行一大道，坦然無阻【二一】，則更不由

【一九】釋氏尊宿者　「宿者」原作「伯」，據《二程遺書》卷十五改。

【二〇】免死生　「生」字原脱，據《二程遺書》卷十五補。

【二一】坦然無阻　「坦」原作「理」，據四庫本、《二程遺書》卷十五改。

徑，只爲逢著山水，行不得，有窒礙，則見一邪徑，欣然從之。儒者所以窒礙者，何也？只爲不致知。知至至之，則自無事可奪。今有人處於異鄉，元無安處，則言某處安，某處不安，須就安處。若己有家，人言他人家爲安，必不肯就彼。故儒者而卒歸異教者，只爲於己道實無所得，雖曰聞道，終不曾實有之。」又曰：「佛、莊之説，大抵畧見道體，乍見不似聖人慣見，故其説走作。」又曰：「學禪者常謂天下之忙者，無如市井之人。答以市人雖日營利，猶有休息時。至忙者，無如禪客。何以言之？禪者之行住坐卧，無不在道。存無不在之心，便是常忙。」

又曰：「學佛者多要忘是非，是非安可忘得？自有許多道理，何事忘爲？夫事外無心，心外無事。世人只被外物所役，便覺苦事多。若物各付物，便役物。世人只爲一齊在那昏惑迷暗海中，拘滯執泥坑裏，便事事轉動不得，没著身處。」問：「佛説性如何？」曰：「佛亦是説本善，只不合將才做緣習。」又問：「説死生如何？」曰：「譬如水漚，亦有些意思。」又問：「佛言生死輪廻，果否？」曰：「此事説有説無皆難，須自見得。聖人只一句盡斷了，故對子路曰：『未知生，焉知死。』」

又曰：「佛亦是西方賢者，方外山林之士，但爲愛脅持人説利害，其實爲利耳。其學譬如以管窺天，謂他不見天不得，只是不廣大。」又曰：「浮屠之術，最善化誘，故人多向之。然其術所以化衆人也，故人亦有向者，有不向者。如介甫之學，它便只是去人主心術處加功，故今日靡然而同，無有異者，所謂　正君而國定也。此學極有害。以介甫才辯，施之學者，誰能出其右？始則目以利而從，久而遂安其學。今天下之新法害事處，但一日除了便没事。其學化革了人心，爲害最甚。」又曰：「今日釋氏却未須理會，却要先整頓介甫之學。」　按：末二條因論釋氏，而及於荆舒之學，以見荆舒之害尤甚於釋、老，故附此。　致堂胡氏亦曰：「自有載籍以來，三千歲矣，爲世害者固多有之，大抵皆淫辭邪説。楊、墨一也，佛、釋二也，老、莊三也，荆舒四也。楊、墨之學近於老、佛，而其術淺，孟子辭而闢之，既無其傳矣。老有莊、列乃翼之，其説浸漫，足以悦人耳目而蕩其心，故其後爲王、何啟清虚空曠、華而不實之禍，比之楊、墨【二二】，其被廣而其流遠矣。佛氏之害，前已言之，若夫荆舒，則取佛、老之似，以亂孔、孟之真。用仁義之名，以濟申、商之實。託理

【二二】比之楊墨　「比」原作「此」，據四庫本改。

財之説，以行交征之事。仗人主之威，以行空言之教。假養材之道，以收速肖之士。闓趍利之便，以变天下之心。兼此數端，其爲害詎止於王、何而已哉！」又曰：「昔人謂王、何清談之罪甚於桀、紂，而未見臨川談經之禍甚於王、何也。」

張子曰：「釋氏妄意天性而不知範圍大用，反以六根之微因緣天地。明不能盡，則誣天地日月爲幻妄，蔽其用於一身之小，溺其志於虚空之大，此所以語大語小，流遁失中。其過於大也，塵芥六合。其蔽於小也，夢幻人世。謂之窮理可乎？不知窮理而謂之盡性可乎？謂之無不知可乎？塵芥六合，謂天地爲有窮也。夢幻人世，明不能究其所從也。」

浮圖明鬼，謂有識之死，受生循環，遂厭苦求免，可謂知鬼乎？以人生爲妄見，可謂知人乎？天人一物，輒生取舍，可謂知天乎？孔、孟所謂天，彼所謂道，惑者指遊魂爲變爲輪迴，未之思也。大學當先知天德，知天德則知聖人，知鬼神。今浮圖劇論要歸，必謂死生流轉，非得道不免，謂之悟道，可乎？悟則有義有命，均死生，一天人，推知晝夜，通陰陽，體之無二。

自其説熾傳中國，儒者未容窺聖學門墻，已爲引取，淪胥其間，指爲大道。乃其俗達之天下，致善惡知愚、男女臧獲，人人著信。使英才間氣【一三】，生則溺耳目恬習之事，長則師世儒崇尚之言，遂冥然被驅，因謂聖人可不脩而至，大道可不學而知。故未知聖人心，已謂不必求其迹；未見君子志，已謂不必事其文。此人倫所以不察，庶物所以不明，治所以忽，德所以亂。異言滿耳，上無禮以防其僞，下無學以稽其弊。自古詖淫邪遁之

【一三】英才間氣　「才」原作「木」，據四庫本改。

辭，翕然並興，一出佛氏之門者千五百年。向非獨立不懼，精一自信，有大過人之才，何以正立其間，與之較是非，計得失哉！

上蔡謝氏曰：「佛之論性，如儒之論心；佛之論心，如儒之論意。」循天之理，便是性不可容些私意。纔有意，便不能與天爲一。

又曰：「釋氏所謂性，乃吾儒所謂天。釋氏以性爲日，以念爲雲，去念見性，猶披雲見日。釋氏所去，正吾儒之所當事者。」又曰：「問：學佛者欲免輪回，超三界，於意云何？蔡曰：是有利心私而已矣。輪回之説信然否？曰：此心有止，而太虛決知其無盡。必爲輪回，推之於始，何所付受？其終，何時間斷也？且天下人物各有數矣。」又曰：「性本體也，目視耳聽手舉足運，見於作用者心也。自孟子没，天下學者向外馳求，不識自家寶藏，被他佛氏窺見一斑半點，遂將擎拳竪拂底事把持在手，敢自尊大，輕視中國學士大夫，而世人莫敢與之爭，又從而信向歸依之。使聖學有傳，豈至此乎？」問：「從上諸聖，皆有相傳處。至如老子，問如何【二四】？」謝子曰：「他見得錯了。」余問：「錯在甚處？」曰：「只如『失道而後德，失德而後仁，失仁而後義，失義而後禮』，是甚説話！自然不可易底便唤做道，體在我身上便唤做德，有如覺、識痛癢便唤做仁，運用處皆是當便唤做義。大都只是一事，那裏有許多分別？」「莊周如何？」曰：「吾曾問莊周與佛如何，伊川曰：『周安得比佛？佛説直有高妙處，莊周氣象大，故淺近。如人睡初覺時，乍見上下東西，指天説地，怎消得恁地？只是家常茶飯，誇逞個甚底！』」「吾曾歷舉佛説與吾儒同處，問伊川，先生曰：『任地同處雖多，只是本領不是，一齊差却。』」問：「本領何故不是？」曰：「爲他不窮天理，只將拈匙把筯日用底，便承當做大小事【二五】，任意縱橫，將來作用，便是差處，便是私處。」余問：「佛説直下便是動，念即乖，如何？」曰：「此是乍見孺子已前底事。乍見孺子底，吾儒唤做心，他便唤做前塵妄想，當了。是見得太高，吾儒要就上面體認做工夫，他却一切掃除却，那裏得地位進步。佛家説大乘頓教一聞便悟，將乍見孺子底心一切掃

【二四】問如何　「問」原作「門」，據《宋元學案》卷二十四改。

【二五】大小事　「事」前原衍「大」字，據文意删。

除，須是他顔、雍已上底資質始得。顔子猶要請事斯語，今資質萬倍不如，他却便要一切掃除，怎生得且如乍見孺子底心生出來？便有是自然底天理，怎生掃除得去？佛大槩是自爲私心，學佛者欲脱離生死，豈不是私？」又曰：「儒以名利關爲難透，釋氏以聲色關爲難透，釋氏不窮理，以覺念爲宗【二六】，釋氏指性於天，故蠢動含靈，與我同性。明道有言，以吾儒觀釋氏，疑於無異，然而不同。」問儒佛之辨。曰：「吾儒下學而上達，窮理之至，自然見道，與天爲一。故孔子曰：『知我者其天乎！』以天爲我也。佛氏不從理求，故不自信，必待人證明然後信。」又曰：「儒異於禪，正在下學處。顔子工夫真百世軌範，舍此應無入路，無住宅。」

龜山楊氏曰：「六經不言『無心』，惟佛氏言之。亦不言『脩性』，揚雄言之。心不可無，性不假脩，故《易》止言『洗心盡性』，《記》言『正心尊德性』，孟子言『存心養性』。佛氏和順於道德之意蓋有之，理於義則未也。」

儒、佛深處所差杪忽耳，見儒者之道分明，則佛在其下矣。今學之徒曰儒者之道在其下，是不見吾道之大也。

致堂胡氏曰：「佛者之言其道也，曰直指人心，見性成佛。今夫人之所以爲人，異於禽獸者，爲有夫婦、父子、君臣也。茲三者性耶，非性耶？若以爲非性，則佛固人耳，不能舍是三者而有己也。以爲性耶，則何乃立教，使天下之人去此三者，以爲心也？」且自脩其道，以爲廣大慈悲，無與對者。故毒如虵虎，微如蚊虻，皆所憐閔。損身以飼之，割肉以啖之，無所顧惜，誠亦廣且大矣，慈且悲矣。而獨於夫婦、父子、君臣，則必斷棄除舍，不得與蛇虎蚊虻爲比，又安在哉？又論梁武捨身事佛，曰：「佛行有五要，舍其一也。舍云者，以物爲己累，必弃而絶之。故自父母妻子始，弃所難弃，絶所不可絶，則其心空矣，此舍之

【二六】覺念爲宗　「覺」原作「去」，據四庫本改。

說也。瞿曇身爲嫡嗣，次當主國，亦既取妻生子矣。一旦盡棄絶此，以就其所願，逃居深山，苦形練志者六年，然後有成，此舍之徑也。梁武既樂其説，則當師其行，弃家弃國，無所不弃，雖非正理，庶乎其真學佛也。今爲帝王，享天位，内畜姬妾，外列官師，富貴之崇，子孫之衆，宫室城池守衛之密，猶以爲未足，又命將出師，争奪于外。凡有國之常，無所不爲，惟恐失之，烏在其能舍乎？不師其行而樂其説，既不成佛，徒然辱身，不特正人非之，雖爲佛道如達麽者，亦且笑之也。然則從達麽可乎？達麽以言外之妙，目擊神授，提耳武帝，呵其所爲謂無功德者，不亦可取與？曰：爲佛之道者，淺深精粗，雖所得不同，要其極致，歸於殄滅倫理。以儒之所當舍者，弃而絶之可也。」又論梁武疑昭明爲巫蠱事，曰：「佛之道以寂滅爲至，寂滅云者，滅盡衆有，心滅生滅并滅而寂，亦無滅者，其言之若甚難。自正術觀之，非如心與理一，動與禮合，智周萬物【二七】，道濟天下之爲難也。雖然，讀其書【二八】，則當踐其行；爲其事，則當有其功。梁武學佛數十年矣，大捨屢矣，習空久矣，當如瞿曇弊屣王位，此乃舍之大者，何乃疑其子之謀其國也？年已老而忌方深，是數十年茹蔬衣布，養僧造寺，一無所得，此莊周氏所謂終身不靈者耶！」其論杜鴻漸削髪事，曰：「鴻漸雖學佛而不悟其要，直爲因果浮言所移。如誠悟其要，則必如瞿曇弃國王之位，割妻子之愛，入山林，毁衣服，惡飲食，苦形體，以成其道也。今生則出入將相【二九】，受萬鍾之奉而不能舍，及老病死矣，乃始爲僧，意謂死而受生，復得善果，豈非貪著蔽蒙之極與？佛氏以了死生爲一大事，精練之至，不但坐而死，或立或倒，或預言死日，及期不爽。世俗所共神而敬之者，君子則不取。曰自達麽以來，蓋無一人見道者。若其真見，則垂死之時，必以布帛裹首而逝，必不肯削髪胡服而終。曾子將死而易簀，曰『吾得正焉而斃，斯已矣。』君子之貴於得正，不肯一息安於不正，蓋如此可謂真悟者矣。夫曾子上智，卧非其簀，不以疾病委頓而必易之，而杜鴻漸死於相位，不以衮服斂藏而必髡之。有志於道者，其以鴻漸爲法乎？抑以曾子爲師也？」

朱子曰：「知堯、舜、孔、孟所傳之正，則知異端之爲害也深，而息邪距詖之功大矣。」

【二七】智周萬物　「萬物」原作「天下」，據《讀史管見》卷十三改。

【二八】讀其書　「書」原作「言」，據《讀史管見》卷十三改。

【二九】出入將相　「相」原作「根」，據文意改。

鄭厚《折衷》云：「秦皇、漢武欲無夷狄，韓愈欲無釋、老，孟子欲無楊、墨，甚哉，未之思也！天不唯慶雲甘雨，而霜雹降焉；地不惟五穀桑麻，而莨稗、鈎吻生焉；　山林河海不唯龜龍麟鳳，而鴟梟豺狼蛟鼉生焉。古今豈有無小人之國哉，作《易》者其知道乎！」朱子辨之曰：「云云，彼曰景風時雨、戾氣旱蝗均出於天，五穀桑麻與莨稗鈎吻均出於地，此固然矣。人生其間，混然中處，盡其燮理之功，則有景風時雨而無戾氣旱蝗，有五穀桑麻而無莨稗鈎吻，此人之所以參天地、贊化育，而天地待之而爲三才者也。孟子之闢異端，如宣王之攘夷狄，其志亦若此而已，豈秦皇、漢武之比哉！聖人作《易》以立人極，其義以君子爲主，故爲君子謀而不爲小人謀，觀泰、否、剥、復各卦之意【三〇】，則可見矣。而曰『古今豈有無小人之國哉』，嗚呼，作《易》者其知道乎？其不知《易》也甚哉！」又答東萊書云：「來教謂『吾道無對，不當與世俗較勝負』，此説美矣，而亦非鄙意之所安也。夫道固無對者也，然其中却著不得許多異端邪説，直須一一剔撥出後，方曉然見得個精明純粹底無對之道。若和泥合水，便只著個無對包了，竊恐此無對中却多藏得病痛也。孟子言『楊、墨之道不熄，孔子之道不著』，而《大易》於君子小人之際，其較量勝負，尤爲詳密，豈其未知無對之道耶？蓋無對之中，有陰則有陽，有善則有惡，陽消則陰長，君子進則小人消，循環無窮，初不害其爲無對也。」

孟子闢楊、墨，則老、莊在其中矣。後世佛學，亦出於楊氏。問：「佛、老與楊、墨之學如何？」先生云：「楊、墨之説猶未足以動人。墨氏謂愛無差等，欲人人皆如至親，此自難從，故人亦未必信。楊氏一向爲我，超然遠舉，視營營於利禄者皆不足道，此其爲説雖甚高，然人亦難學，未必盡從。楊朱即老子弟子，人言孟子不闢老氏，不知云云。後出佛氏之學亦出於楊氏，其初如不愛身以濟衆生之説，雖近墨氏，然此説淺近，未是他深處。後來是達麽過來，初見梁武帝，武帝不曉其説，只從事於因果，遂去而壁九年。只説人心至善，即此便是，不用辛苦修行。又有人取莊、老之説從而附益之，所以其説愈精妙，然只是不是耳。又有所謂頑空、真空之説，頑空者如死灰槁木，真空則能攝衆有而應變，然亦只是空耳。」又曰：「佛氏乘虛入中國，廣大自勝之説，幻妄寂滅之論，自齋戒變爲義學。如遠法師、支

【三〇】各卦之意　「各」原作「名」，據《朱熹文集》卷七十三改。

道林【三一】，皆義學，然只是盜襲莊子之説。及達麼入來，又翻了許多窠臼，説出禪來，又高妙於義學，以爲可以直超徑悟。而其禍福報應之説，又足以鉗制愚俗【三二】，此其所以盛也。唐之韓文公，本朝之歐陽公以及關洛諸公，既皆闡明正道以排釋、老，而其言之要切，如《傅奕本傳》，宋景文《李蔚贊》，東坡《儲祥觀碑》，陳後山《白鶴宫記》，皆足以盡見其失。此數人皆未深知道，而其言或出於强爲，是以終有不滿人意處。」又曰：「西漢時儒者説道理，亦只是黄、老意思。如揚雄《太玄經》皆是，故其自言有曰：老子之言道德，吾有取焉耳。後漢明帝時，佛始入中國。當時楚王英最好之，然都不曉其説。直至晉、宋間，其教漸盛。然當時文字亦只是將莊、老之説來鋪張，如遠法師諸論，皆成斥盡是老、莊意思。直至梁會通間，達麼入來，然後一切被他掃蕩，不立文字，直指人心。蓋當時儒者之學既廢絶不講，老、佛之説又如此淺陋，被他窺見這個罅隙了，故横説竪説，如是張王，没奈他何。人才聰明，便被他誘引將去。」問：「釋氏之『無』，與老氏之『無』何以異？」先生云：「老氏依舊有，如所謂『無欲觀其妙，有欲觀其徼』是也。若釋氏則以天地爲幻妄，以四大爲假合，則是全無也。」又曰：「老氏只是要長生，節病易見。釋氏於天理大本處見得些分數，然却認爲己有，而以生爲寄。要見得父母未生時面目，既見，更不認作衆人公共底，須要見得爲己有，死後亦不失，而以父母所生之身爲寄寓。若聖人則不然，於天理大本處見得是衆人公共底，便只隨他天理去，更無分毫私見。如此，便倫理自明，不是自家作爲出來，皆是自然如此。往來屈伸，我安得而私之哉！」又曰：「老氏欲保全其身底意思多。釋氏又却全不以其身爲事，自謂别有一物不生不滅。歐公嘗言老氏貪生，釋氏畏死，其説亦好。氣聚則生，氣散則死，順之而已，釋、老則皆悖之者也。」或問佛與莊、老不同處。曰：「莊、老絶滅倫理未盡，至佛則人倫滅盡，至禪則義理滅盡。」又曰：「佛初入中國，止説脩行，未有許多禪底説話。天下只是這道理，終是走不得。如佛、老便是滅人倫，然自是逃不得。如無父子，他却拜其師爲父，以弟子爲子。長者爲師兄，少者爲師弟，但是他只護得個假底，聖賢便是存得個真底。」以上兼言佛、老之學。　某人言：「天下無二道，聖人無兩心。儒、釋雖不同，畢竟只是一理【三三】。」某説道：「惟其天下無二道，聖人無兩心，所以有我底著他底不得，有他底著我底不得。若使天下有二道，聖人有兩心，則我行得我底，

【三一】遠法師支道林　「師」原作「能」，據《朱子語類》卷一百二十六改。

【三二】鉗制愚俗　「俗」原作「裕」，據四庫本、《朱子語類》卷一百二十六改。

【三三】畢竟只是　「竟」字原作「意」，據四庫本、《朱子語類》卷一百二十六改。

他行得他底。」又曰：「釋、老之書極有高妙者，句句與自家個同。但不可將來比方，煞誤人事。因舉佛氏之學與吾儒甚相似處，如云『有物先天地，無形本寂寥，能爲萬象主，不逐四時凋』，他是甚麽樣見識。今區區小儒，怎生出得他手？宜其爲他揮下也。此是法眼禪師下一派宗旨如此。今之禪家皆破其説，以爲有理路，落窠臼，有礙正當知見【三四】。今之禪家多是『麻三斤』、『乾屎橛』之説，謂之『不落窠臼』、『不墮理路』。妙喜之説，便是如此。然又有翻轉不如此説時。」又曰：「儒、釋言性異處，只是釋言空，儒言實；釋言無，儒言有。」又曰：「釋言説空，便不是，但空裏面須有道理始得。若只説道我見個空底，不知他有個實底道理，却做甚用得？」又曰：「釋氏合下見得一個道理空虚不實，故要得超脱，盡去物累，方是無漏爲佛地位。其他有惡趣者，皆是衆生餓鬼。只隨順有所修爲者，猶是菩薩地位，未能作佛也。若吾儒，合下見得個道理便實了，故首尾與之不合。」又曰：「吾以心與理爲一，彼以心與理爲二。亦非固欲如此，乃是見處不同，彼見得心空而無理，此見得心雖空而理咸備。」又嘗言釋氏之徒爲學精專，曰：「便是某常説，吾儒這邊難得如此。看他下工夫，直是自日至夜，無一念走作別處去，如今學者一時一日之間，是多少閑雜念慮，如何得似他。只惜他所學非所學，枉了工夫。若吾儒邊人下得這工夫，是甚次第。」又曰：「當初佛學只是説無存養底工夫，至唐六祖始教人存養。當初儒學亦只是説不曾就身心上做工夫，至伊川方教人就身心上做，所以人謂伊川竊佛説爲己使。」問釋氏入定，道家數息。曰：「他只要静，則應接事物不差。孟子便也要存夜氣，然而須是理會旦晝所爲【三五】。」曰：「吾儒何不效他恁地？」曰：「他開眼便依舊失了，只是硬把捉。不如吾儒非禮勿視聽言動，戒謹恐懼乎不睹不聞，敬以直内，義以方外，都一切就外面攔截。」曰：「釋氏只是勿視、勿聽，無那非禮工夫。」曰：「然。」蔡季通因曰：「世上事便要人做，只管做他坐定做甚？日月便要行，天地便要運。」先生曰：「他不行不運，固不是。吾輩是行是運，只是人運行得差。如今妄喜妄怒，豈不是差？他却是過之，今人又是不及。」

問：「昔有一禪僧，每日喚曰：『主人翁惺惺着。』《大學或問》之中亦取謝氏常惺惺法之語，不知是同是異？」曰：「謝氏之説地步闊，於身心事物上皆有工夫。若如禪者所見，只看得個主人翁便了。其動而不中理者，都不管

【三四】有礙正當　「有」字原脱，據《朱子語類》卷一百二十六補。

【三五】旦晝所爲　「晝」原作「書」，據《御纂朱子全書》卷六十改。

矣。」徐子融有「枯槁有性無性」之論。先生曰：「性只是理，有是物斯有是理。子融錯處是認心爲性，義與佛氏相似。只是佛氏磨擦得這心極精細，如一塊物事，剥了一重皮，又剥一重皮，至剥到極盡無可剥處，所以磨礲得這心精光，它便認做性，殊不知此正聖人之所謂心。故上蔡云：佛氏所謂性，正聖人所謂心。佛氏所謂心，正聖人所謂意。心只是該得這理。佛氏便認知覺運動底做性，如視聽言貌，聖人則視有視之理，聽有聽之理，言有言之理，動有動之理，思有思之理。如箕子所謂明、聰、從、恭、睿是也。佛氏則只認那能視、聽、言、動、思底，便是性。視明也得，不明也得；聽聰也得，不聰也得；言從也得，不從也得；思睿也得，不睿也得。它都不管，横來竪來，它都認做性。所以它最怕人説這理穿，他都要除掉了，此正告子生之謂性之説也。」問：「聖門説知性，佛氏亦言知性，有以異乎？」曰：「據公所見如何？」友仁曰：「據友仁所見及佛氏之説者，此一性，在心所發爲意，在目爲見，在耳爲聞，在口爲議論，在手爲能持，在足爲運奔，所謂知性者，知此而已。」先生曰：「如此見得，只是個無星之秤，無寸之尺。若聖門則在心所發爲意，須是誠始得。在目雖見，須是明始得。在耳雖聞，須是聰始得。在口談論及在手在足之類，須是皆動之以禮始得。夫『天生蒸民，有物有則』，若如公所見及佛氏之説，有物無則了，所以與聖門有差。」又曰：「釋氏弃了道心，却取人心之危者而作用之。遺其精者，取其粗者以爲道。如以仁義禮智爲非性，而以眼前作用爲性是也。此只是源頭處錯了。」又曰：「儒者以理爲不生不滅，釋氏以神識爲不生不滅。」又曰：「聖人不説死。已死了，更説甚事？聖人只説既生之後，未死之前，須是與他精細理會道理教是。胡明仲自説得好：人，生物也，佛不言生而言死。人事可見也，佛不言顯而言幽。」問：「佛默然處如何？」曰：「是他到處。」曰：「如何與灑掃應對合？」曰：「蓋言精粗無二。」

又曰：「禪只是一個保守法，如『麻三斤』、『乾屎橛』。他道理初不在這上，只是把定一心，不令散亂，久後光明自發。所以不識字底人，才悟後便作得偈頌。悟後所見雖同，然亦有深淺。」問：「神者云，『知』之一字，衆妙之門。它也知得這知字之妙？」曰：「所以伊川説佛氏之言近理，謂此類也。它也微見得這意思，要籠絡這個道理。只是它用處全差，所以都間斷，相接不著。」問：「其所謂知，正指此心之神明作用者否？」曰「然。」問：「佛法如何是以利心求？」

曰：「要求清浄寂滅超脱世界，是求一身利便。」又曰：「自伊洛君子之没，諸公亦多聞闢佛氏矣。然竟説他不下者，未知其失之要領耳。釋氏自謂識心見性，然其所以不可推行者何哉？爲其於性與用分爲兩截也。聖人之道，只是率性。凡修道之教，無不本於此。故雖功用充塞天地，而未有出於性之外者。釋氏非不見性，及到作用處，則曰無所不可爲。故弃君背父，無所不至者，由其性與用不相管也。」

又曰：「天命之謂性，是空無一法耶？爲萬理畢具邪？若空則浮屠勝，實則儒者是。」又曰：「儒釋不同，彼見得心空而無理，此見得心雖空，而萬物咸備。」又曰：「又云某年十五六時，亦嘗學禪。一日在劉病翁坐會一僧，與之語。僧退爲病翁言，某亦理會得個昭昭靈靈底禪。某聞之，意其更有妙處，遂往問之，見其説亦好。後見李先生，告之，先生但云『不是』。再三質問，則曰日看聖賢言議。遂取聖人書讀之，一日復一日，覺得聖賢言語漸漸有味，却且看釋氏説【三六】，漸漸破綻鏬漏百出【三七】。」

【三六】却且看釋氏説　「且」原作「耳」，據四庫本改。

【三七】漸漸破綻　「綻」原作「縱」，據四庫本改。

甲集三十四

《易大傳》：一陰一陽之謂道。按：程子、朱子之説，以爲陰陽氣也，所以一陰一陽者道也，道即所謂太極，已詳具《性命》篇，今不重出。蓋自一而二，則爲陰陽。以形體言之，則曰天地。以性情言之，則曰乾坤。自二而五則曰五行，著而爲象則爲日月星辰。形爲功用則爲雷霆風雨之屬，總而名之則曰鬼神。自人身言之，則曰魂魄，無往而非陰陽也。故今所輯一曰陰陽，二曰天地，三曰乾坤，四曰五行，五曰日月星辰，六曰雷霆風雨，七曰鬼神，而附以魂魄云。

「立天之道」章，已見《仁義》篇。

陰陽不測之謂神。張子曰：「一物兩體，氣也。一故神（兩在故不測），兩故化（推行乎一）。」又曰：「氣有陰陽，推行有漸爲化，合一不測爲神。」問云云。朱子曰：「横渠説得極好。一故神，横渠親注云：兩在故不測。只是這一物，卻周行乎事物之間。如所謂陰陽、屈伸、往來、上下，以至行乎十百千萬之中【一】，無非這一個物事，所謂兩在故不測。兩故化，註云：推行於一。凡天下之事，一不能化，惟兩而後能化。且如一陰一陽，始能化生萬物。雖是兩，要之亦是推行於此一耳。此説極精，須當細玩。」又曰：「神化二字，雖程子説亦不甚分明，惟横渠推出來。推行有漸爲化，合一不測爲神。」又曰：「一故神，兩在故不測。兩故化，言兩在者，或在陰，或在陽，在陰時全體都是陰，在陽時全體都是陽。化是逐一挨將去底，一日復一日，一月復一月，節節挨將去，便成一年，這是化。直卿云：一故神，猶一動一靜，互爲其根。兩故化，猶動極而静，静極復動。」又曰：「陽化而爲陰，只恁消縮去，無痕迹，故謂之化。陰變而爲陽，其勢浸長，便覺有形迹著見，故謂之變。」

《禮·月令》：孟春，是月也，天氣下降，地氣上騰。天地和同，草木萌動。《正義》曰：

校勘記

【一】十百千　「十百」原作「什伯」，據四庫本改。

「天地之氣謂之陰陽，一年之中，或升或降，故聖人作象【二】，各分爲六爻，以象十二月。陽氣之升，從十一月爲始，陽氣漸升，陰氣漸下，至四月六陽皆升，六陰皆伏。至五月一陰初升，陰氣漸升，陽氣漸伏，至十月六陰盡升，六陽盡伏【三】。然則天氣下降，地氣上騰，五月至十月也。地氣下降，天氣上騰，十一月至四月也。是五月云『天氣下降【四】，地氣上騰』者，陽氣五月之時，爲陰從下起，上嚮排陽氣，第六陽氣上極反退，至十月之時，六陽退盡，皆伏於下。至十一月，陽之一爻始動地中，至十二月陽漸升而微，未能生物。正月三陽既上，成爲乾卦，乾體在下，三陰爲坤，坤體在上。乾爲天，坤爲地。天居地下，故云『天氣下降』；地在天上，故云『地氣上騰』。是陽氣五月初降，至正月爲天體，而在坤下也。十一月一陽初生，而上排陰，陰之上六漸退，反歸於下。至四月陰爻伏盡，六陽在上。五月一陰生，六月二陰生，陰氣尚微，成物未具。七月三陰生而成坤體，坤體在下。三陽爲乾而體在上，則是地氣在下，天氣在上，故正月爲泰，泰，通也，天地交通；七月爲否，否，塞也，言天地隔塞。所以十月云『地氣下降，天氣上騰』者，以十月之時，純陰用事，地體疑凍，寒氣逼物，地氣又在下【五】，故曰『地氣下降』。於時六陽從上退盡，無復用事，天體在上，不近於物，似若陽歸於天，故云『天氣上騰』，其實十月天氣反歸地下。若審察於此，無可疑者矣。」愚按：《正義》大槩得之，然陰氣漸下等語，則未然。程子屈伸往來之論盡之，見後章。

仲春：是月也，生氣方盛，陽氣發泄，句者畢出，萌者盡達。不可以內。鄭氏曰：「時可宣出，不可收斂也。句，屈生者。芒而直曰萌。」

仲夏之月，日長至，陰陽爭，死生分。鄭氏曰：「爭者，陽方盛，陰欲起也。分，猶半也。」君子齊戒，處必掩身，毋躁，止聲色，毋或進。薄滋味，毋致和。節嗜欲，定心氣。百官靜事毋刑，以定晏陰之所成。晏，安也。

仲秋：是月也，殺氣浸盛，陽氣日衰，水始涸。

【二】故聖人作象　「象」原作「易」，據《禮記正義》卷十四改。

【三】六陽盡伏　「六」原作「天」，據四庫本改。

【四】是五月　「五」原作「正」，據四庫本改。

【五】地氣又在下　「氣」原脱，據四庫本補。

孟冬：是月也，命有司曰：天氣上騰，地氣下降，天地不通，閉塞而成冬。《正義》曰：「若以《易》卦言之，七月三陽在上，則天氣上騰。三陰在下，則地氣下降。今十月云云者【六】，《易》含萬象，言非一槩，周流六虛，事無定體。若以爻象言之，則十月爲天氣上騰，地氣下降。若以氣應言之，則從五月地氣上騰，至十月地氣六陰俱升，天氣六陽並謝，天體在上，陽歸於虛無，故云『上騰』。地氣六陰用事，地體在下，陰氣下連於地，故云『地氣下降』。各取其義，不相妨也。」

仲冬之月，日短至，陰陽爭，諸生蕩。鄭氏曰：「爭者，陰方盛，陽欲起也。蕩，謂物動將萌牙也。」君子齊戒，處必掩身。身欲寧，去聲色，禁嗜欲。安形性，事欲静，以待陰陽之所定。朱子《感興詩》曰：「朱光徧炎宇，微陰眇重淵。寒威閉九野，陽德昭窮泉。文明昧謹獨，昏迷有開先。幾微諒難忽，善端本綿綿。掩身事齋戒，及此防未然。閉關息商旅，絶彼柔道牽。」

《楚辭·天問》篇：明明闇闇，惟時何爲？陰陽三合，何本何化？朱子曰：「明、闇，即謂晝夜之分也。時，是也。」穀梁子曰：「獨陰不生，獨陽不生，獨天不生，三合然後生。」此問蓋曰：明必有明之者，闇必有闇之者，是何物之所爲乎？陰也，陽也，天也？三者之合，何者爲本？何者爲化乎？今答之曰：天地之化，陰陽而已。一動一静，一晦一明，一往一來，一寒一暑，皆陰陽之所爲，而非有爲之者也。然《穀梁》言天而不以地對，則所謂天者，理而已矣。成湯所謂「上帝降衷」，子思所謂「天命之性」是也。是爲陰陽之本，而其兩端循環不已者爲之化焉。周子曰：「無極而太極，動而生陽，動極而静。静而生陰，静極復動。一動一静，互爲其根。分陰分陽，兩儀立焉。」正謂此也。然所謂太極，亦曰理而已矣。

董子曰：「天道之大者在陰陽。陽爲德，陰爲刑；刑主殺而德主生。是故陽常居大夏，而以生育養長爲事；陰常居大冬，而積於空虛不用之處。以此見天之任德不任刑

【六】今十月　「今」，四庫本作「於」。

也。天使陽出布施於上而主歲功，使陰入伏於下而時出佐陽。陽不得陰之助，亦不能成歲功。陽以成歲爲名，此天意也。王者承天意以從事，故任德教而不任刑。刑者不可任以治世，猶陰之不可任以成歲也。爲政而任刑，不順於天，故先王莫之肯爲也。」按：仲舒此論，欲以止武帝好殺之心，可謂善矣。然謂陰居大冬，而積於空虚不用之地，則未然也。夫元亨利貞，四德之循環。春夏秋冬，四時之更代。造化生生之意，未嘗不流行其間。冬雖主藏，然一歲發育之功，實胚胎乎此。收斂於冬，固所以爲春生之地也。特閉藏無迹，人不得而見耳，謂之空虚不用，則非也。

周子曰：「無極而太極。」全文及「陽生萬物成萬物」章，已見前。動而無静，静而無動，物也。朱子曰：「有形則滯於一隅。」動而無動，静而無静，神也。神則不離於形，而不囿於形矣。動而無動，静而無静，非不動不静也。動中有静，静中有動。物則不通，神妙萬物。

水陰根陽，火陽根陰。水，陰也，而生於一，則本乎陽也。火，陽也，而生於二，則本乎陰也。所謂神妙萬物者如此。五行陰陽，陰陽太極。承上文而言，自五而一也。四時運行，萬物終始。四時，即五行也。反上文而言，自五而萬也。混兮闢兮，其無窮兮！混，合也。自五而一【七】，動而静，陽而陰也。闢，開也。自五而萬，静而動，陰而陽也。一合一開，如循環之無端，而天地之造化無窮矣。所謂神者，初不離乎物。如天地，物也。天之收斂，豈專乎動？地之發生，豈專乎静？此即神也。問：「自五而一，自五而萬之説，則是太極常在貞上，恐未穩。」先生然之。混，言太極。闢，言爲陰陽五行以後，故末句曰「其無窮兮」，言既闢之後，爲陰陽五行，爲萬物，無窮盡也。

【七】自五而一　「一」原作「三」，據四庫本改。

《易·坤》卦《程子傳》曰：陰，從陽者也，待唱而和。乾之用，陽之爲也；坤之用，陰之爲也。形而上曰天地之道，形而下曰陰陽之功。

初六：履霜，堅冰至。《傳》曰：陰始生於下，至微也。聖人於陰之始生，以其將長，則爲之戒。陰之始凝而爲霜，履霜則當知陰漸盛而至堅冰矣。猶小人始雖甚微，不可使長，長則至於盛也。

上六：龍戰于野。《傳》曰：陰從陽者也，然盛極則抗而争。《文言》：陰凝於陽必戰，爲其嫌於無陽也，故稱龍焉。《傳》曰：陽大陰小，陰必從陽。陰既盛極，與陽偕矣，是疑於陽也。不相從則必戰。卦雖純陰，恐疑無陽，故稱龍，見其與陽戰也。問：「《坤》卦純陰，不爲无陽之説，如何？」朱子曰：「雖是十月爲《坤》，十一月爲《復》，然自小雪後，其下一畫便有三十分之一分陽生，至冬至，方足得一爻成爾。故十月謂之陽月，蓋嫌於無陽也。自《姤》至《坤》亦然。」又曰：「陽無驟生之理，如冬至前半月中氣是小雪，陽已生三十分之一分。到得冬至前幾日，已生到二十七八分，到至日方足成一畫。不是前日都無，今日一旦便都復了，大抵剥盡處便生。莊子曰：『造化密移【八】，疇克知。』故列子亦謂：『運轉亡已【九】，天地密移，疇覺之哉？』凡一氣不頓進，一形不頓虧。陰陽之浸消浸盛，人身之自少至老，亦莫不然。」

《屯·傳》曰：陰陽不交則爲《否》，始交而未暢則爲《屯》。

《小畜》：密雲不雨，自我西郊。《傳》曰：雲，陰陽之氣。二氣交而和，則畜固而成雨，陽唱而陰和，順也，故和。若陰先陽唱，不順也，故不和，不和則不能成雨。雲之畜聚

【八】造化密移　「移」原作「侈」，據乾隆本、四庫本改。

【九】運轉亡已　「亡」原作「士」，據四庫本改。

雖密，而不成雨者，自西郊故也。

《泰·傳》曰：坤陰在上，乾陽居下。天地陰陽之氣相交而和，則萬物生成，故爲通泰。又小往大來，吉亨。《傳》曰：小謂陰，大謂陽。往，往之於外。來，來居於内也。陽氣下降，陰氣上交也。陰陽和暢，則萬物生遂，天地之泰也。以人事言之，大則君上，小則臣下，君推誠以任下【一〇】，臣盡誠以事君，上下之志通，朝廷之泰也。陽爲君子，陰爲小人，君子來處於内，小人往處於外，天下之泰也。《否·傳》曰：天處上，地處下，是天地隔絶，不相交通，所以爲否。

《臨》：至于八月，有凶。《傳》曰：二陽方長於下，陽道嚮盛之時，聖人豫爲之戒曰：「陽雖方盛，至于八月，則其道消矣，是有凶也。」大率聖人爲戒，必於方盛之時。方盛而慮衰，則可以防其滿極，而圖其長久。若既衰而後戒，亦無及矣。八月，謂陽生之八月。陽始生於復，自復至遯凡八月，自建子至建未也，二陰生而陽消矣，故《彖》曰「消不久也」。在陰陽之氣言之，則消長如循環，不可易也。以人事言之，則陽爲君子，陰爲小人，方君子道長之時，聖人爲之戒，使知極則有凶之理，而虞備之，常不至於滿極，則無凶也。

《剥·傳》曰：卦五陰而一陽，陰始自下生，漸長至於盛極，羣陰消剥於陽，故爲剥也。又《彖傳》曰：剥，謂剥落也。柔變剛也，柔長而剛剥也。夏至一陰生而漸長，一陰

【一〇】推誠以任 「任」原作「仕」，據四庫本、乾隆本改。

長則一陽消，至於建戌，則極而成剥，是陰柔變陽剛也。陰，小人之道方長盛，而剥消於陽，故君子不利有所往也。

上九：碩果不食。《傳》曰：諸陽消剥已盡，獨有上九一爻尚存，如碩大之果不見食，將有復生之理。上九亦變，則純陰矣。然陽無可盡之理，變於上則生於下，無間可容息也。聖人發明此理，以見陽與君子之道不可亡也。或曰：剥盡則爲純坤，豈復有陽乎？曰：以卦配月，則坤當十月，以氣消長言，則陽剥爲坤，陽來爲復，陽未嘗盡也。剥盡於上，則復生於下矣。故十月謂之陽月，恐疑其無陽也。陰亦然，聖人不言耳。

《復·傳》曰：《序卦》：「物不可以終盡，剥窮上反下，故受之以復。」物無剥盡之理，故《剥》極則《復》來，陰極則陽生。陽剥極於上，而復生於下，窮上而反下也，《復》所以次《剥》也。爲卦，一陽生五陰之下，陰極而陽復也。歲十月，陰盛既極，冬至則一陽復生於地中，故爲《復》也。陽，君子之道。陽消極而復反，君子之道消極而復長也，故爲反善之義。

又出入無疾，朋來无咎。《傳》曰：物之始生，其氣至微，故多摧折。春陽之發，爲陰寒所折，觀草木於朝暮，則可見矣。「出入無疾」，謂微陽生長，無害之者也。既無害之，而其類漸進，則將亨盛，故无咎也。一陽始生至微，固未能勝羣陰而發生萬物，必待諸陽之來，然後能成生物之功而無差忒，以朋來而无咎也。三陽子丑寅之氣生成萬物，衆陽之功也。若君子之道，既消而復，豈能便勝於小人？必待其朋類盛，則能協力以勝之也。反復其道，七日來復。《傳》曰：謂消長之道，反復迭至。陽之消，至七日而來復。《姤》，陽之始消也，七變而成《復》，故云七日，謂七更也。

《復》，其見天地之心乎！《傳》曰：一陽復於下，乃天地生物之心。先儒皆以静爲見天地之心，蓋不知動之端乃天地之心也。非知道者，孰能識之！

《象傳》曰：雷在地中，陽始復之時也。陽始生於下而甚微，安静而後能長。先王順天道，當至日陽之始生，安静以養之，故閉關，使商旅不得行，人君不省視四方，觀復之象而順天道也。在一人之身亦然，當安静以養其陽也。

《夬·傳》曰：五陽在下，長而將極。一陰在上，消而將盡。衆陽上進，決去一陰，所以爲夬也。夬者，剛決之象。衆陽進而決去一陰，君子道長，小人消衰，將盡之時也。

《姤》：女壯，勿用取女。《傳》曰：一陰始生，自是而長，漸以盛矣，是女之將壯也。陰長則陽消，女壯則男弱，故戒勿用取如是之女。取女者，欲其柔和順從，以成家道。《姤》乃方進之陰，漸壯而敵陽者，是以不可取也。女漸壯，則失男女之正，家道敗矣。《姤》雖一陰甚微，然有漸壯之道，所以戒也。勿用取女，不可與長也。《傳》曰：一陰始生，漸長而盛，陰盛則陽衰矣。取女者，欲長久而成家也。此漸盛之陰，將消勝於陽，不可與之長久也。凡女子、小人、夷狄，勢苟漸盛，何可與久也，故戒勿用取如是之女。

初六：繫于金柅至羸豕孚蹢躅。《傳》曰：《姤》，陰始生而將長之卦，一陰生則長而漸盛，陰長則陽消，小人道長也。制之當於其微而未盛之時。柅，止車之物，金爲之，堅强之至也。止之以金柅，而又繫之，止之固也。固止使不得進，則陽剛貞正之道，吉也。使之進往，則漸盛而害於陽，是見凶也。「羸豕孚蹢躅」，聖人重爲之戒，言陰雖甚微，不可忽也。豕，陰躁之物，故以爲況。羸弱之豕，雖未能强猛，然其中心在乎蹢躅。蹢躅【一二】，跳躑也。陰微而在下，可謂羸矣，然其中心常在於消陽也。君子小人異道，小人雖微弱之時，未嘗無害君子之心，防於微則無能爲矣。

《象》曰：繫于金柅，柔道牽也。《傳》曰：牽者，引而進也。陰始生而漸進，柔道方牽也。繫之于金柅，所以止其進也。不使進，則不能消正道，乃貞吉也。

天地陰陽之運，升降盈縮未嘗少息。陽常盈，陰常虧，一盈虧參差不齊，而萬變生焉。故曰物之不齊，物之情也，莊周固欲齊之，可乎？一本云：「命之曰《易》，便有理。若安排定，則更有甚理？天地陰陽之變，但如二扇磨，升降盈虛剛柔，初未嘗停息，陽常盈，陰常虧，故便不齊。譬如磨既行，齒都不齊，既不齊，便生出萬變，故物之不齊，物之情也。而莊周彊要齊物，然而終不齊也。」

冬寒夏暑，陰陽也。所以運動變化者，神也。神無方，故易無體。

萬物莫不有對，一陰一陽，一善一惡，陽長則陰消，善增則惡減。

乾，陽也，不動則不剛。其静也專，專一。其動也直，直遂。不專一則不能直遂。坤，陰

【一二】蹢躅　「蹢躅」原作「二者」，據四庫本改。

也，不靜則不柔。其靜也翕，翕聚。不翕聚則不能發散。地氣不上騰，則天氣不下降。天氣降而至於地，地中生物者，皆天氣也。惟無成而代有終者，地之道也。

五德之論有理，天地間無一物無此五者。一日有一日之陰陽，一歲有一歲之陰陽。近取諸身，百理皆具。屈伸往來之義，只於鼻息見之。屈伸往來只是理，不必將既屈之氣復爲方伸之氣。生生之理自然不息，如《復》言「七日來復」，其間元不斷續，陽已復生，物極必返，其理須如此。有生必有死，有始必有終。又一本云：「凡物之散，其氣遂盡，無復歸本原之理。天地間如洪鑪，雖生物銷鑠亦盡，況既散之氣，豈有復在？天地造化又焉用此既散之氣？其造化者，自是生氣。至如海水潮，日出則水涸，是潮退也，其涸者已無也。月出則潮水生，非却是將已涸之水爲潮。此是氣之始終開闔，便是易，一闔一闢謂之變。」問：「自十一月至正月，方三陽，是陽氣自地下而升否？」朱子曰：「然。只是陽氣既升之後，相將欲絶，便有陰生；陰氣將盡，便有陽生，其已升之氣使散。所謂消息是理，其來無窮。」又曰：「天地間只是一氣，自今年冬至到明年冬至，是氣之一周。把來折做兩截，前面底便是陽，後面底便是陰。又折做兩截，便是四時。天地間只有六層，陽氣到地面時，地下便冷了【一二】。只是這六位，陽長到底那第一位極了，無去處，上面即是漸次消去。上面消去些個時，下面便生些個，那便是陰。只是個嘘吸，嘘是陽，吸是陰。」

陰陽消長之際，無截然斷絶之理。全文云：「冬至一陽生，而每遇至後則倍寒，何也？云云。故常相攙掩過。如天將曉復黑，亦是理也。大抵終始萬物，莫盛乎《艮》，此理儘神妙，須研窮乃行。」

陰陽於天地間，雖無截然爲陰爲陽之理，須去參錯，然一個升降生殺之分，不可無也。又曰：「早梅冬至以前發，方一陽未生，然則發生者，何也？其榮其枯，此萬物一個陰陽升降大節也。然逐枝自有一個

【一二】地下便冷了 「冷」原作「令」，據乾隆本、四庫本改。

榮枯，分限不齊，此各有一乾、坤也。只是個消息【一三】，惟其消息，此所以不窮。至如松柏，亦不是不彫，只是後彫，彫得不覺，怎少得消息！方夏生長時，却有夏枯者，則冬寒之際有發生之物，何足怪也！」程子一日游許之西湖，在石壇上坐，少頃足踏處便濕，舉起曰：「便是天地升降道理。」又一日見火邊然湯鼎，曰：「此便是陰陽消長之義。」早梅、松柏、石壇、湯鼎，皆因物理而推陰陽，故併記於此。

邵子曰：「陽無十，故無後。陰無一，故無首。陽者，道之用；陰者，道之體。陽用陰，陰用陽。以陽爲用則尊陰，以陰爲用則尊陽。」張氏曰：「道體常盡變，陽動而變，故爲道之用。陰静而常，故爲道之體。陽動陰静，陽尊陰卑。至於隨時變通，則陽中有陰，陰中有陽，迭相爲用。故陽用陰，陰用陽。以陽爲用，則尊陰。以陰爲用，則尊陽也。陽盡陰純，坤爲主矣。陰盡陽純，乾爲主矣。」

陰幾於道，故以况道也。既曰「陽者，道之用；陰者，道之體矣」，又曰「陰幾於道，故以况道」，何也？太極包乎陰陽未動之初，至静而虚，當以陰名静爲體，而動爲用。體近本，而用近末，故陰幾於道也。且太極在一年則純坤用事，一陽將復之時，在聖人之心則退藏於密，寂然不動之際。自始終而言，則退藏於密者，乃萬動之終。寂然不動者，爲萬動之始。正如六陰方純，一陽已復，一静一動，間不容髮。冬雖收藏之終，實是施生之始。有體則用隨之也。《易》曰：「元亨利貞【一四】。」《記》曰：「喜怒哀樂之未發，謂之中。發而皆中節，謂之和。」元而亨，利必歸於貞。貞然後返於元，未發而中，發乃能和，和然後不喪其中。

無極之前，陰含陽也。有象之後，陽分陰也。張氏曰：「無極之前，陰含陽也，坤則主之，其冬至之時乎？静極而動，動而生陽。自復至乾，動極而静。在天正中，陰又生焉。有象之後，陽分陰也，乾則主之，其夏至之時乎？動極而静，静而生陰，自姤至坤，静極而動始。在地正中，陽又生焉。」此章當考。

陰事太半，陽一而陰二也。問：「治世少而亂世多，君子少而小人多，何耶？」曰：「豈不知陽一而陰

【一三】只是個消息　「只」原作「萬」，據《二程遺書》卷二改。

【一四】元亨利貞　「亨」原作「享」，據四庫本改。

二乎？」

陽不能獨立，必得陰而後立，故陽以陰而爲基。陰不能自見，必待陽而後見，故陰以陽爲唱。陽知其始而享其成，陰效其法而終其勞。

本一氣也，生則爲陽，消則爲陰，二者一而已矣。朱子亦曰：「陰陽只是一氣，陽之退便是陰之生，不是陽退了，又别有一個陰生。」又曰：「陰陽做一個看亦得，做兩個看亦得。做兩個看是分陰分陽，兩儀出焉。做一個看，只是一個消長。」又曰：「陰陽，論推行底，只是一個。對峙底，則是兩個。如日月水火之類，皆是兩個。推行底，如一動一静互爲其根。對峙底，如分陰分陽兩儀立焉。」一作「流行對峙」，亦通。

陽主闢而出，陰主翕而入。

陰對陽爲二，然陽來則生，陽去則死。天地萬物生死主於陽，則歸之於一也。張氏曰：「陽對陰爲二，如君之有臣，夫之有婦，名雖並立，勢不相完，所以乾九坤六，陽能兼陰，陰不能兼陽。」

天地之氣運，北而南則治，南而北則亂。亂久，則復北而南矣。天道人事皆然，推之歷代，可見消長之理也。張氏曰：「天地之運，自子至卯爲陰中之陽，自卯至午爲陽中之陽，自午至酉爲陽中之陰，自酉至子爲陰中之陰。陰中之陽，君子之道已長，而小人猶盛，亂而將治也。陽中之陰，小人之道已長，而君子猶盛，治而將亂也。陽中之陽，極治之運也。陰中之陰，極亂之運也。先天圖自泰歷蠱而至否，自否歷隨而至泰，即南北之運數也。」

夫四象若錯綜而用之【一五】。日月，天之陰陽；水火，地之陰陽；星辰，天之剛柔；土石，地之剛柔。張氏曰：「天有四象，地有四象。立天之道曰陰與陽，故日爲陽中陽，月爲陽中陰，星爲

【一五】錯綜而用之　「綜」原作「總」，據四庫本改。

陰中陽，辰爲陰中陰。立地之道曰柔與剛，故水爲柔中柔，火爲柔中剛，土爲剛中柔，石爲剛中剛。此本象也。若錯綜而用之，則天亦有柔剛，地亦有陰陽。日爲陽，月爲陰，星爲剛，辰爲柔，天有地也。水爲陰，火爲陽，土爲柔，石爲剛，地有天也。」

有温泉而無寒火，陰能從陽，而陽不能從陰也。張氏曰：「水受火則温，火受水有滅而已，不能從陰也。所以泰則小人皆爲泰，否則君子有死而已，不能從小人，而爲否也。火温水，益之也。水滅火，害之也。故泰則君子養小人，否則小人傷君子。」

問：「小人可絶乎？」曰：「不可。君子禀陽正氣而生，小人禀陰邪氣而生。無陰則陽不成，無小人則君子亦不成，惟以盛衰乎其間也。」陽六分則陰四分，陰六分則陽四分，陽陰相半則各五分矣。由是知君子小人之時有盛衰也。治世，則君子六分。君子六分，則小人四分，小人固不勝君子矣。亂世則反是。

陽能知而陰不能知，陽能見而陰不能見也。能知能見者爲有，故陽性有而陰性無也。陽有所不徧，而陰無所不徧也。陽有去，而陰常居也。無不徧而常居者爲實，故陽體虚而陰體實也。張氏曰：「陽以神爲性，陰以氣爲性。神者，靈也。氣者，質也。故陽有知見，而陰無知見。是以月無光，假日以爲光。魄無識，資魂以爲識。所謂陽性有而陰性無者，非無也，可以謂之無也。陽以氣爲體，陰以形爲體。氣者，虚也。形者，實也。自用而言，實有不徧，虚無不周，實有消亡，虚無去住。若自體言，則氣先盡，而形常餘。氣内聚，而形外包。所以光燄冷而灰炭存，華葉乾而根荄在，故曰陽體虚而陰體實也。」

冬至之後爲呼，夏至之後爲吸，此天地一歲之呼吸也。張氏曰：「冬至之後，陽長陰消，舒萬物以出，故爲呼。夏至以後，陰長陽消，歛萬物以入，故爲吸。若自日言，則子以後爲呼，午以後爲吸。」

寂然不動，反本復静，坤之時也。感而遂通天下之故，陽動於中，間不容髮，復之時也。

張子曰：「陰陽之精互藏其宅，則各得其所安，故日月之形，萬古不變。若陰陽之氣，則循環迭至，聚散相盪，升降相求，絪緼相揉，蓋相兼相制，欲一之而不能。此其所以屈伸無方，運行不息，莫或使之。不曰性命之理，謂之何哉！」

陽之德主於遂，陰之德生於閉。

人之有息，蓋剛柔相摩，乾坤闔闢之象也。

氣坱然太虛，升降飛揚，未嘗止息，此虚實動静之機，陰陽剛柔之始。浮而上者陽之清，降而下者陰之濁。其感通聚散，爲風雨，爲雪霜，萬品之流形，山川之融結，糟粕煨燼，無非教也。問：「氣坱然太虛，升降飛揚，未嘗止息。」朱子曰：「此張子所謂『虛空即氣』也。蓋天在四畔，地居其中，減得一尺地，遂有一尺氣，但人不見耳。」升降飛揚，所以生人物者，未嘗止息，但人不見爾。如望氣者，凡氣之灾祥皆能見之，如龍成五色之類。

游氣紛擾合而成質者，生人物之萬殊。其陰陽兩端循環不已者，立天地之大義。朱子曰：「游氣紛擾，當横看。陰陽兩端，當直看。晝夜運而無息者，便是陰陽之兩端。其四邊散出紛擾者，便是游氣，以生人物之萬殊。某嘗言，正如麪磨相似，其四邊只管層層撒出。天地之氣，運轉無已，只管層層撒出人物。其中有麄有細，故人物有偏有正，有精有粗。」問：「横渠云云，此是言一氣混沌之初，天地未判之時爲復，亘古今如此。」曰：「只是統説。只今便如此。」問：「升降者是陰陽之兩端，飛揚者是游氣之紛擾否？」曰：「此只是説陰陽之兩端。下文

『此虛實動靜之機，陰陽剛柔之始』，此正説陰陽兩端。到得『其感通結聚，爲風雨，爲雲霜，萬品之流形，山川之融結』以下，却正是説游氣紛擾。」問：「『虛實動靜之機，陰陽剛柔之始』兩句，欲云『虛實動靜，乘此氣以爲機；陰陽剛柔，資此氣以爲始』，可否？」曰：「此兩句只一般。實與動便是陽，虛與靜便是陰。但虛實動靜是言其用，陰陽剛柔是言其體而已。」問：「『始』字之義如何？」曰：「只是説如個生物底母子相似，萬物都從這裏生出去。上文説『升降飛揚，未嘗止息』，便含這虛實動靜兩句在裏面了。所以虛實動靜、陰陽剛柔者，便是這升降飛揚者爲之，非兩般也。」問：「無非教也，都是道理在上面發見否？」曰：「然。因引《禮記》中『天地至教，聖人至德』一段【一六】，與孔子『予欲無言』一段，天地與聖人都一般，精底都從那粗底上發見，道理都從上流行，雖至粗底物，無非是道理發見，天地與聖人皆然。」問「陰陽」、「游氣」之辨。曰：「游氣是生物底陰陽。譬如扇子，扇出風，便是游氣。」循環不已者，乾道變化也。合而成質者，各正性命也。譬如樹木，其根本猶大義；散而生花結實，一向發生去，是人物之萬殊。陰陽循環如磨，游氣紛擾如磨中出者。《易》曰：「剛柔相摩，八卦相盪，鼓之以雷霆，潤之以風雨，日月運行，一寒一暑。」此陰陽之循環也。「乾道成男，坤道成女」，此游氣之紛擾也。問「游氣」、「陰陽」。曰：「游是散殊，比如一個水車，一上一下，兩邊只管袞轉，這便是『循環不已，立天地之大義』底。一上一下，只管袞轉，中間帶得水灌溉得所在，便是『生人物之萬殊』。天地之間，一氣只管運轉，不知不覺生出一個人，不知不覺又生出一個物。即它這個斡轉，便是生物時節。」「游氣」、「陰陽」。陰陽即氣也，豈陰陽之外，又復有游氣耶？所謂游氣者，指其所以賦與萬物。一物各得一個性命，便有一個形質，皆此氣合而成之也。雖是如此，而所謂「陰陽兩端」，成片袞袞將出來者，固自若也。亦猶論太極，物物皆有之。而太極之體，未嘗不存也。

朱子曰：「天地間無兩立之理，非陰勝陽，即陽勝陰，無物不然。」寒暑晝夜，君子小人，天理人欲，皆是。又曰：「無一物不有陰陽，乾坤至於至微至細，草木鳥獸皆然。」又曰：「古者伏羲觀鳥獸之文，與地之宜，

【一六】天地至教　「地」原作「道」，據四庫本改。

那時未有文字，只是仰觀俯察而已。想聖人心細，雖以鳥獸羽毛之微，也盡察得有陰陽。今人心粗，如何察得？因言鯉魚上有三十六鱗，陰數。龍脊上有八十一鱗，陽數。又龜背上文，中間五段者，五行也。兩邊各有四段者，八卦也。周圍二十四段者，二十四氣也。個個如此。又如草木之有雌雄，銀杏、桐楮、牝牡、麻竹之類皆然。又樹木向陽處則堅實，其背陰處必虛軟。」

天地之間，無往而非陰陽。一動一静，一語一默，皆是陰陽之理。

《坤》初六：履霜，堅冰至。《本義》曰：大陰陽者，造化之本，不能相無，而消長有常，亦非人所能損益也。然陽主生，陰主殺，則其類有淑慝之分焉。故聖人作《易》，於其不能相無者，既以健順、仁義之屬明之，而無所偏主。至其消長之際，淑慝之分，則未嘗不致其扶陽抑陰之意焉。蓋所以贊化育而參天地者，其旨深矣。

天地之道浸，故陰陽勝。《陰符經》之説善矣。天地間不陡頓恁地。浸者，漸也。天地之道漸漸消長。

事之未定者屬乎陽，其已定者屬陰。凡説兩端處，皆有陰陽。如「開物成務」，「開物」是陽，「成務」是陰。「致知力行」，「致知」是陽，「力行」是陰。周子之書屢發此意，推之可見。陽主進而陰主退，陽主息而陰主消，進而息者其氣强，消而退者其氣弱，此陰陽之所以爲柔剛也。陽剛温厚，居東南，主春夏，而以作長爲事。陰柔嚴凝，居西北，主秋冬，而以歛藏爲事。作長爲生，歛藏爲殺，此剛柔之所以爲仁義也。以此觀之，則陰陽、剛柔、仁義之位，豈不曉然？而彼揚子所謂「於仁也柔，於義也剛」者，乃自其用處末流言之，蓋亦所謂陽中之陰、陰中之陽，固不妨自爲一義，但不可雜乎此而論之爾。此因建安袁氏《樞圖論》發此，其第一書云：「來論謂東南以一陰已生而爲陰柔之位，西北以一陽已生而爲陽剛之位，則是陽之盛於春夏者，不得爲陽，陰之盛於秋冬者，不得爲陰，而反以始生之微者爲主也。謂一陰生於東南，一陽生於西北，則是陰不生於正南午位之姤而淫於東，陽不生於正北子位之復而旅於西也。謂巽以一陰之生而位乎東南，則乾者豈一陽之生而位於西北乎？云云。巽以三畫言之，雖爲一陰之生，而其所以位之東南者，初非有取乎其義。至於乾，又三陽之全體，而初无一陽已生之義可得而取也。凡此崎嶇反側，終不可通，不若直以『陽剛爲仁，陰柔爲義』之明白而簡易也。蓋如此，則發生爲仁，肅殺爲義，其理甚順。肅殺雖似乎剛，然實天地收斂退藏之氣，自不妨其陰柔也。」子位一陽雖生而未出乎地，至寅位泰卦則三陽之生方出地上，而溫厚之氣從此始焉。巳位乾卦六陽雖極，而溫厚之氣未終，故午位一陰雖生而未害於陽，必至未位遯卦而後溫厚之氣始盡也【一七】。其午位陰已始，而嚴凝之氣及申方始。亥位六陰雖極，而嚴凝之氣至丑方盡，義亦放此。蓋地中之氣難見而地上之氣易識，故周人以建子爲正，雖得天統，而孔子之論爲邦，乃以夏時爲正，蓋取其陰陽始終之著明也。又曰：「來論謂坤之上六其位在亥，陽氣已生，乾之上九其位在巳，陰氣已生。以剥『上九，碩果不食』、十月爲陽月之義推之，則剥卦上九之陽方盡而變爲純坤之時，坤卦下又已有陽氣生於其中矣。但一日之内，一畫之中方長得三十分之一，必積之一月，然後始滿一畫而爲復，方是一陽之生耳。夫之一陰爲乾爲姤，義亦同此。蓋論其始生之微，固已可名於陰陽，然便以此爲陰陽之限，則其方盛者未替而所占不廣卦内六分之五，方生者甚微而所占未及卦内六分之一，所以未可截自此處而分陰陽也。」

天地之化，包括無外，運行無窮，然其所以爲實，不越乎一陰一陽而已。其動靜屈伸、往來闔闢、升降浮沉之性，雖未嘗一日不相反，然亦不可以一日而相無也。聖人作《易》，以通神明之德，類萬物之情，其所以爲説者，亦若是焉爾。然及其推之人事而擬諸其形

【一七】必至未位　「未」原作「天」，據四庫本改。

容，則常以陽爲君子，而引翼扶持，惟恐其不盛；陰爲小人，而排擯抑黜，惟恐其不衰。何哉？蓋陽之德剛，陰之德柔。剛者常公，而柔者常私；剛者常明，而柔者常闇；剛者未嘗不正，而柔者未嘗不邪；剛者未嘗不大，而柔者未嘗不小。公明正大之人用於世，則天下蒙其福；私暗邪僻之人得其志，則天下受其禍。此理之必然也。非獨於《易》爲然，凡聖賢之言雜出於傳記者，亦未有不好剛而惡柔者。若夫子所謂剛毅近仁，而又嘗深以未見剛者爲歎，蓋專以是爲君子之德也。

右論陰陽

《易》：天行健。《正義》曰：「行者，運動之稱。健者，强壯之名。乾是衆健之訓。萬物壯健，皆有衰息【一八】，惟天運動日過一度，未嘗休息，故云云也。」問云云。朱子曰：「惟胡安定説得好。因舉其説，曰：『天者，乾之形；乾者，天之用。天形蒼然，南樞入地下三十六度，北樞出地上三十六度，狀如倚杵。其用則一晝一夜，行九十餘萬里，人一呼一吸爲一息，一息之間，天行七八十餘里。人一晝一夜有三萬三千六百餘息，故天行九十餘萬里。天之行健可知，因言天之氣運轉不息，故知得地在中間。』」又曰：「《尚書璣衡疏》載王蕃『渾天説』一段，極精密。今按其説云：『天之形狀似鳥卵，天包地外，猶卵之裹黄，圓如彈丸，故曰『渾天』，言其形體渾渾然也。其術以爲天半覆地上，半在地下，其天居地上，見有一百八十二度半强，地下亦然。北極出地上三十六度，南極入地下亦三十六度，而嵩高正當天之中，極南五十五度當嵩高之上。又其南十二度爲夏至之日道，又其南二十四度爲春秋分之日道，又其南二十四度爲冬至之日道，南下去地三十一度而已。是夏至日北去極六十七度，春秋分去極九十一度，冬至去極一百一十五度，此其大率也。南北極持其兩端，其天與日月星宿斜而廻轉。此必古有其法，遭秦而滅。』」又《論語》：「北辰居其

【一八】皆有衰息　「衰」誤作「哀」，據四庫本改。

所，而衆星拱之。」或問：「北辰之爲天樞，何也？」曰：「天圓而動，包乎地外；地方而静，處乎天中。故天之形，半覆乎地上【一九】，半繞乎地下，而左旋不息，其樞紐不動之處，則在夫南北之端焉，謂之極者，猶屋脊之謂極也。然南極低入地三十六度，故周回七十二度，常隱不見。北極高出地三十六度，故周回七十二度，常見不隱。北極之星，正在常見不隱七十二度之中，常居其所而不動，其旁則經星隨天左旋，日月五緯右轉，更迭隱見，皆若環繞而歸向之。知此，則知天樞之説，而聖人所以取譬者，亦可見矣。」南、北極，天之樞紐，只有此處不動如磨心。然此是天之中至極處，如人之臍蔕也。

《楚辭·天問》：圜則九重，孰營度之？惟兹何功？孰初作之？圜與圓同。度，待洛反。圜，謂天形之圓也。則，法也。九，陽數之極，所謂九天也。斡維焉繫？天極焉加？八柱何當？東南何虧？斡，一作筦。《説文》曰「轂端沓」，則是車轂之内，以金爲筦而受軸者也【二〇】。維，繫物之縻也。天極，謂南北極，天之樞紐，常不動處，譬則車之軸也。蓋凡物之運者，其轂必有所繫，然後軸有所加，故問此天之斡維繫於何所，而天極之軸何所加乎？《河圖》言：「崑崙者，地之中也。地下有八柱，互相牽制，名山大川，孔穴相通。」《素問》曰：「天不足西北，地不滿東南。」注云：「中原地形，西北高，東南下。今百川滿湊東之滄海。」則東西南北，高下可知。故又問八柱何所當值，東南何獨虧闕乎？九天之際，安放安屬？隅隈多有，誰知其數？九天，即所謂圜則九重者。際，邊也。放，至也。屬，附也。隅，角也【二一】。　右三章六問，今答之曰：或問乎邵子曰：「天何依？」曰：「依乎地。」「地何附？」曰：「附乎天。」「天地何所依附？」曰：「自相依附。天依形，地附氣。其形也有涯，其氣也無涯。」詳味此言，屈子所問，昭然若發矇矣。但天之形圓如彈丸，朝夜運轉，其南北兩端後高前下，乃其樞軸不動之處。其運轉者，亦無形質，但如勁風之旋。當晝則自左旋而向右，向夕則自前降而歸後，當夜則自右轉而復左，將旦則自後升而趨前，旋轉無窮，升降不息，是爲天體，而實非有體也。地則氣之查滓聚成形質者，但以其束於勁風旋轉

【一九】半覆乎地上　「上」誤作「工」，據四庫本改。

【二〇】以金爲筦　「筦」原作「完」，據《楚辭集注》卷三改。

【二一】角也　「角」原作「能」，據《楚辭集注》卷三改。

之中，故得以兀然浮空，甚久而不墜耳。黃帝問於岐伯曰：「地有憑乎？」岐伯曰：「大氣舉之。」亦謂此也。其曰九重，則自地之外，氣之旋轉益遠益大，益清益剛。究陽之數，而至於九，則極清極剛，而無復有涯矣。豈有營度而造作之者，先以斡維繫於一處，而後以軸加之，以柱承之，而後天地乃定位哉？且曰其氣無涯，則其邊際放屬，隅隈多少，固無得而言者，亦不待辨說而可知其妄矣。東南之虧，乃專以地形言之，初無預乎天也。天何所沓？十二焉分？日月安屬？列星安陳？沓，合也。此問天與地合會於何所，十二辰誰所分別乎？陳，列也。言日月衆星安所繫屬，誰陳列也。　上章所問天何所屬，並地而言。此所問乃爲天地相接之處，何所沓也。今答之曰：天周地外，其說已見上矣，非沓乎地之上也。十二云者，自子至亥十二辰也。《左傳》曰：「日月所會是謂辰。」注云：「一歲日月十二會，所會爲辰。十一月辰在星紀，十二月辰在元枵之類是也。然此特在天之位耳。若以地而言之，則南面而立，其前後左右亦有四方十二辰之位焉。但在地之位一定不易，而在天之象運轉不停，惟天之鶉火，加於地之午位【一二】，乃與地合，而得天運之正耳。蓋周天三百六十五度四分度之一，周布二十八宿，以著天體，而定四方之位。以天繞地，則一晝一夜適周一匝，而又超一度。日月五星亦隨天以繞地，而唯日之行，一日一周，無餘無欠，其餘則各有遲速之差焉【一三】。然其懸也，固非綴屬而居；其運也，亦非推挽而行。但當其氣之盛處，精神光輝，自然發越，而又各自有次第耳。《列子》曰：「天，積氣耳。」日月星辰，亦積氣中之有光曜者。張衡《靈憲》曰：「星也者，體生於地，精成於天，列居錯峙，各有攸屬。」【一四】此言皆得之矣【一五】。

程子曰：「地之下豈無天？今所謂地者，特天中一物耳。凡有氣莫非天，有形莫非地。」邵子曰：「天何依？曰：依乎地。」全文見上注。　伊川先生見康節先生，伊川指食卓而問曰：「此卓安在地上，不知天地安在甚處？」康節爲之極論其理，以至六合之外。伊川歎曰：「平生惟見周茂叔論至此。」　朱子曰：「康節此說，古今曆家所未及。」輔廣云：「伊川謂自古言數者，至康節先生方說到理上。」曰：「然。揚

【一二】加於地之午位　「午」原作「二」，據《朱子全書》卷五十改。

【一三】遲速之差　「差」原作「先」，據《楚辭集注》卷三改。

【一四】各有攸屬　「攸」原作「收」，據乾隆本、四庫本改。

【一五】此言皆得之矣　「此」原作「比」，據四庫本改。

子雲亦略知之，然不及康節之精。」

天圓而地方，天南高而北下，是以望之如倚蓋然。地東南下西北高，是以東南多水，西北多山。天覆地，地載天，天地相函，故天上有地，地上有天。張氏曰：「古之言天有三家，曰宣夜，曰蓋天，曰渾天。宣夜之學，人謂絶無師法。蓋天之學，惟唐一行知其与渾天不異。蓋天之法，如繪像，止得其半。渾天之法，如塑像，能得其全。堯之曆象、日星【二六】，蓋天法也。舜之璿璣、玉衡，渾天法也。渾法密於蓋天，創意者尚略，述作者愈詳也。宣夜，人雖非之，竊謂作者不無所見。但論述者，失其本旨爾。郄萌記曰：日月衆星，自然浮生虛空之中，其行其止，皆須氣焉。虞喜曰：天確乎在上，有常安之形。數語皆有意義，而恨不究乎終始。蓋《河圖》之數，戴九履一，一起於下，是爲坎水，天象之始也。九窮於上，是爲乾金【二七】，天象之成也。故坎水柔動，而乾金堅凝。動脉滋生，而腦精安静。虞喜謂常安之形者，北極不動之義，天之頂也。郄萌謂日星浮於虛空，行必須氣，此則東西運轉，氣即天，虛即氣也。先生曰：望之如倚蓋，此兼取蓋天之説也。其曰地東南下、西北高者，天圓如虛毬，地斜隔其中，西北之高，戴乎天頂。故北極出地才三十六度，愈降而及東南，履乎天末。故南極入地才三十六度。東南多水，西北多山，其高卑可見矣。地勢本傾峻，以其體大，故人居其上而弗覺。西北附實東南面虛，人倚北而嚮南，是以天潛乎北而顯乎南，水發乎西而流於東也。天包地，地載天，天地相函，以立於太虛之中，而能終古不壞。雖其理至妙，不可測度，要之，不過虛實相依，動静相養，不即不離，非一非二。故在天成象，則在地成形。仰天有文，則俯地有理。人能窮此，可以達性命之原，知死生之説矣。」

天可以理盡，而不可以形盡。渾天之術，以形盡天，可乎？

胡氏曰：「夫天之爲天，非若地之有形也。自地而上，無非天也。」後魏寇謙之作宫，欲令其高不聞雞犬之聲，而後可以上接天神。崔浩信之。胡氏論曰云云。昔人以積氣名其象，以倚蓋名其形，皆非知天者也。

【二六】堯之曆象　「象」原作「家」，據四庫本改。

【二七】是爲乾金　「金」原作「全」，據四庫本改。

莊周氏曰：「天之蒼蒼，其正色邪？」言天無色也，無色則無形、無聲、無臭皆舉矣。日月星辰之繫乎天，非若山川草木之奠乎地也。著明森布，躔度行止，皆氣機自運，莫使之然而然者，無所託也。若其有託，則是以形相屬，一麗乎形，能不壞乎？故子貢曰：「天不可階而升。」謂無形也。仲尼之言天地山川也，皆以自微至著明之。地則始於撮土，山則始於拳石，水則始於一勺，是皆可見之物也，惟天曰「天斯昭昭之多」，夫昭昭果何物哉？及其無窮也，日月星辰係焉，萬物覆焉，而不離於昭昭之多。昔人言天，未有顯白如仲尼者也。非窮理不足以知天，非尽性不足以事天，天豈遠乎哉？

按：楊倞注《荀子》亦曰：「天無實形，地之上空虚者，皆天也。」

張子曰：「地，物也。天，神也。物無踰神之理，顧有地斯有天，若其配然爾。」

朱子曰：「天包乎地，天之氣又行乎地之中，故横渠云：地對天不過【一八】。」

天以氣而依地之形，地以形而附天之氣。天包乎地，地特天中之一物爾。朱子又云：「天地初間，只是陰陽之氣。這一個氣運行，磨來運去，磨得急了，拶許多查滓，在裏面無出處，便結成地在中央。氣之清者，便爲天，爲日月，爲星辰，只在外常周環運轉。地只在中央不動，不是在下。」又曰：「天地始初混沌未分時，想得只有水火二者。水之滓脚便成地。今登高而望，羣山皆爲波浪之狀，便是水泛如此。初耎後凝。」問：「想如潮水湧起沙相似。」曰：「然。水之極濁便成地，火之極精便成風霆雷電日星之屬。」問：「天有質否？抑只是氣？」曰：「只是個旋風，下耎上堅，道家謂之剛風。人嘗説天九重，分九處爲號，非也，只是旋有九耳。但下面氣濁較暗，上面至高處，則至清至明。」又曰：「地言其全體，土乃地之形質。」又曰：「地者，氣之查滓者也。所以道輕清爲天，重濁爲地。」

問：「邵子論六合之外，恐無外否？」曰：「理無内外，六合之形須有内外。」日東升西沉，又從東升，這上面許多，下面亦許多，豈不是六合之内？曆家筭氣，只筭到日月星辰運行處，上去更筭不得。安得是無内外？

【一八】對天不過　「不」原作「下」，據四庫本、《朱子語類》卷一改。

老子曰：「天地之間，其猶橐籥乎！虛而不屈，動而愈出。」橐籥，今之鞴扇耳。

乾一而實，故以質言而曰大。坤二而虛，故以量言而曰廣。或問：「《本義》云云，如何？」曰：「此解極分曉。蓋曰以形言之，則天包地外，地在天中，所以説天之質大。以理與氣言之，則地却包着天，天之氣却盡在地之中，地盡承受得天之氣，所以説地之量廣。天爲陽，其數奇，從裏面便實，出來流行發生，只是一個物事，所以説乾一而實。地雖是堅實，然却虛，所以天之氣流行乎地之中，皆從地裏發出來，所以説坤二而虛。」又問：「地形如肺，形質雖硬，而中本虛，故陽氣升降於其中，無所障礙，雖金石也透過去。地便承受得這氣，發育萬物。」曰：「然。要之天形如一個鼓鞴，天便是那鼓鞴外面皮殼子，中間包得許多氣，開闔消長。今曆家用律管疾氣，其法最精。氣之至也，分寸不差，便是這氣都在地中透上來。如冬至用黃鍾管，距地九寸，以葭灰實其中，至之日，氣至灰去是也。」

右言天地之形體　程子所謂以形體言，謂之天是也。

《書・大禹謨》：益贊于禹曰：「滿招損，謙受益，時乃天道。」

《皋陶謨》：天叙有典，勑我五典五惇哉！天秩有禮，自我五禮有庸哉！同寅協恭和衷哉！天命有德，五服五章哉！天討有罪，五刑五用哉！程子曰：「天叙，天秩。天有此理，聖人循而行之，所謂道也。」上蔡謝氏曰：「所謂天者，理而已。天命有德便五服五章，天討有罪便五刑五用，渾不是杜撰做作來。學者直須明天理爲是，自然底道理移易不得。識得天理，然後能爲天之所爲。」

《泰誓》：天有顯道，厥類惟彰。張氏曰：「『天有顯道』者，福善禍淫之道顯然在人耳目也。蓋禍福之來，莫不各以其類至。爲善者，應之以福；爲惡者，應之以禍。其類甚明。」

《易》：謙亨，天道下濟而光明，地道卑而上行。程子曰：「『濟』當爲『際』。此明謙而能亨之義。天之道，以其氣下際，故能生育萬物，其道光明。下際謂下交也。地之道，以其處卑，所以其氣上行，交於天，皆以卑降而亨也。」

天道虧盈而益謙，地道變盈而流謙，鬼神害盈而福謙，人道惡盈而好謙【二九】。謙尊而光，卑而不可踰，君子之終也。程子曰：「以天行而言，盈者則虧，謙者則益，日月陰陽是也。以地勢而言，盈滿則傾變而反陷，卑下者流注而益增也。鬼神，謂造化之迹。盈滿者禍害之，謙損者福佑之，凡過而損，不足而益者，皆是也。人情疾惡盈滿，而好與謙巽。謙者人之至德，故聖人詳言所以戒盈而勸謙也。」

恒，天地之道，恒久而不已也。程子曰：「天地之所以不已，蓋有恒久之道。人能恒於可恒之道，則合天地之理也。」

天地之道，貞觀者也。日月之道，貞明者也。程子曰：「天地常垂象以示人，故曰『貞觀』。日月常明而不息，故曰『貞明』。」朱子曰：「貞，正也，常也。觀，示也。」

王孫賈問曰：「『與其媚於奧，寧媚於竈』，何謂也？」子曰：「不然，獲罪於天，無所禱也。」朱子曰：「天，即理也。其尊無對，非奧、竈之可比也。逆理，則獲罪於天矣。言但當順理，非特不當媚竈，亦不可媚奧也。」　胡氏曰：「天即理也，理無不在，在人則人心之昭昭者是也。」　南軒曰：「胷中所存，一有不直，則爲獲罪於天矣。」

天地之道，可一言而盡也：其爲物不貳，則其生物不測。朱子曰：「天地之道，可一言而盡，不過曰『誠』而已。不貳，所以誠也。誠故不息，而生物之多，有莫知其所以然者。」天地之道：博也，厚也，高也，明也，悠也，久也。言天地之道，誠一不貳，故能各極其盛，而有生物之功。　「誠者，天之道」，見前。

程子曰：「天者，自然之理也。」

【二九】「人道惡盈」一句原脱，據四庫本補。

「生生之謂易」，是天之所以爲道也。天只是以生爲道。天命猶天道也，以其用言也，則謂之命。命者，造化之謂也。

道未始有天人之別，但在天則爲天道，在地則爲地道，在人則爲人道。介甫言堯行天道以治人，舜行人道以事天。介甫自不識天字，云云。

問：「福善禍淫，如何？」曰：「此自然之理，善則有福，淫則有禍。」又問：「天道如何？」曰：「只是理，理即天道也。」且如説「皇天震怒」，豈真是有人在上震怒，只是理如此。

天專言之則道也，「天且弗違」是也。問程《易》云云。又曰：「天地者，道也。不知天地即道耶？抑天地是形，所以爲天地乃道耶？」朱子曰：「天地只以形言。先天而天弗違者，如禮雖先王未之有，而可以義起之類。蓋雖天之所未爲，而吾意之所爲自與道契，天亦不能違也。後天而奉天時，如天叙有典，天秩有禮之類。雖天之所已爲，而理之所在，吾亦奉行之耳。蓋大人無私，以道爲體故也。」

朱子曰：「天者，理而已矣。」《孟子集注》「樂天畏天」章。

右言天地之道　即程子所謂「專言之，則道也」。然所謂天道者，凡人性之所固有，事理之所當然，皆是也。豈必指言曰天然後謂之天道哉？程子、朱子所謂「天者，自然之理，天者理而已矣」，皆昔者聖賢所未發。學者即斯言而深味之，無餘藴矣。

甲集三十五

《易》：《復》，其見天地之心乎？程子曰：「一陽復於下，乃天地生物之心也。先儒皆以静爲見天地之心，蓋不知動之端乃天地之心也。非知道者，孰能識之？」又曰：「人説《復》其見天地之心，皆以謂至静能見天地之心，非也。《復》之下一畫，便是動也，安得謂之静？自古儒者皆言静見天地之心，惟某言動而見天地之心。」或曰：「莫是於動上求静否？」曰：「固是，然最難。」又曰：「『《復》，其見天地之心』，一言以蔽之，天地以生物爲心。」又曰：「復者，反本也。本有而去之，今來復，乃見天地之心也，乃天理也。此賢人之事也。」又曰：「《復》卦非天地之心，復則見天地之心。聖人無復，故未嘗見其心。」　朱子曰：「積陰之下，一陽復生。天地之心，幾於息滅，而至此乃復可見。在人則爲静極而動，惡極而善，本心幾息而復見之端也。」　問：「一陽復於下，乃天地生萬物之心也。先儒皆以静見天地之心，唯程子言動之端乃天地之心。竊謂十月純坤，不爲無陽，天地生物之心未嘗間息，但未動爾，因動而生物之心始可見。」曰：「十月陽氣收斂，一時關閉得盡，天地生物之心固未嘗息，但無端倪可見。惟一陽動，則生意始發露出，乃始可見端緒也。言動之頭緒，於此方見得天地之心也。」因問：「在人則喜怒哀樂未發之前，而所謂中節之體已各完具，但未發則寂然而已，不可見也。特因事感動而惻隱羞惡之端始覺，非固動而漸有此也。」曰：「然。」　問云云。先生曰：「天地所以運行不息者，做個甚事？只是生物而已。物生於春，長於夏【一】，至秋萬物咸遂，如收斂結實，是漸欲離其本之時也。及其成，則物之成實者各具生理，所謂碩果不食是已。夫具生理者，固各繼其生，而物之歸根復命，猶自若也。如説天地以生物爲心，斯可見矣。」又問：「既言心性，則天命之謂性，命字有心底意否？」曰：「然。流行運用是心。」　問：「伊川以動之端爲天地之心。」曰：「動亦不是天地之心，只是見天地之心。如十月，豈得無天地

校勘記

【一】長於夏　「長」原作「夏」，據四庫本、《朱子語類》卷七十一改。

之心？天地之心流行只自若。但十月萬物收斂，寂無蹤跡，到一陽動處，生物之心始可見。」　問伊川云云。曰：「此須就卦上看，上坤下震，坤静震動。十月純坤，當貞之時，萬物收斂，寂無形迹，到此一陽復生，便是動。然不直下『動』字，却云『動之端』，端是從此起。雖動而物未生，未到大動處。凡發生萬物，却是從此起，豈不是天地之心？邵康節詩曰：『冬至子之半，天心無改移。一陽初動處，萬物未生時。』康節此詩最好，某於復卦《本義》亦載此詩。蓋立冬是十月初，小雪是十月中，大雪是十一月初，冬至十一月中，小寒十二月初，大寒十二月中。冬至子之半，即十一月之半也。人言夜半子時冬至，蓋夜半以前一半屬子時，今推五行者多不知之【一一】。然數每從這處起，畧不差移，此所以爲天心。然當是時，一陽方動，萬物未生，未有聲臭氣味之可聞可見，所以謂『元酒味方淡，大音聲正希』也。」　問：「王輔嗣説寂然至無乃天地心，如何？」曰：「彼説非也。若静處説無，不知下面一畫作甚麼？」　在天地則爲陰陽，在人則爲善惡。不善處便是陰，動處便屬陽。上五陰下一陽，是當沉迷蔽固之時，忽然一夕省覺，便是陽動處。　問云云。曰：「此只是就陰陽動静、闔闢消長處而言。如云利貞者，性情也。一元之氣，亨通發散，品物流形。天地之心盡發見在品物上，但叢雜難看。及到利貞時，萬物悉已收斂，那時只有個天地性情，丹青著見，故云利貞者性情也，正與復其見天地之心相似。康節云：『一陽初動處，萬物未生時。』蓋萬物生時，此心非不見也。但天地之心悉布散叢雜，無非此理呈露，倒多了難見。若會看者，能於此觀之，則所見無非天地之心。惟是復時萬物皆未生，只有一個天地之心昭然著見在這裏，較易看也。」　聖人無復，故未嘗見其心者，蓋天地之氣所以有陽之復者，以其有陰故也。衆人之心所以有善之復者，以其有惡故也。若聖人之心，則天理渾然，初無間斷，人孰得以窺其心之起滅耶？若静而復動，則亦有之，但不可以善惡而爲言耳。　天地之心動方見，聖人之心應事接物方見。　問：「寂然至静之中，一念之動，此便是復否？」先生曰：「此説不盡。復有兩樣，有善惡之復，有動静之復，二者不同，須要各看得分曉。終日營營，與物並馳，忽然有惻隱等心發見，此善惡之爲陰陽也。若寂然至静之中，有一念之動，此動静之爲陰陽也。二者各自不同。」　伊川與濂溪説「復」字，亦差不同。濂溪就坤上説，就回來處説。如云「利貞者，誠之復」，「誠心，復其不善之動而已矣」，

【一一】多不知之　「知之」原作「之知」，據《朱子語類》卷七十一乙正。

皆是就歸來處說。伊川却正就動處說。如「元亨利貞」，濂溪就「利貞」上説「復」字，伊川就「元」字頭説「復」字。以卦爻之義推之，則伊川之說爲正。然二先生所說，道理只一般，非有所異，只是所指地頭不同。王弼之說，與濂溪同。又曰：「此須通陰陽、動静、善惡論之，見得各是一理，而此意無所不通，始盡其曲折矣。學者工夫，則只如《易傳》所見『知其不善，則速改以從善』，此是要約處。若須要識得端倪而心體可識，卻是添卻一事。」天地以生物爲心者也，雖氣有闔闢，物有盈虚，而天地之心則亘古亘今未始有毫釐之間斷。故陽極於外而復生於内，聖人以爲於此可以見天地之心焉。蓋其復者氣也，其所以復者則有自來矣。向非天地之心生生不息，則陽之極也一絶而不復續矣，尚何以復生於内而爲闔闢之無窮乎？此則所謂動之端者，乃一陽之所以動，非徒指夫一陽之已動者而爲言也。《復卦贊》曰：「萬物職職，其生不窮。孰其尸之？造化爲工。陰闔陽開，一静一動。於穆無疆，全體大用。奚獨於斯，潛陽壯陰。而曰昭哉，此天地心。蓋翕無餘，斯闢之始。生意闖然，具此全美。其在於人，曰性之仁。斂藏方寸，包羅無垠。有茁其萌，有惻其隱。於以充之，四海其準。曰惟今兹，眇綿之間。是用齋戒，掩身閉關。仰止《羲圖》，稽經協傳。敢贊一詞，以詔亡倦。」

《咸》：天地感而萬物化生，聖人感人心而天下和平，觀其所感而天地萬物之情可見矣。程子曰：「天地二氣交感而化生萬物，聖人至誠以感億兆之心，而天下和平。天下之心所以和平，自聖人感之也。觀天地交感化生萬物之理，與聖人感人心致和平之道，則天地萬物之情可見矣。感通之理，知道者默而觀之可也。」

《恒》：日月得天而能久照，四時變化而能久成。聖人久於其道而天下化成，觀其所恒而天地萬物之情可見矣。程子曰：「觀其所恒，謂觀日月之久照，四時之久成，聖人之道所以能常久之理。觀此，則天地之情理可見矣。天地常久之道，天下常久之理，非知道者孰能識之？」

《大壯》：利貞，大者正也。正大，而天地之情可見矣。程子曰：「大者既壯，則利於貞正。正而大者道也，極正大之理，則天地之情可見矣。天地之道，常久而不已者，至大至正也。正大之理，學者默識心通可也。」

《萃》：觀其所聚，而天地萬物之情可見矣。

文中子曰：「圓者動，方者静，其見天地之心乎！」未詳。

程子曰：「《詩》、《書》中凡以主宰言者，皆曰帝。有以包涵徧覆之意言者，則曰天。天地無心而成化，聖人有心而無爲。」問：「鼓萬物而不與聖人同憂。」曰：「明道先生兩句極好：『天地無心而成化，聖人有心而無爲。』無心便是不憂，成化便是鼓萬物。天地鼓萬物，亦何常有心來？」

天地之常以其心，普萬物而無心。聖人之常以其情，順萬事而無情。全文見前。

邵子曰：「天地之心者，生萬物之本也。天地之情者，情狀也，與鬼神之情狀同也。」張氏曰：「天地無心緣感而生，故於神則寂然不動，於復則感而遂通。復之一陽，天道之所以生物也。咸之男女，人道之所以生民也。於復言天地之心者，以無心而爲心也。變感爲咸者，有心而欲其無心也，云云。」

張子曰：「天無心，心皆在人之心。一人私見固不足盡，至於衆心所同，即是義理，揔之則便是天。故曰天曰帝者，皆民之情然也。」

或問：「天地之心、天地之理，理即道理言，心即主宰言否？」朱子曰：「心固以主宰言，然所謂主宰者，即理而已。非心之外有所謂理，理之外有所謂心也。」又問：「心字與帝字相似否？」曰：「仁字似天字，心字似帝字。」

天地以生萬物爲心者也。道夫言：「向者先生令思天地有心無心。竊謂天地無心，仁便是天地之心。

若使其有心，必有思慮，有營爲。天地曷嘗有思慮來？然其所以四時行，百物生者，蓋以其合當如此便如此，不待思維，此所以爲天之道。」曰：「如此，則《易》所謂『復其見天地之心』，『正大而天地之情可見』，又如何？如公所説，只説得他無心處爾。若果無心，則須牛生出馬，桃樹上發李，他心又卻自定。程子曰：『以主宰謂之帝，以性情謂之乾。』他這名義自定，心便是他個主宰處，所以謂天地以生物爲心。中間欽夫以爲某不合如此説。某謂天地别無勾當，只是以生物爲心。一元之氣，運轉流通，略無停間，只是生出許多萬物而已。」問：「程子謂：天地無心而成化，聖人有心而無爲。」曰：「這是説天地無心處。且如四時行，百物生，天地何所容心？至於聖人，則順理而已，復何爲哉！所以明道云：『天地之常，以其心普萬物而無心；聖人之常，以其情順萬事而無情。』説得最好。」問：「普萬物，莫是以心周徧而無私否？」曰：「天地以此心普及萬物，人得之遂爲人之心，物得之遂爲物之心，只是一個天地之心爾。今須要知得他有心處，又要見得他無心處，只恁定説不得。」問：「所謂『上帝降衷于民』，『天將降大任於人』，『天佑民，作之君』，『天生物，因其才而篤』，『作善降百祥，作不善降百殃』，凡此等類，是蒼蒼在上者真有主宰如是邪？抑天無心，只是推原其理如此耶？」曰：「此數段只一意。這個也只是理如此。」問：「『天地之帥，吾其性』，先生解以乾健、坤順爲天地之志，天地安得有志？」曰：「復其見天地之心，天地之情可見，安得謂天地無心、情乎？程先生説『天地以生物爲心』最好，此乃無心之心也。」

又曰：「天地自有個無心之心，又如謂『惟皇上帝降衷于下民』，『天道福善禍淫』，這便自分明有個人在裏主宰相似。」又問：「如何見天地之情？」曰：「人正大，便也見天地之情正大。天地只是正大，未嘗有些子邪處，未嘗有些子小處。」又曰：「且如今人言藥性寒性熱，藥何嘗有性，只是它所主恁地。」又曰：「『天地以生物爲心』，譬如飯甑蒸飯，從裏面蒸，上到上面又下來，只管在裏面衮，便蒸得熟。天地即是包得許多氣在這裏無出處，衮一番，便生一番物。他别無可勾當，只得生物，不似人便有許多應接。所謂爲心者，如云天命，豈是諄諄然命之？所謂爲心，豈是切切然做？」又曰：「天包着地，無所作爲，只知生物而已。亘古亘今，生生不窮，人物則得此生物之心以爲心，所以個個肖他。」

右言天地之心　此程子所謂『主宰之謂帝』也。《語》曰「簡在帝心」，《書》曰「帝乃震怒【三】」，而傳記亦有人心天意之説。夫天本無心，安得有意？况於怒乎？以其福善禍淫不少差忒，若有意與怒焉耳。朱子所謂無心之心，學者所宜深體也。

《易》：大哉乾元，萬物資始，乃統天。朱子曰：「此專以天道明乾義。大哉，歎詞。元，大也，始也。乾元，天德之大始，故萬物之生，皆資之以爲始也。又爲四德之首，而貫乎天德之始終，故曰『統天』。」至哉坤元，萬物資生，乃順承天。此以地道明坤之義，而首言元也。至，極也，比大義差緩。始者氣之始，生者形之始。順承天施，地之道也。

天行健，君子以自强不息。朱子曰：「天，乾卦之象也。凡重卦皆取重義，此獨不然者，天一而已。但言天行，則見其一日一周，而明日又一周，若重複之象，非至健不能也。君子法之，不以人欲害其天德之剛，則自强而不息矣。」

地勢坤，君子以厚德載物。地，坤之象，亦一而已。故不言重而言其勢之順，則見其高下相因之無窮，至順極厚而無所不載也。乾知太始，坤作成物。朱子曰：「知，猶主也。乾主生物，而坤主成物。」知猶當也，如今知州、知縣之類。太始即物生之始，乾始物而坤成之也。乾以易知，坤以簡能。乾健而動，即其所知，便能始物而無所難，故爲以易而知太始。坤順而静，凡其所能，皆從乎陽而不自作，故爲以簡而能成物。問：「乾坤易簡之理。」曰：「易簡只以健順可見，且以人論之，有人甚健，遇事時自然覺易，易只是不難。又如人禀得性順，及其作事

【三】帝乃震怒　「帝」原作「旁」，據四庫本改。

便自然簡，簡只是不煩。」問「易簡」。曰：「只是健順，如人之健者，做事自易。順承者，自簡静而不繁。只看《下繫》『確然』、『隤然』自分曉。易者只做得一半，簡者承之。」「乾以易知」，蓋惟乾健，其所施爲自是容易，觀造化生長則可見。只是這氣一過時，萬物皆生，可見其易。要生便生，更無疑滯，要做便做，更無等待，非健不能也。惟其健，所以易。雖天下至險，亦安然行之，如履平地。乾坤只是一個健順之理，人之性無不具此。「雖千萬人，吾往矣」，便是健。「雖褐寬博，吾不惴焉」，便是順。如剛果、奮發、謙恭、退遜亦是。但要施之得其當，施之不當，便不是乾坤之理。且如孝子事親，須是下氣怡色，若用健便是悖逆不孝。事君須是犯顔敢諫，若用順便是阿諛順旨。《中庸》説「君子而時中」，時中之道，施之得宜便是。

成象之謂乾，效法之謂坤。 朱子曰：「效，呈也。法，謂造化之詳密而可見者。」效如《曲禮》效羊、效牛之效，言呈出許多物事。大槩乾只是做得形象，到坤漸次詳密，「資始」、「資生」於此可見。效如陳效之效，今人言效力之類。法是有一定已成之物，可以形狀見者。成象之謂乾，此造化方有些顯露處。效法之謂坤，以法言之，則大段詳密矣。效有陳獻底意思，乾、坤只是理。理本無心，自人而觀，猶必待乾之成象，而後坤能效法。然理自如此，本無相待。成象之謂乾，謂風霆、雨露、日星，只是個象。

夫乾，其静也專，其動也直，是以大生焉。夫坤，其静也翕，其動也闢，是以廣生焉。 程子曰：「不專一則不能直遂，不翕聚則不能發散。」朱子曰：「乾坤各有動静，於其四德見之。乾一而實，坤二而虚。」餘已見前。廣如河廣、漢廣之廣。

闔户謂之坤，闢户謂之乾，一闔一闢謂之變，往來不窮謂之通。見乃謂之象，形乃謂之器，制而用之謂之法，利用出入，民咸用之謂之神。 朱子曰：「闔闢，動静之機也。先言坤者，由靜而動也。乾坤變通者，化育之功也。見象形器者，生物之序也。法者，聖人脩道之所爲，而神者，百姓自然之日用也。」

問：「闔闢一段，只是一個物事。以其闔謂之坤，以其闢謂之乾，以其闔闢謂之變，以其不窮謂之通，發見而未形謂之象，成形謂之器，聖人修禮立教謂之法，百姓日用謂之神。」曰：「然。」又曰：「利用也入，便是人生日用都離它不得。」又曰：「民之於《易》，隨取而各足；《易》之於民，周徧而不窮，所以謂之神。所以謂之活潑潑地，便是這處。」

夫乾，確然示人易矣。夫坤，隤然示人簡矣。朱子曰：「確然，健貌。隤然，順貌。」

乾坤，其《易》之門耶？乾，陽物也，坤，陰物也。夫乾，天下之至健也，德行恒易以知險。夫坤，天下之至順也，德行恒簡以知阻。朱子曰：「至健則所行無難，故易；至順則所行不煩，故簡。然其於事，皆有以知其難，而不敢以易處之也，是以其有憂患，則健者如自高臨下【四】，而知其險；順者如自下趍上，而知其阻。蓋雖易而能知險，則不陷於險矣。既簡而又知阻，則不困於阻矣，所以能危能懼，而無易者之傾也。」按：此併上文危平易傾説。乾坤簡易，知險知阻，而曰：「知險阻便不去了。惟其簡易，所以知險阻而不去。」敬子云：「今行險僥倖之人，雖知險阻而猶冒昧以進。惟乾坤德行本自簡易，所以知險阻。」此段專以憂患之際而言。且如健當憂患之際，則知險之不可乘。順當憂患之際，便知阻之不可越。此乃處憂患之道當如此。如上文説危者使平，易者使傾，下文説能説諸心，能研諸慮，皆因憂患説。大要乾坤只是循理而已。它若知得前有險之不可乘而不去【五】，則不陷於險；知得前有阻之不可冒而不去，則不困於阻。若人不循理，以私意行乎其間，其過乎剛者，雖知險之不可乘，卻硬要乘，則陷於險矣；雖知阻之不可越，卻硬要越，則困於阻矣。只是順理，便無事。又問：「在人固是如此。以天地言之，則如何？」曰：「在天地自是無險阻，這只是大綱，説個乾坤底意思是如此。」或問：「見得乾是至健不息之物，經歷艱險處多。雖有險處，皆不足爲其病，自然足以進之而無難否？」曰：「不然。《易》之書本意正要人知險而不進，不然是悖義。至健順了，凡有險阻，只認冒進而無難。如此，大非聖人作《易》之意。觀上文云：『《易》之興也，其當殷之末世，周之盛德耶？當文王與紂之事耶？是故其辭危。危者使平，易者使傾。其道甚大，百

【四】自高臨下　「臨」原作「歸」，據四庫本改。

【五】前有險　「有」原作「不」，據四庫本改。

物不廢。懼以終始，其要无咎，此之謂《易》之道也。』看此語但是恐懼危險，便不敢輕進之意，乾之道便是如此。」又說「知險知阻」之義，曰：「舊因登山而知之：自上而下，則所向爲險；自下而上，則所向爲阻。蓋乾則自上而下，坤則自下而上，健則遇險亦易，順則遇阻亦簡。然易則可以濟險，而簡亦有可涉阻之理。」

乾元者，始而亨者也。朱子曰：「始則必亨，理勢然矣。」利貞者，性情也。收斂歸藏，乃見性情之實。乾始能以美利天下，不言所利，大矣哉！始者，元而亨也。利天下者，利也，不言所利貞也。或曰：「坤利牝馬，則言所利矣。」

大哉乾乎，剛健中正，純粹精也。剛以體言，健兼用言。中者，其行無過不及。正者，其心不偏。四者，乾之德也。純者，不雜於陰柔。粹者，不雜於邪惡。蓋剛健中正之至極，而精者，又純粹之至極也。或疑剛乾無柔，不得言中正者，不然也。天地之間，本一氣之流行而有動静耳。以其流行之統體而言，則但謂之乾而無所不包矣。以其動静分之，然後有陰陽剛柔之别也。

坤至柔而動剛，至静而德方。朱子曰：「剛、方，釋牝馬之貞也。方，謂生物有常。」後得主而有常，含萬物而化光。坤道其順乎，承天而時行。程子曰：「坤道至柔，而其動則剛。坤體至静，而其德則方。動剛故應乾不違，德方故生物有常。陰之道不倡而和，故居後爲得，而主利成萬物，坤之常也。」

乾，健也。坤，順也。朱子曰：「此言卦之性情。」

乾爲馬，坤爲牛。乾爲首，坤爲腹。

乾，天也，故稱乎父。坤，地也，故稱乎母。

乾爲天，爲圜，爲君，爲父。坤爲地，爲母。

程子曰：「乾，天也。天者，天之形體。乾者，天之性情。乾，健也，健而無息之謂乾。」問：「以性情謂之乾。」朱子曰：「是天之性情如此。火性情熱，水性情寒，天之性情則是個健，健故不息。惟健乃能不息，其理是自然有此。」　乾坤是性情，天地是皮殼，其實只是一個道理。　問云云。曰：「性情二字，常相參。在此情是性之發，非性何以有情？」　乾，健也，動静皆健；坤，順也，動静皆順。静是性，動是情。　健之體爲性，健之用是情。　静也專，便是性；動也直，便是情。

理無形也，故假象以顯義。乾以龍爲象，龍之爲物，靈變不測，故以象乾道變化，陽氣消息，聖人進退。

坤以牝馬爲象者，以其柔順而健行也。乾健坤順，坤亦健乎？曰：非健何以配乾？未有乾行而坤止也。朱子曰：「徐焕云：『天之行健，一息不停。而坤不能順動以應其行，則造化之功，或幾乎息矣。』此語亦無病。」

朱子曰：「陰陽形而下者，乾坤形而上者，資乾以始，即資坤以生。」不争得霎時，乾底亨時，坤底便亨。坤之所生，資乾之所始者。徐焕云：「萬物資乾以始而有氣，資坤以生而有形。氣至而生，生即坤元。」此説亦通。

乾是自然而然，坤便有用力處。

乾道奮發而有爲，坤道静重而有守。

右言乾坤　此程子所謂性情也。

《書·甘誓》王曰：「有扈氏威侮五行，怠棄三正，天用勦絶其命。」孔氏曰：「五行之德，王者相承所取法。」《正義》曰：「五行，水、火、金、木、土也。分行四時，各有其德，王者所共取法，而有扈氏獨侮慢之，所以爲大罪也。且五行在人爲仁、義、禮、智、信【六】，威侮五行，亦爲侮慢此五常而不行也。有扈与夏同姓，恃親而不恭天子，廢君臣之義，失相親之恩，五常之道尽矣，是『威侮五行』也。」

《書·洪範》：王訪于箕子，箕子乃言曰：「我聞在昔，鯀陻洪水，汨陳其五行。帝乃震怒，不畀洪範九疇，彝倫攸斁。鯀則殛死，禹乃嗣興，天乃錫禹洪範九疇，彝倫攸叙。孔氏疏曰：「水是五行之一，水性下流。鯀反塞之，水失其道，則五行陳列皆亂。」初一曰五行：一曰水，二曰火，三曰木，四曰金，五曰土。孔氏曰：「皆其生數也。」水曰潤下，火曰炎上，木曰曲直，金曰從革，土爰稼穡。潤下作鹹，炎上作苦，曲直作酸，從革作辛，稼穡作甘。」《正義》曰：「謂之『行』者，在天則五氣流行，在地世所行用也。《繫辭》：『天一，地二，天三，地四，天五，地六，天七，地八，天九，地十。』此即五行生成之數。天一生水，地二生火，天三生木，地四生金，天五生土。如此則陽無匹，陰無耦，故地六成水，天七成火，地八成木，天九成金，地十成土，於是陰陽各有匹耦，而物得成焉。《繫辭》又曰『天數五，地數五，五位相得而各有合，此所以成變化而行鬼神』，謂此也。又數之所起，起於陰陽。陰陽往來，在於日道。十一月冬至，日南極，陽來而陰往，冬，水位也，以一陽生爲水數。五月夏至，日北極，陰進而陽退，夏，火位也，當以一陰生爲水數。但陰不名奇，數必以偶，故以六月二陰生爲火數也。是故《易》說乾貞於十一月子，坤貞於六月未，而皆左行，由此也。冬至以及於夏至，當爲陽來。正月爲春，木位也，三陽已生，故三爲木數。夏至以及冬至，當爲陰進。八月爲秋，金位也，四陰已生，故四爲金數。三月春之季，四季土位也，五陽已生，故五爲土數。此其生數之由也。又萬物之本，有生於無，著生於微，及其成形，亦以微著爲次。五行之體，水最微，爲一。火漸著，爲二。木形實，爲三。金體固，爲四。土質大，爲五。大劉與顧氏皆以爲水火木金，得土數而成，故水成數六，火成數七，木成數八，金成數九，土成數十。義亦然也。」水純陰，故潤

【六】且五行在人爲　「且」原作「五」，據四庫本改。

下趍陰。火純陽，故炎上趍陽。木金陰陽相雜，故可曲直改更。王氏曰：「五者往來天地之間而不窮，是以謂行。五行之數，以奇生者成而偶【七】，以偶生者成而奇，故萬物之變至於無窮。」蘇氏曰：「水至陰也，必得天一加之而後生者，陰不得陽，不得烝而成也。火至炎也，必待地二加之而後生者，陽不得陰，則無所傳而見也。五者皆然，莫不生於陰陽之相加，陽加陰而爲水、爲木、爲土，陰加陽而爲火、爲金。苟不相加，則雖有陰陽之資，而無五行之用。」

《易大傳》：天一地二，天三地四，天五地六，天七地八，天九地十。程子曰：「此簡宜在天數五之前。」今附此。朱子曰：「此言天地之數，陽奇陰偶，即所謂河圖者也。」天數五，注：五，奇也。地數五，注：五，耦也。五位相得而各有合。古注天地之數各五，五數相配以合，成金木水火土。天數二十有五，五奇合爲二十五。地數三十。五耦合爲三十。凡天地之數五十有五，所以成變化而行鬼神。《正義》曰：「天數五者，謂一、三、五、七、九也。地數五者，謂二、四、六、八、十也。五位相得而各有合者，若天一與地六相得，合爲水。地二與天七相得，合爲火。天三與地八相得，合爲木。地四與天九相得，合爲金。天五與地十相得，合爲土也。天數二十有五者，總合五奇之數。地數三十者，總合五耦之數也。凡天地之數五十有五者，是天地二數相合爲五十五，此乃天地陰陽奇偶之數。所以成變化而行鬼神者，變化以此而成，鬼神以此而行也。」朱子曰：「天數五者，一、三、五、七、九皆奇也【八】。地數五者，二、四、六、八、十皆偶也。相得，謂一與二，三與四，五與六，七與八，九與十，各以奇耦爲類而自相得。有合，謂一與六，二與七，三與八，四與九，五與十，皆兩相合。二十有五，奇之積也。三十者，五耦之積也。變化，謂一生水而六成之，二生火而七成之，三生木而八成之，四生金而九成之，五生土而十成之。鬼神，謂凡奇耦生成之屈伸往來者。」

《記·月令》：孟春之月，其數八。鄭氏曰：「數者，五行佐天地生成萬物之次也。《易》曰：『天一地二，天三地四，天五地六，天七地八，天九地十。』而五行自水始，火次之，木次之，金次之，土爲後。木生數三，成數八，但

【七】以奇生者成而偶 「偶」原作「儷」，據四庫本改。

【八】五七九 「七」原作「士」，據四庫本改。

言八者，舉其成數。」孟夏之月，其數七。火生數二，成數七，但言七者，亦舉其成數。孟秋之月，其數九。金生數四，成數九。云云。同上。孟冬之月，其數六。水生數一，成數六。云云。同上。《正義》曰：「生物者，謂木火七八之數也。成物者，謂金水九六之數也。則春夏生物也，秋冬成物也。故《易·繫辭》云『精氣爲物，遊魂爲變』，注云『精氣謂七八，遊魂謂九六，則是七八生物，九六終物』是也【九】。引『《易》曰』以下者，謂《下繫》文也。天陽地陰，陽數奇，陰數耦。陽所以奇者，陽爲氣，氣則渾沌爲一，無分別之象，故其數奇。陰數所以耦者，陰爲形，形則有彼此之殊，故其數偶也。」

孟春之月，先立春三日【一〇】，太史謁之天子，曰：「某日立春，盛德在木。」《正義》曰：「天以覆蓋生民爲德，四時各有盛時，春則爲生，天之生育盛德在於木位，故云云。」立夏盛德在火，中央土。火休而盛德則土也。《正義》曰：「夫四時五行，同是天地所生，而四時是氣，五行是物。氣是輕虛，所以麗天。物體質礙，所以屬地。四時係天，年有三百六十日，則春夏秋冬各分居九十日。五行分配四時，布於三百六十日間，以木配春，以火配夏，以金配秋，以水配冬，以土則每時輒寄王十八日。雖每分寄，而位本末，宜處於季夏之末，金火之間，故在此陳之也。」立秋盛德在金，立冬盛德在水。」按：太史以此告天子者，蓋欲其體天順時以布政也。故下文曰「命相布德和令，行慶施惠」，此助春之生氣也。餘時各因所宜，夏則行賞封諸侯，習合禮樂，所以助長氣也。秋則命將帥，選士厲兵，所以順肅殺之氣。冬則賞死事，恤孤寡。説者謂孤寡，即死事者之妻子也。阿黨無有掩蔽，是又因殺氣之盛而及此，欲忠義者之不徒死，刑戮者之不濫死也。秦人自以爲水德，而一於用慘急之政，是未嘗知有《月令》也。其亡宜哉！

周子曰：「陽變陰合，而生水火木金土。」及根陰根陽之説，皆見前篇。

【九】是也　「是」字原脱，據《禮記注疏》卷十四補。

【一〇】立春三日　「日」原作「月」，據四庫本改。

程子曰：「坎，水也。一始於中，有生之最先者也。」鑽木取火，人謂火生於木，非也。兩木相戛，用力極則陽生。今以石相軋，則有火。非特木也，蓋天地間無一物無陰陽。

邵子曰：「陽先陰，故水先成；陰後陽，故火後成。陰陽相生也，體性相須也，故陽去則陰竭，陰盡則陽滅。」張氏曰：「天一生水，陽生陰也。地二生火，陰生陽也。太極既判之後，則陽分陰；未判之前，則陰含陽。人生之初，精藏血中，始化曰魄，陽生陰也。既生陽曰魂，陰生陽也。陰陽相生，故體性相資。精魄者，體質也。神魂者，性用也。虛實相依，動静相養，所以陰盡則陽滅，陽去則陰竭。」

金火相守則流，水木相得則然，從其類也。張氏曰：「火克金，故相守則金流。木生火，故相得則木然。金流則夫剛而婦柔，木然則子盛而母衰。陰性趨下，故金流則就濕，陽性趍上，故木然則就燥。各從其類也。」愚按：莊子曰：「木與木相摩則然，金與火相守則流。」邵子之言似本於此。莊子下文又云：「利害相摩，生火甚多，衆人焚和。」此又指人心之火，亦名言也。但其所謂「水中有火，乃焚大槐」，又曰「月固不勝火」，其義未詳。

水者，火之地。火者，水之氣。黑者，白之地。玄者，暑之氣。張氏曰：「虛以實爲基，陽以陰爲地。凡物之生，必先有陰，而後陽施焉。故陰爲道體，水氣生。陽則爲火，寒氣生。陽則爲暑，黑氣生。陽則爲白，猶魄氣生，陽則爲魂也。或曰：黑安能變白乎？曰：夜之變晝，鉛之變粉，非黑而白乎？黑者，玄也。玄之變白者，天一之水也。」

火生於無，水生於有。張氏曰：「火生於無，神也；水生於有，精也。」

火内暗而外明，故離陽在外，火之用，用外也。水外暗而内明，故坎陽在内，水之用，用内也。張氏曰：「火用外，目之象也。水用内，耳之象也。火以内爲體，外爲用。水以外爲體，内爲用。陽者，用也。」朱子亦曰：「陰以陽爲質，陽以陰爲質。水内明而外暗，火内暗而外明。横渠曰：『陰陽之精，宜藏其宅。』正此意也。」按：日火外景，金水内景，本《淮南子》之説。蓋清明者内景，濁明者外景，清明金水也，濁明火日也。道家謂日火揚光於外，故日有蝕，火有滅。金水潛光於内，故無窮。以此爲養生之法，收視反觀，潛神不耀，此理固妙，只於治道初不相關。若吾儒之道，則當明而明，離晉是也；當晦而晦，明夷是也。

張子曰：「中央土寄王之説，非也。五行之氣，分王四時，土固多於四者，然其運行之氣，則均施錯見【一一】。金木水火分主四時，獨不見土之所主，是以有寄王之説。然於中央在季夏之末者，以《易》言之，八卦之作，坤在西南，西南致養之道，在離允之間，離允即金火也，是以在季夏之末。」問：「四時取火，何爲季夏又取一番？」朱子曰：「土旺於未月，故取之。土寄旺四季，每季皆十八日，是土計七十二日。其它四行分四時，亦各得七十二日，共成三百六十日也。」愚按：張、朱二先生所論不同，正宜參玩。又勉齋黄氏有火生金之説，謂推其能尅，是以能生。學者疑之。又蔡氏嘗言：「非土生金也，木火之反即爲金矣。蓋春夏氣之舒，秋冬氣之歛，陽之極則反而生陰。」李公晦深辨其不然，今不能盡憶，姑附見於此。

火日外光，能直而施。金水内光，能闢而受。受者隨才各得，施者所應無窮。神與形，天與地之道歟？

木曰曲直，能既曲而反申也。金曰從革，一從革而不能自反也。水火，氣也，故炎上潤下與陰陽升降，土不能得而制焉。木金者，土之華實也，其性有水火之雜，故木之爲物，

【一一】均施錯見　「施錯」原作「人」，據《張子抄釋》卷五改。

水清則生，火燃而不離也，蓋得土之浮華於水火之交也。金之爲物，得火之精於土之燥，得水之精於土之濡【一二】，故水火相待而不害，鑠之反流而不耗，蓋得土之精實於水火之際也。土者，物之所以成始而成終也，地之質也，化之終也，水火之所以升降，物兼體而不遺也。朱子曰：「五行之説，《正蒙》中説得最好，一字不可增減。」問：「五行之體質屬土否？」曰：「《正蒙》只説金與木之體質屬土，水與火卻不屬土。」問：「火附木而生，莫亦屬土否？」曰：「火自箇虛空中物。」問：「只温熱之氣便是火否？」曰：「然。」

冰者，陰凝而陽未勝也。火者，陽麗而陰未盡也。火之炎，人之蒸，有影無形，能散而不能受光者，其氣陽也。陽陷於陰爲水，附於陰爲火。

朱子曰：「氣之精英者爲神，金、木、水、火、土非神，所以爲金、木、水、火、土者，神也。在人則爲理，所以爲仁、義、禮、智、信者是也。金、木、水、火、土雖曰五行，各一其性，然一物又各具五行之理。火中虛暗，《離》中之陰也。水中虛明，《坎》中之陽也。」又曰：「火中有黑，陽中陰也。水外黑而中明者，陰中之陽也。故水謂之陽，火謂之陰亦得。」

右言五行

《書·堯典》：乃命羲和，欽若昊天，曆象日月星辰，敬授人時。朱子曰：「此兼命二氏四子作爲曆象以授民，欲其及時以趨事也。若，順也。昊，廣大之意也。曆，所以紀數之書也。象，所以觀天之器，璣衡之屬是也。日，陽精，一日而繞地一周。月，陰精，一月而與日一會。星，二十八宿，衆星爲經，金、木、水、火、土五星爲緯，皆是也。辰，以日月所會，分周天之度爲十二次也。人時，謂耕獲蠶績之候，凡民事早晚之所關也。」分命羲仲，宅嵎

【一二】土之濡　「土」原作「水」，據四庫本改。

夷，曰暘谷。寅賓出日，平秩東作。日中，星鳥，以殷仲春。厥民析，鳥獸孳尾。此以下四節，言曆既成，而分職以攷布且考驗之，恐其推步之或差也。宅，居也。嵎夷，東表之地。蓋官在國都，而統治之方，其極至此，非往居於彼也。曰暘谷者，以日之所出而名之也。寅，敬也。賓，禮接之如賓客也。出日，方出之日，蓋以春分之旦朝方出之日而識其初出之景也。平，均。秩，序。作，起也。東作，春日歲功方興，所當作起之事也，蓋以曆之節氣早晚，均次其先後之宜以授有司也。日中者，晝得其中也。蓋晝夜皆五十刻，春主陽，故以晝言也。星鳥，南方朱鳥七宿。殷，中也。仲春者，春分之氣。蓋以日晷中星驗春之中也。析，分散也。先時冬寒，民聚於隩，至是則以民之散處而驗其氣之温也。乳化曰孳，交接曰尾，以物之生育而驗其氣之和也。

申命羲叔，宅南交。平秩南訛，敬致。日永，星火，以正仲夏。厥民因，鳥獸希革。申，重也。南交，南方交趾之地。訛，化也，謂夏月時物長盛所當變化之事也。敬致，《周禮》所謂「春夏致日」，蓋以夏至之日中祠日而識其景，如《周禮》所謂「日至之景，尺有五寸，謂之地中」者也。永，長也。日永，晝六十刻也。星火，東方蒼龍七宿，火謂大火，夏至之中星也。因，析而又析也，以氣愈熱向民愈散也。希革，毛希而革見也。

分命和仲，宅西，曰昧谷。寅餞納日，平秩西成。宵中，星虛，以殷仲秋。厥民夷，鳥獸毛毨。西謂西極之地。曰昧谷，以日所入而名之也【一三】。餞，禮送行者之名【一四】。納日，方納之日也。蓋以秋分之暮夕方納之日而識其景也。西成，秋月物成之時所當成就之事也。宵，夜也。此時亦晝夜各五十刻，秋主陰，且避春之日中，故舉宵以見日也。星虛，北方玄武七宿，虛星，秋分之中星也。夷，平也，暑退而人氣平也。毛毨，毛落更生，潤澤鮮好也。

申命和叔，宅朔方，曰幽都。平在朔易。日短，星昴，以正仲冬。厥民隩，鳥獸氄毛。朔方，北荒之地。謂之朔者，朔之爲言蘇也，萬物至此，死而復蘇，猶月之晦而有朔也。日行至是，則淪於地中，萬象幽

【一三】以日所入而名之　「以」原作「不」，「入」原作「之」，據四庫本改。

【一四】行者之名　「名」原作「日」，據四庫本改。

暗，故曰幽都。在，察也。朔易，冬月歲事已畢，除舊更新，所當改易之事也。日短，晝四十刻也。冬而主陰，然無所避，故宜言日也。星昴，西方白虎七宿，昴星，冬至之中星也。隩，室之內也，氣寒而民聚於內也。氄毛，亦以寒而生細毛以自温也。蓋既命羲和造曆制器，而又分方與時，使各驗其實，以審夫推步之差。聖人之敬天勤民，其謹如是，是以術不違天而政不失時也。今按：中星或以象言，或以次言，或以星言者，蓋星適當昏中，則以星言，如星虛、星昴是也。星不當中而適當其次者，則以次言，如星火是也。次不當中而適界於兩次之間者，則以象言，如星鳥是也。聖人作曆，推考參驗，以識四時中星，其立言之法詳密如此。又按：堯冬至日在虛昏中昴，今日在斗昏中壁，而中星古今不同者，蓋天有三百六十五度四分度之一，歲有三百六十五日四分之一【一五】，天度四分之一而有餘，歲日四分之一而不足，故天度常平運而舒，日運常內轉而縮，天漸差而西，歲漸差而東，此即歲差之由，唐一行所謂「歲差者，日與黃道俱差」者是也。古曆簡易，未立差法，但隨時占候脩改，以與天合。至東晉虞喜，始以天爲天，以歲爲歲，乃立差法，以追其變，約以五十年而退一度。何承天以爲大過，乃信其年，而又反不及。至隋劉焯取二家中數爲七十五年，蓋爲近之，而亦未爲精密也。

帝曰：「咨！汝羲暨和。朞三百有六旬有六日，以閏月定四時，成歲。允釐百工，庶績咸熙。」

咨，嗟也，嗟歎而告之也。暨，及也。朞，猶周也。歲周三百六十五日四分日之一，而曰三百六旬有六日者，舉成數也。按：天體至圓，周圍三百六十五度四分度之一，繞地左旋，常一日一周而過一度。日麗天而少遲，一日繞地一周無餘，而常不及天一度。積三百六十五日九百四十分日之二百三十五而與初躔會【一六】，是一歲日行之數也。月麗天而尤遲，一日常不及天十三度十九分度之七。積二十九日九百四十分日之四百九十九而與日會。十二會，得全日三百四十八，餘分之積五千九百八十八。如日法，九百四十而一，得六，不盡三百四十八【一七】。通計得日三百五十四，九百四十分日之三百四十八，是一歲月行之數也。歲有十二月，月有三十日，三百六十者，歲之常數也。

【一五】六十五日　「五」原作「二」，據四庫本改。

【一六】九百四十分　「百」原作「日」，據四庫本改。

【一七】不盡三百四十八　「不」原作「十」，「三」原作「二」，據《朱子語類》卷二改。

故日行而多五日九百四十分日之二百三十五者爲氣盈，月行而少五日九百四十分日之五百九十二者爲朔虛，合氣盈、朔虛而閏生焉。故一歲閏率，則十日九百四十分日之八百二十七。三歲一閏，則三十二日九百四十分日之六百一。五歲再閏，則五十四日九百四十分日之三百七十五。十有九歲七閏，則氣朔分齊，是爲一章也。故積之三年而不置閏，則春之一月入於夏，而時漸不定矣【一八】。子之一月入于丑，而歲漸不成矣。積之之久，至於三失閏，則春皆入夏而時皆不定。十二失閏，則子皆入丑而歲全不成矣。蓋其名實乖戾，寒暑反易，既爲可笑，而農桑庶務皆失其時，爲害尤甚。故必以餘置閏，而後四時不差而歲功得成，以此信治百官而衆功皆廣也。

《洪範》：王省惟歲，卿士惟月，師尹惟日。歲月日時無易，百穀用成，乂用明，俊民用章，家用平康。歲月日時既易，百穀用不成，乂用昏不明，俊民用微，家用不寧。庶民惟星，星有好風，星有好雨。日月之行，則有冬有夏。月之從星，則以風雨。

《易・豐・彖》曰：日中則昃，月盈則食。天地盈虛，與時消息，而况於人乎？况於鬼神乎？程子曰：「日中盛極，則當昃昳。月既盈滿，則有虧缺。盈虛謂盛衰，消息謂進退。天地之運，亦隨時進退也。」

坎爲水，爲月。離爲火，爲日，爲電。

《春秋傳》：晉侯謂伯瑕曰：「何謂六物？」對曰：「歲、時、日、月、星、辰是謂也。」「何謂辰？」對曰：「日月之會是謂也。」杜氏曰：「一歲日月十二會，所會謂之辰。」故以配日。」謂以子丑配甲乙也。《正義》曰：「四時一終曰歲，取歲星行一次也，年取年穀一熟。是言歲即年也。時謂四時，日謂十日，從甲至癸也。月從正月至十二月也。星，二十八宿也。辰謂日月所會，一歲十二會，從子至亥也。辰，時也，言日月聚會有時也。」《書・胤征》：「乃季秋月朔，辰弗集于房。」注：辰，日月所會。房，所舍之次。集，合也。不合則日食

【一八】時漸不定　「漸」原作「斷」，據四庫本改。下同。

可知。《正義》引《昭》七年云云，是辰爲日月之會，日月俱右行於天，日行遲，月行疾，日每日行一度，月日行十三度十九分度之七，計二十九日。過半月已行天一周，又逐及日而與日聚會，此聚會爲辰，一歲十二會，故爲十二辰，即子、丑、寅、卯之屬是也。房謂室之房也，故爲所舍之次。集，會也。會即是合日月當聚共舍，今言日月不合於舍，則是日食可知也。日食者，月掩之也，月體掩日，日被月映【一九】，即不成共處，故以不集言日食也。

《記·月令》《正義》曰：「案老子曰：『道生一，一生二，二生三，三生萬物。』道生一者，一則混元之氣，與大初、大始、大素同。又與《易》之太極，《禮》之太一，其義不殊，皆爲氣形之始也。一生二，謂混元之氣分爲二，二則天地也，與《易》之兩儀、《禮》之太一分爲天地同也。二生三者，三才也。三生萬物，謂天地人既定，萬物備生其間也。分爲天地，説有多家，形狀之殊，凡有六等：一曰蓋天。二曰渾天，形如彈丸，地在其中，天包其外，猶如鷄卵白之繞黃。揚雄、桓譚、張衡、蔡邕、陸績、王肅、鄭玄之徒並所依用。三曰宣夜，四曰昕天，五曰穹天，六曰安天。今《禮記》是鄭氏所注，當用鄭義，渾天爲説。案鄭氏《考靈曜》云：『天者純陽，清明無形。』如鄭此言，則天是太虚，本無形體，但指諸星運轉以爲天耳。但諸星之轉，從東而西，必三百六十五日四分日之一，星復舊處。星既左轉，日則右行，亦三百六十五日四分日之一，至舊星之處，即以一日之行而爲一度，計二十八宿一周天【二〇】，凡三百六十五度四分度之一，是天之二周之數也。天如彈丸，圍圜三百六十五度四分度之一。渾天之體，雖繞於地，地則中央正平，天則北高南下。北極高於地三十六度，南極下於地三十六度。然則北極之下日十六度常見不没，南極之上三十六度常没不見。月是陰精，日爲陽精，故《周髀》云：『日猶火，月猶水，火則外光【二一】，水則含景，故月光生於日所照，魄生於日所蔽，當日則光盈，就日則明盡。』京房云：『月與星辰，陰者也。有形無光，日照之，乃有光。』先師以爲日似彈丸，月似鏡體，或以爲月亦似彈丸，日照處則明，不照處則暗。陽精爲日，日分爲星，故其字日下生也。」

孟春之月，日在營室，昏參中，旦尾中。鄭氏曰：「日月之行，一歲十二會，聖王因其會而分之，以爲

【一九】日被月映　「日」原作「月」，據《尚書注疏》卷七改。

【二〇】二十八宿一周天　「周」原作「同」，據《禮記集説》卷三十七改。

【二一】火則外光　「光」原作「況」，據四庫本改。

大數焉。觀斗所建，命其四時。孟春者，日月會於諏訾，而斗建寅之辰也。凡記昏明中星者，爲人君南面而聽天下，視時候以授民事。」《正義》曰：「云日月之行一歲十二會者，云云。同昭七年《正義》。鄭注《周禮·大師職》云：十一月辰在星紀，丑；十二月辰在玄枵【一二】，子；正月辰在娵訾，亥；二月辰在降婁，戌；三月辰在大梁【一三】，酉；四月辰在實沈，申；五月辰在鶉首，未；六月辰在鶉火，午；七月辰在鶉尾，巳；八月辰在壽星，辰；九月辰在大火，卯【一四】；十月辰在析木，寅。此是一歲十二會也。按《大師》、《正義》曰辰與建質處，正謂此也。諏訾是亥次之號。斗謂北斗，循天而轉，行一月建一辰也。」

其日甲乙。日之行，春東從青道，發生萬物，月爲佐，時萬物皆解孚甲。自抽軋而出，因以爲日名焉。乙不爲月名者，君統臣功也。《正義》曰：「日之行，春東從青道者，以星辰之次謂之黃道，春時星辰西遊，黃道近西。黃道之東，謂之青道，日體不移，依舊而行，當青道之上，故曰『東從青道』。云『月爲之佐』者，以日月皆經天而行，月依從青道，陰佐於陽，故云『爲之佐』也。知月依從東道者，以《緯》云『月行九道，九道者並與日同，而青道二，黃道東。赤道二，黃道南。白道二，黃道西。黑道二，黃道北。并黃道而爲九道』，並與日同也。云『物抽軋而出，因以爲日名』者，以日能生養萬物，因物之出，以爲日功之名也。云『乙不爲月名者，君統臣功也』者【一五】，月既佐日，同有甲乙之功。今獨以甲乙爲日名，不以爲月名者，日統領月之功，猶若君統領臣之功，以爲己功也。」仲春、季春日在甲乙同，不重舉。

仲春之月，日在奎。昏弧中，旦建星中。仲春者，日月會幹降婁，而斗建卯之辰也。弧在輿鬼南，建星在斗上。**季春之月，日在胃。昏七星中，旦牽牛中。**季春者，日月會於大梁，而斗建辰之辰。**孟夏之月，日在畢。昏翼中，旦婺女中。**孟夏者，日月會於實沈，而斗建巳之辰。**其日丙丁。**丙之言炳也。日之行，夏南從赤道，長育萬物，月爲之佐，時萬物皆炳然著見而强大。又因以爲日名焉。**仲夏之月，日在東井，昏亢中，旦危中。**仲夏者，日月會於鶉首，而斗建午之辰也。**季春之月，日在柳，昏火中，旦奎中。**

【一二】辰在玄枵　「玄」原作「亥」，據四庫本改。
【一三】辰在大梁　「大」原作「天」，據四庫本改。
【一四】九月辰在大火卯　此句原脱，據四庫本補。
【一五】云乙不爲　「云」後原衍一「云」字，據四庫本删。

季夏者，日月會於鶉火，而斗建未之辰也。中央土，火休而盛，德在土也。其日戊己。戊之言茂也。己之言起也。日之行四時之間，從黃道，月爲之佐。至此萬物皆枝葉茂盛，其含秀者抑屈而起【二六】，故因以爲日名焉【二七】。孟秋之月，日在翼，昏建星中，旦畢中。孟秋者，日月會於鶉尾，而斗建申之辰也。其日庚辛。庚之言更也。辛之言新也。日之行，秋西從白道，成熟萬物，月爲之佐。萬物皆肅然改更，秀發新成，又因以爲日名焉。仲秋之月，日在角，昏牽牛中，旦觜觿中。仲秋者，日月會於壽星，而斗建酉之辰也。季秋之月，日在房，昏虛中，旦柳中。季秋者，日月會於大火，而斗建戌之辰也。孟冬之月，日在尾，昏危中，旦七星中。孟冬者，日月會於析木之津，而斗建亥之辰也。其日壬癸。壬之言任也。癸之言揆也。日之行，東北從黑道，閉藏萬物，月爲之佐【二八】。時萬物懷任於下，揆然萌芽，又因以爲日名焉。仲冬之月，日在斗，昏東壁中，旦軫中。仲冬者，日月會於星紀，而斗建子之辰也。季冬之月，日在婺女，昏婁中，旦氐中。季冬者，日月會於玄枵，而斗建丑之辰也。是月也，日窮于次，月窮于紀，星回于天，數將幾終。言日月星辰運行，於此月皆周匝於故處也。次，舍也。紀，會也。《正義》曰：「日窮于次、月窮于紀者，紀猶會也。去年季冬與日相會於玄枵【二九】，自此以來，月與日相會在於它辰，至此月窮盡，遂復會於玄枵，故云云。星廻于天者【三〇】，謂二十八宿隨天而行，每日雖周天一匝，早晚不同，至此月，復其故處，與去年季冬早晚相似，故云云。數將幾終者，幾，近也。以去年季冬，至今年季冬三百五十四日，未滿三百六十五日，未得正終，唯近於終，故云云。」

《禮運》：天秉陽，垂日星。地秉陰，竅於山川。播五行於四時，和而後月生也。是以三五而盈，三五而闕。鄭氏曰：「秉，猶持也。言天持陽氣，施生照臨下也。竅，孔也。言地持陰氣，出納於山川【三一】，以舒五行於四時，此氣和，乃後月生而上配日，若臣功成進爵位也。一盈一闕，屈伸之義也。必三五者，

【二六】其含秀者　「含」原作「舍」，據四庫本改。

【二七】以爲日名　「以」後原衍「以」字，據四庫本删。

【二八】月爲之佐　「佐」原作「住」，據《禮記註疏》卷十七改。

【二九】去年季冬　「冬」原作「多」，據四庫本改。

【三〇】星廻于天　「于」原作「王」，據四庫本改。

【三一】出納於山川　「納」原作「內」，「山」原作「出」，據四庫本、《禮記註疏》卷二十二補。

播五行於四時也。」《正義》曰：「播，謂播散五行金、木、水、火、土之氣於春、夏、秋、冬之四時也。『和而後月生也』者，若四時不合，日月乖度，寒燠失所，則月不得依時而生。若五行四時調和，道度不失，而後月依時而生也。云『一盈一闕屈伸之義也』者【三二】，盈謂月光盈滿，若臣之進受高位，是其伸也。闕，謂月光虧損，若臣之退就下位，是其屈也。」愚按：日星麗乎天，陽之爲也；山川麗乎地，陰之爲也。秉者，主持之謂，陽主精氣，故爲日星之光。日，太陽也。星，少陽也。陰主形質，故爲山川之竅。播者，布也，謂陰陽二氣分爲五行而布於四時也。和，猶合也，謂陰陽和合而月始生也。月，太陰也。本有質而無光，其光虧也，以受日光之多少，月之朔也。始與日合，越三日而明生。八日而上弦，其光半。十五日而望，其光滿。此所謂三五而盈也。既望而漸虧，二十二日而下弦，其虧半。三十日而晦，其光盡。此所謂三五而闕也。方其晦也，是爲純陰，故魄存而光泯。至日月合朔，而明復生焉。和而月生，蓋取此義，注疏之說，恐非。又《鄉飲酒義》：「日月者，三日則成魄，三月則成時。」朱子曰：「魄者，月之有體而無光處也。」故《書》言「哉生明」、「旁死魄」，皆謂月生【三三】。三，日月初生時也。凡言既生魄，即謂月十六日，月始闕時也。今此篇兩言月三日而成魄，則是漢儒專門陋學，未嘗讀《尚書》者之言耳。

《禮器》：大明生於東，月生於西。此陰陽之分，夫婦之位也。陳氏曰：「《禮記》云云。《詩》曰：日居月諸，出自東方。」又曰：「東方之日，東方之月，蓋月之始則生於西，其後則生於東。」

孟子曰：「日月有明，容光必照焉。」程子曰：「日月之明有本，故容光必照。君子之道有本，故無不及也。」朱子曰：「明者，光之體；光者，明之用。」

《楚辭·天問》：出自湯谷，次于蒙汜。自明及晦【三四】，所行幾里？朱子曰：「湯音陽【三五】。次，舍也。汜，水涯也。《書》云：『宅嵎夷，曰暘谷。』即湯谷也。《爾雅》云：『西至日所入，爲大蒙。』即蒙汜也。」此問一日之間，日行幾里乎？答之曰：湯谷、蒙汜，固無其所，然日月出水乃昇於天，其西下又入於水，故其

【三二】屈伸之義也　「伸」原作「仰」，據《禮記註疏》卷二十二改。

【三三】皆謂月生　「生」原作「三」，據四庫本改。

【三四】自明及晦　「晦」原作「悔」，據四庫本改。

【三五】湯音陽　「湯」原作「陽」，據四庫本改。

出入似有處所，而所行里數，曆家以爲周天赤道一百七十萬四千里。日一晝夜而一周，春秋二分，晝夜各行其半，而夏長冬短，一進一退，又各以其什之一焉。夜光何德，死則又育？厥利維何，而顧菟在腹？菟，一作兔，與兔同。夜光，月也。死，其晦也。育，生也，月之生也。　此問月有何德，乃能死而復生？月何利，而顧望之兔常居其腹乎？答曰：曆家舊説，月朔則去日漸遠，故魄死而明生。既望則去日漸近，故魄生而明死。至晦而朔，則又遠日而明復生，所謂死而復育也。此説誤矣。若果如此，則未望之前，西近東遠，而始生之明，當在月東；既望之後，東近西遠，而未死之明，却在月西矣。安得未望載魄於西，既望終魄於東，而遡日以爲明乎？故唯近世沈括之説，乃爲得之。蓋括之言曰：「月本無光，猶一銀丸，日耀之乃光耳。光之初生，日在其傍，故光側而所見纔如鉤；日漸遠則斜照而光稍滿。大抵如一彈丸，以粉塗其半，側視之則粉處如鉤，對視之則正圓也。」近歲王普又由其説，曰：「月生明之夕，但見其一鉤，至日月相望，而人處其中，方得見其全明。必有神人能凌到景，旁日月而往參其間，則雖弦晦之時，亦得見其全明，而與望夕無異耳。」以此觀之，則知月光常滿，但自人所立處視之，有偏有正，故見其光有盈有虧，非既死而復生也。若顧菟在腹之問，則世俗桂間蛙兔之傳，其惑久矣。或者以爲日月在天，如兩鏡相照，而地居其中，四旁皆空水也。故月中微黑之處，乃鏡中大地之影，略有形似，而非真有是物也。斯言有理，足破千古之疑矣。　月只是受日光。月質常圓，不曾缺，如圓毬，只有一面受日光。望日日在西，月在卯，正相對，受光爲盛。天積氣，上面勁，只中間空，爲日月來往。地在天中，不甚大，四邊空。有時月在天中央，日在地中央，則光從四旁上受於月。其中昏暗，便是地影。望以後，日與月行便差背向一畔，相去漸漸遠，其受光面不正，至朔行又相遇。日與月正緊相合，日便蝕，無光。月或從上過，或從下過，亦不受光。受日光，但小耳。何闔而晦？何開而明？角宿未旦，曜靈安藏？闔，閉户也。開，闢户也。陰闔而晦，陽開而明。角亢，東方星。旦，明也。曜靈，日也。　此問何所開闔而爲晦明？且東方未明之時，日安所藏其精光乎？答曰：晦明之問，前屢發之，其實亦陰陽消息之所爲耳。陽息而闢，則日出而明；陰消而闔，則日入而暗。又何疑乎？角宿固爲東方之宿，然隨天運轉，不常在東。古經之言，多假借也。日之所出，乃地之東方。未旦則固已行於地中，特未出地面之上耳。

程子曰：「日月，陰陽之精氣也。」又曰：「日月，陰陽發見盛處。」

日月薄蝕而旋復者，不能奪其常也。

天地日月一也。月受日光而日不爲之虧，然月之光乃日之光也。天氣降而至於地，地中生物者，皆天也。惟無成而代有終耳。北辰自是不動，只不動便爲氣之主，故爲星之最尊也。朱子曰：「北辰是那中間無星處，這些子不動【三六】，是天之樞紐。北辰無星，緣人要取此爲極，不可無個記認，所以就其旁取一小星，謂之極星。」問：「極星動不動？」曰：「也動，只是他近那辰處，雖動不覺。如那射糖盤子樣，北辰便是中心樁子。極星便是近樁底點子，雖也隨盤轉，緣近樁子便動，動得不覺。今以管窺極星，見其動去只在管裏面，不動出去。向來人只説北極不動，至本朝人方推得是北極只在北辰邊頭，而極星依舊動。又一説，那空無星處謂之辰。康節説日月星辰自是四件，辰是那天上分爲十二段底，即十二辰。天壤也。此説是每一辰各有幾度，謂如日月宿於角幾度，即所宿處是辰也，故曰日月所會謂之辰。」又論五峰説極星有三個極星不動，殊不可曉。若以天運譬如極盤，則極星只是中間樁子，所以不動。若是三個不動，則不可轉矣。

邵子曰：「日行陽度則盈，行陰度則縮，賓主之道也。月遠日則明生而遲，近日則魄生而疾，君臣之義也。」張氏曰：「日自冬至以後，行陽度而漸長；夏至以後，行陰度而漸短。雖以陽臨陰，爲客之禮，亦不敢自肆。此君所以禮臣、夫所以禮婦也。諸曆家説月一日至四日，行最疾，日夜行十四度。餘五日至八日，行次疾，日夜行十三度【三七】。餘自九日至十九日，其行遲，日夜行十一度【三八】。餘二十日至二十三日，行又小

【三六】這些子不動　「這」字原脱，據《朱子全書》卷五十補。

【三七】行十三度　「行」字原脱，據四庫本補。

【三八】日夜行十一度　「一」原作「二」，據四庫本改。

疾，日夜行十二度。餘二十四至晦，行又大疾，日夜行十四度。餘以一月均之，則日得十三度之七也。遠日，則明生而行遲。近日，則魄生而行疾，有君臣之義焉。故《易》『三多譽，四多懼』。」

陽消則生陰，故日下而月西出也。陰盛敵陽，故日望而月東出也。天爲父，日爲子，故天左旋，日右行。日爲夫，月爲婦，故日東出，月西生也。張氏曰：「初三日，日初入時【三九】，月在庚上，哉生明，見西方。八日爲上弦，日初入時，月在丁上。十五日爲望，日初入時，月在甲上，盛於東方。十六日將出時，月在辛上，哉死魄，見平旦。二十三下弦，日將出時，月在丙上。三十日爲晦，月與日合，在乙上。月本無光，借日以爲光，及其盛也，遂與陽敵，爲人君者可不愼哉！天左旋，日右行。日東出，月西生，父子、夫婦之道，陰陽之義也。月望亦東出者，敵陽也，非常道也。」朱子曰：「三日，第一節之中，月生明之時也。蓋始受一陽之光，而昏見於西方庚地。八日，第二節之中，月上弦之時，受二陽之光，而昏見南方丁地。十五日，第三節之中，月既望之時，全受日光盛滿，而昏見於東方之甲地。是爲乾體。十六日，第四節之始也，始受下一陰爲巽，而其魄以平旦而没於西方辛地。二十三日，第五節之中，復生中一陽爲艮，而下弦以平旦而没於南方丙地。三十日，第六節之終，全變三陽，而光盡，體伏於西北。一月六節既盡，而禪於後月，復生震卦云。」震一兑二，乾三巽四，艮五坤六。每五日爲一節，朔旦震始用事。日月陰陽交感之祇，道家象此以爲修煉之法。此《參同》注也，因附於此。

日月之相食，數之交也。日望月，則月食，月掩日，則日食，猶水火之相尅，是以君子用智，小人用力。張氏曰：「日月相對謂之望，日月相會謂之晦，日常食於朔，月常食於望。正如水火之相尅，水之尅火，掩而克之，小人用力也；火之尅水，必隔物焉，君子用智也。月近日無光爲晦，月敵日而尤盛爲望，然日食於朔，月食於望，乃知小人在外，雖盛必自危。而其柔弱、狎比之時【四〇】，多能爲君。此則慮與不慮之間，所以《易》戒『履霜』，而不懼『揚庭』也。日月一年十二會，十二望而有食、有不食者，交則食，不交則不食也。所以有交、不交者，日

【三九】日初入時　「初」原作「爲」，據四庫本改。

【四〇】狎比之時　「狎」原作「神」，據四庫本改。

行黄道，月行九道也。亦有交而不食者，同道而相避也。」

月體本黑，受日之光而白。張氏曰：「月體本黑者，陰也。受日之光而白者，得陽之氣也。」

太陽爲日，太陰爲月，少陽爲星，少陰爲辰。日月星辰交而天之體盡之矣。

月者，日之影也；情者，性之影也。

陰中有陰，陰中有陽，天之道也。陽中之陽，日也。陽中之陰，月也。以其陽之類，故能見於晝。陰中之陽，星也，所以見於夜。陰中之陰，辰也，天壤也。

陽中陽，日也。陽中陰，月也。陰中陽，星也。陰中陰，辰也。柔中柔，水也。柔中剛，火也。剛中柔，土也。剛中剛，石也。

甲集三十六

張子曰：「五緯，五行之精氣也。」所以知者，以天之星辰獨此五星動【一】，以色言之又有驗【二】，以心取之亦有此説。按：《漢・天文志》：「歲星曰東方、春、木；於人五常，仁也；五事，貌也。熒惑曰南方、夏、火；禮也，視也。太白曰西方、秋、金；義也，言也。辰星曰北方、冬、水；知也，聽也。填星曰中央、季夏、土；信也，思心也。仁義禮智以信爲主，貌言視聽以心爲主，故四星皆失，填星乃爲之動。」

地純陰凝聚於中，天浮陽轉旋於外，此天地之常體也。常星不動，純繫於天，與浮陽運旋而不窮者也。日月五星逆天而行，并包乎地者也。地在氣中，雖順天左旋，其所繫辰象隨之，稍遲則反從而右爾，間有緩速不齊者，七政性殊也。月陰精，反乎陽者也，故其右行最速。日爲陽精，然其質本陰，故其右行雖緩，亦不純繫乎天，如常星不動。金水附日前後進退而行者，其理精深，存乎物感可知矣。填星地類，然根本五行，雖其行最緩，亦不純繫乎地也。火者亦陰質，爲陽萃焉，然其氣比日而微，故其遲倍日。惟木乃歲一衰【三】，故歲歷一辰。辰者，日月一交之次，有歲之象也。朱子曰：「《正蒙》中此一段説日月五星甚密。」

天左旋，此直至粗之論耳，不考日月出没常星昏曉之變。愚謂在天而運者，惟七曜而已。常星所以爲晝夜者，直以地氣乘機左旋於中，故使恒星、河漢因北爲南，日月因天隱

校勘記

【一】獨此五星動　「動」字原脱，據《張子全書》卷十二補。

【二】又有驗　「又」原作「文」，據《張子全書》卷十二改。

【三】乃歲一衰　「乃」原作「九」，據《正蒙集説》卷二改。

見，太虛無體，則無以驗其遷動於外也。

日質本陰，月質本陽，故於朔望之際精魄反交，則光爲之食。

虧盈法：月於人爲近，日遠在外，故月受日光常在於外。人視其終初，如鈎之曲。及其中天也，如半璧然。此虧盈之驗也。

月所位者陽，故受日之光，不受日之精，相望中弦則光爲之蝕，精之不可以二也。

日月雖以形相物，考其道則有施受健順之差焉。星月金水，受光於火日，陰受而陽施也。

陰陽之精互藏其宅，則各得其所安，故日月之形萬古不變。

日月得天，得自然之理也，非蒼蒼之形也。

朱子曰：「星亦受日之光，凡天地之光，皆日也。」

太一如人主，北極如帝都。問：「上蔡謂北極爲天之機也，以其居中，故謂之北極。以其周建於十二辰之舍，故謂之北辰。不知然否？」曰：「以其居中不動，衆星環向，爲天樞軸。天形如鷄子旋轉，極如一物，横亘在中，兩頭秤定。一頭在地上，是爲北極。一頭在地下【四】，是爲南極。」又問太乙。曰：「太乙是帝座，即北極也。以星辰位言之，謂之太乙；以其居之處言之，謂之北極云云【五】。」

緯星陰中之陽，經星陽中之陰。蓋五星皆是地上木火土金水之氣，上結而成，却受日光。經星却是陽氣之餘凝結者，但經星則閃爍開闔，其光不定。緯星則不然，縱有芒角，其本體之光亦自不動，細視之可見。

【四】一頭在地下　「地」原作「南」，據四庫本改。

【五】謂之北極　「之」原作「也」，據四庫本改。

右論日月星辰　按：張子曰：「日月星辰之事，聖人不言，必是顔子輩皆已理會得，更不須言也。」以張子之説推之，則日月星辰之事，亦學者所當講也。然今所載，止取聖賢之言，庶知其大槩而已。若史志所書，曆家所算，自當别焉，非此所能該也。

《易》：震爲雷，巽爲風，坎爲水，離爲電。按：諸卦有坎者，或爲雲，或爲雨。

《記·月令·仲春》：是月也，雷乃發聲，始電。蟄虫咸動，啓户始出。先雷三日，奮木鐸以令兆民曰：「雷將發聲，有不戒其容止者，生子不備，必有凶災。」鄭氏曰：「主戒婦人有娠者也【六】。容止謂動静。」《正義》曰：「雷是陽氣之聲，將之與陰相衝。蔡邕云：『季冬雷在地下，則雉應而雊。孟春動於地之上，則蟄虫應而振出。』至此，升而動於天之下，其聲發揚，以雷出有漸，故云『乃』。云『始電』者，電是陽光，陽微則光不見，此月陽氣漸升，以擊於陰，其光乃見，故云『始電』。」蔡氏云：「迅雷風烈，孔子必變。」《玉藻》曰：「迅雷甚雨則必變。」雖夜必興，衣服冠而坐，所以畏天威也。小人不畏天威，懈慢褻瀆【七】，或至夫婦交接，君子制法，不可指斥言之，故曰「有不戒其容止者」。言此時夫婦交接，生子支體性情必不備，其父母必有災。仲秋：是月也，雷乃收聲，蟄蟲坏户【八】。雷始收聲在地中，動内物也。《正義》曰：「知『動内物』者，以雷是陽氣，主於動，不惟地中潛伏而已。至十一月一陽初生，震下坤上【九】，復卦用事，震爲動，坤爲地，是動於地下，是終此月爲始，故云『動内物』也。」

《仲尼閒居》：天有四時，春秋冬夏，風雨霜露，無非教也。地載神氣，神氣風霆，風霆流形，庶物露生，無非教也。《正義》曰：「神氣謂神妙之氣化也【一〇】，言神氣者，氣從地出，又風着於土，雷出於地，故神氣風雷，偏屬於地。」

【六】有娠者也　「者」原作「首」，據四庫本改。

【七】懈慢褻瀆　「瀆」原作「漬」，據《禮記集説》卷四十改。

【八】蟄蟲坏户　「坏」原作「坯」，據《禮記纂言》卷六改。

【九】震下坤上　「上」字原無，據四庫本、《禮記正義》卷十六補。

【一〇】神妙之氣化也　「化」原作「於」，據四庫本改。

程子曰：「雹者陰陽相軋，雷者陰陽相擊也。軋者如石相磨而火光出者，雹便有雷擊者是也。」末句疑有誤字。

雷風二物，相益者也。風烈則雷迅，雷激則風怒，兩相助益，所以爲益。

霜露，星之氣，異乎雨雪。又曰：「霜與露不同。霜，金氣【一一】，星月之氣。露亦星月之氣。」看感得其氣即爲霜。如言露結爲霜，非也。朱子曰：「霜只有露結成，雪只是雨結成。古人云露是星月之氣，不然。今高山頂上雖晴亦無露。露只是自下蒸上。人言極西高山上亦無雨雪。」或問：「高山無霜露，其理如何？」曰：「上面氣漸清，風漸緊，雖微有霧氣，便吹散了，所以不結。若雪，只是雨遇寒而嚴凝，故高寒處雪先消。」

雹者，陰陽相搏之氣，蓋沴氣也。聖人在上無雹，雖有不爲災。按：《左氏》昭四年王正月大雨雹，季武子問於申豐曰：「雹可禦乎？」對曰：「聖人在上無雹，雖有不爲災。」鄭氏曰：「雨水，陽也。雪雹，陰也。雨水而伏陰薄之，則凝而爲雹。雨雪而慍陽薄之，則合而爲霰。」故程子云「沴氣」也。

霹靂，天地之怒氣也。問：「人有不善，霹靂震死，是人懷不善之心，聞霹靂震懼而死否？」曰：「是雷震之也。」問：「有使之者否？」曰：「人之作惡，與天地之惡氣相擊搏，遂以震死，云云。」如人之怒，固自有正，然怒時必爲之作惡，是怒亦惡氣也。怒氣與惡氣相感故爾。」曰：「雷所擊處必有火，何也？」「雷自有火，動極陽生，自然之理。」

《易》言「密雲不雨，自我西郊」，自西則陰先唱也，故雲雖密而不雨。長安西風而雨，終未記此理。須是自東自北而風則雨，自南自西則不雨，何者？東北屬陽，陽唱而陰和，故雨。西南陰也，陰唱則陽不和，故不雨，云云。今西風而雨，山勢使然。

【一一】金氣　「氣」原作「器」，據四庫本、《二程遺書》卷十六改。

龍，陰物也，出則濕氣蒸然自出，龍之興雲不足怪。雲從龍，風從虎，云云。如濕物在日中，氣亦自出。雖木石之微，感陰氣尚亦有氣，則龍之興雲不足怪，虎行處則風自生。

邵子曰：「陽得陰而爲雨，陰得陽而爲風，剛得柔而爲雲，柔得剛而爲雷。無陰則不能爲雨，無剛則不能爲雷【一二】。雨，柔也，而屬陰。陰不能獨立，故待陽而後興。雷，剛也，而屬體，體不能自用，必待陽而後發也。」張氏曰：「陽唱而陰從，則流而爲雨；陰格而陽薄，則散而爲風【一三】。剛唱而柔從，則流而爲雲；柔蓄而剛動，則激而成雷。客主後先，陰陽逆順不同也。風雨自天而降，故言陰陽；雲雷自地而升，故言柔剛。天陽也，陽必資陰，故無陰則不能爲雨，陽得陰，然後聚而成體也。地陰也，陰必資陽，故無陽則不能爲雷，陰得陽，然後發而成聲也。此言陰陽之相資也。雨之形柔也【一四】，屬陰者，本乎天之氣也。陰不能獨立，待陽而後興者。天之陰，資乎天之陽也。雷之聲剛也，屬體者，出乎地之形也。體不能自用，必待陽而後發者。地之陰，資乎地之陽也。大抵陰陽匹敵，雖曰相資，然陰無能爲，必待陽而後有爲。君臣、父子、夫婦之義也。陽來則生，陽去則死，天地間所主者，一陽而已。是故陽一而陰二，陽尊而陰卑。別而言之，則天爲陽，地爲陰；合而言之，則天有陰陽，地亦有陰陽。陰陽氣也，剛柔形也。既以陰陽言天，則必以剛柔言地。然地有柔剛，天亦有柔剛，所以先生之言，錯綜而用之也。風，氣也，麗乎陽。雨，形也，麗乎陰。雲，象也，近乎形。雷，聲也，近乎氣。氣皆可以言天，形皆可以言地。自其始而言，則風雨爲陰陽，雲雷爲柔剛；要其終而言，則雲雷亦得言陰陽，風雨亦得言柔剛。或由天而地，或由地而天，蓋以天地相交，上下同用也。」

雲行雨施，電發雷震，亦各從其類也。張氏曰：「陰陽和則氣蒸爲雲，澤流爲雨；激則光發爲電，聲震爲雷。和者，陽先而陰從之；激者，陽盛而陰制之也。」

吹、噴、吁、呵、呼，風、雨、雲、霧、雷，言相類也。張氏曰：「吹爲風，噴爲雨，吁爲雲，呵爲霧，呼爲

【一二】無剛則不能　「剛」原作「爲」，據四庫本改。

【一三】散而爲風　「散」原作「敬」，據四庫本、乾隆本改。

【一四】雨之形柔也　「形」原作「刑」，據四庫本改。下同。

雷，此人與天地相類者也。然所以不相類者，人有心而天無心。其裁成輔相，則天有賴乎人。及其機巧詐辯，則人不若天矣。」

有雷則有電，有電則有風。雨生於水，露生於土，雷生於石，電生於火。電與風同爲陽之極，故有電必有風。張氏曰：「雷者，震之氣也。電者，離之氣也。風者，巽之氣也。陽爲重陰所制，怒氣發而爲雷。怒而極激而爲電，陰已不能制矣。散而爲風，則反制陰也。故風與雷，皆爲陽之極。雨者，水之氣。蒸則爲雲，凝則爲雪。露者，土之氣，升則爲霧，結則爲霜。雷出於石，電生於火。有雷則爲電，火出於石也。」

木之堅，非雷不能震；草之柔，非露不能潤。張氏曰：「木者，地之剛。雷亦地之剛。草者，地之柔。露亦地之柔。剛能相制，柔能相益。」

張子曰：「陰性凝聚，陽性發散。陰聚之，陽必散之，其勢均。散陽爲陰累，則相持爲雨而降。陰爲陽得，則飄揚爲雲而升。故雲物班布太虛者，陰爲風驅斂聚而未散者也。凡陰氣凝聚，陽在内者不得出，則奮擊而爲雷霆。陽在外者不得入，則周旋不舍而爲風。其聚有遠近虛實，故雷風有小大暴緩。和而散，則爲霜雪雨露；不和而散，則爲戾氣曀霾。陰常散緩【一五】，受交於陽，則風雨調，寒暑正。」朱子曰：「横渠此論極分曉。『陽爲陰累，則相持爲雨而降。』陽氣正升，忽遇陰氣，則相持而下爲雨。蓋陽氣輕，陰氣重，故陽氣爲陰氣壓墜而下也。『陰爲陽得，則飄揚爲雲而升。』陰氣正升，忽遇陽氣，則助之飛騰而上爲雲也。『陰氣凝聚，陽在内者不得出，則奮擊而爲雷霆。』陽氣伏於陰氣之内，不得出，故爆開而爲雷也。『陽在外者不得入，則周旋不舍而爲風。』陰氣凝結於内，陽氣欲入不得，則旋繞其外不已而爲風，至吹散陰氣乃已也。『和而散，則爲霜雪雨露；不和而散，則爲戾氣曀霾。』戾氣，飛雹之類。曀

【一五】陰常散緩　「常」原作「棠」，據《宋元學案》卷十七改。

霾，黄霧之類。皆陰陽邪惡不正之氣，所以雹水穢濁，或青黑色。」又按：隋文帝欲六月殺人，大理少卿趙綽爭之。帝曰：「六月豈無雷霆？我則天而行，何不可之有？」胡氏曰：「雨露猶人君之惠澤，雷霆猶人君號令，生成萬物之時固有雷霆，而雷霆未嘗殺物。隋文取則雷霆，而乘怒殺人，其違天多矣。」或問：「雷霆何爲而然者，有形耶，有神耶？」曰：「古人未之言也，然先達大儒亦嘗明其理矣。蓋天地之間，無非陰陽聚散闔闢之所爲也，可以神言，不可以形論，非如異端所謂龍車、石斧、鬼鼓、火鞭怪誕之難信也。故其言曰：『陰氣凝聚，陽在内而不得出，則奮擊而爲雷霆。』雖聖人復起，不能易矣。凡聲，陽也。光，亦陽也。光發而影隨之，陽氣奮擊欲出之勢也。電緩小則震亦緩小，電迅大則震亦迅大，震電交至，則必有雨，震而不電，電而不震，則無雨，由陰氣凝聚之有疎緩迅密也。」曰：「世人所得雷斧者，何物也？」曰：「此猶星隕而爲石也，本乎天者氣而非形，偶隕於地，則成形矣，然而不盡然也。」曰：「雷之破山壞廟，折樹殺人者，何也？」曰：「先儒以爲陰陽之怒氣也，氣鬱而怒，方爾奮擊，偶或值之，則遭震矣，然而不盡然也。」曰：「電之閃爍激疾，如金虺飛騰之狀，何謂也？」曰：「光之發也，惟光爾，適映雲際則如是，不當乎雲之際而在同雲之中，則無是矣。凡天地造化之迹，苟不以理推，必入于幻怪僞誕之説，而終不能明，故君子窮理之爲要也。」

天象者，陽中之陰。風霆者，陰中之陽。

雷霆感動雖速，然其所由來亦漸。

螮蝀者，陰氣薄而日氣見也。有二日，其全見者是陰氣薄處，不全見者是陰氣厚處。

朱子曰：「雪花所以必六出者，六者陰數，天地自然之數也。」太陰玄精石亦六稜。

龍，水物也。其出與陽氣交蒸，故能成雨。然雨者陰陽之氣蒸鬱而成，非必龍之爲也。問：「龍行雨之説。」曰：「云云。」

密雲不雨，尚往也。蓋止下氣上升，故未能雨。必是上氣蔽蓋無發洩處，方能有雨。又曰：「如甑有蓋，其氣鬱蒸而汗下則爲雨；甑不蓋，其氣散而不收，則爲霧。」

風與天相似，旋轉未嘗息也。今此處無風，蓋或旋在那邊，或旋在上面，都不可知。如夏多南風，冬多北風，蓋亦可見。

雷者，氣鬱積之極而迸散者也。如今之爆杖。

雪非能爲豐年，其所以然者，以其凝結陽氣在地，至來歲發達，而生長萬物故也。

雨與露不同，雨氣昏而露氣清也。露與霧不同，露氣肅而霧氣昏也。

露之結爲霜，然露滋物，而霜殺物。愚按：露未凝則陽也，故生；凝則陰矣，故殺。

右論雷霆風雨之屬

《書·大禹謨》：帝曰：「朕志先定，詢謀僉同，鬼神其依，龜筮協從。」葉氏曰：「卜筮以稽疑，而曰『朕志先定，詢謀僉同，鬼神其依』，此所謂先天而天弗違也，而況於人乎？況於鬼神乎？」按：六經之言鬼神始於此，其所言最宜深味。又益贊禹曰：「至誠感神，矧茲有苗。」孔氏曰：「矧，況也。」恐未然。蘇氏曰：「以誠感物曰誠。」似得其指。

《伊訓》曰：古有夏先后，方懋厥德，罔有天災。山川鬼神，亦莫不寧。又《太甲》曰：先王顧諟天之明命，以承上下神祇。又申誥于王曰：鬼神無常享，享于克誠。

《金縢》：既克商二年，王有疾，弗豫。二公曰：「我其爲王穆卜。」周公曰：「未可以戚我先王。」公乃自以爲功，爲三壇同墠。爲壇于南方，北面，周公立焉。植璧秉珪，乃告太王、王季、文王。蘇氏曰：「二公欲卜於廟，周公曰：『未可以憂我先土。』周公欲自以身禱之，故以此言拒二公也。」或問：「周公之金縢不有命乎？」程子曰：「周公誠心欲代其兄，豈問命耶？」又曰：「至誠可以感造化。」呂氏曰：「周公之卜，但自爲其禮。二公之卜，乃動朝廷耳。何也？如王與大夫盡弁之類。先王之心，豈不戚哉？」蔡氏曰：「周公卻二公之卜，而乃目以爲功者，蓋二公不過卜武王之安否爾，而周公愛兄之切，危國之至，忠誠懇懇於祖父之前，如下文所云者，有不得盡焉，此其所以自以爲功也。又二公穆卜，則必禱於宗廟，用朝廷之禮，如此則上下喧騰而人心搖動，故周公不於宗廟，而特爲壇墠以自禱也。」史乃册祝曰：「惟爾元孫某，遘厲虐疾。若爾三王是有丕子之責于天，以旦代某之身。予仁若考能，多材多藝，能事鬼神，乃元孫不若旦多材多藝，不能事鬼神。乃命于帝庭，敷佑四方，用能定爾子孫于下地，四方之民罔不祇畏。嗚呼！無墜天之降寶命，我先王亦永有依歸。朱子曰：「『若爾三王有丕子之責于天，以旦代某之身』，此一段先儒都解錯了，只有晁以道説得好。他解『丕子之責』，如史傳中『責其侍子』之『責』，蓋云上帝責三王之侍子。侍子，指武王也。上帝責其來服事左右，故周公乞代其死，云：『以旦代某之身，予仁若考能，多材多藝，能事鬼神，乃元孫不若旦多材多藝，不能事鬼神，用能定爾子孫于下地，四方之民罔不祇畏。』言三王若有侍子之責于天，則不如以我代之。我多材多藝，能事上帝。武王不若我多材多藝，不能事鬼神，不如且留他在世上，定爾之子孫與四方之民。文意如此，伊川卻疑周公不應自説多材多藝，不是如此，他只是要代武王之死爾。」今我即命于元龜，爾其許我，我其以璧與珪歸俟爾命。爾不許我，我乃屏璧與珪。」乃卜三龜，一習吉。啓籥見書，乃並是吉。公曰：「體！王其罔害。予小子新命于三王，惟永終是圖，兹攸俟，能念予一人。」孔氏曰：「習，因也。以三王之龜卜，一相因而吉。三兆既同吉，開籥見占兆書，乃亦並是吉。公視兆曰：

『如此體兆，王其無害。』言必愈矣。」　唐孔氏曰：「《周禮·太卜》三兆之下云：『其經兆之體，皆百有二十，其頌皆千有二百。』占兆之書，則彼頌是也。《周禮·占人》：『凡卜筮，君占體，大夫占色，史占墨，卜人占坼【一六】。』鄭氏以周公曰體爲證，謂尊者視兆象而已，卑者以次詳其餘，但周公汲汲欲王之愈，必當親視灼龜，省繇，不惟占體而已。」　張氏曰：「周公爲武王故，占體非僭也。」　體與《詩》「體无咎言」之「體」同。　吕氏曰：「古者敬神，凡卜筮之物皆不敢褻，既畢則藏之。非周公特留爲後來自解之計也。」　蔡氏曰：「言王疾其無所害，我新受三王之命，而永終是圖矣。茲攸俟者，即上文所謂『歸俟』。一人，武王也。言三王能念我武王，使之安也。」

《吕刑》：乃命重黎，絕地天通，罔有降格。　唐孔氏曰：「《楚語》昭王問於觀射父曰：『《周書》所謂重黎實使天地不通，何也？若無，我民將登天乎？』對曰：『非此之謂也。古者民神不雜，少昊氏之衰也，九黎亂德，家爲巫史，民神同位，禍災薦臻。顓帝受之，乃使南正重司天以屬神【一七】，火正黎司地以屬民，使復其舊，無侵瀆，是謂絕地天通。其後三苗復九黎之德【一八】，堯復育重黎之後，不忘舊者，使復典之。』《堯典》云『乃命羲和』，即所謂育重黎之後也，故知重即羲，黎即和。《楚語》司天屬神，司地屬民，令神與天在上，民與地在下，定上下之分，使民神不雜，則祭享有度，災厲不生。」　蘇氏曰：「虢之亡也，有神降于莘，即此類。」　劉氏曰：「人者，天地之心也。人道治，則天地適其位，清濁安其常，陰陽辨其序；人道不治，則上下交亂矣。其名雖不變，其體雖不雜，其氣雖不改，然其政擾矣。故古之治天下者，必有神明之官以序天地。凡親上者，本乎天者也；親下者，本乎地者也。是以神之事皆屬天，民之事皆屬地，毋以民亂神，毋以神惑民，則天地之道得矣。天子祭天，諸侯祭土，卿大夫祭五祀，士祭其先。天子七廟，諸侯五，卿大夫三，士一。天子有禘有祫，有享有薦，諸侯祫而不禘，卿大夫享而不祫，庶人薦而不享。故貴賤有禮，上下有等，而不相逾。今庶人而得祭天地與山川，祀非其鬼，男不耕，女不蠶，而相隨以事神爲俗。無父子之親，無君臣之節，下者乃爲巫祝，略計天下，常百萬人，可謂治民乎？」　楊氏曰：「分北三苗在舜時，皇帝乃舜也。」　張氏

【一六】卜人占坼　「坼」原作「拆」，據《周禮註疏》卷二十四改。

【一七】南正重司　「正」原作「王」，據四庫本、《禮記正義》卷十九改。

【一八】復九黎　「復」原作「後」，據四庫本改。

曰：「《傳》曰：『國將興，聽于民；將亡，聽于神。』三苗之俗以詛盟爲事，是聽命於神也。姦人將假此以作亂，如漢末張角謀叛，一日同起兵三十六萬，號爲黄巾，此假鬼神以惑衆者也。」呂氏曰：「上之人以公平爲政【一九】，則善惡分明，善者得福，惡者得禍。苗民不問罪尤，故民歸之神怪妖誕之中。或懟之天，或詛之鬼，故有非其鬼而祭者。是以命重黎分别幽顯，天子祭天地，諸侯祭方嶽，庶人則祭祖考而已。大抵治世神怪所以不興者，只爲善惡分明，自然不求之神【二〇】。至於亂世，善惡不明，自然專信神怪，言鬼言命也。」

《周禮》：大宗伯之職，掌建邦之天神、人鬼、地示之禮，以佐王保邦國。鄭氏曰：「謂祀之、祭之、享之之禮也。」唐孔氏曰：「天道常伸，謂之神。地道常默以示人，謂之示。」問：「地何以曰祇？」朱子曰：「祇只是示字。蓋天垂三辰以著象，地亦顯山川草木以示人，所以曰地示。」又問三者之異。曰：「氣之清明者爲神，如日月星辰之類是也，此變化不可測。祇本示字，以有迹之可視，山河草木是也，比天象又益著。至人，則死爲鬼矣。」

後魏寇謙之奏作静輪宫，必令其高不聞鷄犬，以上接天神。崔浩勸魏主從之。胡氏論之曰：「夫天之爲天，非若地之有形也，自地而上無非天者。昔人以積氣名其象，以倚蓋名其形，皆非知天者也。莊周氏曰：『天之蒼蒼，其正色耶？』言天無色也，無色則無形、無聲、無臭皆舉矣。日月星辰之繫乎天，皆氣機自運，莫使之然而自然者，無所託也。若其有託，則是以形相屬，一麗乎形，能不壞乎？子貢曰：『天不可階而升。』謂無形也。仲尼之言天地山川也，皆以自微至著明之。地則始於撮土，山則始於拳石，水則始於一勺，是皆可見之物也。惟天曰『天斯昭昭之多』，夫昭昭果何物哉？及其無窮也，日月星辰繫乎，萬物覆焉，而不離於昭昭之多。昔人言天，未有親切顯白如仲尼者。非窮理不足以知天，非盡性不足以事天，天果遠乎哉？故自賦予而言，則曰天命；自稟受而言，則曰天性；自無息而言，則曰天道；自不忒而言，則曰天理；自主宰而言，則曰天心；自偏覆而言，則曰天體；自法度而言，則曰天文；自可推而言，則曰天數；自甚美而言，則曰天休；自可法而言，則曰天則；自應感而言，則曰天變；自不可犯而言，則曰

【一九】上之人　「人」原作「不」，據四庫本改。

【二〇】自然不求　「然」後原有「岂」字，據四庫本刪。

天威。天豈遠乎哉？故號呼雖不同，惟窮理盡性，則知其非二物也。故《詩》、《書》、《易》、《春秋》、《語》、《孟》之言，皆無天神之目，惟牧野誓師告皇天后土名山大川曰『惟爾有神』，則神不專主乎天矣。至《周禮》乃有所謂天神者，此漢儒駁雜之言也。夫人死曰鬼，以鬼享者，其平生貌象、聲色、性情、嗜好【二一】，其子孫所嘗見而可想也。天神地示，豈有貌象、聲色、性情、嗜好之可想乎？昧者不知天，於是以事人鬼之心而億度之，浸淫於黄、老、浮屠氏虚荒誕幻之説，謂天之上又有天焉，其多至於三十有三，而宫室侍衛衣服皆擬諸人主所用，而加以宏闊勝麗之致。於是人主之侈肆迷謬者，謂己玄聖與天神接，或聆其語言，或覩其儀觀，或受其詔告符契，則又大興土木，崇飾棟宇，偶而事之，周遍四海。謂以神道設教而愚黔首，莫不因方士簧皷譸張，侈其心意而至此也。夫子而不知父，不足以爲子，帝王繼天而爲之子，可以不知天乎？知天然後能繼天而居其位，故成湯數夏桀之罪曰：『矯誣上天，以布命于下。』天子而矯命，猶人臣而矯詔也，可乎哉？後魏不恤民力【二二】，固東山之高，又崇臺萬仞焉【二三】。天也者，方高方遠，無所至極，而其神終不得而見也。寇謙之無足云者，崔浩自謂智如子房，而稽古過之，其所聽信而敬從者乃爾，豈不貽笑後世也哉？」按：胡氏之論，大槩得之。然《周禮》天神地示之名皆以理言，未可訾其非也。張子説見後。

《春秋傳》：莊三十二年秋七月，有神降于莘。惠王問諸内史過曰：「是何故也？」對曰：「國之將興，明神降之，監其德也；將亡，神又降之，觀其惡也。故有得神以興，亦有以亡，虞、夏、商、周皆有之。」王曰：「若之何？」對曰：「以其物享焉。其至之日，亦其物也。」杜氏曰：「享，祭也。若以甲、乙日至，祭先脾，玉用蒼，服上青。以此類祭之。」王從之。内史過往，聞虢請命，反曰：「虢必亡矣，虐而聽於神。」神居莘六月，虢公使祝應、宗區、史嚚享焉。神賜之土田。祝，大祝。宗，宗人。史，太史。應、區、嚚，皆名。史嚚曰：「虢其亡乎？吾聞之，國將

【二一】平生貌象　「平」原作「死」，據四庫本改。

【二二】後魏不恤民力　「後」原作「仞」，據四庫本改。

【二三】崇臺萬仞　「仞」原作「後」，據四庫本改。

興，聽於民；將亡，聽於神。神，聰明正直而壹者也，依人而行。唯德是與。號多涼德，其何土之能得？」鄭人相驚以伯有，曰：「伯有至矣。」則皆走，不知所往。鑄刑書之歲二月，或夢伯有介而行，曰：「壬子，余將殺帶也。明年壬寅，余又將殺段也【二四】。」及壬子，駟帶卒，國人益懼。齊、燕平之月壬寅，公孫段卒，國人愈懼。其明日，子產立公孫洩及良止以撫之【二五】，乃止。洩，子孔之子。襄十九年，鄭殺子孔。良止，伯有子也，立以爲大夫，使有宗廟。子太叔問其故，子產曰：「鬼有所歸，乃不爲厲，吾爲之歸也。」及子產適晉，趙景子問焉，曰：「伯有猶能爲鬼乎？」子產曰：「能。人生始化爲魄，既生魄，陽曰魂。用物多則魂魄強，是以有精爽至於神明。匹夫匹婦強死，其魂魄猶能馮依於人，以爲淫厲，况良霄，我先君穆公之胄，子良之孫，子耳之子，敝邑之卿，從政三世矣。鄭雖無腆，抑諺曰蕞爾國而三世執其政柄，其用物也弘矣，其取精也多矣。其族又大，所馮厚矣。而強死，能爲鬼，不亦宜乎？」程子曰：「伯有爲厲事，别是一理。」朱子曰：「謂非死生之常理也。」又曰：「《左傳》説魄先魂而有，蓋以付形之初言之，必先有此體象，方有陽氣來附它。」又曰：「伊川云云，蓋其人氣未當盡而強死，自是能爲厲。子產爲之立後，便有所歸，遂不爲厲，亦可謂知鬼神之情狀矣。」又曰：「子產此語窮理煞精。」又問伊川云云。曰【二六】：「亦自有這般底。然亦是不得其死，故氣未散。久之，亦不能不散。如漳州近年有婦殺夫，密埋之。後爲祟，事纔發覺，當時便不爲祟。」

心之精爽，是謂魂魄。見前《心》篇。

《易大傳》：原始反終，故知死生之説。精氣爲物，游魂爲變，是故知鬼神之情狀。程

【二四】余又將殺段　「段」原作「叚」，據四庫本改。下同。

【二五】公孫洩　「洩」字原脱，據《春秋左傳注疏》卷四十四補。

【二六】曰　「曰」字原脱，據文意補。

子曰：「世言鬼神之事，雖知其無，然不能無疑懼，何也？」曰：「此只是自疑尓。」曰：「如何可以曉悟其理？」曰：「理會得精氣爲物，遊魂爲變，與原始要終之說，便能知也。須是於原字上用工夫。」或曰：「游魂爲變，是變化之變否？」曰：「既是變，則存者亡，堅者腐，更無物也。鬼神之道，只恁說與賢，雖會得亦信不過，須是自得也。」又問：「《易》言知鬼神情狀，果有情狀否？」曰：「有之。」又曰：「既有情狀，必有鬼神矣。」曰：「《易》說鬼神，便是造化。」」朱子曰：「原者，推之於前；反者，要之於後。陰精陽氣，聚而成物，神之伸也【二七】。魂游魄降，散而爲變，鬼之歸也。」問「鬼神生死」。曰：「精氣爲物，游魂爲變，便是生死底道理。」未達。先生曰：「精氣凝則爲人，散則爲鬼。」又問：「精氣凝時，此理便在氣上否？」曰：「天道流行，發育萬物，雖是一齊都有，必竟是理爲主。然氣則有清濁，清者爲氣，濁者爲質。清者屬陽，濁者屬陰。知覺運動，陽之爲也；骨肉毛血，陰之爲也。氣曰魂，體曰魄。」又曰：「精氣爲物，是合精與氣而成物，氣魂而精魄也。變則是魂魄相離。雖獨說遊魂而不言魄，而離魄之意自可見矣。」問云云。曰：「此是一個合，一個離。精氣合，則魂魄凝結而爲物，離則陽已散而陰无所歸，故爲變。精，陰也。氣，陽也。」問：「尹子解『遊魂』一句爲鬼神，如何？」曰：「此只是聚散。聚而爲物者，神也；散而爲變者，鬼也。鬼神便有陰陽之分。横渠說精氣自無而有，遊魂自有而無，其說亦分曉。然精屬陰，氣屬陽，又自有錯綜底道理。」因言魂魄鬼神之說，曰：「只今生人，便自一半是神，一半是鬼。但未死以前，則神爲主；已死之後，則鬼爲主。」蔡氏曰：「鬼神者，二氣之良能，不可得而測也。以其聚而爲物觀之，則神之情狀可知；以其遊而爲變者觀之，則鬼之情狀可知。」愚按：世俗於始終聚散之理，及佛氏輪迴之說，類有疑焉。今以諸老先生言論附於此。程子曰：「屈伸往來只是理，不必將既屈之氣，復爲方伸之氣。」又謂：「天地間如大洪鑪，何物銷鑠不尽？」此於聚散之常理，既尽之矣，然其散也，有緩有速。故致堂胡氏曰：「爝火一噓即滅，慧火經風乃滅，咸陽宫殿火三月乃滅。」即其比也。此於子産論伯有相符。而朱子謂人死終歸於散，然亦未便散盡，故祭祀有感格之理。然已散者不可復聚，釋氏却謂人死爲鬼，鬼復爲人，如此則天地間常只是許多人來來去去，更不由造化生生，必无是理也。又曰：「氣久必散，人說神仙，一代說一項。漢世說安期生，其後不復說。唐以

【二七】神之伸 「伸」原作「神」，據四庫本改。

來説鍾、吕，今又不復説。看得來他亦只是養得分外壽考，終久亦不能不散。」問：「《禮記》『魂氣歸于天』，与横渠『形潰反原』之説，如何？」曰：「魂氣歸于天，是消散了，正如火煙騰上，有散而已。論理大槩是如此。然亦有死而未遽散者，亦有寃恨而未散者，然亦不皆如此。」問：「《下武》詩『三后在天』【二八】，先生傳云『在天言其既没，而其精神上合於天』，是如何？」曰：「便是又有此理。」問：「恐只是此理上合於天耳。」曰：「既有此理，便有此氣。」或曰：「聖人禀得清明純粹之氣，又能全而不失，故其没也，其氣上合于天。」曰：「也是如此。這又微妙難説，要人自看得。世間道理，有正當易見者，又有變化无常不可窺測者，如此看方活。合數説而觀之，則聚散之理，其槩可推矣。」又鮑若雨問：「佛氏輪廻之説：凡爲善者死，則復生爲善人；爲惡者死，則變爲禽獸之類。切恐有此理。何則？凡稟沖氣以生者，未始不同。聖人先得人之所同者而踐履之，故能保合太和。至死，其氣冥會於中和之所，造化之中自然有復生爲人之理。惡者平居作惡，而沖氣已喪。至死，其氣則會於謬戾之所，造化之中自然有爲禽獸之理。故曰恐有此理也。」程子答曰：「『未知生，焉知死？』知生則知死矣，知原始則能要終矣。」而胡氏於隋皇、秦主不願復生帝王家，其辨論甚詳，大畧謂：「佛之言曰：『衆生各因淫欲而正性命，使世人皆離此以證，無生其不能，然則愛爲根本。死於此，生於彼，或人而爲畜，畜而爲人，輪轉相續，无有窮已。』故人貴脩行精練，不殺禽獸，免於報身，隨念之善，即生樂處。」欲驗其不然者，請有以質之。羽毛鱗介，与夫喘耎肖翹之物，在天地間抑有定數乎？抑無定數乎？若無定數，則安知人死爲畜、畜死爲人也？若有定數，則自古及今，人与禽獸相爲死生，不過此數。以大較論之，人殺禽獸不可少爲矣，禽獸能殺人者无幾矣。是當禽獸日加多，充滿於宇内【二九】，人日加少，遂至於無人，然後以報復之事信矣。而有不然者，太平之際，人得其食，海内之户以千萬計，於時動物亦不可勝用，上下給足。若禽獸爲人，則禽獸宜凋耗，而反加繁多？喪亂之後，人失其養，或至千里人煙稀絶，於時庶類亦不能獨茂，求之難致【三〇】。若人爲禽獸，則禽獸宜繁多，而反以凋耗？此以目覩實事而質之者一也。人之寐也，氣不離形，識知固在也，而不能於寐之中，自知其寐也。其將寐也，雖大聖人亦不能卓然知寐與寤之分際也。死之異於寐也，以方寤之時，或呼之，或觸之，瞿然而覺也，死則不能矣。呼之觸

【二八】三后在天　「天」原作「大」，據四庫本改。

【二九】充滿於宇内　「於宇」原作「干牢」，據四庫本改。

【三〇】求之難致　「致」原作「攷」，據《致堂讀史管見》卷十六改。

之，瞿然而覺，然其寐之熟也，則晦昧冥漠，與死者無異。又況於氣既離形，如光之脱火，知識泯滅，不可復陽。乃曰：我有一念，由吾所積，皎皎然隨善惡所感，而有所如此哉！此又以聚散實理而質之者二也。假使由是以思之，則輪轉之有無亦可識矣。」或曰：「自賈誼明以迹言，人死爲物，非始於釋氏也，亦不足信乎？」曰：「賈生所言，亦由莊子論具腐神奇之云，言人死則異朽壤之類等耳。而朱子則曰：死則氣散，泯然無迹，是其常也。有託生者，是偶然聚得不散，又去湊着那生氣，亦能再生，然非其常也。」問：「人死爲禽獸，恐無此理。然嘗見永春人家生子，耳上有猪毛猪皮者，何也？」曰：「此不足怪，但是稟得猪氣耳。」此又輪廻之辨也，學者其致思焉。

神也者，妙萬物而爲言者也。動萬物者莫疾乎雷，撓萬物者莫疾乎風，燥萬物者莫熯乎火，説萬物者莫説於澤，潤萬物者莫潤乎水，終萬物、始萬物者莫盛於艮。故水火相逮，雷風不相悖，山澤通氣，然後能變化成萬物也。朱子曰：「神者，妙萬物而言者也。盈天地之間皆神。」又曰：「神是理之發用，而隨氣以出入者，故《易》曰云云。若將神字全作氣看，則誤矣。」

《論語》：子曰：「非其鬼而祭之，諂也。」朱子曰：「非其鬼，謂非其所當祭之鬼。諂，求媚也。」南軒曰：「祀典，自天子至於庶人，各有其分而不可踰，蓋天理也。有是理則有鬼神，若於非所當祭而祭焉，既無其理，何享之有？原其心之所萌，不過爲諂而已。」

祭如在，祭神如神在。程子曰：「祭，祭先祖也。祭神，祭外神也。祭先主於孝，祭神主於敬。」范氏曰：「有其誠則有其神【三二】，無其誠則無其神。」

子不語怪、力、亂、神。朱子曰：「怪異、勇力、悖亂之事，非理之正，固聖人所不語。鬼神，造化之迹，雖非不正，然非窮理之至，有未易明者，故亦不輕以語人也。」謝氏曰：「聖人語常而不語怪，語德而不語力，語治而不語

【三二】有其神「其」字原脱，據四庫本補。

亂，語人而不語神。」南軒曰：「聖人一語一默之間，莫不有教存焉。語怪則亂常，語力則妨德，語亂則害治，語神則惑聽，故聖人之言未嘗及此。雖然，就是四者之中，鬼神之情狀，亦豈不言之乎？特明其理，使人求之於心，若其事則常言之也。」

子疾病，子路請禱。子曰：「有諸？」子路對曰：「有之。《誄》曰：『禱爾于上下神祇。』」子曰：「丘之禱久矣。」朱子曰：「上下，謂天地。天曰神，地曰祇。禱者，悔過迁善，以祈神之佑也。無其理則不必禱，既曰有之，則聖人未嘗有過，無善可迁。其素行固已合於神明，故曰丘之禱久矣。」或問：「行禱五祀，著於礼經，今子路請之，而夫子不從，何也？」曰：「以理言之，則聖人之言尽矣。以事言之，則禱者臣子至情迫切之所爲，而非病者之所与聞也。病而与聞乎禱，則是不安其死，而諂於鬼神，以苟須臾之生，君子豈爲是哉！」曰：「然則聖人之言，乃不及此，而直以爲無事於禱，何也？」曰：「是蓋有難言者，然以理言，則既兼舉之矣。蓋祈禱卜筮之屬，皆聖人之所作，至於夫子而後教人一決諸理，而不屑屑於冥漠不可知之間，其所以建立人極之功，於是爲備，觀諸《易》之《十翼》可以見矣。」外此則胡氏之說得之。胡氏曰：「禱雖爲礼，非正礼也，而忠臣孝子一至之情有不可廢者，故聖人之立制，猶盟詛之類尔。然君子不自爲也，惟君父則可，而又必於其病焉。若非其鬼，則是淫祀而已，又安取福乎？子路所謂上下神示者，殆非大夫之所得禱也。以此推之，後世祀典之失，又豈可勝言哉！」又曰：「上下神示，與人一理，夫子道參天地，誠洞幽顯，仰无所愧，俯无所怍，豈疾病而后禱哉！」

季路問事鬼神。子曰：「未能事人，焉能事鬼？」「敢問死。」曰：「未知生，焉知死？」朱子曰：「問事鬼神，蓋求所以奉祭祀之意。而死者人所必有，不可不知。皆切問也。然非誠敬足以事人，則必不能事神；非原始而知所以生，則必不能反終而知所以死。蓋幽明始終，初無二理，但學之有序，不可躐等，故夫子告之如此。」程子曰：「晝夜者，死生之道也。知生之道，則知死之道；盡事人之道，則盡事鬼之道。死、生，人、鬼，一而二，二而一者也。或言夫子不告子路，不知此乃所以深告之也【三二】。」朱子又曰：「事君親盡誠敬之心，即移此心以事鬼神，則祭如在，祭神如神在。人受天所賦，自然完具無欠闕。須是得這道理無欠闕，到那死時，乃是生理已盡，亦安於死而無媿。」又曰：「『事人』、『事鬼』，以心言；『知生』、『知死』，以理言。」又曰：「事人須是誠敬，事鬼亦要如此。事人，如出則事公卿，入則事父兄，事其所當事者。事鬼亦然。苟非其鬼而事之，則諂矣。」問云云。曰：「若曰氣聚則生，氣散則死，才説破，人便都理會得。然須知道人生有多少道理，自禀五常之性以來，所以父子有親，君臣有義，須要一一盡得這生底道理【三三】，則死底道理皆可知矣。張子所謂『存吾順事，没吾寧』也。」又曰：「鬼神事自是難理會底，且就日用緊切處做工夫，將來自有見處【三四】。」

樊遲問知，子曰：「務民之義，敬鬼神而遠之。」朱子曰：「專用力於人道之所宜，而不惑於鬼神之不可知，知者之事也。」程子曰：「人多信鬼神，惑也。而不信者又不能敬，能敬能遠，可謂知矣。」或問：「鬼神者非祀典之正耶，則聖人使人敬之何耶？以爲祀典之正耶，則又使人遠之何也【三五】？」曰：「聖人所謂鬼神無不正也，遠者以其處幽，故嚴之而不瀆尔。若其非正，則聖人豈復謂之鬼神哉！在上則明禮以正之，在下則守義以絶之，固不使人敬而遠之，亦不使人褻而慢之也。」問：「敬鬼神而遠之，如天地山川之神與夫祖先，此固當敬。至如世間一種泛然鬼神，亦當敬否？」曰：「所謂敬鬼神，是敬正當底鬼神。敬而遠之，是不可褻瀆，不可媚。如卜筮用亀，此亦不免。如臧文仲山節藻棁以藏之，便是媚，便是不知。」

《記·禮運》：夫禮，必本於太一，分而爲天地，轉而爲陰陽，變而爲四時，列而爲鬼神。《正義》曰：「鬼神，謂生成萬物之鬼神也。四時變化，生成萬物【三六】，皆鬼神之功。」餘説見前《礼》篇。

《樂記》：明則有禮樂，幽則有鬼神。鄭氏曰：「助天地成物者也。《五帝德》説黄帝曰『死而民畏其神百年』，《春秋傳》曰『若敖氏之鬼』【三七】，然則聖人之精氣謂之神，賢知之精氣謂之鬼。」《正義》曰：「《易·上繫

【三二】所以深告　「深」原作「築」，據四庫本改。

【三三】須要一一盡　后「一」字原作「二」，據四庫本改。

【三四】將來　「來」原作「間」，據《四書集編》卷六改。

【三五】又使人遠之　「又」原作「父」，據《四書或問》卷十一改。

【三六】生成萬物　「生」原作「坐」，據四庫本改。

【三七】若敖氏之鬼　「之」原作「九」，據四庫本改。

辭》云：『精氣爲物，游魂爲變。』註云【三八】：精氣謂七八，游魂謂九六。游魂謂之鬼，物終所歸。精氣謂之神，物生所信也【三九】。言木火之神，生物東南。金水之鬼，終物西北。」又云：「《繫辭》鬼神謂七八九六，自然之鬼神。又聖人賢人鬼神，與自然鬼神，俱能助天地而成物，故鄭氏接引之也。」程子曰：「鬼神只是一個造化，『天尊地卑，乾坤定矣，皷之以雷霆，潤之以風雨』是也【四〇】。」問：「漢時如鄭康成注二礼，但云鬼神是氣。至佛入中國，人鬼始亂。」朱子曰：「然。」人皆鬼神之會，已見《性命》篇。

《中庸》：子曰：「鬼神之爲德，其盛矣乎！」程子曰：「鬼神，二氣之良能也。」朱子曰：「以二氣言，則鬼者，陰之靈；神者，陽之靈也。以一氣言，則至而伸者爲神，反而歸者爲鬼。其實一物而已。爲德，猶言性情功效。以二氣言，則陰爲鬼，陽爲神。以一氣言，則方伸之氣，亦有伸有屈。其方伸者，神之神。其既屈者，神之鬼。既屈之氣，亦有屈有伸。其屈者，鬼之鬼。其來格者，鬼之神。天地人物皆然，不離此氣之往來屈伸合散而已。」視之而弗見，聽之而弗聞，體物而不可遺。鬼神無形與聲，然物之終始，莫非陰陽合散之所爲，是其爲物之體，而物所不能遺也。其言體物，猶《易》所謂「幹事」。使天下之人齊明盛服，以承祭祀。洋洋乎如在其上，如在其左右。齊之爲言齊也，所以齊不齊而致其齊也。明，猶潔也。洋洋，流動充滿之意。能使人畏敬奉承，而發見昭著如此，乃其「體物而不可遺」之驗也。孔子曰：「其氣發揚于上爲昭明，焄蒿悽愴。此百物之精也，神之著也。」正謂此爾。《詩》曰：「神之格思，不可度思，矧可射思。」《詩·大雅·抑之篇》。格，來也。矧，況也。射，厭也，言厭怠而不敬也。思，語辭。夫微之顯，誠之不可揜，如此夫。誠者，真實無妄之謂。陰陽合散，無非實者，故其發見之不可揜如此。或問：「鬼神之説，其詳奈何？」曰：「鬼神之義，孔子所以告宰予者，見於《祭義》之篇。其説已詳，而鄭氏釋之亦已明矣。其以口鼻之嘘吸者爲魂，耳目之精明者爲魄，蓋指血氣之類以明之。

【三八】註云　「云」原作「且」，據四庫本改。

【三九】物生所信也　「生」原作「三」，據四庫本改。

【四〇】潤之以風雨　「潤」原作「爲」，據四庫本、乾隆本改。

程子、張子更以陰陽造化爲説，則其意又廣，而天地萬物之屈伸往來，皆在其中矣。蓋陽魂爲神，陰魄爲鬼，是以其在人也，陰陽合則魄凝魂聚而有生，陰陽判則魂升爲神，魄降爲鬼而死矣。《易大傳》所謂『精氣爲物，遊魂爲變，故知鬼神之情狀』者，正以明此。而《書》所謂徂落者，亦以其升降爲言耳。若又以其往來者言之，則來者方伸而爲神，往者既屈而爲鬼。蓋二氣之分，實一氣之運，故陽主伸，陰主屈，而錯綜以言，亦各得其義焉。學者熟玩而精察之，如謝氏所謂做題目，入思議者，則庶乎有以識之矣。」曰：「子之以幹事明體物，何也？」曰：「天下之物，莫非鬼神之所爲也。故鬼神爲物之體，而物無不待是而有者。然曰爲物之體，則物先乎氣，必曰體物，然後見其氣先乎物而言順耳。幹，猶木之有幹，必先有此，而後枝葉有所附而生焉。貞之幹事，亦猶是也。」 問：「體物而不可遺，是有此物便有鬼神。凡天下萬物萬事，皆不能外夫鬼神否？」曰：「不是有此物便有此鬼神，乃是有此鬼神方有此物。及至有此物，又不能違夫鬼神也。體物而不可遺，用拽轉看。將鬼神做主，將物做賓，方看得出是鬼神去體那物，鬼神却是主也。前輩以體察之體言者，非。」問：「《中庸》初説體物云云，只是就陰陽上説，末後又却以祭祀言之，是如何？」曰：「此是就其親切著見者言之也。若不如此説，人必將風雷山澤做一般鬼神看，將廟中祭享者又做一般鬼神看。故即其親切著見者言之，欲人會之爲一也。」問：「《章句》云性情功效，性情乃鬼神之情狀，不審所謂功效者何謂？」曰：「能使天下之人齊明盛服，以承祭祀，便是功效。」又曰：「二氣之分，即一氣之運，所謂『一動一静，互爲其根，分陰分陽，兩儀立焉』者也。在人者以分言之，則精爲陰而氣爲陽，故魄爲鬼而魂爲神【四一】。以運言之，則消爲陰而息爲陽，故伸爲神而歸爲鬼。然魂性動，故當其伸時，非無魄也，而必以魂爲主。魄性静，故方其歸也，非無魂也，而必以魄爲主，則亦初無二理矣。」 問：「《或問》中取鄭氏説，云口鼻之嘘吸者爲魂，耳目之精明者爲魄。」先生謂：「此蓋指血氣之類言之。」「口鼻之嘘吸是以氣言，耳目之精明以血言。目之精明以血言。耳之精明，何故以以血言？」曰：「醫家以耳屬腎，精血盛則聽聰，精血耗則耳瞶矣。」問：「祭天地山川而用牲幣酒醴者，只是表吾心之誠耶？抑其有氣來格也？」曰：「若道無神來享時，自家祭甚底？肅然在上，令人奉承敬畏【四二】，是甚物？若謂其有雲車風馬擁從而來，則又誕矣。」

【四一】魂爲神 「神」原作「伸」，據四庫本改。

【四二】奉承敬畏 「奉」原作「拳」，據四庫本、乾隆本改。

《祭義》：宰我曰：「吾聞鬼神之名，不知其所謂？」子曰：「氣也者，神之盛也。魄也者，鬼之盛也。合鬼與神【四三】，教之至也。鄭氏曰：「氣，謂噓吸出入者也。耳目之聰明爲魄。合鬼神而祭之，聖人之教致之也。」《正義》曰：「氣也者，神之盛也者，言神是人生存之氣。氣者，是人之盛極也。魄也者，鬼之盛也者，言人之形魄者，鬼之盛極也。『合鬼與神，教之至也』者，言人死神上於天，鬼降於地，聖王合此鬼神以祭之，是聖王設教致其如此也。」疏曰：「氣，謂噓吸出入也者，謂氣在口噓吸出入，此氣之體無性識也。但性識依氣而生，有氣則有識，無氣則無識，則識從氣生。耳目之聰明爲魄者，魄，體也。若無耳目形體，不得爲聰明。合鬼神而祭之，聖人之教致之者，人之死，其神與形體分散各別，聖人以生存之時神形和合，今虽身死，聚合鬼神，似若生人而祭之【四四】，是聖人設教與致之，令其如此。」愚按：教之至也，蓋謂聖人制此禮，使爲子孫者知祖考雖死，其魂與魄猶可合一，盡其精誠以求之，有感格之理，其所以教人也至矣。不必以全爲致也。

「衆生必死，死必歸土，此之謂鬼。骨肉斃于下，陰爲野土。陰讀爲蔭，言人之骨肉蔭於地下爲土壤。其氣發揚于上，爲昭明，焄蒿悽愴，此百物之精也，神之著也。焄，謂香臭也。蒿，謂氣烝出貌。上言衆生，此言百物，明其與人同也，不如人貴耳。《正義》曰：「此釋人氣爲神，言人生時形體與氣合共爲生，其死則形與氣分。其氣之精魂發揚升於上，爲神靈光明也。『焄蒿悽愴』者，言百物之氣，或香或臭，烝而上出，其氣蒿然也。『悽愴』者，謂精神竦然，使人聞之，情有悽有愴也。『百物之精也』者，人氣揚於上，神靈光明，人之精氣爲焄蒿悽愴，却與百物同。但情識爲多，故特謂之神。神之著也者，發揚昭明是人神之顯著【四五】。」

「因物之精，制爲之極，明命鬼神，以爲黔首則，百衆以畏，萬民以服。明命，猶尊名也，尊極於鬼神，不可復加也。黔首，謂民也。爲民作法，使民亦事其祖禰鬼神，民所畏服。《正義》曰：「『因物之精，制爲之極』者，言聖人因人與物死之精靈，造爲尊極之稱。『明命鬼神，以爲黔首則』者，明，猶尊也。命，猶名也。黔首，謂

【四三】鬼與神　「與」字原脱，據四庫本補。

【四四】似若生人而祭之　「生」原作「主」，據四庫本、《禮記正義》卷四十七改。

【四五】發揚昭明　「揚」字原脱，據四庫本補。

萬民也。則，法也。尊名人及萬物之精，謂之鬼神，以爲萬民法則也。『百衆以畏，萬民以服』者，百衆謂百官衆庶，萬民謂天下衆民。既尊之以鬼神，下皆畏敬之，故云云也。」　疏曰：「鬼神者，是人物之魂魄。若直名魂魄，其名不尊，故尊而名之爲鬼神，益加畏敬之也。所以名鬼神爲極者，言物中尊極莫過鬼神，言以外它名不可復加也。此經鬼神本民神，故下文『築爲宮室，設爲宗祧』【四六】，其實此鬼神亦兼山川五祀百物之屬。故《礼運》云『列於鬼神』，註云：『謂祖廟山川五祀之屬。』《樂記》云：『幽則有鬼神。』註云：『助天地成物者。』是百物之魄謂之鬼，對則精靈爲魂，形體爲魄。故昭七年《左傳》云：『人生始化爲鬼，既生魄，陽曰魂』，是形爲魄，氣爲魂。若散而言之，魄亦性識，識與魄無異。故昭二十五年《左傳》曰：『心之精爽，是謂魂魄。』又襄二十九年《左傳》云：『天奪伯有魄。』又對而言之，天曰神，地曰祇，人曰鬼。散而言之，通曰鬼神。」

「聖人以是爲未足也，築爲宮室，設爲宗祧，以別親疏遠邇。教民反古復始，不忘其所由生也。衆之服自此，故聽且速也。《正義》曰：「古謂先祖，追而祭之，是反古也。始謂初始，父母始生己，今追祭祀，是復始也。」二端既立，報以二禮。建設朝事，燔燎羶薌，覸以蕭光，以報氣也。此教衆反始也。薦黍稷，羞肝肺首心，覸以俠甒，加以鬱鬯，以報魄也。教民相愛，上下用情，禮之至也。二端既立，謂氣也、魄也，更有尊名云鬼神也。二礼，謂朝事與薦黍稷也。朝事，謂薦血腥時也。薦黍稷，所謂饋食也。羶，當爲馨。燔燎馨香，覸以蕭光，取牲祭脂也。光，猶氣也。有虞氏祭首，夏后氏祭心，殷祭肝，周祭肺。覸以俠甒，謂雜以兩甒醴酒也。相愛用情，謂此以人道祭之也。報氣以氣，報魄以實，各首其類。《正義》曰：「『報以二禮』者，謂報此氣、魄以二種祭禮：報氣謂朝踐之節也，報魄謂饋熟之節也。『建設朝事，燔燎羶薌，覸以蕭光，以報氣也』者，此明朝踐報氣之義也。朝事，謂早朝祭事。燔燎，謂取膟膋燎於鑪炭。羶，謂馨香。覸以蕭光，覸，雜也。光，謂氣也。謂燔膟膋兼爇蕭蒿，是雜以蕭氣。此等三祭，是以報氣也。薦黍稷者，謂饋熟時薦此黍稷。『羞肝

【四六】設爲宗祧　「祧」原作「桃」，據四庫本改。

肺首心』者，羞，進也，謂薦黍稷時，進肝與肺、首與心。殷祭以肝，周祭以肺，有虞氏以首，夏后氏以心，皆謂薦黍稷之時，兼此物祭也。『覸以俠甒』者，俠甒謂祭黍稷之時，雜以兩甒醴酒。『加以鬱鬯』者，言非但薦熟是報魄，言祭初所加鬱鬯，亦是報魄也。以魄在地下，鬱鬯灌地，雖是祭初，亦是報魄，不當薦熟之時，故云加也。『以報魄也』者，薦黍以下，皆是報祭形魄之氣。『教民相愛，上下用情』者，言此饋熟之時，皆以飲食實味，偏於燕飲，是教民相愛。上以恩賜逮下，下受上恩賜，故上下用情。『禮之至也』，至，謂至極也，謂報氣報魄，二禮備足，礼之至極也。」首，本也。報氣以氣者，以氣是虛，還以馨香，虛氣報之。報魄以實者，以魄是實，還以黍稷實物報之，各本其事類也。

「君子反古復始，不忘其所由生也。是以致其敬，發其情，竭力從事，以報其親，不敢弗盡也。」從事，謂脩薦可以祭者也。按：《郊特牲》曰：「周人尚臭，灌用鬯臭。」鬱合鬯臭，陰達於淵泉。灌以圭璋，用玉氣也。既灌然後迎牲，致陰氣也。蕭合黍稷，臭陽達於牆屋。故既奠，然後焫蕭合羶薌。凡祭，慎諸此魂氣歸於天，形魄歸於地，故祭求諸陰陽之義也。殷人先求諸陽，周人先求諸陰。」又曰：「祭黍稷加財，祭齊加明水，報陰也。取膟膋燔燎升首，報陽也。」《正義》曰：「灌用鬯臭者，臭，謂鬯氣也。未殺牲，先酌鬯酒灌地以求神，是尚臭也。鬱合鬯者，鬱，鬱金草也。鬯，謂鬯酒，煮鬱金草和之，其氣芬芳調鬯也。臭陰達於淵泉者，用鬱鬯灌地，是用臭氣求陰達於淵泉也。灌以圭璋，用玉氣也者，以圭璋爲瓚之柄也，瓚所以斢鬯也。既灌然後迎牲者，先求神後迎牲也。致陰氣也者，解所以先灌，是求諸陰也。先致氣於陰，故云致陰氣也。蕭合黍稷者，周人後求陽也，取蕭草及牲脂膋合黍稷燔之也，此謂饋食時也。臭陽達於牆屋者，謂以蕭合黍稷之臭氣求陽，達於牆屋也。故既奠，然後焫蕭合羶薌者，明上焫蕭之時節也。既奠，謂薦熟時也。於薦熟時，祝先酌酒，奠於鉶羹之南，訖，尸未入。於是又取香蒿，染以腸間脂，合黍稷燒之於宮中，此又求諸陽之義也。」又《禮運》曰：「以嘉魂魄，是謂合莫。」鄭氏曰：「莫，虛無也。」亦合鬼與神之義，故附此。

問《祭義》云云。朱子曰：「神氣屬陽，故謂之人。精魄屬陰，故謂之鬼。然方其生也，陰之理已附其中矣。」又曰：「昭明、焄蒿、悽愴，此百物之精也，神之著也。如鬼神之露光處是昭明，其氣烝上處是焄蒿，使人精神竦動處是悽愴。如武帝致李夫人，其風肅然是也。」問：「草木土石，有魄而無魂否？」曰：「精氣爲物，若以精氣言，則是有精氣方有魂魄。草木土石不可以魂魄論，但出底氣便是魂，精便是魄。譬如燒香，煙便是魂，漿便是魄。魂者，魄之光燄。魄者，魂之根蒂【四七】。」又問：「體魄有分別，如耳目是體，聰明是魄。」曰：「然。魂者氣之神，魄者體之神。《淮南子》註謂：『魂，陽神也。魄，陰神也。』此説好。」又問：「人生始化，曰魄如何是始化？」曰：「是胎中初略成形時。」又曰：「夫子答宰我鬼神説處甚好：人死時，魂氣歸於天，魄氣歸於地。所以古人祭祀，燎以求諸陽，灌以求諸陰。」問「其氣發揚於上」云云【四八】。曰：「人氣本上騰，這下面盡，則只管騰上去。如火之煙，薪盡，則煙騰。」問「終久必消了」。曰：「然。」又曰：「鬼神不過陰陽消長而已。亭毒化育，風雨晦明，皆是。在人則精是魄，氣是魂。精氣聚而爲物，何物而無鬼神【四九】？」又曰：「先儒言口鼻之噓吸爲魂，耳目之聰明爲魄，也只説得大槩。更有個母子，這便是坎離水火。煖氣便是魂，冷氣便是魄。魂便是氣之神，魄便是精之神。會思量計度底是魂，會記當底是魄。」又曰：「見於目而明、耳而聰者，是魄之用。老氏曰『載營魄』，營是晶熒之義，魄是一個晶光堅凝之物。釋氏云地水火風，其説曰：『人之死也，風火先散，則不能爲祟。』蓋魂先散而魄尚存，只是消磨未盡，少間自塌了。若地水先散，而風火尚遲，則能爲祟，蓋魂氣猶存爾。」又曰：「無魂，則魄不能以自存。今人多思慮役役，魂都與魄相離了。老氏便只要守得相合，所謂『致虚極，守静篤』，全然守住這處，不得動。」又曰：「魂散，則魄便自沉。今人説虎死則眼光落地，便是如此。」又曰：「萇弘死三年而化爲碧，此所謂魄也。如虎威之類。弘以忠死，故其氣凝結如此。」

又曰：「高氏註《淮南子》，曰：『魂是陽之神，魄是陰之神。』所謂神者，以其主乎形氣也。人所以生，精氣聚也。人只稟得許多氣，須有盡時，醫家所謂不升降是也。人病將死，熱氣上出，所謂魂升。下體漸冷，所謂魄降也。」問：「聖人凡言鬼神，皆只是以理之屈伸者言。鬼者，屈也；神者，伸也。屈者往也，伸者來也。屈伸往來之謂也。至言鬼神禍福吉凶等事，亦只是以理言。蓋人與鬼神天地同此理，無有不善。人能順理則吉，逆理則凶，其於禍福亦然。此豈

【四七】
魂之根蒂　「蒂」原作「帶」，據四庫本改。

【四八】
發揚於上　「於」原作「子」，據四庫本、乾隆本改。

【四九】
何物而無鬼神　「何物」原脱，據《朱子語類》卷三補。

謂天地鬼神一一下降於人哉？如《書》稱天道福善禍淫，《易》言鬼神害盈福謙，亦只是這意思。蓋盈者，逆理者也，自當時得害。謙者，順理者也，自應獲福。自是道理合如此，安有所謂鬼神降之哉？」「然嘗讀《祭義》，有曰『氣曰精，曰昭明，又似有物』，何也？」曰：「如子所論，是無鬼神也。鬼神固是以理言，然亦不可謂無氣，所以先王祭祀或以燔燎，或以鬱鬯，以其有氣，故以氣求。至如禍福吉凶之事，則子言是也。」問「氣魄」。曰：「魄屬鬼，氣屬神，析木煙出，是氣；漸潤底，是魄。人之語言動作是氣，屬神；精血是魄，屬鬼。發用底皆屬神，是氣；定底皆屬陰，是魄。知識底是神；記事底是魄。人初生時，氣多魄少，後來魄漸盛。既老，魄又少，所以耳聾目昏，精力不强，記事不定。」

山林、川谷、丘陵能出雲，爲風雨，見怪物，皆曰神。有天下者祭百神。諸侯在其地則祭之，亡其地則不祭。《正義》曰：「風雨雲露並益於人，故皆曰神而得祭也。」大凡生於天地之間者皆曰命，其萬物死皆曰折，人死曰鬼，此五代之所不變也。鄭氏曰：「折，棄敗之言也。鬼之言歸也。五代謂黄帝、堯、舜、禹、湯、周。」問：「如名山大川，能興雲致雨，何也？」程子曰：「是氣蒸成耳。」又問：「既有氣，莫須有神否？」曰：「只氣便是神也。今人不知此理，才有水旱，便去廟中祈禱。不知雨露從何而出，却於廟中求邪？名山大川能興雲致雨，却不説着，却於土木人身上求之，可乎？」

甲集三十七

程子曰：「以功用謂之鬼神，以妙用謂之神。」又曰：「鬼神，造化之迹也。」問云云。朱子曰：「風雨霜露，四時代謝。」又問：「此是迹，可得而見。又曰視之而不見，聽之而不聞，何也？」曰：「説道無，又有。説道有，又無。物之生成，非鬼神而何？然又去那裏見得。至於洋洋乎如在其上，是又有也。」又曰：「天地之間，只是此一氣耳。來者爲神，往者爲鬼。譬如一身，生者爲神，死者爲鬼。」問功用妙用。曰：「鬼神者，有屈伸往來之迹。如寒來暑往，日往月來，春生夏長，秋收冬藏，皆鬼神之功用，此其可見者也。忽然而來，忽然而往，方如此又如彼，使人不可測知，此鬼神之妙用也。」又曰：「其發見而見於功用者，謂之鬼神。至於不測者，便謂之神。所謂神也者，妙万物而爲言妙處，便是神。」又曰：「功用是有迹底，妙用是無迹底。妙用是其所以然者。」又曰：「功用兼精粗而言，是説造化。妙用以其精者言，其妙不可測。天地間如消底是鬼，息底是神。生底爲神，死底爲鬼。以四時言之，春夏便爲神，秋冬便爲鬼。又如晝便是神，夜便是鬼。以氣息言之，呼是神，吸是鬼。」又曰：「雨風露雷，日月晝夜，此鬼神之迹也。此是公平正直。鬼神若所謂歗于梁，觸于胸，此則不正邪暗。或有或無，或去或來，或聚或散者。」又曰：「古之戰場往往有鬼，彼皆强死，固宜未散。」問：「此亦造化之迹乎？」曰：「若論正理，則如樹上忽生出花葉，空中忽然有雷電風雨，此便是造化之迹。但人所常見，故不之怪。忽聞鬼嘯，見鬼火，則便以爲怪。不知此亦造化之迹，但不是正理，故以爲怪異耳。如《家語》云夔虚罔象之屬，皆是氣之乖戾雜揉所生，亦非理之所無也。但既非理之常，故謂之怪，孔子所以不語也。」

鬼者，往而不反之義。

釋氏、道家之論鬼神，可笑之尤者也。道家尤甚，以至説人身上耳目口鼻皆有神。世間有鬼神憑依言語者，蓋屢見之。未可全不信，此亦有理，「莫見乎隱，莫顯乎微」而已。

今之輕信鬼怪異説者【一】，止是不先燭理，若於事上求之【二】，安有盡期，亦用力於學而已矣。

土地之神，社稷而已。范文甫將赴河清尉，問：「到官三日，例須謁廟，如何？」曰：「正者謁之，如社稷先聖是也。其它古先賢哲，亦當謁之。」又問：「城隍如何？」曰：「城隍不與，云云。」又問：「恐駭衆尔。」曰：「昔狄仁傑毀江、浙間淫祠千七百處，所存惟吴太伯、伍子胥耳。今人做不得，以謂時不同，是誠不然，只是無狄仁傑耳。當時子胥廟存之，亦無謂。」

除神祠，然後人爲善。

邵子曰：「鬼神無形而有用，其情狀可得而知也，於用則可見之矣。若人之耳目鼻口手足，草木之枝葉華實顔色，皆鬼神之所爲也。福善禍淫，主之者誰耶？聰明正直，有之者誰耶？不疾而速，不行而至，任之者誰耶？皆鬼神之情狀也。」張氏曰：「《管子》云：『流行於天地之間者，謂之鬼神。』鬼神者，太極之英氣，正理行乎兩間，爲天地之用者也。氣，其狀也。理，其情也。」

氣形盛則魂魄盛，氣形衰則魂魄亦從而衰矣。又曰：「魂隨氣而變，魄隨形而止，故形在則魄存，形化則魄散。

【一】輕信鬼怪異説　「輕」原作「雜」，據四庫本改。

【二】若於事上求之　「若」原作「者」，據四庫本改。

張子曰：「鬼神，二氣之良能也。」朱子曰：「伊川謂鬼神者，造化之迹，却不如横渠所謂二氣之良能。蓋程子之説固好，但只渾淪在這裏。張子之説分明，便見有個陰陽在。」問「良能」之義。曰：「只是二氣之自然者耳。」問：「何謂良能？」曰：「屈伸往來，是二氣自然能如此。」問：「伸是神，屈是鬼否？」曰：「氣之方來皆屬陽，是神。氣之反皆屬陰，是鬼。」又曰：「自日午以前是神，午以後是鬼。自初一以後是神，十六以後是鬼。」問：「日月對言之，日是神，月是鬼否？」曰：「亦是。草木方發生來是神，凋落是鬼。人自少至壯是神，衰老是鬼。鼻息呼是神，吸是鬼。」問：「程説所謂『天尊地卑，乾坤定矣。鼓之以雷霆，潤之以風雨』，曰：『天地造化皆是鬼神，古人所以祭風伯、雨師。』曰：『風雷鼓動是神，收斂處是鬼否？』」曰：「是。」按：上蔡謝氏曰：「横渠説得來别，這個便是天地間妙用，須是將來做題目入思議始得，講説不濟事。」良能與妙用之義，常合而思之，故附於此。

物之初生，氣日至而滋息。物生既盈，氣日反而游散。至之謂神，以其伸也。反之謂鬼，以其歸也。問：「滋息是生息之息，是止息之息。」朱子曰：「止是生息。」又曰：「人自方生，而天地之氣只管增添在身上，漸長漸大，至極盛了，又漸衰耗以至於散。」天道不窮，寒暑已；衆動不窮，屈伸已。鬼神之實，不越乎兩端而已矣。

鬼神，往來、屈伸之義，故天曰神，地曰亓，人曰鬼。神亓者歸之始，歸往者來之終。朱子曰：「鬼神屈伸也。如風雨雷電初發時，神也；及至風止雨過雷住電息，則鬼也。」問云云。曰：「《説文》亓字以有所示爲義，故視字從亓。天之氣生而不息，故曰神。地顯然示人，故曰亓。」又曰：「天曰神、地曰亓者，蓋其氣未嘗或息也。人鬼則其氣有所歸矣。」或問鬼神。曰：「鬼神只是氣，屈伸往來者，氣也。天地間無非氣，人之氣與天地之氣常相接，無間斷，人自不見。人心才動，便達於氣，便與這屈伸往來者相感通。」問：「來而伸者爲神，往而屈者爲鬼。凡陰陽魂魄，人之噓吸皆然【三】，不獨死者爲鬼，生者爲神，故横渠云：神示者歸之始，歸往者來之終。」曰：「然。」問：

【三】人之噓吸　「人」字原脱，據《朱子語類》卷三補。

「既屈之中，又自有屈伸。」曰：「祭祀致得鬼神來格，便是就既屈之氣又能伸也。」問：「魂氣則能既屈而伸，若魄既死，既不能復伸矣。」曰：「也能伸。蓋來則俱來，如祭祀報氣報魄，求之四方上下，便是皆有感格之理。」

凡可狀，皆有也。凡有，皆象也。凡象，皆氣也。氣之性本虚而神，則神與性乃氣所固有，此鬼神所以體物而不可遺也。

藍田吕氏曰：「鬼神者，二氣之往來耳。物感雖微，無不通於二氣。故人有是心，雖自謂隱微，心未嘗不動，動則固已感於氣矣，鬼神安有不見乎！」

范氏曰：「有其誠則有其神，無其誠則無其神。」

上蔡謝氏曰：「動而不已，其神乎！滯而有迹，其鬼乎！往來不息者，神也；摧仆歸根者，鬼也。致生之，故其鬼神；致死之，故其鬼不神。何也？人以爲神則神，以爲不神則不神矣。知死而致生之，不智；知死而致死之，不仁。聖人所爲神明之也。」又或問死生之死。謝氏曰：「人死時氣盡也。」曰：「有鬼神否？」曰：「余當時亦曾問明道先生，明道曰：『待向汝道無來，汝怎生信得？及待向汝道有來，汝但去尋討看。』此便是答底語。」朱子曰：「鬼神上蔡説得好，如曰可者使人格之，不使人致死之。可者是合當祭，如祖宗父母，這須着盡誠感格之，不要人便做死人看待它。不可者使人遠之，不使人致生之。不可者是不當祭，如閑神野鬼，便要人遠之，不要人做生人看待它。我不管它，便無了。」

鬼神，天地間之妙用。祖考精神，即我之精神。問：「先王祭享鬼神則甚？」曰：「是他意思別，三日齋，五日戒，求諸陰陽四方上下，蓋是要集自家精神，所以格有廟必於涣與萃言之。雖然如是，以爲有亦不可，以爲無亦不可。這裏有妙理，於若有若無之間，斷制得去始得。」曰：「如此卻是鶻突也。」曰：「不是鶻突，自家要有便有，自家要無便無始得。鬼神在虚空中辟塞間，觸目皆是，爲它是天地間妙用云云。」　朱子曰：「古人到祭祀處，便招呼得來。」問：「祖先已死，以何而來？」曰：「只是以我之氣承接其氣，便是有來底道理。」　問：「人之禱天地山川，是以我之有感彼之有。子孫之祭先祖，是以我之有感彼之無。」先生曰：「神祇之氣常屈伸而不已，人鬼之氣則消散而無餘矣。其消散亦有久速之異。祭祀之感格，或求之陰，或求之陽，各從其類。求則俱來，然非有一物積于空虚之中，以待子孫之求也。但主祭祀者，既是它一氣之流轉，則盡其誠敬感格之時，此氣固寓此也。」又問：「祖考精神，便是自家精神，故齋戒祭祀，則可以來格。若旁親外親之屬，則其精神非彼之精神矣。豈於此但以感之，而不以氣乎？」先生曰：「但所祭者，其精神魂魄無不感通。蓋本從一源中流出，初無間隔，雖天地山川鬼神亦然也。」　人死，雖是魂魄各散，哭之，魄又較定。須是招魂來復這魄，要它相合。聖人教人子孫常常祭祀，是要聚得它。

問上蔡云云。先生曰：「有其誠則有其神，無其誠則無其神，便是合有底。我若誠則有之，不誠則無，便是合有底當有，合無底當無。上蔡而今都説得麄了，這合當道。合有底，從而有之則有，即合無底自是無了，便從而無之。今却只説道有便有，道無便無，則不可。」問：「性即是理，不可以聚散言。聚而生，散而死者，氣而已。所謂精神魂魄，有知有覺者，氣也。故聚則有，散則無。若理則亘古今常存，不復有聚散消長也。」曰：「只是這個天地陰陽之氣，人與物皆得之。氣聚則爲人，散則爲鬼。然其氣雖已散，這个陰陽天地之理生生而不窮。祖考之精神魂魄雖已散，子孫之精神魂魄自相屬。故祭祀之禮盡其誠敬，便可以致得祖考之魂魄。這個自是難説。看既散後，一似都無了。能盡其誠敬，便有感格，亦緣是理常只在這裏也。」又曰：「人之氣傳於子孫，猶木之氣傳於實也。此實之傳不泯，則其生木雖枯毁無餘，而氣之在此固自若也。」問：「人之死也，不知魂魄便散否？」曰：「固是散。」又問：「子孫之祭祀，却有感格者，如何？」曰：「畢竟子孫是祖先之氣，他氣雖散，他根却在這裏。盡其誠敬，則亦能感召得他氣聚在此。如水波樣，後水非前水，後波非前波，然却通只是一水波。子孫之氣與祖考之氣亦是如此，那个當下自散了，然他根却在這裏。根既在此，又却能引聚得他那氣在此。此事難説，只要人自看得。」問先生《答廖子晦書》。曰：「氣之既化者，既散而無有矣。而根於理而日生者，則固浩然而無窮也。故上蔡謂我之精神，即祖考之精神，蓋謂此也。」問：「根於理而日生者，浩然而無窮，此是説天地氣化之氣否？」曰：「此氣只一般。《周禮》所謂天神、地示、人鬼，雖有三樣，其實只一般。若説有子孫底引得它氣來，不成無子孫底他氣便絶。他血氣雖不流傳，它那今亦自浩然日生無窮。如禮書，諸侯因國之祭，祭其國之無主後者，如齊太公封於齊，便用祭其爽鳩氏、季前、逢伯陵、蒲姑氏之屬。蓋他先主此國來，禮合祭它。然聖人制禮，繼其國者，則合祭之。非在其國者，便不當祭。便是理合如此，道理合如此，便有此氣。如晉侯夢康叔云：『相奪予享』。蓋晉後都帝丘，夏后相亦都帝丘，則都其國自合當祭。不祭者，宜其如此。又如晉侯夢黄熊入寢門，以爲鯀之神，亦是此類。不成説有子孫底方有感格之理，便使其無子孫其氣亦未嘗亡也。如今祭勾芒，他更是遠。然既合當祭他，便有氣脉在。要之，通天地人，只是這一氣，所以説洋洋乎如在其上，如在其左右。虚空偪塞，無非此理，自要人看得活，難以言曉也。」問：「鬼神中有謂祖宗是天地間一個統氣，因子孫祭享而聚散。」曰：「他這説便是上蔡所謂道要有時便有若無時便無，是皆由乎人矣。鬼神是個有底物事。祖宗亦只是同此一氣，但有個總腦處。子孫這身在，祖宗之氣便在此，他是有個血脉貫通。所以神不歆非類，民不祀非族，只爲這氣不相關。如天子祭天地，諸侯祭山川，大夫祭五祀，雖不是我祖宗，然天子者天地之主，諸侯者山川之主，大夫者五祀之主。我主得它，它氣便總統在我身上，便是個相關處。」問：「祭古聖賢如何？」曰：「聖賢道在萬世，功在萬世。今行聖賢之道，傳聖賢之心，便是負荷這物事，此氣便與相通。如釋奠列許多籩豆【四】，設許多禮儀，不是無此姑謾爲之耳。」按：以上数條，因祖考推而及於天地山川聖賢之祀，故附焉。

問魂魄陰陽之義。朱子曰：「魂如火，魄如水。」又問：「鬼神便是精神魂魄之義。」曰：「然。且就這一身看，自會笑語【五】，有許多聰明知識，這是如何得恁地。虚空之中，忽然有風雨，有雷電，這是如何得恁地？這都是陰陽相感，都是鬼神。看得到此，見這一身只有一個軀殼在這裏，内外無非天地陰陽之氣。所以横渠云『天地之

【四】釋奠列許多　「奠」原作「莫」，據四庫本、《朱子語類》卷三改。

【五】自會笑語　「語」原作「許」，據四庫本、《朱子語類》卷三改。

塞吾其體，天地之帥吾其性』，只是一個道理。」

古人之心正，故其神亦正。後世人心不正，故所感無由而正。問：「今愚民於村落創立一神祠，合聚以祈禱之，其神便靈，何也？」曰：「衆心之所輻湊，便有生氣，所以祭神必用血肉者，蓋欲藉它之生氣耳。如古人釁廟釁龜之意，皆然。」輔廣曰：「人心聚處便有神，故古人郊則天神格，廟則人鬼享，亦是此理。」曰：「固是。但云云。」因言古人祭山川，只是設壇壝以行礼，祭時便有，祭了便無，故不褻瀆。後世却先立一个廟貌在此，所以反致惑亂人心，倖求非望，無所不至。因言今日淫祠之非礼，與釋氏所以能服鬼神之類。曰：「人心苟正，表裏洞達無纖毫私意，可以對越上帝，則鬼神焉得不服。故曰：思慮未起，鬼神莫知。」又曰：「一心定而鬼神服。」問：「道理有正則有邪，有非則有是。鬼神之事亦然。世間有不正之鬼神，謂其無此理則不可。」曰：「老子謂以道莅天下者，其鬼不神。若王道脩明，則此等不正之氣銷矣。」

有此物，則有此鬼神，蓋莫非陰陽之所爲也。問：「鬼者，陰之靈。神者，陽之靈。司命、中霤、竈與門、行，人之所用者。有動有静，有行有止，故亦有陰陽鬼神之理，古人所以祀之。然否？」曰：「云云。五祀之神，若細分之，則户、竈屬陽，門、行屬陰，中霤兼統陰陽。就一事之中，又自有陰陽也。」

南軒張氏曰：「鬼神之説，合而言之，來而不測謂之神，往而不返謂之鬼。分而言之，天地山川風雷之屬，凡氣之可接者皆曰神，祖考祀饗於廟曰鬼。就人物而言之，聚而生爲神，散而死爲鬼。又就一身上言之，魂氣爲神，體魄爲鬼。凡六經所稱，蓋不越是數端，然一言以蔽之，莫非造化之迹，而語其德，則誠而已。昔者季路蓋嘗問事鬼神之説矣，夫子之所以告之者，將使之致知力行，而自得之，故示其理而不詳語也。至於後世，異説熾行，譸張爲幻，卒莫致詰【六】。流俗眩於怪誕，怵於恐畏，胥靡而從之。聖學不明，雖襲儒衣冠，號爲英才敏識，亦往往習熟崇尚而不以爲異。至於其説之窮，則曰焉知天地間無有是事，委諸茫昧而已耳。信夫事之妄【七】，而不察夫理之真，於是鬼神之説，淪於空虚，而所爲交於幽明者，皆失其理。禮壞而樂廢，人心不正，浮僞日滋，其間所謂因其説而爲善者，亦莫匪私利之流，亂德害教，孰此爲甚！故本朝河南二程子、横渠張子與學者反復講論而不置。夫豈好辯哉？蓋有所不得已也。若夫程子發明感通之妙，張子推極聚散之藴，所以示來世深矣。學者誠能致知以窮其理，則不爲祟説所咻，克己以去其私，則不爲血氣所動，於其有無是非之故，毫分縷析，了然於中，各有攸當而不亂，然後昔人事鬼神之精意，可得而求，德可立而經可正也。不然，辯之不明，守之不固，眩於外而怵於内，一理之蔽，則爲一事之礙；一念之差，則爲一物之誘。聞見雖多，亦鮮不爲異説所溺矣。」

右論鬼神 魂魄附。

【六】卒莫致詰　「卒」原作「草」，據四庫本改。

【七】信夫事之妄　「夫」原作「失」，據四庫本改。

乙集下綱目 人臣輔治之法

愚聞之孟子曰：「人不足與適也，政不足與間也，惟大人爲能格君心之非。君仁莫不仁，君義莫不義，君正莫不正。一正君而國定矣。」自有載籍以來，其論大臣輔君之道，未有若是之深切著明者也。求之於古，惟禹、臯、益、伊、傅、周、召爲能盡之。春秋以後，雖號爲名卿賢大夫，往往知求治而不知正君，知規過而不知養德，如伊川程氏所譏。至若伯圖之佐，衰世之臣，則又汲汲於事功之末，而謂治亂存亡不本於人主之身，雖規過，亦所不暇矣。嗚呼！此大學不明之罪也。今自唐、虞而下，至于周宣中興之佐，其謀謨事業，見于《書》若《詩》者，備著于篇，以爲世之楷則，經文淵奥，則頗采舊説以發其意。若春秋、戰國訖于五閏，其間號爲名卿賢相者，亦叙次其事，以便覽觀。大抵其目有四：一曰正己，二曰格君，三曰謀國，四曰用人。以此爲的，而考論古今相業，其是非優劣若燭照龜卜，有不能遁者矣。西漢以後，其歲月事迹本《通鑑》而參以正史，斷以先儒之説，而間傅以臆見。其聖賢所論人臣事君之道，則揭之篇首，命之曰「綱領」云。

綱領

子曰：「所謂大臣者，以道事君，不可則止。」

子路問事君，子曰：「勿欺也而犯之。」

子曰：「君子之事君也，進思盡忠，退思補過，將順其美，匡救其惡，故上下能相親。」

子曰：「鄙夫可與事君也與哉？其未得之也，患得之，既得之，患失之。苟患失之，無所不至矣。」

曾子曰：「可以託六尺之孤，可以寄百里之命，臨大節而不可奪也。君子人與？君子人也。」

孟子曰：「責難於君謂之恭，陳善閉邪謂之敬，吾君不能謂之賊。」

君子之事君也，務引其君以當道，志於仁而已。

惟大人爲能格君心之非。全章見章首。

荀子曰：「孟子三見齊王不言事，曰：『我先攻其邪心。』」

晏子曰：「君所謂可，而有否焉，臣獻其否，以成其可。君所謂否，而有可焉，臣獻其可，以去其否。是以政平而不干，民無争心。」

文中子：「房玄齡問事君之道，子曰：『先遺其身。』又問正主庇民之道，曰：『先遺其身，夫能遺其身，然後能無私，無私然後能至公，至公然後能以天下爲心矣。』」

程子曰：「爲臣之道，當含晦其章美，有善則歸之於君，乃可常而得正，上無忌惡之心，下得恭順之道。」《易·坤》六三《傳》。

「世儒有論魯祀周公以天子禮樂，以爲周公能爲人臣不能爲之功，則可用人臣不得用之禮樂，是不知人臣之道也。夫居周公之位，則爲周公之事，由其位而爲者，皆所當爲也，周公乃盡其職爾。」《師》九二《傳》。

「臣之於君，竭其忠誠，致其才力，乃顯其比君之道也【一】。用之與否在君而已，不可阿諛逢迎，求其比也。」《比》九五《傳》。

「當君道方否之時，處逼近之地，所惡在居功取忌而已。若能使動必出於君命，威柄一歸於上，則無咎而其志行，可以濟時之否矣。」《否》九四《傳》。

「爲臣之道，當使恩威一出於上，衆心皆隨於君。若人心從己，危疑之道也。居此地者，惟孚誠積於中，動爲合於道，以明哲處之，則又何咎？」《隨》九四《傳》。

「大臣之任，上畜止人君之邪心，下畜止天下之惡人。人之惡，止於初則易，既盛而後禁，則扞格而難勝。故上之惡既甚，則雖聖人救之，不能免違拂。下之惡既甚，則雖聖人治之，不能免刑戮。莫若止之於初，如童牛之加牿，則元吉也。」《大畜》六四《傳》。

【一】乃顯其比君之道　「其比」原作「比其」，據《伊川易傳》卷一乙正。

「以人臣而當重任，必常懷危厲，則吉。如伊尹、周公，何嘗不憂勤謹畏，故得終吉。」《頤》上九《傳》。

「以剛强之臣，事柔弱之君，當內存至誠，不假文飾於外，故曰『利用禴』，謂尚誠敬也。上下之交不以誠，其能久乎？」《萃》六二《傳》。

「君子之事上也，不得其心，則至誠以感發其志意而已。苟誠意能動，則雖昏蒙可開也【二】，雖柔弱可輔也【三】，雖不正可正也。古人之事庸君常主而克行其道，己之誠意上達，而君見信之篤耳。管仲之相桓公【四】，孔明之輔後主是也。」《豐》六二《傳》。

「大臣當險難之時，唯至誠見信於君，其交固而不可解，又能開明君心，則可保無咎矣。夫欲上之篤信，唯當盡其質實而已。多儀而尚飾，莫如燕享之禮，故以燕享喻之，言當不尚浮飾，唯以質實。所用一樽之酒，二簋之食，復以瓦缶爲器，質之至也。其質實如此，又須納約自牖。納約，謂進結於君之道。牖，開通之義。室之暗也，故設牖所以通明。自牖，言自通明之處，以况君心所明處。人臣以忠信善道結於君心，必自其所明處乃能入也。人心有所蔽，有所通；所蔽者，暗處也，所通者，明處也。當就其明處而告之，求信則易也。且如君心蔽於荒樂，惟其蔽也，故爾。雖力詆其荒樂之非，如不省何？必於所不蔽之事，推而及之，則能悟其心矣。自古能諫其君者，未有不因其所明者也。故訐直强勁者率多取忤，而溫厚明辯者其說多行。如漢高祖愛戚姬，將易太子，是其所蔽也。羣臣

【二】則雖昏蒙　「雖」原無，據《伊川易傳》卷四補。

【三】雖柔弱　「雖」原無，據《伊川易傳》卷四補。

【四】桓公　原作「桓公」，據《伊川易傳》卷四改。

争之者衆矣。嫡庶之義，長幼之序，非不明也，如其蔽而不察何？四老人者，高祖素知其賢而重之，此其不蔽之明心也，故因其所明而及其事，則悟之如反手。且四老人之力【五】，孰與周昌、叔孫通，然不從此而從彼者，由攻其所蔽與就其所明之異爾。左師觸龍之事亦然。」《坎》六四《傳》。

「當睽之時，君心未合，賢臣在下，竭力盡誠，期使之信合而已。至誠以感動之，盡力以扶持之，明義理以致其知，杜蔽惑以誠其意，如是宛轉以求其合也。遇非枉道迎逢也，巷非邪僻曲徑也，故曰未失道也。」《睽》九二《傳》。

人臣之義，當以王陵爲正。

【五】且四老人之力　《伊川易傳》卷二此句下原有「孰與張良群公卿及天下之士，其言之切」。

乙集下之一

《大禹謨》曰：后克艱厥后，臣克艱厥臣，政乃乂，黎民敏德。此禹陳謨於帝之辭。 孔子曰：「爲君難，爲臣不易。」亦本此意。 帝曰：「俞！允若兹，嘉言罔攸伏，野無遺賢，萬邦咸寧；稽于衆，舍己從人，不虐無告，不廢困窮，惟帝時克。」朱氏曰：「舜因禹之言，因謂此惟堯能之，非常人所及。蓋爲謙辭以對，而不敢自謂其必能。舜之克艱，於此亦可見矣。」 程子曰：「舍己從人，最爲難事。雖痛舍之，猶懼守己者重而從人者輕也。」 愚謂知爲君之難者易，真知其難而能盡其道者難，故曰「允若兹，惟帝時克」。世之人主謂言已盡用，而不必求言，不知伏于下者之難達也；賢已盡得，而不必求賢，不知遺於野者之難進也。惟帝堯於此，一以難視之，故能使言不伏于下，而賢不遺於野，而致萬邦之安。雖然，堯猶慮其難也，方且稽衆以求事理之當，舍己以從人情之公，無告易虐而不虐，困窮易廢而不廢，皆自克艱一念而爲之。孔子論「博施濟衆，修己以安百姓」，皆曰「堯、舜其猶病諸」，可謂知堯、舜之心矣。 益曰：「都！帝德廣運，乃聖乃神，乃武乃文。皇天眷命，奄有四海，爲天下君。」孔氏曰：「益因舜言，又美堯也。堯有此德，故受天命，所以勉舜。」 朱氏曰：「廣者，大而無外。運者，行之不息。大而能運，則變化不測。」 吕氏曰：「廣運者，乾健不息之意。止則不運矣。惟其廣運，乃能克艱。」 愚按：廣運則與天同德，故能受天之命。益之勉舜，全在廣運二字。 禹曰：「惠迪吉，從逆凶，惟影響。」張氏曰：「禹因益美堯，遂言及此。蓋亦因之以戒舜。」 朱氏曰：「禹言此以終上文之意，以見不可不艱者以此。」益曰：「吁，戒哉！儆戒無虞，罔失法度。罔遊于逸，罔淫于樂。任賢勿貳，去邪勿疑。疑謀勿成，百志惟熙。罔違道以干百姓之譽，罔咈百姓以從己之欲。無怠無荒，四夷來王。」孔氏曰：「先吁後戒，欲使聽者精其言。遊逸淫樂，敗德之原；失道求名，古人所賤。專欲難成，犯衆興禍，故戒之。」朱氏曰：「儆與警同，古文作敬，開元改今文。百志，猶《易》所謂百慮。」呂氏曰：「人有一心，安得百志？蓋志者心之所之。一心既正，凡有所之，皆廣且明也。」禹曰：「於，帝念哉！德惟善政，政在養民。水、火、金、木、土、穀，惟修。正德、利用、厚生，惟和。九功，惟叙。九叙，惟歌。戒之用休，董之用威，勸之以九歌，俾勿壞。」孔氏曰：「禹因益言，又獻謀於帝，云云。」吳氏曰：「人君之德無他，惟善政爲人君之德。人君之政無他，能養民即善政之本。」唐孔氏曰：「此言五行，與《洪範》之次不同者，《洪範》以生數爲次，此以相克爲次。」孫氏曰：「所謂修者，不疏不鑿，水不潤下；不鑽不灼，火不炎上；不鎔不冶，金不從革；不矯不揉，木不曲直；不耕不鬬，土不稼穡；不釋不烝，穀不可食。」蘇氏曰：「利用厚生而後民德正，先言正德者，德不正，雖有粟吾得而食諸？」朱氏曰：「水、火、金、木、土、穀惟修者以水克火，以火克金，以金克木，以木克土，而生五穀。或相制以洩其過，或相助以補其不足，而六者無不修矣。正德者，父慈子孝，兄友弟恭，夫義婦聽之類。利用者，工作什器，商通貨財之類。厚生者，衣帛食肉，不飢不寒之類。六者既修，則民生畧遂，而不可逸居無教，故爲之惇典敷教以正其德【一】，通功易事以利其用，制節謹度以厚其生，使皆當其理而無所乖，則無不和矣。《洪範》五行百穀本在木行之數，以其爲民食之急，故別而附之。九功，合六與三也。惟叙者，九者各順其理也。九叙惟歌者，則以九功之叙而詠之歌也。九者既已修和，民享其利，莫不歌詠以樂其生也。然始勤終怠者，人情之常，安養既久，怠心必生，則已成之功不能保其不廢，故其勤於是者，則戒喻而休美之，其怠於是者，則督責而懲戒之。然又以事之出於勉强者不能久，故復即其前日詠歌之言，協之律呂，播之聲音，用之鄉人，用之邦國以勸相之，使其歡欣鼓舞，趨事赴功不能自已，而前日之成功得以久而不壞。此《周禮》所謂九德之歌、九韶之舞是也。」

【一】惇典敷教　「惇」原作「悙」，據《書經大全》卷二改。

帝曰：「俞！地平天成，六府三事允治，萬世永賴，時乃功！」孔氏曰：「水土治曰平，五行序曰成。」王氏曰：「方水之未平，春作秋成有弗獲者，故地平然後天成。」朱氏曰：「六者財用之所出，故曰府。三者人事之所當爲，故曰事。舜因禹言養民之政，而推其功以美之也。」愚按：修和二字，可見天人相資之意。此下省「格汝禹」一章。帝曰：「皋陶！惟兹臣庶，罔或干于正。汝作士，明于五刑，以弼五教，期于予治，刑期于無刑，民協于中，時乃功。懋哉！」林氏曰：「聖人制爲刑辟，非期於多刑人、多殺人以爲威也，凡以輔吾教之不逮而已。出教則入刑，出刑則入教，使民趨於王教而刑爲無用，此聖人之本心也。皋陶能體此意而行之，使天下知有契之教，而不知有皋陶之刑，蓋百官有司之職以無曠爲能，惟士則異此。必使民不犯於有司，天下無一人之獄，其官若虚設者，然後爲能其官。」米氏曰：「期者，先事取必之謂。舜言惟此臣庶，罔或有干犯我之政者，以爾爲士師之官，能明五刑以輔五品之教，而期我以至於治，其始雖不免用刑，而實所以期至於無刑之地，故民亦皆協於中道，而無過不及之差，則刑果無所施矣。凡此皆汝之功也。」皋陶曰：「帝德罔愆，臨下以簡，御衆以寬。罰弗及嗣，賞延于世。宥過無大，刑故無小。罪疑惟輕，功疑惟重。與其殺不辜，寧失不經。好生之德，洽于民心，兹用不犯于有司。」葉氏曰：「上下以勢言，故曰臨。衆寡以人言，故曰御。」朱氏曰：「簡者，不煩之謂。上煩密則下無所容，御急促則衆擾亂，云云。皋陶以舜美其功，故言此以歸功於其上也。」帝曰：「俾予從欲以治，四方風動，惟乃之休。」此下省「帝曰來禹」一章。帝曰：「咨，禹！惟時有苗弗率，汝徂征。」禹乃會羣后，誓于師，曰：「濟濟有衆，咸聽朕命。蠢兹有苗，昏迷不恭，侮慢自賢，反道敗德。君子在野，小人在位。民棄不保，天降之咎。肆予以爾衆士，奉辭伐罪。爾尚一乃心力，其克有勳。」林氏曰：「堯老而舜攝者二十有八年。舜老而禹攝者十有七年。其居攝也，代揔萬機之政，而堯、舜之爲天子，蓋自若也。故國有大事，猶禀命焉。禹征有苗，蓋在居攝之後，而禀命於舜，不敢專也。以征苗推之，則知舜之誅四凶，亦必禀堯之命無疑。」三旬，苗民逆命。益贊于禹曰：「惟德動天，無遠弗届。滿招損，謙受益，時乃天道。帝初于歷山，往于田，日號泣于旻天，于父母；負罪引慝，祗載見瞽瞍，夔夔齋慄，瞽亦允若。至諴感神，矧茲有苗！」禹拜昌言，曰：「俞！」班師振旅。帝乃誕敷文德，舞干羽于兩階。七旬，有苗格。林氏曰：「益是時亦從禹出征，見苗民負固，特恃其强，不可以威服也，則以言佐禹，欲其專以德懷之也。」陳氏曰：「引瞽瞍以喻其苗，蓋謂瞽瞍之頑，猶能使之允若，豈有苗之不可格乎？」蔡氏曰：「益又推言至諴之道，以爲神明亦且感格，而况於苗民乎？」四明袁氏曰：「舜耕歷山之時，祗見厥父，惟知己之有罪，而不見父之爲頑，極其精誠，一念不雜，所以瞽瞍厎豫。及其征苗也，自省未嘗有過，而惟見苗民之作慝，與祗見瞽瞍之時，是心微有間矣，所以苗民逆命。至於班師之後，誕敷文德，無異乎往時負罪引慝之心，干羽之舞，和氣充塞，而遂格焉。滿損謙益，捷於影響，人心豈可以自滿哉！」

《皋陶謨》：孔氏曰：「皋陶爲帝舜謀。」禹曰：「俞，如何？」蘇氏曰：「其間有闕文。」皋陶曰：「都！慎厥身，修思永。惇叙九族，庶明勵翼，邇可遠，在茲。」兹氏曰：「古之欲明明德於天下者，始於修身。身既修矣，惇叙九族，謂親親也。庶明勵翼，謂尊賢也。《中庸》論爲天下國家有九經，自修身而至於體羣臣，其本立矣。自其本而推之，無所施而不可。堯、舜之治天下，禹、皋陶之陳謨，未嘗不本於此。」陳氏曰：「禹、皋同列之際，或俞，或吁，或如何，無非真情實意之所發。有合於心，則都之、俞之；不合，則吁之、問之。善之在人，猶在己也，故聞而拜，不以爲諂。善之在己猶在人也，故自言而先曰『都』，不以爲矜也。」禹拜昌言，曰：「俞！」

皋陶曰：「都！在知人，在安民。」禹曰：「吁！咸若時，惟帝其難之。知人則哲，能官人。安民則惠，黎民懷之。能哲而惠，何憂乎驩兜？何遷乎有苗？何畏乎巧言令色孔壬？」葉氏曰：「帝謂舜也。難者戒焉，而不敢易也。」蔡氏曰：「知人，智之事也。安民，仁之事也。哲者，智之明。惠者，仁之愛也。」王氏曰：「惟以爲難，故憂驩兜，遷有苗，畏巧言令色孔壬。」楊氏曰：「知人、安民，此皋陶一篇之體要也。九德而下，知人之事也。天叙有典而下，安民之事也。非知人而能安民者，未之有也。」愚按：孔壬二字，舊説以爲甚佞，而王荆公謂其包藏禍心，蓋以壬爲妊娠之妊。而胡氏非之，以爲荆公爲此訓，將以腹非罪人也。近世復有祖其説者，愚謂不若從舊爲長。

皋陶曰：「都！亦行有九德。亦言其人有德，乃言曰：載采采。」唐孔氏曰：「人雖難知，亦當考察其所有九種之德。人欲稱薦之者，不直言可用而已，亦當言其人有德。」蘇氏曰：「人之難知如此，然豈可畏其難，而不求其説乎？蓋亦以九德求之，論其人則曰：斯人也，有恭德。言其德則曰：是德也，有某事。載采采者，歷言其事也。」禹曰：「何？」蔡氏曰：「問九德之目也。」皋陶曰：「寬而栗，柔而立，愿而恭，亂而敬，擾而毅，直而温，簡而廉，剛而塞，彊而義，彰厥有常。吉哉！唐孔氏曰：「九德皆人之性。鄭玄云：『人之性有其上者不必有下，有其下者不必有上。上下相協，乃成其德。』二者雖是本性，亦可以長短自勵。寬弘者失於緩慢，故能矜莊嚴栗，乃成一德。九者皆然也。愿者，愨謹良善之名。謹愿者失於遲鈍，皃或不恭，故以恭爲德。有能治亂者，謂才能撥煩理劇者也。負才輕物【二】，人之常性，故以敬爲德。愿言恭、亂言敬者，恭在皃，敬在心也。擾是安循之義。和順者，失於不斷，故順而能果決，乃爲德也。簡者，寬大率畧之名。弘大者，失於不謹，細行不脩廉隅，故簡而廉，乃爲德也。剛而能斷，失於空踈，必剛而充實，乃爲德也。彊直自立，無所屈撓，或任情違理，失於事宜，

【二】負才輕物　「物」原作「作」，據《尚書要義》卷四改。

必動合道義，乃爲德也。剛是性，彊是志也。」林氏曰：「臯陶言此者，蓋謂苟能以此九德，觀人才之成不成，全不全，則知人之道，無復餘藴矣。」張氏曰：「自寬至强，皆天與之性。自栗至義，皆學問之力。」愚按：先儒以九德爲人之性，蓋指氣稟而言。若天命之性，則渾然全體，無所偏也。

「日宣三德，夙夜浚明有家；日嚴祗敬六德，亮采有邦。翕受敷施，九德咸事。俊乂在官，百僚師師，百工惟時，撫于五辰，庶績其凝。孔氏曰：「三德，謂九德之中有其三。浚，治也。」王氏曰：「日宣達三德之人，使不壅蔽之。日嚴祗敬六德之人，使亮衆事。」林氏曰：「既曰嚴，又曰祗，又曰敬，謂好賢樂善之心，有加而無已也。」張氏曰：「所治者小，則所賴者寡。所治者大，則所資者衆。有家比邦爲小，故三德而足。有邦比家爲大，故六德而足。」王氏曰：「翕受者合衆德而受之，敷施者敷衆德而施之。」孔氏曰：「僚、工，皆官也。師師，相師法也。」林氏曰：「師師指其人而言，故曰僚。惟時指其事而言，故曰工。」孔氏曰：「五辰，五行也。」葉氏曰：「言撫于五辰，則不特授人時而已。大而燮理陰陽，小而川澤草木，無不得其所也。」孔氏曰：「凝，成也。言衆功皆成。」蔡氏曰：「德之多寡雖有不同，人君惟能合而受之，布而用之，如是則九德之人咸事其事，以天下之才任天下之治，唐虞之朝下無遺才，而上無廢事者，良以此也。」

「無教逸欲有邦，兢兢業業，一日二日萬幾。無曠庶官，天工人其代之。唐孔氏曰：「臯陶既言用人之法，又戒以上之所爲，下必效之。無教在下爲逸豫貪欲之事。」王氏曰：「天子當以勤儉率諸侯，不當以逸欲教有邦。」孔氏曰：「兢兢，戒慎。業業，危懼。幾，微也，言萬事之微。」林氏曰：「上文至於『庶績其凝』，則是治定功成矣。常人之情，當國家無事，則易安於逸欲，而無戒謹危懼之心，此則禍亂之萌也。故天子逸欲，則諸侯化之，以至於盤樂怠傲，生民之受禍，何可勝既？苟上之人澹然無營，清心寡欲，則諸侯敢自肆於下哉？此端本澄源之道。又況天下之大，一二日之間，而危亡禍亂之幾至於有萬，其可不畏然？天子雖兢業於上，而庶官曠職，亦危亂之道。終之以『無曠庶官』，蓋欲后臣克艱，以保其治也。」蔡氏曰：「曠，廢也。言不用非才，而使庶官曠廢厥職也。天工，天之工也。人君代天理物，庶官所治，無非天事，苟一職或曠，則天工廢矣。」

「天叙有典，勑我五典五惇哉！天秩有禮，自我五禮有庸哉！同寅協恭和衷哉！天命有德，五服五章哉！天討有罪，五刑五用哉！政事懋哉，懋哉！」葉氏曰：「五典、五禮、五服、五刑，皆天之所命，待人而舉，故皆言天。所以繼天工人其代之之後。」楊氏曰：「典禮雖本於天，天豈諄諄然以示人哉？施之於民，在人君而已。《中庸》曰『非天子不議禮，不制度，不考文』，則典禮必自天子出，故曰『勑我』、『自我』。若夫爵人於朝，與士共之，刑人於市，與衆棄之，雖天子不得私焉，故五服、五刑皆不言我。孟子論用賢、殺人，必至於國人皆曰賢、皆曰可殺而後從，蓋此意也。」孫氏曰：「五典、五禮，教也。五服、五刑，政也。教之而入于善，則有五服以彰之；教之而不率，則有五刑以罰之。」張氏曰：「經云『天道福善禍淫』，則命德討罪者，天也。」又曰：「德者，天所命，然德有隆殺，故服之別有五，所以稱其德而彰之也。有罪者，天所討，然罪有輕重，故刑之差有五，所以隨其罪而用之也。」蔡氏曰：「叙者，君臣、父子、夫婦、兄弟、朋友之倫叙也。秩者，尊卑、貴賤、等級、隆殺之品秩也。衷，降衷之衷。典禮雖天所叙秩，然正之使倫叙而益厚，用之使品秩而有常，則在我而已。故君臣當同其寅畏，協其恭敬，誠一無間，融會流通，而民彝物則，各得其正，所謂和衷也。」

「天聰明，自我民聰明。天明畏，自我民明威。達于上下，敬哉有土！」唐孔氏曰：「皇天無心，以百姓心爲心，即《泰誓》所謂『天視自我民視，天聽自我民聽』是也。」張氏曰：「高其目、下其耳者，天之聰明也。其所以聰明者，因民之聰明而已。善者福之，淫者禍之，天之明畏也。其所以明畏者，因民之明威而已。」林氏曰：「古文《書》畏、威二字通用。」王氏曰：「民受天地之中以生，其性命之所受，與天爲一，則其好惡取舍，未嘗與天遠也。」愚按：武夷胡氏嘗舉此章，曰：「皋陶之學極醇粹。」皋陶曰：「朕言惠，可底行。」禹曰：「俞！

乃言厎可績。」臯陶曰：「予未有知，思曰贊贊襄哉！」蔡氏曰：「襄，成也。臯陶謂我所言順於理，可致之於行。禹然其言，以爲致之於行，信可有功。臯陶謙辭，我未有所知，言不敢計功也。惟思曰贊助於帝，以成其治而已。」蘇氏曰：「曰當作日。」王氏曰：「贊贊襄哉，言思一一贊襄，以成禹之功也。」張氏曰：「謂之贊贊，則其所贊非一事也。」

《益稷》：呂氏曰：「《益稷》與《臯陶謨》文相連，議論相承，初不間斷，其名篇但以禹首舉益稷爲言，如《論語》『學而』、『子罕』爾。」帝曰：「來！禹，汝亦昌言。」禹拜曰：「都！帝，予何言？予思日孜孜。」孔氏曰：「因臯陶謀九德，故呼禹，使亦昌言。」王氏曰：「臯陶之言至矣，故禹無所言，思日孜孜慕事功而已。」蘇氏曰：「『予何言』者，亦猶臯陶之未有知也。『思日孜孜』者，亦猶臯陶之思日贊贊襄哉也。其言皆相因之辭，是以知『思曰』當爲『日』。伏生以《益稷》合於《臯陶謨》，有以也夫。」張氏曰：「帝舜好善之心，何其不已也！當是時，嘉言滿前，亦已盛矣，而舜渴聞不倦，方使禹來前，曰汝亦如臯陶之昌言。其所以爲大聖者，在此歟？禹見舜好善不已如此，歎曰：『美哉，此好善之心也！然臯陶昌言至此極矣，予復何言哉！』」呂氏曰：「禹憂其職之未盡，何暇分其心於陳謨。」

臯陶曰：「吁！如何？」禹曰：「洪水滔天，浩浩懷山襄陵，下民昏墊。予乘四載，隨山刊木，暨益奏庶鮮食。予決九川，距四海，濬畎澮距川；暨稷播，奏庶艱食鮮食。懋遷有無化居。烝民乃粒，萬邦作乂。」臯陶曰：「俞！師汝昌言。」唐孔氏曰：「臯陶怪禹不言，故謂之曰『吁』。又曰『如何』，臯陶問禹所以孜孜之事。禹曰：『往者洪水漫天，浩浩然盛大，包山上陵。天下之人遭此大水，昏瞀迷惑，無有所知也。』」孔氏曰：「所載者四，謂水乘舟，陸乘車，泥乘輴，山乘樏，隨行九州之山，刊槎其林，開通道路，以治水。」　孔氏曰：「奏，謂進於民。鳥獸新殺曰鮮。」　陳氏曰：「然則益將人人而飲食之歟？曰：不然。亦教之有方耳。」　孔氏曰：「距，至也。決九州名川，通之至海。一畝之間，廣尺、深尺曰畎。方百里之間，廣二尋、深二仞曰澮。」　王氏曰：「決九川，距四海，使大水有所入。濬畎澮距川，使小水有所歸。濬治而深之之謂川，或不必濬，於其壅塞也決之而已。」　葉氏曰：「艱食，稼穡也。稼穡之功，視鮮食爲艱。」又曰：「洪水之害，草木暢茂，禽獸繁殖。禹隨山刊木，以除其壅蔽。然後益得以烈山澤而焚之，獸蹄鳥跡不交於中國，禽獸可得而食，所謂『暨益奏庶鮮食』。九州之川決之，使皆至于海。九州之畎澮濬之，使皆至于川。降丘宅土，然後稷得以播時五穀，教民稼穡種藝，兼其魚鱉而食之，所謂『暨稷播，奏庶艱食鮮食』也。」　唐孔氏曰：「『懋遷有無』者，謂徙我所有，往彼無鄉。取彼所有，濟我所無也。」　孔氏曰：「化亦易。居，積也，謂交易其所居積。米食曰粒。萬邦作乂，言天下由此而治。」　蔡氏曰：「先儒疑禹盛言己功，不知方水患已平之際，天下惟知禹之功而已。禹以益、稷與有功焉，故言暨益、暨稷，是禹不自有其功，而與益、稷共之，不矜不伐，乃在於此，先儒之言失之矣。」　林氏曰：「禹雖不以陳謨自居，惟述其治水之時，險阻艱難備嘗之矣。予之所以思日孜孜者，蓋欲君臣之間，相與警戒，常如洪水未平之時，則國家之福永永無窮矣。」　呂氏曰：「禹雖不陳謨，此乃陳謨之大者，故臯陶曰『師汝昌言』，使禹自言其功，而非有深意，何以謂之昌言？」禹曰：「都！帝，慎乃在位。」帝曰：「俞！」唐孔氏曰：「禹以臯陶然己，因歎而戒帝，曰『帝當謹汝所在位』。」　葉氏曰：「『慎乃在位』，即前帝所謂『慎乃有位』。蓋古者君臣更以其言相告戒類如此。」　林氏曰：「此申結上文之義。蓋聖人不畏多難，而畏無難。洪水之時，天下可謂多難矣，而君臣相與焦勞，以拯天下之飢溺，乃克有濟。使安於無難，則將忘其所可戒，而危亂自此始，故禹之陳謨，蔽以一言云云。其言簡而盡，可謂一言而興邦者也。」禹曰：「安汝止，惟幾惟康。其弼直，惟動丕應。徯志以昭受上帝，天其申命用休。」林氏曰：「禹之陳謨，盡於前一言。帝既虛心而聽之矣，故又推明其義，爲帝盡言之。」　呂氏曰：「止者，知其所止之『止』。

將以安汝心之所止，必於動之微、静而無事之時，常致省察之工。又必輔弼之人直而無隱，不直則啓沃之功不至，省察之所止，或不得其安矣。大抵治身之道，毫厘眇忽，燕閒暇豫，工夫最切。而繩愆糾繆，格其非心，隄防最要。惟幾惟康，則内得其養；其弼直，則外得其養。内外交得其養，則苟有所動，莫不應之矣。」蔡氏曰：「止者，心之居止也。人心之靈，萬事萬物各有至善之所而不可遷者，所謂止也。人惟私欲之害動揺其中，始有昧於理，而不得其所止者焉。安云者，去人欲之私，守義理之正，方寸之間，安然順適，萬事萬物，各得其當，而心無有不得其止者矣。惟幾者，所以審其事之發。惟康者，所以省其事之安。至於左右輔弼之臣，又皆盡其繩愆糾繆之職，内外交修，無有不至，是惟無作，作則天下無不丕應。故有先意而徯我者，以是昭受于天，天豈不重命而用休美者乎！」

帝曰：「吁！臣哉鄰哉，鄰哉臣哉！」禹曰：「俞。」王氏曰：「言臣者君之鄰，鄰比而恤己也。」蘇氏曰：「蓋曰我安能獨成此，非臣誰與共之？」張氏曰：「臣哉、鄰哉，言臣當鄰我者也。鄰哉、臣哉，言鄰我者乃臣也。」吴氏曰：「再言之者，嗟歎之不足也。」吕氏曰：「臣鄰指禹言之。」陳氏曰：「舜既然禹『慎乃在位』之言，而禹又然舜臣鄰之言，君臣之相然，豈苟爲容悦，必有莫逆於心者矣。」

帝曰：「臣作朕股肱耳目。予欲左右有民，汝翼。予欲宣力四方，汝爲。予欲觀古人之象，日、月、星辰、山、龍、華蟲作會，宗彝、藻、火、粉米、黼黻、絺繡，以五采彰施于五色，作服，汝明。予欲聞六律五聲八音，在治忽，以出納五言，汝聽。予違汝弼，汝無面從，退有後言。欽四鄰。唐孔氏曰：「帝以禹然己言，又曰云云，言己動作視聽皆由臣也。」吴氏曰：「左右有民，爲作肱而言。宣力四方，爲作股而言。觀古人之象，爲作目而言。聞五聲八音，爲作耳而言。推此四者，則亦無所不賴之矣。高宗之命傅説，蓋出於此。」孔氏曰：「以五采明施于五色，作尊卑之服，汝明制之，欲以六律和聲音，察天下治理及忽怠者。又以出納五言，汝當聽審之。」蘇氏曰：「以樂之聲音，察世之治否。若其音安樂和平，則時政修理；

若其音怨怒乖離，則時政怠惰。」葉氏曰：「五言，即五聲也。詩言志，歌永言，聲依永，律和聲。雖言也，播於律之所和，則爲五聲。雖聲也，本於詩之所諷，則爲五言。」吕氏曰：「此言君臣相資爲一體也。予欲左右扶持其民，翼而左右者，汝也。予欲宣康濟之力而及於四方，爲其事者，汝也。竭股肱之勞，以任天下，非一手一足之謂也。予欲觀古人之象，黄帝、堯、舜垂衣裳而天下治。自黄帝已有衣裳，故曰觀也。日、月、星辰、山、龍、華蟲，此六章者，會之於衣，以爲在上之服。宗廟之彝尊，亦用此六章之飾。藻、火、粉米、黼黻，此六章者，綉之於絺，以爲在下之服。凡此十二章，以五采施五色而作服，所賴以明之者，汝也。予欲聞六律、五聲、八音在治忽，六律、五聲、八音者，天地自然之和也。以此察治忽，則無纖毫之僞。出納五言，五言樂之成言者，如三百篇之《詩》是也。《詩》有出於上者爲出，有出於下者爲納。出納作之於樂，所賴以聽之者，汝也。『予違汝弼，汝無面從，退有後言』，股肱耳目之外，又以一身是非之責，盡責付於禹也。古者君臣之義，委任之至如此。舜之爲君非有所慊，而畏人之後言，非咎受有所未盡，而致人之後言。虞廷之臣又非肯欺其君，而爲面是背非之行者。聖人敬畏無已，虚懷待諫，惟恐過之不聞，言之不盡，故其求之切也如此。作服飾以祭天地、宗廟，禮之大者也。六律、八音、五聲，樂之大者也。治定功成，制禮作樂之時也。禮樂非可以虚文，舉言禮樂，必至於左右宣力之後者，民氣和洽，然後可以典禮樂，固有次序也。」蔡氏曰：「此申結上文弼直之義，而深責之禹者如此。」孔氏曰：「四鄰，四近左右前後之臣也。欽，敬也。」庶頑讒説，若不在時，侯以明之，撻以記之，書用識哉，欲並生哉！工以納言，時而颺之，格則承之庸之，否則威之。」孔氏曰：「庶頑者，心不則德義之經也。讒説者，口不道忠信之言也。苟無以教之，則是棄人而已。聖人常以善教人，而無棄人，故雖頑讒之人，亦皆教之而不棄也。」孔氏曰：「當行射侯之禮，以明善惡之教。」蘇氏曰：「其不率教者甚，則撻之；小者，則書其罪以記。」唐孔氏曰：「欲並生哉，摠上三者，皆是欲其改悔，與無過之人並生也。」吕氏曰：「始則用射侯之禮以明之，射者心正，然後能中，云云。工者，掌誦《詩》之官，時而颺之，颺其《詩》也，以驗其從化與否也。」蔡氏曰：「射所以觀德，頑冥讒慝之人，其心不正，則布乎四體，形乎動静，其容體不能比於禮，其節奏不能比於樂，其中必不能多審，如是其爲頑讒之人必矣。撻，扑也，即扑作教刑者，蓋懲之，使記而不忘也。識者，録其過惡以識于册，如周制鄉黨之官，以時書民之孝悌睦婣有學者也。聖人不忍以頑讒而遽棄之，用此三者之教，啓其憤，發其悱，使之遷善改過，欲其並生於天地之間也。格，有恥且格之格，謂改過也。承，薦也。聖人於此類既有啓發之，又颺其言，以觀其改過與否。如其改也，則進之用之，不改然後刑以威之，其不忍輕於棄人如此。」林氏曰：「自庶頑至威之，此龍之職，其畧見於《舜典》，其詳見於此，蓋命禹以揔其事也。」

禹曰：「俞哉！帝光天之下，至于海隅蒼生，萬邦黎獻，共惟帝臣。惟帝時舉，敷納以言，明庶以功，車服以庸，誰敢不讓，敢不敬應？帝不時，敷同日奏，罔功。張氏曰：「帝德之光，其所被者，遠至於海隅，微至於蒼生，無不仰其明。《堯典》言光被四表，言堯德之光也。此言光天之下，言舜德之光也。」孔氏曰：「萬國衆賢，共爲帝臣，帝舉是而用之。」唐孔氏曰：「言其可用者甚衆，帝當就是衆賢之内，舉而用之也。此下言舉用之法。」張氏曰：「敷納以言，所以考其言也。明庶以功，所以考其功也。既考其言，又考其功，則有功之與無功可以灼見，故繼之以車服以庸，懋之以賞，而使之勸功也。」蔡氏曰：「禹雖俞帝之言，而有未然之意。謂庶頑讒説加之以威，不若明之以德，使帝德光輝達于天下，海隅蒼生之地莫不昭灼。德之遠著如此，則萬邦黎獻之賢，孰不感慕興起，而皆有帝臣之願。惟帝時舉而用之爾，敷納以言而觀其藴，明庶以功而考其成，旌能命德以厚其報，如此則誰敢不讓於善，敢不精白一心，敬應其上，而庶頑讒説，豈足慮乎？帝不如是，則今任用之臣，遠近敷同，率爲誕謾，日進於無功矣，豈特庶頑讒説爲可慮哉！」

「無若丹朱傲，惟慢遊是好，傲虐是作，罔晝夜頟頟，罔水行舟，朋淫于家，用殄厥世。予創若時，娶于塗山，辛壬癸甲。啓呱呱而泣，予弗子，惟荒度土功，弼成五服，至于五千，州十有二師。外薄四海，咸建五長，各迪有功，苗頑弗即工。帝其念哉！」唐孔氏曰：「既勸帝擇人，又勸帝自勤。朱處丹淵，爲諸侯。朱，名。丹，國也。」林氏曰：「自古人君未嘗無好賢樂善之心，至於好賢樂善之心替而讒諂日進者，未有不始於一日之慢遊也。」林氏曰：「丹朱之不肖，蔽以一言曰：傲而已。惟慢遊以下，言其傲之實也。」張氏曰：「慢，不恭也。遊，不勤也。傲，侮人也。虐，害人也。」張氏曰：「凶人爲不善，亦惟日不足。罔晝夜頟頟，則其不舍晝夜可知矣。」林氏曰：「舜，聖人也，雖萬萬不至於是，然而君臣相與警戒，極其切直而無諱者，真盛德之事。」孔氏曰：「創，懲也，謂懲丹朱之惡。」林氏曰：「丹朱之惡，起於慢遊，故己之懲創，不敢不黽勉以赴事功。」孔氏曰：「塗山，國名。辛日娶妻，甲日復往治水，不以私害公也。啓，禹子。治水過門不入，聞啓泣聲，不暇子名之，以大治度水土之功。」張氏曰：「言其不敢以慢遊爲好，常思天下之有溺者，由己溺之，此所以急於治水，而不遑安息也。」林氏曰：「未有溺於妻子之愛，而能建大功、立大節者也。五服，侯、甸、綏、要、荒也。服五百里，四方五千里，治洪水，輔成之。」張氏曰：「當堯之時，固有其制矣。橫流之後，亂而莫治，壞而未脩，禹於是奠其封域，爲之疆理，所以弼成之也。」唐孔氏曰：「州十有二師，鄭氏曰九州，州立十二人爲諸侯師也。」陳氏曰：「十有二州之外，薄于四海，皆立五長。此舜、禹之聲教，所以東漸于海，西被於流沙也。」孔氏曰：「九州五長各蹈其功，惟三苗頑凶不就功。」林氏曰：「言當以三苗爲念，而憂勤於政事，不可使有一日之慢遊也。」呂氏曰：「禹以丹朱戒舜，所謂見不賢而內自省也。帝其念哉，使之更求己所未盡者。」蘇氏曰：「今天下定矣，而苗猶未即工者，帝不可以不求諸己也，故曰『帝其念哉』。」

帝曰：「迪朕德，時乃功惟叙。皋陶方祗厥叙，方施象刑惟明。」鄭玄曰：「此歸美於二臣。」夏氏曰：「禹言苗頑弗即工，欲帝念之，故帝言我命皋陶敬承汝功之有次序者，而用刑以防之。正如前九功惟叙之後，而董之用威，俾勿壞也。」夔曰：「戛擊鳴球、搏附、琴瑟，以詠。祖考來格，虞賓在位，羣后德讓。

下管鼗鼓,合止柷敔,笙鏞以間,鳥獸蹌蹌,《簫韶》九成,鳳皇來儀。」夔曰:「於!予擊石拊石,百獸率舞,庶尹允諧。」孔氏曰:「戛擊,柷敔,所以作止樂。搏拊,所以節樂。球,玉磬也。禮備樂和,祖考來至。丹朱爲王者後,故稱賓。下,堂下樂也。上下合止樂,各有柷敔。鏞,大鍾。韶,舜樂名。鳳皇,靈鳥也。尹,正也,衆正官之長。信皆和諧。」呂氏曰:「治定功成,夔故以樂之,至和爲言,祖考來格,其幽冥所感如此。虞賓在位,羣后以德相遜,所謂『相維辟公,天子穆穆,濟濟多士,秉文之德』也。其明而人和如此,則堂上之樂可知矣。至於堂下之樂,作鳥獸蹌蹌然而舞,其和又可知也。簫韶九成,樂大備之時,雖至治之祥,如鳳皇亦來儀,言和之至也。」蔡氏曰:「簫,古文作箾,舞者所執之物。《說文》云:『樂名《箾韶》』。季札觀周樂,見舞箾韶。』蓋舜樂之總名也。今人作簫,故先儒誤以簫管釋之。九成者,樂之九成也。功以九叙,故樂以九成,猶《周禮》所謂九變也。孔子曰『樂者,象成者也』,故曰成。鳳皇,羽族之靈。來儀者,來舞而有容儀也。戛擊鳴球,搏拊琴瑟,以詠堂上之樂也。下管鼗鼓,合止柷敔,笙鏞以間,堂下之樂也。唐孔氏曰:『樂之作也,依上下而遞奏,間合而後曲成。祖考尊神,故言於堂上之樂;鳥獸微物,故言於堂下之樂。九成致鳳,尊異靈瑞,故別言之。非堂上之樂,獨致神格,堂下之樂,偏令獸舞也。』或曰:『笙之形如鳥翼,鏞虡爲獸形,放於笙鏞以間,言鳥獸蹌蹌。』《風俗通》曰:『舜作簫笙以象鳳,蓋因其形聲之似,以狀其聲樂之和,豈直有鳥獸鳳皇而蹌蹌來儀者乎?』曰:是未知聲樂感通之妙也。瓠巴鼓瑟而游魚出聽,伯牙鼓琴而六馬仰秣,聲之致祥召物,見於傳者多矣。况舜之德,致和於上,夔之樂,致和於下,其格神人,舞鳳獸,豈足疑哉?季札觀樂,見舞韶箾者,曰:『德至矣,盡矣!如天之無不覆,如地之無不載,雖盛德,蔑以加矣!』夫韶樂之奏,幽而感神明,則祖考來格; 明而感人,則羣后德讓; 微而感物,則鳳儀獸舞。原其所以能感召如此者,皆由舜之德如天地之無不覆載也。其樂之傳,歷千載,孔子聞之於齊,尚且三月不知肉味,曰『不圖爲樂之至於斯』,則當時感召,從可知矣。又按此章夔言作樂之效,其文自爲一段,不與上下文勢相屬。蓋舜之在位五十餘年,其與禹、皋陶、夔、益相與答問者多矣，史官取其尤彰明者以詔後世，則是其所言者自有先後，史官集而記之，非其一日之言也。諸儒之説，自臯陶至此篇目，皆謂文勢相屬，故其説牽合不通，今不取。又曰：重擊曰擊，輕擊曰拊。石，磬也。有大磬，有編磬，有歌磬。磬有大小，故擊有輕重。八音獨言石者，蓋石聲最難諧和。石聲和，則餘聲無不和者矣。《詩》曰：『既和且平，依我磬聲。』百獸舞，則物無不和；庶尹允諧，則人無不和。」此又一時之言者也。

帝庸作歌，曰：「勑天之命，惟時惟幾。」乃歌曰：「股肱喜哉！元首起哉！百工熙哉！」孔氏曰：「帝用庶尹允諧之故，作歌以戒，安不忘危。」張氏曰：「功成作樂，舜之治至於命夔，則其治大成矣。然而危亂之機，常兆於治安之極，聖人於此，尤有所不敢忽也。」林氏曰：「《詩》云：『情動於中而形於言，言之不足，故嗟歎之。嗟歎之不足，故永歌之。』舜之君臣，相與答問於廟堂之上，曰都、曰俞、曰吁、曰於，皆言之不足而歎嗟之。帝庸作歌，則嗟歎之不足，而永歌之也。舜、臯陶之賡歌，雖載於《書》，實三百篇之權輿也。」陳氏曰：「勑天之命，惟時惟幾，帝歌引也。臯陶颺言以下，臯陶歌引也。引其意而發之以歌，則所歌之辭盖以成所引之意也。」王氏曰：「勑，戒也。勑天之命，在不失時。」孔氏曰：「在慎微。」蔡氏曰：「幾，事之微也。惟時者，無時而不戒勑。惟幾者，無事而不戒勑也。蓋天命無常，理亂安危，相爲倚伏。雖治定功成，禮備樂和，然頃刻謹畏之不存，則怠荒之所自起；毫髮幾微之不察，則禍患之所自生，不可不戒也。此帝將作歌，而先述其所以歌之意。」唐孔氏曰：「既爲此言，乃歌曰云云，言君之治功由臣也。」孔氏曰：「股肱之臣喜樂于中【三】，君之治功乃起，百官之業乃廣。」王氏曰：「人之形視聽食息，皆在元首，作而行之，則在股肱，故君謂之元首，臣謂之股肱。欲左右有民，宣力四方，而股肱不喜，則元首雖欲起，不能也。」張氏曰：「喜者，歡樂有爲也。股肱既喜矣，百工之興事造業，其有不熙者哉？」

臯陶拜手稽首颺言曰：「念哉！率作興事，慎乃憲，欽哉！屢省乃成，欽哉！」乃賡載歌曰：「元首明哉！股肱良哉！庶事康哉！」又歌曰：「元首叢脞哉！股肱惰

【三】股肱之臣　「肱」原作「胘」，據《尚書正義》卷五改。

哉！萬事墮哉！」林氏曰：「上言股肱，而後言百工，則股肱者，指大臣而言也。舜既望大臣如此，皋陶於是『拜手稽首颺言』也。拜手者，首至手。稽首者，首至地。言盡敬於君也。」孔氏曰：「大言而疾曰颺。」蔡氏曰：「率，揔率也。皋陶言人君當揔在羣臣，以起事功，又必謹其所守之法度，盖樂於興事者，易於紛更，故深戒之也。屢，數也。興事而數考其成，則有課功覈實之効，而無誕謾欺蔽之失。兩言敬哉者，興事考成，二者皆所當深戒，而不可忽者也。此皋陶將欲賡歌，而先述其所以歌之意也。」孔氏曰：「賡，續。載，成也。帝歌歸美股肱，義未足，故續歌先君後臣，衆事乃安，以成其義。」唐孔氏曰：「元首之功能明哉，則股肱之臣乃善哉，衆事皆得安寧哉。」孔氏曰：「叢脞，細碎無大畧。君如此，則臣懈惰，萬事墮，其功不成。歌以申戒也。」王氏曰：「明則好要，好要則不煩。昏則好詳，好詳則叢脞。前曰庶事，後曰萬事，甚言叢脞之墮事也。」張氏曰：「叢脞，明之反也。惰，良之反也。墮，康之反也。明則足以知人，知人則善者在所用，惡者在所去，此股肱之所以良。股肱良，則才足以任責，力足以赴功，庶事其有不康者哉？不明則昏，昏則股肱非其人，皆不勤而惰矣。惰則或燕燕居息，或耽樂飲酒，此萬事之所以墮也。帝舜之歌，君有賴於臣之意也。皋陶之歌，臣有望於君之意也。唐虞之際，上下賡歌勑戒至於如此，不其盛哉！」林氏曰：「范太史嘗論此言，以爲君以知人爲明，臣以任職爲良。君知人，則賢者得行其所學；臣任職，則不賢者不得苟容於朝，此庶事所以康也。若夫君行臣職，則叢脞矣。臣不任君之事，則惰矣。此萬事所以墮也。當舜之時，禹平水土，稷播百穀，土穀之事，舜不親也。契敷五教，皋陶明五刑，教刑之事，舜不治也。伯夷典禮，夔典樂，禮樂之事，舜不與也。益爲虞，垂作共工，虞工之事，舜不知也。禹爲一相總百官，自稷以下分職以聽焉。君人者如天運於上，而四時寒暑各司其序，則不勞而萬物生矣。君不可以不逸也，所治者大，所司者要也。臣不可以不勞也，所治者寡，所職者詳也。不明之君不能知人，故務察而多疑，欲以一人之身代百官之所爲，則雖聖智，亦日力不足矣。故其臣下事無大小，皆歸之君，政有得失，不任其責，賢者不得其志，而持禄之士得以保其位，此天下之所以不治也。斯言盡之矣。」陳氏曰：「舜之歌，專欲責望其臣。皋陶之歌，專責望其君。君臣之間，各相警戒，各盡其責，則治功可保矣。」又曰：「《訪落》，嗣王謀於廟也。《敬之·序》曰：『《敬之》，羣臣進戒嗣王也。』此亦賡歌之意。」帝拜曰：「俞，往欽哉！」林氏曰：「《禮》曰：『君於臣則無答拜。』然太甲於伊尹，成王於周公，皆有拜手稽首之義，所以尊師重道也。舜豈亦以師傅之禮待皋陶歟？」蔡氏曰：「帝拜者，重其禮也。重其禮，然其言，而曰汝等往治其職，不可不以敬也。」

《論語》：舜有臣五人，而天下治。朱子曰：「禹、稷、契、皋陶、伯益。」或問：「舜之臣衆矣，而獨曰五人，何也？」曰：「舜之天下所以治者，以此五人而已，故孟子亦獨称之，他人不得而與也。」

《孟子》：當堯之時，天下猶未平，洪水橫流，氾濫於天下，草木暢茂，禽獸繁殖，五穀不登，禽獸偪人，獸蹄鳥跡之道交於中國，堯獨憂之，舉舜而敷治焉。舜使益掌火，益烈山澤而焚之，禽獸逃匿。禹疏九河，瀹濟漯，而注之海；決汝漢，排淮泗，而注之江：然後中國可得而食也。當是時也，禹八年於外，三過其門而不入，雖欲耕，得乎？后稷教民稼穡，樹藝五穀，五穀熟而民人育。人之有道也，飽食、煖衣、逸居而無教，則近於禽獸。聖人有憂之，使契爲司徒，教以人倫：父子有親，君臣有義，夫婦有別，長幼有序，朋友有信。放勳曰：「勞之來之，匡之直之，輔之翼之，使自得之，又從而振德之。」聖人之憂民如此，而暇耕乎？堯以不得舜爲己憂，舜以不得禹、皋陶爲己憂。說見《甲記·異端》篇。

禹思天下有溺者，由己溺之也；稷思天下有飢者，由己飢之也：是以如是其急也。全文見《甲記·中道》篇。

右叙虞、夏大臣事業。按：《舜典》之命官曰禹，曰棄，曰契，曰皋陶，曰垂，曰益，曰伯夷，曰夔，曰龍。而因遜以見曰殳斨，曰伯與，曰朱虎，曰熊羆。《左氏》又有十六相之目，其説曰：「昔高陽氏有才子八人：蒼舒、隤敳、檮戭、大臨、尨降、庭堅、仲容、叔達，齊聖廣淵，明允篤誠，天下之民謂之八凱。高辛氏有才子八人：伯奮、仲堪、叔獻、季仲、伯虎、仲熊、叔豹、季貍，忠肅恭懿，宣慈惠和，天下之人謂之八元。此十六相也，出濟其美，不隕其名，以至于堯，堯不能舉。舜臣堯，舉八凱，使主后土，以揆百事，莫不時序，地平天成；舉八元，使布五教于四方，父義、母慈、兄友、弟恭，内平外成。是以堯崩而天下如一，同心戴舜以爲天子，以其舉十六相、去四凶也。」杜氏曰：「蒼舒以下即垂、益、禹、皋陶之倫。庭堅，即皋陶字。伯奮以下即稷、契、朱虎、熊羆之倫。凱，和也。元，善也。其實舜有天下，禹相之；禹有天下，皋陶相之；皋陶卒，益繼之。故三謨所紀禹、皋、益之謀謨爲多，餘各主一職而已，不皆相也。」又夏后氏之臣，自益外他不見經，獨遺臣靡相少康事亦見於《左氏》，今附于此。

襄四年，魏絳曰：「昔有夏之方衰也，后羿自鉏遷于窮石，因夏民以代夏政，恃其射也，不脩民事，而淫于原獸。棄武羅、伯因、熊髡、尨圉而用寒浞。寒浞，伯明氏之讒子弟也。伯明后寒棄之，夷羿收之，信而使之，以爲己相。浞行媚于内，而施賂于外，愚弄其民，而虞羿于田，樹之詐慝，以取其國家，外内咸服。羿猶不悛，將歸自田，家衆殺而亨之，以食其子。其子不忍食諸，死于窮門。靡奔有鬲氏。浞因羿室，生澆及豷，恃其讒慝詐僞而不德于民。使澆用師，滅斟灌及斟尋氏。處澆于過，處豷于戈。靡自有鬲氏收二國之燼，以滅浞，而立少康。少康滅澆于過【四】，后杼滅豷于戈。有窮由是遂亡。」杜氏曰：「武羅四子，羿之賢臣。靡，夏遺臣，事羿者。斟灌、斟尋，夏同姓諸侯，仲康之子后相所依。過、戈，皆國名。少康，夏后相子。后杼，少康子。」又哀元年伍員曰：「昔有過澆殺斟灌以伐斟鄩，滅夏后相，后緡方娠，逃出自竇，歸于有仍，生少康焉，爲仍牧正，惎澆，能戒之。澆使椒求之，逃奔有虞，爲之庖正，以除其害。虞思於是妻之以二姚，而邑諸綸，有田一成，有衆一旅，能布其德，而兆其謀，以收夏氏，撫其官職，使女艾諜澆，使季杼誘豷。遂滅過、戈，復禹之績，祀夏配天，不失舊物。」杜氏曰：「澆，寒浞子，封於過。后緡，有仍氏女，相之妻也。牧正，牧官之長。惎，毒也【五】。戒，備也。椒，澆臣。有虞，舜後

【四】少康滅澆於過　「少康」原脱，據《春秋左傳注疏》卷二九補。

【五】惎毒也　「毒」前原有「其」字，據《春秋左傳注疏》卷五十七删。

【六】季杼　「季杼」原作「杼季」，據《春秋左傳正義》卷五十七乙正。

諸侯。思虞，君也。綸，虞邑。女艾，少康臣，諜候也。豷，澆弟。季杼【六】，少康子，后杼也。過，澆國。戈，豷國。」按司馬氏《史記》不載此事，幸有《左氏》可考。　五峯胡氏《皇王大紀》論曰：「人殺其父，子必欲死。人辱其君，臣必欲報。忍死謀報，能以天道爲定命，不觀敵勢而改圖，則庶幾焉。苟顧其私，内覬大利，外畏大難，雖有良心，日銷月鑠，其不忘君父者希矣。少康、靡鬲，真人臣子哉！志在討賊，行吾義而已，非圖富貴者也。故受困厄而不渝，濱死亡而不怠，兢兢業業，經營四十年，然後克殄元凶，祀夏配天，不失舊物。嗚呼！此真可謂中興者矣。故虞世南論歷代中興之主，以少康爲冠。噫！前王之所爲，後王之師也，可不鑒哉！」　南軒張氏曰：「少康年次，邵康節《皇極經世》中以寒浞滅相係於壬午，是歲或癸卯少康生，而克復舊物乃在癸未，凡四十有一年【七】。方少康在襁褓之時，而夏之臣靡，固有滅浞而立之之心，經營許久，乃遂其志。若靡者，可謂忠之盛者矣！方寒浞在上，澆、豷縱横之時，少康獨有田一成，衆一旅，其勢可謂椑微，而卒用以興，其間圖回謀慮必大有曲折，惜不復傳於後，猶幸有《左氏傳》所載耳。要之，靡與有鬲氏、有仍氏，皆佐少康以有爲者也。若使少康之君臣此數十年中不忍而欲速，則身且不保，而況國乎！惟其潛也，若深淵之靚，故其發也，如春陽之振動，惟其時者也。」　愚按：靡夏忠於王室如此，而杜預乃曰：靡，夏遺臣之事羿者也。今考其本末，乃事相非羿也。豈有夏氏之忠臣，而肯事羿者哉！愚不得而不辨。

《仲虺之誥》：成湯放桀于南巢，孔氏曰：「南巢，地名。」　蘇氏曰：「廬江六縣東有居巢地，桀奔于此，湯不殺也。」惟有慙德，曰：「予恐來世以台爲口實。」王氏曰：「湯有慙德者，承唐、虞之後，始以兵取天下，恐後人以己藉口而稱亂故也。」　陳氏曰：「堯、舜以天下遜，後世好名之士，猶有不知而慕之者，燕噲之於子之是也。湯、武征伐而得天下，後世嗜利之人安得不以爲口實哉？」　張子曰：「湯、武之功，聖人之不幸也。若論君臣之義，則爲臣而事君，當使其君堯、舜。至其君得罪於天下而放之，豈其所欲哉？成湯之事，以言乎順天應人，何慙之

【七】是歲或癸卯……凡四十有一年　按：「癸卯」當爲「癸未」，即壬午之次年，後之「癸未」當爲「癸亥」，蓋四十一年之後也。

有？然自人情觀之，既以堯、舜之禪爲盡善，則征誅而有天下，安能無愧乎？」　吕氏曰：「湯居萬世君臣之始變，故自以爲慙德。」仲虺乃作誥曰：「嗚呼！惟天生民有欲，無主乃亂，惟天生聰明時乂。有夏昏德，民墜塗炭，天乃錫王勇智，表正萬邦，纘禹舊服，兹率厥典，奉若天命。　蔡氏曰：「言民生有耳目口鼻四肢之欲，無主則爭亂。天生聰明，所以爲之主而治其亂也。桀爲民主，而反生昏亂，陷民於塗炭，既失其所以爲主矣。民不可以無主，故天錫湯以勇智之德，勇足以有爲，智足以有謀，非勇智不足以成天下之大業也。表正者，表正於此而影直於彼也。天錫湯以勇智者，所以使其表正萬邦，而繼禹舊所服行也。此但率循其典常，以奉順乎天而已。天者，典常之理所自出，而典常者禹之所服行也。湯革夏而纘舊服，武革商而政由舊，孔子所謂百世可知也。」　愚按：湯之伐桀，自謂不幸而處變，故有慙德，蓋以爲不獨有愧於人，亦將有愧於天。仲虺解之曰：此特循其常道，以順乎天命而已。蓋變而不失其正，即所謂常也。

「夏王有罪，矯誣上天，以布命于下。帝用不臧，式商受命，用爽厥師。簡賢附勢，寔繁有徒。肇我邦于有夏，若苗之有莠，若粟之有秕。小大戰戰，罔不懼于非辜。矧予之德，言足聽聞。　孔氏曰：「言託天以行虐於民也。」　陳氏曰：「自古亂世之君習爲不善，懼天下畔之，故假天命以自神。桀之所爲，必有出於是者。」　蘇氏曰：「天既不善桀之所爲，故用湯爲受命之君，彰明其衆於天下，而桀之黨惡之，欲并我以啓其國，若去莠秕然。小大戰戰，無罪而懼，况我以德見忌乎？」　林氏曰：「矯，與矯制之矯同。誣，詐也。簡，有忽畧意。桀之勢尊，故小人之同惡相濟，附之者多，視湯之賢，則忽畧而不之省，湯之見疾，可謂危矣。肇邦于有夏，猶未盛也，而且懼以無罪見滅，况我之德言聞於天下乎？《史記》稱桀召湯而囚之夏臺，雖不經見，以斯言觀之，則《史記》爲不虚矣。」　吕氏曰：「帝不臧夏而命商，何以驗之？觀天意者莫的於人心。有夏昏德，民亦沈迷，用湯以開明其衆，使如醉夢之醒也，故曰爽。」　蔡氏曰：「湯之德，言足人之聽聞，尤桀所忌疾也。」

「惟王不邇聲色，不殖貨利。德懋懋官，功懋懋賞。用人惟己，改過不吝。克寬克仁，彰信兆民。孔氏曰：「邇，近也。不近聲樂，言清簡。不近女色，言正固【八】。殖，生也。不生資貨財利，言不貪也。既有聖德，兼有此行也。勉於德者，則勉之以官；勉於功者，則勉之以賞。」孫氏曰：「用人惟己，孟子所謂『國人皆曰賢，然後察之，見賢然後用之』是也。」張氏曰：「齊王好色好樂，孟子之所深戒。子貢殖貨，孔子之所弗與。蓋物之能蔽人者，莫大乎聲色，而貨利次之。聲色賊性者也，貨利喪志者也。惟不邇聲色，則視聽不蔽，而耳目聰明。惟不殖貨利，則思慮不惑，而心志廣大。湯之治心脩身者，至矣夫！然後是非明，取舍當。」吕氏曰：「此仲虺見聖人之的，故其稱湯皆於本原而言之，不爲高大之論，而其實非聖人不能至也。聲色貨利不邇不殖，自非純乎天理，無一毫人欲者，安能如是？湯之所以爲湯，不過此耳。心之本原既已澄澈，則凡見於事爲者，無不當理，崇德報功不差毫釐也。」林氏曰：「老子曰：『惟無以天下爲者，可以有天下。』舜、禹之禪，湯、武之兵，天下不以爲過者，惟其無利之之心也。苟一毫有利之之心，則天下必不服，故仲虺言聲色貨利皆不足以動湯之心，則其伐夏救民果且有利之之心乎？」葛氏曰：「人主惑於聲色，則便嬖之臣得志。人主貪於貨利，則聚斂之臣得志。君子、小人相爲消長，便嬖之臣一得志於君，則忠謇者見排；聚斂之臣一得志於君，則道義者見忌。衆讒可以毁有德，衆譽可以進無功。有德者方憂沮毁之不暇，何暇勉修厥德，以取膴仕？無功者反居有功之上，有功者何以勉成厥功，以受厚賞？然則不邇不殖，是乃懋官懋賞之根本也。」蔡氏曰：「懋，茂也。蕃盛之意，與『時乃功懋哉』之義同。言人之懋於德者，則懋之以官；懋於功者，則懋之以賞。用人惟己，而人之有善者無不容；改過不吝，而己之不善者無不改。不忌能於人，不吝過於己。曠然大公，私意不立，非聖人其孰能之？湯之用人處己者如此，故於臨民之際，能寬能仁。謂之能者，信乎其寬仁也。《易》曰：『寬以居之，仁以行之，君德也。君德昭著，孚於天下矣。』湯之德，足人聽聞者如此。」乃葛伯仇餉，初征自葛，東征西夷怨，南征北狄怨，曰：『奚獨後予？』攸徂之民，室家相慶，曰：『徯予后，

【八】言正固　「正」，《尚書注疏》卷七作「貞」。

后來其蘇。』民之戴商，厥惟舊哉！孔氏曰：「葛，國名。伯，爵。」仇餉説見《孟子》。佑賢輔德，顯忠遂良。兼弱攻昧，取亂侮亡。推亡固存，邦乃其昌。德日新，萬邦惟懷；志自滿，九族乃離。林氏曰：「《中庸》曰：『天之生物也，因其材而篤焉，故栽者培之，傾者覆之。』聖人因其常理，以應世接物，果何容心哉！」呂氏曰：「此戒湯以爲君之職也。遏惡揚善，人君當爲之職，是皆行其所無事，因天下所當爲者而爲之也。『德日新』者，聖人之德常運而不息，則日新。使湯以慚忸之念，停於胸中而不化，則於德有所雜，有所雜而止，則不能日新矣。蓋謂湯於此正當日新其德，以慰天下之望，安可留慚忸之念，以累日新之功哉？『志自滿』一語，與篇意似不相協。一篇之言，皆所以根起湯之心，湯安有自滿之意？於此可見古人精微之至。蓋此書欲以解湯之慚，所以歷舉德業之盛，天命、人心之所歸；又懼湯以是而自滿也，故以此語預防之。湯豈有是哉？論必至此，乃爲全備也。」蔡氏曰：「上章言彰德罰惡，邦固可昌，然其本則在德也。德日新，則萬邦雖廣而無不懷；志自滿，則九族雖親而亦離。萬邦舉遠以見近也，九族舉親以見疎也。」兼弱侮亡之義未詳。

「王懋昭大德，建中于民，以義制事，以禮制心，垂裕後昆。孔氏曰：「欲王自勉，明大德，立大中之道於民，率義奉禮，垂優足之道示後世。」葉氏曰：「勉日新之德，爲天下先，此《洪範》所謂『皇建其有極』也。」林氏曰：「德貴乎日新，故繼之以懋昭大德，民受天地之中以生，惟其因物有遷，故陷溺而不知返。聖人先得人心之所同然，故揭以示之。昭大德者，是乃所以建中也。」王氏曰：「學者以謂懋昭大德，所以極高明，所以處乎己。建中于民，所以道中庸，所以同乎人。夫高明中庸，豈可分爲一致耶？以義制事，以禮制心，即所以昭大德、建中于民也。」蔡氏曰：「王其勉明大德，立中道於天下。中者，天下之所同有也，然非君建之，則民不能以自中【九】，而禮義者，所以建中也。義者，心之裁制；禮者，理之節文。以義制事，則事得其宜；以禮制心，則心得其正。内外合德而中道立矣。如此，則非特有以建中於民，而垂諸後世，亦綽乎其有裕矣。然此道必學而後至，故下云云也。」

【九】則民不能以自中「民」原無，據《書經集傳》卷三補。

「予聞曰：『能自得師者王，謂人莫己若者亡。好問則裕，自用則小。』嗚呼！慎厥終，惟其始，殖有禮，覆昏暴。欽崇天道，永保天命。」王氏曰：「能自得師，孟子所謂『不召之臣尊德樂道者』也。」孫氏曰：「孟子言湯之於伊尹，學焉而後臣，好問則兼人而有餘，故裕；自用則專己而不足，故小。」呂氏曰：「好問則以天下之善爲善，所以裕也。自用則己之能有限，所以小也。」蔡氏曰：「自天子以至於庶人，未有舍師而能成者，雖生知之聖，亦必有師焉。仲虺之論，遡流而源，要其極而歸諸能自得師之一語，其可爲帝王之大法也歟？篇終且又歎息而言謹其然之道，惟於其始圖之。始之不謹，而能謹終者，未有之也。伊尹亦言謹終于始，事雖不同，而理則一也。欽崇者，謹畏而尊奉之也。有禮者封殖之，昏暴者覆亡之，天之道也。欽崇乎天道，則求保其天命矣。」愚按：有禮、昏暴，非指人而言，蓋欲湯之自警也。湯豈昏暴者哉？此亦虞廷以儆虐戒舜之意。

《伊訓》：惟元祀十有二月乙丑，伊尹祠于先王。奉嗣王祗見厥祖，侯甸羣后咸在，百官總己以聽冢宰。蔡氏曰：「元祀者，太甲即位之元年。十二月者，商以建丑爲正，故以十二月爲正也。乙丑，日。古者王宅憂，祠祭則冢宰攝而告廟，又攝而臨羣臣。伊尹祠于先王，奉嗣王以即位改元之事，祗見厥祖，則攝而告廟也。侯甸服之君咸在，百官總己之職以聽冢宰【一〇】，則攝而臨羣臣也。」伊尹乃明言烈祖之成德，以訓于王。呂氏曰：「伊尹當太甲在喪之始而作訓，乘其初心之虚也。」曰：「嗚呼！古有夏先后方懋厥德，罔有天災。山川鬼神，亦莫不寧，暨鳥獸魚鼈咸若。孔氏曰：「先后謂禹以下、少康以上賢王。」蔡氏曰：「『殷監不遠，在夏后之世。』商之所宜監者，莫近於夏，故首以夏事告之也。」于其子孫弗率，皇天降災，假手于我有命，造攻自鳴條，朕哉自亳。惟我商王，布昭聖武，代虐以寬，兆民允懷。孔氏曰：「桀不循其祖道，故天下禍災，借手于我有命商王誅討之。造、哉，皆始也。」林氏曰：「孟子論伊尹説湯伐桀救民

【一〇】以聽冢宰　「冢宰」原脱，據《書經集傳》卷三補。

而卒舉此言曰：『天誅造攻自牧宮，朕哉自亳。』趙岐釋之曰：『桀造可攻之罪自牧宮。』此言得之。」　呂氏曰：「假手，深言伐桀非湯，純是天意。」

「今王嗣厥德，罔不在初，立愛惟親，立敬惟長，始于家邦，終于四海。　孔氏曰：「言善惡之由，無不在初，欲其謹始。」　唐孔氏曰：「先愛其親，推之以及疏；　先敬其長，推之以及幼。」　蔡氏曰：「初即位言始，始不可以不謹也。謹始之道，孝悌而已。孝悌者，人心之所同，非必人人教詔之。立，植也。立愛敬於此，而形愛敬于彼，親吾親以及人之親，長吾長以及人之長，始于家，達于國，終而措之天下矣。孔子曰：『立愛自親始，教民睦也；　立教自長始，教民順也。』」嗚呼！先王肇修人紀，從諫弗咈，先民時若，居上克明，爲下克忠，與人不求備，檢身若不及，以至于有萬邦，兹惟艱哉！敷求哲人，俾輔于爾後嗣。　孫氏曰：「人紀者，人道之紀也。桀有暴德而亂人倫，禮樂法度失其統紀，湯始起而脩之。」張氏曰：「父子、兄弟、君臣、夫婦、長幼、朋友，有禮義以相推，謂之人紀。傳曰：『禮義以爲紀。』又曰：『紀散則衆亂。』」呂氏曰：「人紀乃天下自然之序，非湯一人能作，但修其壞而已。湯以臣易君，豈得爲忠？不知湯之心最忠者也。天命未去，人心未離，事桀之心，曷嘗斯須替哉！恕以待人，故不求備；　嚴以律己，故若不及。」陳氏曰：「人紀者，即君臣、父子、夫婦、長幼、朋友，日用常行之道也。此道蓋未嘗亡，然必得聖人出而主盟之，則人道於是始立。桀既壞其人紀，則肇修之者，湯之責也。成湯以肇修人紀爲一身之任，苟吾身有絲毫之不盡，則於人紀亦必有一毫之虧。於是不自足其足，常欲兼天下之善，由諸侯而爲天子，以有萬邦，其積累亦艱難矣。惟其得天下也甚難，故其慮天下也甚遠。恐後嗣子孫未必盡如己也，廣求哲智之人，如伊尹之類，俾之輔爾後嗣。」

「制官刑，儆于有位。曰：『敢有恒舞于宮，酣歌于室，時謂巫風。敢有殉于貨色，恒于遊畋，時謂淫風。敢有侮聖言，逆忠直，遠耆德，比頑童，時謂亂風。惟兹三風十愆，卿士有一于身，家必喪；邦君有一于身，國必亡。臣下不匡，其刑墨，具訓于蒙士【一一】。』嗚呼！嗣王祇厥身，念哉！ 孔氏曰：「言湯制治官刑法，以儆戒百官。」 吕氏曰：「古者□□習舞常舞，則爲愆歌以永言。酣歌則爲□□□者歌舞以降神。常舞、酣歌所以謂巫風也。」 蔡氏曰：「淫，過也，過而無度也。」孔氏曰：「狎侮聖人之言而不行，拒逆忠直之規而不納，耆年有德疏遠之，童稚頑嚚親比之，是荒亂之風俗。」蔡氏曰：「比，暱也。倒置悖理曰亂，好人之所惡，惡人之所好也。三風，愆之綱；十愆，風之目。卿士諸侯十有其一，已喪其家，亡其國矣。墨，墨刑也。臣下不能正其君，則以墨刑加之。童蒙始學之士，則悉以是訓之，欲其入官則知所以正諫也。異時太甲欲敗度，縱敗禮，伊尹先見其微，故拳拳及此。劉侍讀曰：『墨，即叔向所謂昏墨賊殺。皋陶之刑貪，以敗官爲墨。』」 林氏曰：「上有所爲，而下化之，謂之風。愆形於上，風動於下，喪亡之本，猶《五子之歌》所謂『有一于此，未或不亡』者也。」 薛氏曰：「善不必小，故一日克己，天下歸仁。惡不必多，故有一于身，家國喪亡。虞公以垂棘之璧亡其國，吴太宰以越之女色覆其宗：先王之戒，豈誣也？或曰：『墨之爲刑，蓋已重矣。臣下不諫而遽入重辟，無乃過乎？』曰：『國家置臣屬所以正□□也，宜正而不正，則有亡國喪家之道。視其主入於喪亡而不之救，其可貸乎？且諫而逢彼之怒，則有死之道；不諫而處於無過之地，則足以保福禄。自非大忠有志之士，孰肯拒福禄而趨死地乎？然則先王重其刑，蓋使身進而諫，則未必死；退而不諫，則陷乎辟。雖意中不欲諫，蓋亦不得不諫也。三風十愆所以戒諸侯卿士，而伊尹用以訓太甲者，以爲諸侯卿士而犯此，已足喪亡國家，而况天子之□，則伊尹之訓，可謂微而婉矣。』」陳氏曰：「官刑一編，自邦君御士下至□□蒙士，凡有一於此者，其刑禍如此，遂止□『嗣王祇厥身，念哉』。蓋枚舉在位而不指斥人主，使之環視，夫人盡然，則其爲人主也宜奈何：告戒之微辭也。」 朱子曰：「臣下不正之刑，蓋施於邦君大夫之喪國亡家者。君臣一體，不得不然。如漢昌邑王賀廢，則誅其群臣。而本朝太祖下嶺南，亦誅其亂臣龔澄樞、李托之類是也。」又曰：「成湯之制官刑【一二】，正是奉行天討，毫髮不差處。」 吕氏曰：「『嗣王祇厥身，念哉』，一篇之

【一一】具訓于蒙士　「具」原作「則」，據《尚書正義》卷八改。

【一二】成湯之制官刑　「官刑」原脱，據《朱熹文集》卷四十二補。

意，全歸于此。凡不善皆自不敬中入，敬其身者，朝夕戒謹，出門如賓，承事如祭，不善安從入哉？然在念不念之間耳。」愚按：殉于貨色，殉猶殉葬之殉。蓋以其身陷於貨色之中，死而不顧也。臣下不正其君，而加以貪墨之刑者，蓋人臣之所以不諫者，以其貪官固位故也。故不諫之罪，與貪墨同，使人知不獨貪賄之有罪，而貪官者亦有刑，垂戒之意遠矣。

「聖謨洋洋，嘉言孔彰。惟上帝不常，作善降之百祥，作不善降之百殃。爾惟德罔小，萬邦惟慶；爾惟不德罔大，墜厥宗。」孫氏曰：「以其謨出於聖人，故謂之聖謨。以其言極於至美，故謂之嘉言。即上文『三風十愆』之戒是也。」張氏曰：「不敬其身者，必納此身於三風十愆矣。爲天下國家之謀，既遠且大，所謂『洋洋』；科別其條，截然分明，所謂『孔彰』。」林氏曰：「大禹肇造有夏於唐、虞之世，而太康以十旬游畋而亂之。周之王業自后稷開基，歷太王、王季，積德累功凡十餘世，而文、武始受命。幽王以褒姒之一笑而滅之，豈不信哉！」陳氏曰：「既戒之以祖宗，又戒之以天，以見人主所畏者，惟祖宗與天而已。」

《太甲》：惟嗣王不惠于阿衡，伊尹作書曰：「先王顧諟天之明命，以承上下神祇。社稷宗廟，罔不祗肅。天監厥德，用集大命，撫綏萬方。惟尹躬克左右厥辟宅師，肆嗣王丕承基緒。孔氏曰：「戒太甲，故以名篇。阿，倚。衡，平。言不順伊尹之訓。顧謂常目在之。諟，是也。」唐孔氏曰：「鄭玄云：『伊尹，湯倚而取平，故以名官。』《説文》：『顧，還視也，諟與是同。』《孫武兵書》及《吕氏春秋》皆云伊尹名摯，則『尹』非名也。今自稱『尹』者，蓋湯得之，使尹正天下，故號『伊尹』。人呼爲『伊尹』，故亦以自稱。《禮》：『君前臣名。』不稱名者，商人質故也。」葉氏曰：「《君奭》言：『成湯受命，時則有若伊尹。在太甲，時則有若保衡。』湯之子孫猶不敢斥其名。阿、保爲通文，則阿亦保之意。」吕氏曰：「顧者，省察也。言時時省察，不敢少忘，以是心而承接上下神祇，至於社稷宗廟，莫不祗肅。伊尹所以首及此者，蓋人心雖甚散亂，至祭祀之時，無有不肅敬者，此其本心也，故《萃》、《涣》二卦必言『王假有廟』。伊尹欲救太甲縱欲之失，首自本原正之，所以收其放心也。」蔡氏曰：「明命者，上天顯然之理，而命之我者，在天爲明命，在人爲明德【一三】。伊尹言湯常自在是，以奉天地神祇、社稷宗廟，無不敬肅。故天視其德，用集大命，以有天下。」

「惟尹躬先見于西邑夏，自周有終，相亦惟終；其後嗣王，罔克有終，相亦罔終，嗣王戒哉！祗爾厥辟，辟不辟，忝厥祖。」孔氏曰：「周，忠信也。」蘇氏曰：「自，由也。由忠信之道，則有終。言君臣一體，禍福同也。」呂氏曰：「夏都亳之西，故謂之西邑夏。人君所爲小大，至纖至悉，自内及外，無不全備，謂之周。如孟子所謂『周于德』、『周于利』之周。」蔡氏曰：「《國語》：『忠信爲周。』」施氏曰：「作僞心勞日拙，則缺露而不周；忠則無僞，故能周而無缺。夏之先王，以忠信有終，故其輔相者，亦能有終。其後夏桀不能有終，故其輔相亦不能有終。嗣王其以夏桀爲戒哉！當敬爾所以爲君之道。君而不君，則忝辱成湯矣。」

王惟庸罔念聞。蔡氏曰：「此史氏之言。」愚按：辟不辟之言，殆甚於漢人之所謂帝不諦也。然漢君怒而誅之，太甲雖以爲常，無所念聽，然不聞其怒也。此所以卒至於思庸歟？伊尹乃言曰：「先王昧爽丕顯，坐以待旦。旁求俊彦，啓迪後人，無越厥命以自覆。慎乃儉德，惟懷永圖。若虞機張，往省括于度，則釋。欽厥止，率乃祖攸行，惟朕以懌，萬世有辭。」唐孔氏曰：「昧爽，夜向晨也。昧，是晦冥；爽，未大明。」呂氏曰：「再舉湯之敬德。昧爽者，昏旦之交。湯於是時已大自顯明，洗濯其心，澡雪其志，坐以待旦。想當其時，存心養性，湛然清净，無一毫物累，同乎太虚，猶日之東升，明照天下。湯之勤勞而受天命，宜可少逸矣，猶且若是，則下於湯者，果如何而勤耶？伊尹所以暗箴太甲之病也。旁求者，求之非一方也。彦，美士也。湯孜孜爲善，不皇寧處如此，而又旁求俊彦，以開導其子孫。太甲毋顛越其命，以自取覆亡也。」孔氏曰：「當以儉爲德，思長

【一三】在人爲明德　「在」原作「日」，據《書經大全》卷四改。

世之謀。機，弩牙也。虞，度也。度機，機有度以準望，言修德當夙夜思之，明旦行之，如射先省矢括于度，釋則中。止謂行所安，君止於仁，子止於孝。能循汝祖所行，則我喜悦，工亦見歎美無窮也。」　朱氏曰：「虞，當以訓虞人爲是。」蘇氏曰：「以約失之者鮮矣，未有侈奢而能久也。機張所以射鳥獸也。《詩》云：『舍矢如破。』準望有毫釐之差，則所中有尋丈之遠，言人君所爲得失微，而禍福大，亦如此也。」　葉氏曰：「德雖多，莫先於儉。有驕侈之心，然後有淫佚之行，惟儉可恃以久，而爲遠圖。」　蔡氏曰：「欽者，肅恭收斂之謂。止，見《虞書》。『欽厥止』者，所以立本；『率乃祖』者，所以致用：所謂『省括于度』也。王能如是，則動無過舉，近可以慰悦尹心，遠可以有譽後世矣。」

王未克變。蔡氏曰：「此亦史氏之言。」伊尹曰：「兹乃不義。習與性成。予弗狎于弗順，營于桐宫，密邇先王其訓，無俾世迷。」王徂桐宫，居憂，克終允德。蘇氏曰：「性無不善者，今王習於不義，則性淪於習中，皆成於惡也。王之不義，以近羣小故也。故使獨居桐宫，密邇先王之陵墓，以思哀而生善心，此則先王之訓也。」　張氏曰：「伊尹所陳，力亦盡矣。太甲心雖省悟，然心不勝欲，此所以欲變而未能。伊尹乘欲變未能之機，使不近弗順之人，以絶其爲惡之萌。放之桐宫，以起其悲愴之心；密邇先王之訓，以發其仁義之性。此聖人造化之妙也。」　林氏曰：「世迷謂終迷而不反。墟墓之中，未施哀而民哀。既奪其所嗜好之習，而致之哀戚易感之地，彼其自怨自艾，處仁遷義，理固然也。此孟子不屑之教誨。」　吕氏曰：「憂則心收，樂則心放，故曰『王居憂而克終允德』也。」惟三祀十有二月朔，伊尹以冕服奉嗣王歸于亳。孔氏曰：「湯以元年十一月崩，至于二十六月，三年服闋。冕，冠也。踰月即吉服。」作書曰：「民非后，罔克胥匡以生；后非民，罔以辟四方。皇天眷佑有商，俾嗣王克終厥德，實萬世無疆之休。」王氏曰：「天生蒸民，有欲無主乃亂，故罔克胥正以生，得乎丘民而爲天子。無民則獨夫爾，故罔以辟四方。」　張氏曰：「孟子論舜、禹、益相去久遠，其子之賢不肖，皆天也，非人之所能爲也。觀此言，則太甲之不明，天也；太甲之悔過，亦天也。然則伊尹不放之桐宮，太甲亦悔過乎？曰：天下豈有此理？聖人以人合天，不委於天；以義斷命，不委於命。聖賢第知人事與義理而已，安肯一委之天命乎？」林氏曰：「太甲之終厥德，伊尹之力也。而伊尹歸之天，蓋君子能致人於悔過遷善之地，而不能必其人有悔過遷善之心。伊尹嘗五就桀矣，所以事桀者，雖不得而盡見，然即其成就太甲者觀之，尹之於桀必盡其道矣。而桀終不改，則太甲之悔過，非天而誰哉？」

王拜手稽首，曰：「予小子不明于德，自底不類。欲敗度，縱敗禮，以速戾于厥躬。天作孽，猶可違；自作孽，不可逭。既往背師保之訓，弗克于厥初，尚賴匡救之德，圖惟厥終。」孔氏曰：「稽首于臣，謝前過。」唐孔氏曰：「欲者本之於情，縱者放之於外，縱、欲一也。」蘇氏曰：「不類，猶失常也。孽，妖也。違、逭，皆避也。妖祥之來有可避者，此天作也。若妖由人興，則無可避之理。」呂氏曰：「觀太甲悔過之辭，其良心油然而生可知也。昔以不明而敗度敗禮，今既明矣，故自知其得病之原，以欲與縱爲可安，則視度與禮，宜若荆棘束縛。然今乃知度與禮之可安也，既往背師保之訓，至圖惟厥終，此見太甲望伊尹扶持之功。當太甲不明之時，伊尹之言，惟恐太甲之不聽。及太甲悔過之後，太甲之心，惟恐伊尹之不言。」林氏曰：「太甲以爲自作孽，遂終允德。紂以爲命在天，故至於亡。」又曰：「不類，猶不肖也。《詩》曰：『克明克類。』」蔡氏曰：「欲敗度，謂廣其宮室、侈其車服之類。縱敗禮，謂惰其志【一四】。誠仁並言始於此，三者堯、舜、禹、湯之正傳也。與治同道，罔不興道，指全體而言，如堯舜之仁、湯武之義是也。與亂同事，罔不亡事，指一事而言，如太康畋遊、夏桀暴虐之類是也。必同道乃興，宋襄公以不禽二毛，自比文王，不知一事之同，而他事之不副，其能有興乎？苟同事必亡，三風十愆或有其二，無不亡者，蓋興之難而亡之易如此，斯天位之所以難歟！」

「先王惟時懋敬厥德【一五】，克配上帝。今王嗣有令緒，尚監茲哉。呂氏曰：「此告太甲以

【一四】謂惰其志　按：此下原有缺頁。

【一五】先王惟時懋敬厥德　按：此下爲伊尹告太甲語。

用工之地也。敬則此心存明之所由生也。先王謂湯，克配上帝者，與天相似也。」蔡氏曰：「敬即克敬，惟親之敬，舉其一以包其二也。成湯勉敬其德，德與天合，故克配上帝。今王繼有令緒，尚監視于此哉！」愚按：惟時云者，謂敬德之外無復他道，所以深勉太甲也。前言敬誠仁玆，故揔之以敬者。蓋敬而後能仁，敬而後能誠故也。**若升高必自下，若陟遐必自邇。無輕民事，惟難；無安厥位，惟危。慎終于始。**呂氏曰：「自此乃伊尹畫一告太甲也。太甲在桐宫悔過後，所見甚力。伊尹恐其勇於進，躐等而不循其序，故告之以自下、自邇之説，欲使太甲知下學而上達，道在邇而不可求之遠，然後以次而進。蓋掃洒應對即精義入神之理，禮樂刑政即道心惟微之理，家人父子即治國平天下之理。」蔡氏曰：「此告以進德之序也。《中庸》論君子之道，亦謂『譬如行遠必自邇，登高必自卑』。進德修業之喻，未有如此之切者。」又曰：「人情孰不欲善其終，特安於縱欲，以爲今日始其是，而他日固改之也。然始焉不善，而能善其終者寡矣。桐宫之事往已，今其即政臨民，亦事之一初也。」**有言逆于汝心，必求諸道；有言遜于汝志，必求諸非道。**蔡氏曰：「鯁直之言，人所難受；巽順之言，人所易從。於其所難受者，必求諸道，不可遽以逆于心拒之；於其所易從者，必求諸非道，不可遽以遜于志而聽之。」愚謂：聽言之道，當求理義之當，而不當順意見之偏。苟合乎理，雖逆吾之意，不可不從；苟咈乎理，雖順吾之意，不可不察。

「嗚呼！弗慮胡獲？弗爲胡成？一人元良，萬邦以貞。君罔以辯言亂舊政，臣罔以寵利居成功，邦其永孚于休。」蔡氏曰：「胡，何也。弗慮何得，欲其謹思之也；弗爲何成，欲其篤行之也。元，太；良，善；貞，正也。一人者，萬邦之儀表。一人元良，則萬邦以正矣。」吳氏曰：「上篇稱嗣王不惠于阿衡，必其言有與伊尹背違者。辯言亂政，或太甲所失在此。罔以寵利居成功，己之所自處者，已素定矣。下語既非泛論，則上語必有爲而發也。」愚按：辯言亂舊政，武帝以張湯而變高祖之約束是也。寵利居成功，霍光以援立之功，據權位而不去是也。故武帝末年海内虚耗，幾至於亂，而光不免赤族之禍。伊尹之言，豈非萬世龜鑑哉！

伊尹作《咸有一德》。孔氏曰：「言君臣皆有純一之德，以戒太甲。」　吕氏曰：「此篇終始言一德，一德之名，立於伊尹，蓋明百聖之所未明。」　蔡氏曰：「伊尹致仕而去，恐太甲德不純一，及任用非人，故言君臣皆當有純一之德也。」

《咸有一德》：伊尹既復政厥辟，將告歸，乃陳戒于德。曰：「嗚呼！天難諶，命靡常。常厥德，保厥位。厥德靡常，九有以亡。孔氏曰：「還政太甲，告老歸邑，陳德以戒。」　唐孔氏曰：「太甲既歸，伊尹即應還政。《君奭》云：『在太甲，時則有若保衡。』襄二十一年《左傳》：『伊尹放太甲而相之，卒無怨色。』則是伊尹又相太甲。豈伊尹將告歸，太甲留之爲相，如成王之留周公也歟？《沃丁》序云『沃丁既葬伊尹』，則伊尹卒在沃丁之世。伊尹位爲三公，必封爲國君，受邑畿内，告老致政，欲歸私邑。」　蔡氏曰：「諶，信也。天之難信，以其命之不常也。然天命雖不常，而常於有德者。君德有常，則天命亦常，而保厥位矣。君德不常，則天命亦不常，而九有以亡矣。常德，一德之謂。九有，九州也。」　張氏曰：「於常厥德，止言保厥位，所以勸作德而使之勉；於不常厥德，特言九有以亡，所以懲不德，而使之畏故也。」夏王弗克庸德，慢神虐民。皇天弗保，監于萬方，啓迪有命，眷求一德，俾作神主。惟尹躬暨湯，咸有一德，克享天心，受天明命，以有九有之師，爰革夏正。非天私我有商，惟天佑于一德，非商求于下民，惟民歸于一德。薛氏曰：「大命雖不尚，亦未嘗不常。弗克庸德，則天弗保；咸有一德，則受明命。然則天之常不常，在人而已。」　張氏曰：「監于萬方，則所求者廣，即天無私親可見矣。」　蔡氏曰：「上言天命無常，有德可常，於是引桀之所以失天命，湯之所以得天命者證之。湯之君臣皆有一德，故能上而當天心，受命有天下，改夏建寅之正，而爲建丑之正也。」

「德惟一，動罔不吉；德二三，動罔不凶。惟吉凶不僭在人，惟天降災祥在德。」張氏曰：「一者天理，故無往而不吉。二三者人欲，故無往而不凶。一即吉，二三即凶，非一之外別有吉，非二三之外別有凶。」愚按：吉凶不僭在人，蓋謂吉凶無一毫之差，顧在人所自取者何如耳。然則吉凶在人，而不在天故也。今嗣王新服厥命，惟新厥德。終始惟一，時乃日新。任官惟賢材，左右惟其人。臣爲上爲德，爲下爲民。其難其慎，惟和惟一。張氏曰：「此告太甲以繼湯之一德也。其下乃告之以擇臣下，一德者，與共治天下也。尹與湯咸有一德，所以能致格天之治，則太甲之求人才，可不惟一德之是準乎？」蔡氏曰：「太甲新服天子之命，則德亦當新。然新德之要，在於有常而已。終始有常而無間斷，是乃所以日新也。」呂氏曰：「新厥德者，澡雪興起之意。」林氏曰：「任官者，自大臣至百執事是也。左右，謂侍御、僕從、綴衣、虎賁、趣馬、小尹之類。自古賢才既在位矣，而天子左右一非其人，則勢不兩立，小人必勝，君子必危。故有弘恭、石顯在左右，則周堪、蕭望之無所施；有曹節、侯覽在左右，則陳蕃、李膺無所施；有仇士良、陳洪志在左右，則裴度無所措。賢才之任官而得其志，非左右惟其人不可也。」孫氏曰：「賢言其德，材言其能。」張氏曰：「伊尹欲使是君爲堯、舜之君，則爲上爲德可知矣。欲使是民爲堯、舜之民，則爲下爲民可知矣。取之則其難其謹，與之則惟和惟一。」呂氏曰：「上既言一德之事，至是謂非一己所能盡，惟左右前後，皆輔成一德之人而後可。臣之所以爲上者，輔君之德也；臣之所以爲下者，爲君安卹其民也。」蔡氏曰：「人臣之職，爲上爲德，左右厥辟也；爲下爲民，所以宅師也。臣職所係，其重如此，是必其難其慎【一六】。難者，難於任用；謹者，謹於聽察：所以防小人也。惟和惟一，和者，可否相濟；一者，終始惟一。」按：臣爲上爲德，爲下爲民。《釋文》：「爲上爲民，于僞反。爲德爲下，如字。」林氏以爲四字皆去聲，其理爲長。朱子亦云四字當並爲去聲。愚謂爲云者，意有所主之名，言人臣之心，爲上則爲君成德，爲下則爲君牧民。意之所主，惟此二者，二者之外，不雜他念，然後爲一德之臣。若是者得之甚難，擇之當謹，又必可否相濟，終始惟一，然後得任賢之道

【一六】是必其難其慎　「難其慎」原脱，據《書經集傳》卷三補。

也。德無常師，主善爲師。善無常主，協于克一。張子曰：「德主天下之善，善原天下之一。」朱子曰：「横渠之説甚善。蓋從一中流出者，無有不善，所以伊尹曰常厥德，曰庸德，曰一德，常也，一也，只是一理。」又曰：「此四句，一節緊似一節，德且是大體説，有吉德，有凶德，必主善始爲吉耳。善亦且是大體説，惟是協于克一，是乃爲善。德以事言，善以理言，一以心言。大抵此篇精神，全在一字上。此心纔一，便終始不變而有常。協字雖訓合，乃是以此合彼之合，與《書》『協時月正日』之『協』同義，蓋若揆度參驗之意。」又曰：「伊尹所以告太甲，言言皆天理。」南軒張氏曰：「自《虞書》精一數言外，惟此最爲精密。」俾萬姓咸曰：『大哉，王言！』又曰：『一哉，王心！』克綏先王之禄，永底烝民之生。張氏曰：「此一德之效也。言何能大，必有其所以大者。民始聞號令，既贊其言之大，及行之久而不變，又贊其心之一。使左右皆曰大哉、一哉，未足貴也；使諸大夫皆曰大哉、一哉，未足貴也；惟萬姓咸曰大，咸曰一，然後信乎其大且一爾。」蔡氏曰：「人君惟其心之一，故其發諸言也大。萬姓見其言之大，故能知其心之一。感應之理自然以見，人心之不可欺，而誠之不可揜也。禄者，先王所守之天禄也。烝，衆也。天禄安，民生厚，一德之效驗也。」愚按：不言德之一，而言心之一者，蓋推原其所自出也。心不一而欲其言之大，雖致飾於號令之末，未見其能大者也。嗚呼！七世之廟，可以觀德。萬夫之長，可以觀政。孔氏曰：「天子立七廟，有德之主則爲祖宗，其廟不毁，故可以觀德。能整齊萬夫，則政可知矣。」蘇氏曰：「非德無以遺後，非政無以齊衆。」蔡氏曰：「天子七廟，三昭三穆，與太祖之廟而七。七廟親盡則遷，必有德之主，則不祧毁，故曰『可以觀德』。天子居萬民之上，必政教有以深服乎人，而後萬民悦服，故曰『可以觀政』。伊尹歎息言德政修否，見於後世，服乎當時，有不可掩者如此。」后非民罔使，民非后罔事，無自廣以狹人，匹夫匹婦不獲自盡，民主罔與成厥功。」蔡氏曰：「罔使、罔事，即前篇『罔克胥匡以生』云云之意。申言民之貴賤之不同，至於取人爲善，則初無貴賤之間，苟自大而狹人，匹夫匹婦有一不得自盡於上，則一善不備而民主亦無與成厥功矣。」

沃丁既葬伊尹于亳，咎單遂訓伊尹事，作《沃丁》。陵陽李氏曰：「予讀《伊訓》、《太甲》、《咸有一德》等書，攷其進退之迹，昭然明甚，而紛紛俗説，類有以汙之，吾夫子蓋傷痛焉，故於伊、周之迹著之最詳。自稷、契、皋陶以下，盡臣道者代不一人，而伊尹、周公之葬獨紀於《書》，孔子之意蓋可見矣。」

《商頌·長發》，大禘也。孔氏曰：「大禘之樂歌也。」其卒章曰：昔在中葉，有震有業。允也天子，降予卿士。實維阿衡，實左右商王。毛氏曰：「葉，世也。業，危也。」孔氏曰：「震，懼也。」鄭氏曰：「阿，倚。衡，平也。」孔氏曰：「昔在中間之世，湯未興之前，國弱而危懼也。」朱氏曰：「天子，湯也。降猶『維嶽降神』之降，言天賜之也。卿士，則伊尹也。」劉氏曰：「禘于太祖，則功臣與祭，故言伊尹也。」

《孟子》：「伯夷、伊尹何如？」公孫丑問。曰：「不同道。非其君不事，非其民不使，治則進，亂則退，伯夷也。何事非君，何使非民，治亦進，亂亦進，伊尹也。可以仕則仕，可以止則止，可以久則久，可以速則速，孔子也。皆古聖人也，吾未能有行焉。乃所願，則學孔子也。」「伯夷、伊尹於孔子若是班乎？」曰：「否。自有生民以來，未有盛於孔子也。」曰：「然則有同與？」曰：「有。得百里之地而君之，皆能以朝諸侯，有天下；行一不義、殺一不辜而得天下，皆不爲也。是則同。」説見《丁記》。

伊尹相湯以王於天下。湯崩，太丁未立，外丙二年，仲壬四年。太甲顛覆湯之典刑，伊尹放之於桐。三年，太甲悔過，自怨自艾，於桐處仁遷義；三年，以聽伊尹之訓己也，復歸于亳。趙氏曰：「太丁，湯之太子，未立而死。外丙立二年，仲壬立四年，皆太丁弟也。太甲，太丁子也。」程氏曰：「古人謂歲爲年，湯崩時，外丙方二歲，仲壬方四歲，惟太甲差長，故立之也。」朱子曰：「二説未知孰是。」胡氏曰：「太史公記湯崩，太子𠀤死，外丙立二年，仲壬立四年，相繼而崩，然後伊尹立太甲，非其實也，何以知之？二帝官天下，定於與賢；三王家天下，定於立嫡。立嫡者，敬宗也；敬宗者，尊祖也；尊祖者，所以親親也。兄死弟立，不敬宗尊祖，本支亂而爭奪起矣。成湯、伊尹以元聖之德，戮力創王業，豈乃舍嫡孫而立諸子，亂倫壞制，大開後嗣爭奪之端乎？故公儀仲子舍孫而立子，言偃問曰：『禮歟？』孔子曰：『否。立孫。』夫孔子，魯人也，宜知其先王之故也，而不以立弟爲是，此所以知其非也。邵康節作《皇極經世史》，亦無外丙、仲壬名，此又其可證者也。」又論曰：「孔子曰：『太甲既立，不明。伊尹放諸桐三年。』夫三年之喪，天下之通喪也。太甲上承其祖，居憂三年，宜矣，何以謂之放乎？桐宫，非嗣王居憂之常所也，伊尹於是有廢昏立明之意，故特謂之放也。蘇東坡曰：『湯放桀，伊尹放太甲，聖人將以救天下後世，不得已而爲之也。』以爲不得已之變則可，以爲道固當然，則不可。甚矣，其鑿也！興廢，道之常也。聖人當興廢之際，不得已而有爲者，所以由道也。若非道固當然而迫於不得已之變，是無本也。本則不立，將何以識輕重，定取舍，濟天下之艱難乎？是故衡陳，然後可以決輕重；本立，然後可以趨變化。」

萬章問曰：「人有言『伊尹以割烹要湯』，有諸？」孟子曰：「否。不然。伊尹耕於有莘之野，而樂堯、舜之道焉。非其義也，非其道也，禄之以天下，弗顧也；繫馬千駟，弗視也。非其義也，非其道也，一介不以與人，一介不以取諸人。湯使人以幣聘之，囂囂然曰：『我何以湯之聘幣爲哉？我豈若處畎畝之中，由是以樂堯、舜之道哉？』湯三使往聘之，既而幡然改曰：『與我處畎畝之中，由是以樂堯、舜之道，吾豈若使是君爲堯、舜之君哉？吾豈若使是民爲堯、舜之民哉？吾豈若於吾身親見之哉？天之生此民也，使先知覺後知，使先覺覺後覺。予，天民之先覺者也；予將以斯道覺斯民也。非予覺之，而誰也？』思天下之民，匹夫匹婦有不被堯、舜之澤者，若己推而内之溝中。其自任以天下之重如此，故就湯而説之以伐夏救民。吾未聞枉己而正人者也，況辱己以正天下乎？聖人之行不同也，或遠或近，或去或不去，歸潔其身而已矣。吾聞其以堯、舜之道要湯，未聞以割烹也。《伊訓》曰：『天誅造攻自牧宫，朕載自亳。』」

公孫丑曰：「伊尹曰：『予不狎于不順。放太甲于桐，民大悦。太甲賢，又反之，民大悦。』賢者之爲人臣也，其君不賢，則固可放與？」孟子曰：「有伊尹之志則可，無伊尹之志，則篡也。」朱子曰：「伊尹之志，公天下以爲心，而無一毫之私者也。」蘇氏曰：「夫太甲之廢，天下未嘗有是，而伊尹始行之，天下不以爲驚。以臣放君，天下不以爲僭；既放而復立，天下不以爲專。何則？其素所不屑者足以取信於天下也。彼其視天下眇然，不足以動其心，而豈忍以廢放其君求利也哉？」

高宗夢得説，使百工營求諸野，得諸傅巖，作《説命》三篇。孔氏曰：「盤庚弟小乙子，名武丁。」蔡氏曰：「《説命》記高宗命傅説之言【一七】，『命之曰』以下是也，猶《蔡仲之命》、《微子之命》。後世命官制詞，其原蓋出於此。上篇記得説命相之辭，中篇記説爲相進戒之辭，下篇記説論學之辭。摠謂之命者，高宗命説，實三篇之綱領，故摠稱之。」

《説命》：王宅憂，亮陰三祀。既免喪，其惟弗言。蔡氏曰：「亮，亦作諒。陰，古作闇。按《喪服四制》，高宗亮陰三年。鄭氏註云：『古作梁，楣謂之梁。闇，讀如鶉鵪之鵪。闇，謂廬也，即倚廬之廬。』宅憂諒陰，謂居憂於梁闇也。先儒以亮陰爲信嘿三年不言，則語復而不可解矣。」羣臣咸諫于王，曰：「嗚呼！知之曰明

【一七】高宗命傅説之言　「命」字原脱，據《書經集傳》卷三補。

哲，明哲實作則。天子惟君萬邦，百官承式，王言惟作命，不言臣下罔攸稟令。」唐孔氏曰：「王居父憂，信任冢宰，三年不言，自是常事。史録此者，謂免喪而猶不言也。」呂氏曰：「深思爲君之難，不敢易其言也，非柔懦闇弱之形已見於外，惟中有所主者。雖未嘗言，其至誠發越，自不可揜，此高宗之羣臣嘿窺於不言之表，而謂之明哲也。」蔡氏曰：「高宗免喪不言，羣臣以其過於禮也，故咸諫之，歎息言有先知之德者，謂之明哲，明哲實爲法於天下。今天子君臨萬邦，百官皆奉承法令，王言則爲命，不言則臣下無所稟令矣。」王庸作書以告曰：「以台正于四方，惟恐德弗類【一八】，兹故弗言。恭默思道，夢帝賚予良弼，其代予言。」乃審厥象，俾以形旁求于天下。説築傅巖之野，惟肖。孔氏曰：「以臣下怪之，故作誥。類，善也。我正四方，恐德不善，此故不言。」呂氏曰：「羣臣望高宗甚切，高宗猶不言，方作書導其所以不言之意，自古聖賢皆於恐懼用工。恐德不類，入聖作德之門也。」蔡氏曰：「恐德不類于前人，故不敢輕易有言，而恭敬淵默以思治道。」王氏曰：「恭默思道，致一而深思也。古人三日齋，以致其思，則必見其所爲齋者。況於致一而深思，則感格于帝夢賚良弼，蓋無足怪者。或謂商俗尚神，引天而毆此淺陋之人。不知天人之際，至誠可以感通，而妄意先王矯誣上天以布命于下，此最害教之大者。」葉氏曰：「用人而證諸夢，非用人之法也，而高宗爲之。古之君子，脩身治心致一不二，而精爽旁達，上以交於神明，嗜慾將至，有開必先，故有見之夢者。武王伐紂，亦曰『朕夢協朕卜』，高宗、武王固有致之者矣。高宗嘗學于甘盤，其聞道蓋有所自。」問：「高宗往求説耶？説來入夢耶？」程子曰：「譬如懸鏡在此，物來必照。非鏡往照物，亦非物來入鏡。大抵人心虚明，善則必先知之，不善亦先知之。」范氏曰：「《中庸》曰：『誠則形，形則著。』」揚雄氏曰：「人心其神矣乎！高宗之夢，誠之形而心之神也。」蔡氏曰：「高宗恭嘿思道之心純一不二，與天無間，故夢寐之間，帝賚良弼。其念慮所孚，精神所格，非偶然而得者也。」孔氏曰：「傅巖在虞虢之間。」爰立作相，王置

【一八】惟恐　「惟」原作「台」，據《尚書正義》卷十改。

諸其左右。蔡氏曰：「於是立以爲相。按《史記》，高宗得説，與之語，果聖人，乃舉以爲相。置諸左右，蓋以冢宰兼師保也。」

命之曰：「朝夕納誨，以輔台德。若金，用汝作礪；若濟巨川，用汝作舟楫；若歲大旱，用汝作霖雨。啓乃心，沃朕心。若藥弗瞑眩，厥疾弗瘳；若跣弗視地，厥足用傷。呂氏曰：「朝夕云者，工夫相接續而不間斷也。高宗見道明，故知頃刻不可無賢人之言。」林氏曰：「召公爲保，周公爲師，相成王爲左右。古者置相，非特統百官、均四海而已，蓋將使之左右爲師保，輔其君之德，而引之以當道。高宗於説亦然。孟子曰：『人不足與適也，政不足與間也，惟大人爲能格君心之非，一正君而國定矣。』高宗得説，言未及政事，而首命之以納誨，此所謂先立乎其大者。作礪、作舟楫、作霖雨，此申言所以命其納誨如此之急，言之不足，故廣取譬以盡其情。」呂氏曰：「三言皆資説之意，而一節切於一節。」蔡氏曰：「朝夕納誨者，無時不進言也。」陳氏曰：「啓汝心，謂開心見誠也。沃我之心，如水之沃潤萬物，有漸漬灌溉之意。古之大臣，所以格君心者，非一日之積，蓋其沃潤之有漸矣。若藥弗瞑眩，厥疾弗瘳者，望其苦口之言，以藥我也。毒藥能使人昏瞶，其病乃除。若言雖使人難受，非心乃格。若跣弗視地，厥足用傷，跣足而行，不視地，則必有以傷其足。不資傅説以爲之視聽，則必至於害事。高宗托之於物，以喻其臣，蓋其言不能自已矣。」蔡氏曰：「啓乃心者，開其心而無隱也。沃朕心者，溉我心而厭飫也。弗瞑眩，喻臣之言不苦口。弗視地，喻我之明無所見。」惟暨乃僚，罔不同心，以匡乃辟。俾率先王，迪我高后，以康兆民。嗚呼！欽予時命，其惟有終。」林氏曰：「説爲相而摠百官，則百辟卿士而下皆其屬。」呂氏曰：「至此又命説：汝不可獨盡忠諫而已，又當率爾僚屬，同心協力，以正救其君。」蔡氏曰：「使我循先王之道，蹈成湯之迹，而以安乎天下之民也。」說復于王曰：「惟木從繩則正，后從諫則聖。后克聖，臣不命其承，疇敢不祗若王之休命？」蘇氏曰：「説以匹夫得政，而王虚心以待之者如此，意其必有絶人高世之謀。今其所以復于王者，曰從諫而已。大哉，仁人之言約而至也！唐太宗中主也，其事父兄，畜妻子，正身齊家，有不至者多矣，然所以致刑措，其成功去聖人無幾者，特以從諫而已。説以爲此一言可以聖也，故首進之。以太宗觀之，知從諫之可使狂作聖也。」吕氏曰：「高宗已前言，都是責説之教誨。説於此教高宗以反己之學，謂吾君一味求諫，但患不到聖人地位爾。苟到聖人地位，雖不命亦諫，蓋主聖則臣直，此又擴高宗受諫之量。高宗本欲求之臣，説乃使求之己也。」

惟説命總百官，乃進于王曰：「嗚呼！明王奉若天道，建邦設都，樹后王君公，承以大夫師長，不惟逸豫，惟以亂民。吕氏曰：「説初見高宗，上篇所言始及大畧，至是揔百官，乃進而詳及爲君立政之道。」　楊氏曰：「明王立事不以私智自用，循天理而已。所謂奉若天道也，不必事事牽合以爲説。」　蔡氏曰：「后王，天子也。君公，諸侯也。治亂曰亂。明王奉順天道，制爲君臣上下之禮，以尊臨卑，以下奉上，非爲一人逸豫之計也，惟欲以治民焉爾。」惟天聰明，惟聖時憲，惟臣欽若，惟民從乂。范氏曰：「天不自任耳目，惟用民爲視聽。民所予者，天降之福；民所去者，天降之禍。無私於物，故能聰明。若順也，非順從而已，將順其美，匡救其惡，故上下能相親，此之謂順。」　葉氏曰：「天不自爲聰明，而以民爲聰明，故君亦不自爲聰明，而憲天之聰明。若是則臣其有不敬我而順民？其有不服我而治乎？奉若天道，莫大於此。」惟口起羞，惟甲胄起戎，惟衣裳在笥，惟干戈省厥躬。王惟戒兹，允兹克明，乃罔不休。蘇氏曰：「多言數窮，故吉人之辭寡。《春秋傳》曰：『無戎而城，讎必保焉。』無故而好甲兵，民疑且畏，致寇之道也。』笥也，篋也，皆所以盛衣服、幣帛者也。衣服不藏之府庫，而常在笥，以待命而賜有功，勸其不忘於進善者也。省躬者，『苗頑弗即工，帝其念哉』是也。」　蔡氏曰：「言語所以文身也，輕出則有起羞之患；甲胄所以衛身也，輕動則有起戎之憂。衣裳所以命有德，必謹在笥者，戒其有所輕予。干戈所以討有罪，必嚴於省躬者，戒其有所輕動。王惟戒此四者，信此而能明焉，則政治無不休美矣。」「在笥」説，諸家不同，未知其孰是。**惟治亂在庶官。官不及私昵，惟其能；爵罔及惡德，惟其賢。**張氏曰：「治亂不在天下，而在庶官，不必法度彰、禮樂著者謂之治，朝廷皆君子，則治之本已舉。不必三綱淪而九法斁謂之亂，朝廷皆小人，則亂之形已見。」吕氏曰：「官及私昵，爵及惡德，此皆出於私意，便非憲天聰明。」吴氏曰：「惡德，猶凶德也。人君當用吉士，凶德之人雖有過人之才，爵亦不可及。」張氏曰：「官所以治事，事非能則不治。私昵謂其不由天下之公論，而昵於所親所愛是也。爵所以序德，德非賢則不能備。惡德，如庶習逸德之人，羞刑暴德之人是也。」蔡氏曰：「《王制》曰：『論定然後官之，任官然後爵之。』公卿、百執事，所謂官也。公、侯、伯、子、男，所謂爵也。官以任事，故曰能；爵以命德，故曰賢。惟賢惟能，所以治也。私昵惡德，所以亂也。」

慮善以動，動惟厥時。有其善，喪厥善；矜其能，喪厥功。蔡氏曰：「吉凶悔吝，生乎動者也，故不可不慮。慮者，防患之思也。」葉氏曰：「動之不善，爲非其時。時然後動，孰有不當？」薛氏曰：「慮善以動者，擬之而後動也。動惟厥時者，當其可之謂也。」張氏曰：「老子曰：『自伐者無功，自矜者不長。』」**惟事事，乃其有備，有備無患。無啓寵納侮，無恥過作非。惟厥攸居，政事惟醇。**孔氏曰：「事事，非一事也。」蔡氏曰：「有天下者，在事其所當事而已。不事其事，則廢其所爲備。」張氏曰：「不恃患之不至，恃吾有以待之。履霜而憂堅冰【一九】，未雨而徹桑土，雖使變生倉猝，吾亦無患矣。」蘇氏曰：「小人有寵則慢其君，故啓寵則納侮之道也。史佚曰：『無始禍，無怙亂。』孔子曰：『無欲速，無見小利。』顔淵曰：『無伐善，無施勞。』此古之所謂立言者也。天下後出其皆以藉口，今説之言，雖散而不一，然一言一藥，皆足以治天下之公患，豈獨以訓武丁哉！」陳氏曰：「居者，其所止也。思其所止，則凡所施爲皆有所主，則政事不駁雜矣。人君苟無所主於内，則邪説異意雜然並進。人君嘗試爲之，安望其政事之醇哉！」林氏曰：「此又戒之治不忘亂、安不忘危也。當無事之時，而不能爲有事之備，

【一九】履霜而憂堅冰　「冰」原爲「水」，據《周易集解》卷二改。

此危亂之所萌。事事者無一事而不備，一事不備則一患隨之而起。明皇寵安禄山，漁陽之禍實基於此，所謂啓寵納侮。漢武爲竇太后置酒宣室，引内董君，以東方朔之諫，更置酒北宫，所謂恥過作非。如上所云，當謹者衆矣，然其本在人主先正其心術而已。居者，所以主之於中也。中有所主，則政事不駁雜。」蔡氏曰：「毋開寵幸而納人之侮，無恥過誤而遂己之非，過誤出於偶然，作非出於有意。居者，止而安之義，安於義理之所止也。義理出於勉强，則猶二也；義理安於自然，則一矣。惟一，故政事醇而不雜也。」按：朱子嘗言伊尹、傅説之言，雖爲告君而發，然人人皆可玩味，無不切於己者，亦蘇氏藥患之意也。學者不可不知。

黷于祭祀，時謂弗欽。禮煩則亂，事神則難。」孔氏曰：「高宗之祀豐數近廟，故以戒之。」

王曰：「旨哉！説。乃言惟服。乃不良于言，予罔聞于行。」説拜稽首，曰：「非知之艱，行之惟艱。王忱不艱，允協于先王成德，惟説不言有厥咎。」忱者，誠也。使高宗以誠爲主，何患於行乎？傅説中篇節目似煩，疑使人紛然不知所守，然其歸止在「王忱不艱」一句而已。林氏曰：「旨者，味之美也。高宗聞説之言，如美味之悦其口，故曰旨哉，味之之深也。然知之而不能行，則與我爲二矣。忠言嘉謀雖日接於耳，皆他人之物，非己所有也。故人主之學，惟貴於躬行，行則與之爲一，而自得之。堯、舜之盛不過如此。」吕氏曰：「王不難于行，而我不言，其過在我。我言之而王不能行，則過乃在王矣。」南軒張氏曰：「知者，凡聖之分也，豈可易云乎哉？傅説之告高宗，高宗蓋知之者，『恭默思道，夢帝賚于良弼』，非知之者，有此乎？此『舊學于甘盤』之所得也。知之非艱，説之意亦曰：雖己知之，此非難也，貴於身親實履之，此爲知之者言也。若高宗未克知之，而告之曰知之非艱，則説爲失言矣。」

王曰：「來！汝説。台小子舊學于甘盤，既乃遯于荒野，入宅于河。自河徂亳，暨厥終罔顯。爾惟訓于朕志，若作酒醴，爾惟麴糵；若作和羹，爾惟鹽梅。爾交修予，罔予棄，予惟克邁乃訓。」孔氏曰：「甘盤，商賢臣，有道德者。既學而中廢業，遯居田野。河，洲也。其父欲使高宗知民艱苦，故使居民間。」蘇氏曰：「武丁爲太子，則學于甘盤，遯去隱于荒野。武丁使人求之，即其所往，則居于河濱。自河徂亳，不知其所終。武丁無與共政者，故相説也。舊説乃謂武丁遯于荒野。武丁爲太子，而遯則如吳太伯，豈復立也哉？學者徒見《書》云其在高宗時，舊勞于外，故以武丁爲遯。小乙使武丁劬勞于外，以知艱難，決非荒野之遯也。又以《書》云在武丁時，則有若甘盤，故謂武丁即位而甘盤在也。甘盤，武丁師也。蓋配食其廟，其曰在武丁時固宜，豈必即位而後師之哉？若武丁遯而復立，不當云『暨厥終罔顯』也。」葉氏曰：「前一篇訪以政事，故説以政事對。此篇訪以道學，故説以道學對。作礪、作舟楫、作霖雨，我求於汝者也。爾惟麴糵，爾惟鹽梅，爾成於我者也。」蔡氏曰：「告之以政事者，臣道也。訓之以學者，師道也。始命之以『朝夕納誨』，臣之也。今命之『爾惟訓于朕志』，師之也。麴糵、鹽梅，其所求於説者，愈深矣。」范氏曰：「周公作《君奭》，稱甘盤而不稱傅説者。高宗聞先王之道始於甘盤，其後能用傅説，本由甘盤之所啓迪也。」張氏曰：「甘盤何爲而遯也？高宗微處，甘盤其知之矣。甘盤在則心怠，甘盤遯則思深。其心謂甘盤在此儻吾有失，復何慮哉！甘盤既去，則如漢高不見蕭何，如失左右手，所以感格上帝，夢賚良弼，是甘盤之遯，乃所以啓高宗之心也。不憤不啓，不悱不發，困於心，衡於慮，而後作，其是之謂乎？」范氏曰：「酒非麴糵不成，羹非鹽梅不和，猶人君雖有美質，必得賢臣輔導，乃能成聖。作酒者麴多，則太苦，糵多，則太甘，麴糵得中，乃能成酒。作羹者鹽過則鹹，梅過則酸，鹹酸得中，然後成羹。臣之於君，不可上下相同，當以柔濟剛，以可濟否，左右其君之德，則君志乃和。」林氏曰：「爾交修予者，可否相濟以輔予之不逮也。」蔡氏曰：「心之所之謂之志。邁，行也。」孔氏曰：「交者，非一之義。」

説曰：「王，人求多聞，時惟建事，學于古訓乃有獲。事不師古，以克永世，匪説攸聞。」王氏曰：「説稱王而告之曰：王人求多聞，時惟建事。」蘇氏曰：「學道將以見之行事也，非獨知之而已。」呂氏曰：「王者學問之博，而所聞之多，非爲觀美而已。立天下之大經，彌綸天下之大化，至於贊天地之化育，所謂建事也。時惟者，決然之辭。」蔡氏曰：「古訓者，先聖王之訓，載修身治天下之道，二典、三謨之類是也。不師古訓，而能長治久安者，非説所聞。甚言無此理也。」愚按：《大學》之道自格物致知推而至於治國平天下，蓋致知所以明理，理明則見之行事者，舉而措之耳。此求多聞建事之意也。古者學與事爲一，故精義所以致用，利用所以崇德，本末先後非二致也。後世學與事爲二，故求道者以政事爲粗迹，任事者以講學爲空言，不知天下未嘗有無理之事，未嘗有無事之理。老、莊言理而不及事，是有無事之理也。管、商言事而不及理，是有無理之事也。深味傅説之言，則古先聖王之正傳可以識矣。

「惟學遜志，務時敏，厥修乃來。允懷于兹，道積于厥躬。惟斅學半。念終始典于學，厥德修罔覺。監于先王成憲，其永無愆。惟説式克欽承，旁招俊乂，列于庶位。」張氏曰：「學固多門，吾將自何而入？傅説指高宗以遜志，可謂徑矣。昔子夏指掃洒爲君子之道，孟子指徐行後長者爲堯、舜之道，子路其言不遜，爲夫子之所哂，則知聖學之門，以遜志爲入路也。念兹在兹，釋兹在兹，所謂允懷。人之學問無所準的，則無所適從者。孔子以周公爲準的，至形於夢寐；顔子以孔子爲準的，至勞於瞻仰。傅説論學，而終之鑒先王之成憲，是使高宗以成湯爲準的也；使高宗以湯爲準的，則學必至於成湯之地而後已。其脩心治身，以至立政造事，羹墻夢寐於湯者，其可已耶？君臣之間，學問既同，則心志皆同；心志皆同，則見識議論、趨向取舍無適不同。高宗誠能如説所言，然後説可以展盡四體，旁招俊乂，不然則上將有擅權之謗，下將有朋黨之説，君臣之間，未有所學不同，而能成事者也。」蔡氏曰：「時敏者，無時而不敏也。遜其志，如有所不能；敏於學，如有所不及；則其所修如泉始達，源源乎其來矣。兹，此也。篤信而深念乎此，則道積於身，不可以計矣。夫修之來，來之積，其學之得於己者如此。」吕氏曰：「遜志者，爲學必虚心下氣，然後有以受天下之善。既遜志，又必孜孜不怠，以充養而擴大之。二者兼進，則己之所修日有新益，如井之泉愈汲愈來，馴至日日新、又日新之地，不難矣。然此理知之者多，能持此念者少，信能念兹在兹，然後道聚于厥躬。學者讀聖賢之書，聞師友之教，孰不欲從事？惟不能篤信，故不能有得。允懷者，信之篤而無一毫僞心也。道本固有，非自外來，學力不加，則日以涣散。是心常存，無所間斷，師舉一隅，學者當以三隅自反；師告諸往學者，當以來者自悟。説之言及此，蓋欲高宗自用其功也。」蔡氏曰：「斆，教也。言教人居學之半。始之自學，學也；終之教人，亦學也。一念終始，常在於學，則德之所修，有不知其然者矣。或曰：『受教亦曰斆，學於爲學之道半之，半須自得。』此説極爲新巧，但古人論學，語皆平實，無此險巧，此蓋釋教機權，而誤以論聖賢之學也。」愚按：吕氏之説未見其爲奇險，且與『念終始典于學』正相屬，姑並存之，以俟商訂云。

王曰：「嗚呼！説四海之内，咸仰朕德，時乃風。股肱惟人，良臣惟聖。孔氏曰：「風，教也。使天下皆仰我德，是汝教手足具乃成人，有良臣乃成聖。」張氏曰：「風之爲物，鼓舞動盪，物賴之以生成。説之所以成就高宗者如此也。」昔先正保衡作我先王，乃曰：『予弗克俾厥后惟堯、舜，其心愧恥，若撻于市。』一夫不獲，則曰時予之辜。佑我烈祖，格于皇天。爾尚明保予，罔俾阿衡專美有商。孔氏曰：「保衡，伊尹也。作，起也。」顔氏曰：「保衡、阿衡，謂保任倚賴之，如權衡之公平。」薛氏曰：「説曰『監于先王成憲』，以湯之事望之也。王曰『罔俾阿衡專美有商』，以伊尹之事責之也。君臣之交相勉如此，雖欲不治，不可得也。」周子曰：「伊尹恥其君不若堯、舜，一夫不獲，則曰時予之辜。學者當志伊尹之志者也。」愚謂學者口不可一日不誦此言，心不可一日不存此念。惟后非賢不乂，惟賢非后不食。其爾克紹乃辟于先王，永綏民。」説拜稽首，曰：「敢對揚天子之休命。」

高宗祭成湯，有飛雉升鼎耳而雊，祖己訓諸王，孔氏曰：「耳不聰之異。雊，鳴。祖己，賢臣也，以訓導諫王。」作《高宗肜日》。

高宗肜日，越有雊雉。孔氏曰：「祭之明日又祭，商曰肜，周曰繹。於肜日有雉異。」唐孔氏曰：「漢《五行志》：『劉歆以爲鼎三足，三公象也，而以耳行。野鳥居鼎耳，是小人將居公位，敗宗廟之祀也。』」祖己曰：「惟先格王，正厥事。」蘇氏曰：「格，正也。謂當先格王心之非，蓋武丁不專修人事，數祭以媚神，而祭又豐私親廟，故傅説、祖己皆先格而正之。」蔡氏曰：「『惟天監民』以下，格王之言。『王司敬民』以下，正事之言也。」乃訓于王曰：「惟天監下民，典厥義。降年有永有不永，非天夭民，民中絶命。蔡氏曰：「典，主也。義者，理之當然。言天監視下民，惟好惡予奪，惟主義如何爾。降命有永有不永，義則永，不義則不永，非天夭折其民，民自以非義而中絶其命爾。意高宗之祀必有祈年請命之事，如漢武帝五時之類【二〇】。祖己言永年之道不在禱祠，在於所行義與不義而已，禱祈非永年之道也。言民而不言君者，不敢斥也。」民有不若德，不聽罪，天既孚命正厥德，乃曰：『其如台？』」。蘇氏曰：「人有不順之德、不聽之罪，天未即棄絶，而以孽祥爲符信，以正其德。人乃曰：『孽祥其如我何？』則天必誅絶之矣。」蔡氏曰：「祖己意謂高宗當因雊雉以自省，不可爲適然而自恕。夫祭數豐昵，徼福於神，不若德也。瀆於祭祀，傅説嘗以進戒，意或吝改不聽，罪也。雊雉之異，是天既孚命正厥德矣，其可謂『妖孽其如我何』。」嗚呼！王司敬民，罔非天胤，典祀無豐于昵。」蔡氏曰：「司，主。胤，嗣也。王之職，主於敬民而已，徼福於神，非王之事也。況祖宗莫非天之嗣，主祀其可獨豐於昵廟乎？」

右叙有商輔臣事業。

【二〇】五時　原作「王時」，據《漢書·郊祀志》改。

校勘記

【一】三王　原作「三正」，據《尚書正義》卷十三改。

乙集下之二

武王有疾，周公作《金縢》。唐孔氏曰：「成王得周公策命之書，史叙其事，乃作此篇，非周公作也。」鄭云：「凡藏祕書藏之於匱，必以金緘其表。然則非周公始造此匱，獨藏此書也。」

《金縢》：既克商二年，王有疾，弗豫。二公曰：「我其爲王穆卜。」蔡氏曰：「古者國有大事，卜則公卿、百執事皆在，誠一而和同，以聽卜筮，故曰穆卜。」周公曰：「未可以戚我先王。」公乃自以爲功，爲三壇，同墠，爲壇於南方，北面，周公立焉。植璧秉珪，乃告太王、王季、文王。呂氏曰：「周公之卜，但自爲其禮。二公之卜，乃動朝廷之禮，如王與大夫盡弁之類，先王之心豈不戚哉？」蔡氏曰：「戚乃憂惱之意。」史乃册祝曰：册書辭祝。「惟爾元孫某，遘厲虐疾。若爾三王是有丕子之責于天【一】，以旦代某之身。予仁若考能，多材多藝，能事鬼神。乃元孫不若旦多材多藝，不能事鬼神。乃命于帝庭，敷佑四方，用能定爾子孫于下地。四方之民罔不祗畏。嗚呼！無墜天之降寶命，我先王亦永有依歸。今我即命于元龜，爾之許我，我其以璧與珪歸俟爾命；爾不許我，我乃屏璧與珪。」呂氏曰：「常人疾皆自致，惟聖人道德充足，則血氣和平，節宣衛養，皆適其宜，偶與天地之戾氣相遇，而得虐害之疾爾。」蘇氏曰：「丕，壯大也。言天必欲取其一壯大子孫者，則旦亦丕子也，可以代之。死生有可相代之理，而世多疑之。予觀近世匹夫匹婦爲其父母發一至孝之心，足以動天地、感鬼神者多矣，況周公乎！且周公之禱非獨弟爲兄、臣爲君也，乃爲天下、爲先王禱也。上帝聽而從之，無足疑者也。世之所以疑者，以己之多僞而疑聖人之不情也。」朱子曰：「責如責侍子之責。」張氏曰：「周公以爲取己以事鬼神，留武王而佑四方，豈不爲當乎？下地對上天而言也。四方之民以武王在上，皆有祗畏之心。天下方定，民心易摇，武王於是而死，事未可知。蓋大位者，姦之窺也；危病者，邪之伺也：其敢保四方之祗畏乎？異時三監之叛，周公之先見微矣。」吕氏曰：「『今我』以下云云，非與三王爲要約也。周公誠意之至，自及於此，屏璧與珪，謂不復事神也。蓋武王喪則周之基業必墜，雖欲事神，不可得也。」蔡氏曰：「其稱爾、稱我，無異人子之在膝下以語其親者，此亦不死其親之意。」

乃卜三龜，一習吉。孔氏曰：「以三王之龜卜，一，相因而言。」啓籥見書，乃并是吉。謂開占兆之書，亦吉。公曰：「體《周禮》：「凡卜筮，君占體。」王其罔害。予小子新命于三王，惟永終是圖。兹攸俟，能念予一人。」一人謂成王。公歸，乃納册于金縢之匱中。王翼日乃瘳。薛氏曰：「體與《詩》『體無咎言』之體同。兹攸俟者，既卜而吉，可待其報也。」吕氏曰：「古者敬神，凡卜筮之物，皆不敢褻，既畢則藏之，非周公特藏之，留爲後來自解之計也。」蔡氏曰：「言視其卜兆之吉，于疾其無所害。我新受三王之命，而永終是圖矣。兹攸俟者，即上文所謂歸俟也。一人，武王也。言三王能念我武王，使之安也。」

武王既喪，管叔及其羣弟乃流言於國，曰：「公將不利於孺子。」周公乃告二公曰：「我之弗辟，我無以告我先王。」周公居東二年，則罪人斯得。于後，公乃爲詩以貽王，名之曰《鴟鴞》。王亦未敢誚公。孔氏曰：「三叔以周公大聖，是武王之弟，有次立之勢，遂生流言。辟，法也。告召公、太公，言我不以法治三監，則我無以成周道告我先王。周公既告二公，遂東征之，二年之中，罪人此得。成王既信流言，而疑周公，故周公既誅三監，而作詩解所以宜誅之意，以遺王，王猶未悟，故欲讓公而未敢。」唐孔氏曰：「《詩·東山》序云：東征歌此事也。其《詩》曰：『自我不見，于今三年。』又云『三年而歸』，此言二年者，《詩》言初去及來，凡經三年。此直數居東之年，除其去年也。」王肅云：「東，洛邑也。」林氏曰：「管叔，周公之兄，周公爲相於朝，管叔固已不平，而公又攝政，故遠挾武庚以叛。『我無以告我先王』，猶宋穆公所謂『先君若問與夷，其將何辭以對也』。周公以爲機不可失，故雖遭流言之謗，而益以其身任天下之重，曾不少沮。鄭氏以辟爲避，亦無不可。至罪人斯得，其說不行，則以公之屬黨爲罪人，其陋如此。歐陽公已破其說矣。」按歐陽氏曰：「《金縢》言周公先攝政，中誅管、蔡，後爲詩以貽王。毛、鄭謂先爲冢宰，中避而出，作詩貽王，後乃攝政而誅管、蔡。二說不同，而知《金縢》爲是，毛、鄭爲非者，理有通不通也。《金縢》言周公居東二年，罪人斯得，謂東征二年，而得三監、淮夷叛者，誅之。毛、鄭乃謂周公避而居東，成王多得周公官屬而刑之。且周公本以成王幼，未能行事，遂攝政。若避而居東，則周之國政，成王當自行之。若已臨政二年，又能刑其尊親大人之屬，何待周公歸而攝乎？周公將以何辭而攝乎？矧周公誅管、蔡，前世說者多同，而王誅周公官屬，六經諸史皆無之，可知其臆說也。」

秋大熟，未穫。天大雷電以風，禾盡偃，大木斯拔，邦人大恐【二】。蔡氏曰：「周公卜武王之疾，二公未必不知之。周公册祝之文，二公蓋不知也。諸史百執事，蓋卜筮執事之人。成王使卜天變者，即前日周公使卜武王疾之人也。二公及成王得周公自以爲功之說，因以問之，故皆謂信有此事。」王與大夫盡弁，以啓金縢之書，乃得周公所自以爲功、代武王之說。二公及王乃問諸史與百執事，對曰：「信，噫！公命我勿敢言。」王執書以泣曰：「其勿穆卜，昔公勤勞王家，惟予沖人弗及知。今天動威以彰周公之德，惟朕小子其新逆，我國家禮亦宜之。」王出郊，天乃雨，反風，禾則盡起。二公命邦人，凡大木所偃，盡起而築之，歲則大熟。蘇氏曰：「意當時占國休咎之書，皆藏金

【二】邦人大恐　此句原無，據《尚書正義》卷十三補。

滕，故周公納册於此，而成王遇災而懼，亦啓此書也。」自『出郊』而下，如林、蔡之説。」　張氏曰：「成王本無心求此書，周公本無心留此書爲後日計，然而讒謗由此而明，盛德由此而著，此天也。太公、召公當成王疑公之際，欲開釋明辨久矣，特未有其會耳。一見此書，其事濟矣。史、百執事寧視周公之見疑，而不忍直泄其言，其人皆可以託六尺之孤、寄百里之命，臨大節而不可奪者也。成王疑周公，則爲雷，爲電，爲風，偃禾拔木；成王知周公，則爲雨，爲風，爲起禾，爲大熟。人主之處心，其可少差乎！此君子所以謹其獨也。」林氏曰：「以其得書而止卜，乃知其爲卜而啓滕，非爲周公而啓也。周公尚欲以其身代而父之死，况肯奪其嗣子之位乎？郊者，及其至則郊勞而親迎之也。」蔡氏曰：「按鄭氏《詩傳》，成王既得金滕之書，親迎周公。鄭氏學出於伏生，而此篇則伏生所傳，當以親爲正。」

武王崩，三監及淮夷叛。周公相成王，將黜殷，作《大誥》。　唐孔氏曰：「漢《地理志》云：周既滅商，分其畿内爲三國，《詩》邶、鄘、衛是也。邶以封紂子武庚，鄘管叔尹之，衛蔡叔尹之，以監商民，謂之三監。先儒多同此説，惟鄭康成以三監爲管、蔡、霍，謂之監者，當以商之畿内被紂化日久，未可以建諸侯，且使三人監此商人，未是封建之也。三人雖有其分，互相監領，不必獨主一分。」　陳氏曰：「武王之立武庚，非得已也。立武庚則武庚必叛，故以三叔監之，武庚不得預焉。何由知之？曰以舜之封象而知之。舜封象於有庳【三】，不使之有爲於其國，使吏治其國，而納其貢賦。武王之於武庚，亦必然。使三監不叛，而武庚欲叛，得乎？故孔子正名而謂之三監叛，武庚既爲諸侯，安得謂之三監之一乎？」　吕氏曰：「不言武庚叛，乃言三監及淮夷叛者，蓋武庚之叛生於三監之謀。」　蔡氏曰：「此篇誥語，多主卜言，如曰『寧王遺我大寶龜』，曰『朕卜并吉』，曰『予得吉卜』，曰『王害不違卜』，曰『寧王惟卜用』，曰『矧亦惟卜用』，曰『予曷其極卜』，曰『矧今卜并吉』。至於篇終，又曰『卜陳惟若兹』【四】，意邦君御事，又曰『艱大不可征』，欲王違卜，故周公以討叛卜吉之義，與天命人事之不可違者，反復告諭之也。」

《大誥》：王若曰：「猷！　林氏曰：「猷，發語之辭。」大誥爾多邦，越爾御事。弗弔！天降

【三】舜封象於有庳　「庳」原作「痺」，據《孟子注疏》卷九改。

【四】又曰卜陳惟若兹　「又」原作「文」，據文意徑改。「惟」原作「甚」，據《尚書正義》卷十三改。

割于我家，不少延！呂氏曰：「叛者三監、淮夷耳，何必大誥多方及御事之人？蓋天下初定，人情未安，三監煽變，恐亂之牽引不止於此，所以大告諭之，使之釋悟。人心有定，合一無間，則變無由生。」蔡氏曰：「弔，恤也，猶《詩》言『不弔昊天』之弔。言我不爲天所恤，降害於我周家，武王遂喪而不少待也。」呂氏曰：「言武王崩，三監叛，是天降災害於我家，更不少待也。」愚按：聖賢舉事必先諭告多方者，所以昭大公而一衆志，非但防亂而已也。」洪惟我幼沖人，嗣無疆大歷服。弗造哲，迪民康，矧曰其有能格知天命？呂氏曰：「此周公代成王自反自克之言。大思我幼沖之小子，當此重任，既弗能作哲，導民於安康，況其有能知上帝之命乎？」蔡氏曰：「歷，歷數也。服，五服也。格，格物之格。」已！予惟小子，若涉淵水，予惟往求朕攸濟。呂氏曰：「已者，更端之辭。言我以幼沖小子，當此禍變，如涉深淵之水，無有津涯，可畏如此。然雖畏之之深，終不可不往求其濟之之道，抑畏、自强兩者並行，方能有濟。」敷賁，敷前人受命，兹不忘大功！予不敢閉于天降威用。呂氏曰：「敷賁謂修明典章法度，賁飾前人之業，增光潤色之意也。大抵守成之君，苟徒保守無所增飾，使祖宗之業不至光明盛大，則非善繼矣。必賁飾其業，大前人所受之命，兹乃能不忘所成之大功。」張氏曰：「敷前人受命者，於前人所受之天命，從而廣之。」蔡氏曰：「天降威而不能即命以終之，是天開其先而人閉之也。」愚按：「天降威」謂天以商有罪，降之威罰，非我所敢拒也。王者之用威，視乎天而已。天未降威不敢先，文王所以事殷；天既降威不敢後，武王所以伐殷也。

「寧王遺我大寶龜，紹天明即命，曰：『有大艱于西土，西土人亦不靜，越兹蠢。』蘇氏曰：「當時稱武王爲寧王，以其克殷而安天下也。」林氏曰：「下文所稱寧考、寧人，皆武王也。」呂氏曰：「大而天下，小而一國，必有大龜以爲國鎮。」蘇氏曰：「有大艱云云，此龜所以告也。及是三監果動。」林氏曰：「武王既喪，于時三叔未流言，武庚未叛，而龜已云爾。《中庸》所謂『動乎蓍龜』者也。」　張氏曰：「天明與《康誥》『天顯』同意，即命與《金縢》『即命于元龜』同意。」　蔡氏曰：「寧王遺我以此龜者，謂可以紹介天命【五】，以定吉凶。曩嘗即龜所命，而其兆謂將有大艱難之事于西土，西土之人，亦不安靜。今而果然，卜之可驗如此。將言下文伐殷卜吉之事，故先發此。」

「殷小腆誕敢紀其叙。天降威，知我國有疵，民不康，曰『予復』，反鄙我周邦。今蠢，今翼日民獻。有十夫予翼，以于敉寧武圖功。我有大事，休？朕卜并吉！」蘇氏曰：「腆，厚也。商少富厚，乃敢紀其既亡之叙，蓋天降威，亦其心知我國有三叔之疵，而民不安，故欲作難，以鄙我有周邦也。獻，賢也。敉，撫也。四國蠢動之明日，民之賢者有十夫來助我，往征四國，撫循寧王之武事以圖功也。周公之東征也，邦君御事皆疑天下騷動，而此十夫者至，故周公喜之，表其人以令天下。」　張氏曰：「得大在乎得民，得民在乎得賢，蓋天之視聽從民，民之去就視賢。」　楊氏曰：「惟至誠爲能通天下之志，誠而不疑，則類自合。方成王幼沖，羣叔流言危疑之甚也，惟周公以身任之而不疑，故民獻有十夫予翼，此『朋盍簪』之謂也。」　林氏曰：「民獻與《益稷》『黎獻』同。晉欒武子以三卿爲主，不與楚戰，亦周公之意。漢周亞夫伐七國，得一劇孟猶以爲重，况謂之民獻者哉！惜其名氏不見於後世。」呂氏曰：「鄙，如子産曰『鄭鄙邑也』之鄙。天意之歸，以賢人觀之足矣，况朕之卜并吉。十夫予翼必皆盛德通幽明之人，不然周公亦未敢證之以爲信也。周公之卜，異於後世之卜。周公之卜乃在十大予翼之後，先觀於人，後觀於天。」夏氏曰：「前用寶龜，乃卜於武王既崩之後。此云朕卜，乃卜於將征四國之初。先儒合以爲一，誤也。」

「肆予告我友邦君，越尹氏、庶士、御事，曰：『予得吉卜，予惟以爾庶邦，于伐殷逋播臣。』爾庶邦君，越庶士、御事罔不反，曰：『艱大，民不靜，亦惟在王宮、邦君室，越予小子考翼，不可征。王害不違卜？』蘇氏曰：「尹氏，官之正長也。害，曷也。我事既美矣，而我卜又吉，故告

【五】紹介天命　「命」原作「明」，據《書經集傳》卷四改。

爾以東征商之叛臣。今汝反曰難哉，此大事也。民之不静，亦惟在王與邦君之家。及王之一身考德敬事修己以正之，不可征也。王曷不違卜而用人言乎？」張氏曰：「邦君、庶士之意，頗與益贊禹之意同。然事有輕重，勢有緩急，流言發於骨肉之間，四國叛於危疑之際，權輕重緩急而處其中，非周公其誰乎？嗚呼！周公聖人，舉事猶有未以爲然者，不聞其塞異意之口，而行其私也。」蔡氏曰：「殷逋播臣者，謂武庚及其羣臣，本逋亡播遷之臣也。在王宫云云，謂三叔不睦之故，實兆釁端，不可不自反也。」

「肆予冲人永思艱，曰：嗚呼！允蠢鰥寡，哀哉！予造天役，遺大投艱于朕身，越予冲人不卬自恤。義爾邦君，越爾多士，尹氏、御事，綏予曰：『無毖于恤，不可不成乃寧考圖功。』蘇氏曰：「卬，我。毖，畏。我聞汝衆言，亦永思其難，曰：是行也，信動鰥寡，哀哉！然予爲天子，作天之役，天寔以大艱遺我，故勉而從天，非我自憂也。爾衆人義當以言安我，曰無畏此所憂之事，惟當一心以成汝寧考所圖之功。今乃不然，故深責之也。」張氏曰：「爲天吏以奉將天罰，寔惟天所役而已。遺言有所授，投言有所畀，上承天之命，而下成寧考之功，非一己之私也。」蔡氏曰：「以義言之，爾邦君、爾邦士當云云，此深責邦君、御事之避事。」

已！予惟小子，不敢替上帝命。天休于寧王，興我小邦周。寧王惟卜用，克綏受兹命。今天其相民，矧亦惟卜用。嗚呼！天明畏，弼我丕丕基！」孔氏曰：「不敢廢天命，言卜吉當必征之。」葉氏曰：「朕夢協朕卜，則武王伐紂亦用卜矣。」林氏曰：「違卜則獲罪於天。」蔡氏曰：「昔天眷武王，由百里而有天下，亦惟卜用。今天相佑斯民，避凶趨吉，況亦惟卜用，是上而先王，下而小民，莫不可用卜，而我獨可廢卜乎？故又嘆息言天之明命可畏如此，是蓋輔成我丕丕基，其敢違也哉！」

王曰：「爾惟舊人，爾丕克遠省，爾知寧王若勤哉！天閟毖我成功所，予不敢不極卒寧王圖事。肆予大化誘我友邦君，天棐忱辭，其考我民，予曷其不于前寧人圖功攸終？天亦惟用勤毖我民，若有疾，予曷敢不于前寧人攸受休畢？」唐孔氏曰：「上云『卒寧王圖事』，又云『圖功攸終』，又曰『攸受休畢』，三者文辭畧同，義不甚異。大意惟言當終文王之業。周公重兵謹戰，丁寧以勸民爾。」蘇氏曰：「王又特命故老之人逮事武王者曰：爾當大省久遠，爾知武王之勤若此也哉！閟，閉也。天所以閉塞艱礙我國者，使我知畏而成功於此也。我其敢不盡力，以終寧王所圖之事哉！王告此舊人，我已大化誘我友邦君，無不從我矣。天既助我至誠之言，其必考之於民，以驗其實。我其可不與寧王之舊臣圖功之所終乎！天所以勤勞憂畏我民者，使民日夜思念，如人有疾之不忘醫也。予其可不與前寧人同受休終哉！」林氏曰：「天棐忱辭謂空言無實者，不足以感天。然天不言，胡爲而知其輔我哉？考之於民，則十夫是也。」吕氏曰：「乃是動心忍性，成就吾民，使之因疾，而知愛身。今日之勞，正所以圖後日之安也。」

王曰：「若昔朕其逝，朕言艱日思。若考作室，既厎法，厥子乃弗肯堂，矧肯構？厥父菑，厥子乃弗肯播，矧肯穫？厥考翼其肯曰『予有後，弗棄基』？肆予曷敢不越卬敉寧王大命？若兄考，乃有友伐厥子，民養其勸弗救？」蘇氏曰：「如我本意，則昔者已往矣，所以至今者，以言艱而日思之也。以築室喻，又以農喻，父雖敬其事，而子不繼，則父其肯曰『我有後，不棄基』乎？我其敢不及我身之存，以撫循寧王之大命乎！」陳氏曰：「兄考喻成王、周公，友喻四國殘民。我爲其父兄固將救之，汝羣臣乃勸且我弗救乎？」蔡氏曰：「此言民被四國之害，不可不救援之意。」按：若兄考一節，陳説近之。蘇氏以養爲廝養，頗失之鑿。愚謂養如養寇之養，友謂我所友愛之人。以仇讎之人而伐吾子，尚可言也。以友愛之人而伐吾子，民其可容養之，且勸我以勿救乎？友蓋指三監而言，三監本吾所親愛者，一旦至此，孟子所謂『泣涕而道之』者也。伐厥子，猶《鴟鴞》詩所謂『既取我子』也。民謂當時之異論者，實指邦君、御事，而託之民也。若兄考指武王而言，周公之兄，成王之考也。友謂管、蔡，武王、周公之所友愛也。子謂成王，兄考之子也。管、蔡叛周，是伐兄考之子也。兄考之子爲友所伐，爾民乃欲養禍而勸以弗救，可乎？

王曰：「嗚呼！肆哉，爾庶邦君越爾御事。爽邦由哲，亦惟十人迪知上帝命，越天棐忱，爾時罔敢易法。矧今天降戾于周邦，惟大艱人，誕鄰胥伐于厥室。爾亦不知天命不易！吕氏曰：「肆哉，謂我鋪陳辭旨，爾庶邦君臣、爾御事之人，可不聽乎？爽邦由哲者，通達國體，乃曰明哲之人。今亦惟十人能迪知上帝之命，十人即十夫也【六】。賢人能盡天地之心，十夫歸則天意歸矣。」予永念曰：天惟喪殷，若穡夫，予曷敢不終朕畝？孔氏曰：「稼穡之夫，除草養苗。我念天亡商，亦猶是。我何敢不順天，終竟我壟畝乎？」天亦惟休于前寧人，予曷其極卜，敢弗于從，率寧人有指疆土？矧今卜并吉，肆朕誕以爾東征。天命不僭，卜陳惟若兹。」吕氏曰：「謂天降命于武王也。武王既受天命矣，在我又何待於卜，自當從天命東征，以率循前人所指畫之疆土。況今卜又并吉，故我今以爾東征，天命無有僭差，卜之所陳亦不過若此。」愚按：此章以「予永念」發端，下分三説。天命喪殷，我不可不終，其事一也。天降休于武王，凡今所有之土疆，皆前人之所區畫，我其可不率其舊，如韓愈所謂「惟天惟祖宗所以付任予」者，庶其在此，予曷敢不力，二也。其下乃言今卜并吉，是天實命，我所不可違，三也。予曷其極卜，言不必窮極於卜也。卜陳其若兹，言卜亦不外乎此也。先以理斷，而後以卜參之，蓋雖不違卜，而亦不專恃於卜也。

成王既黜殷命，殺武庚，命微子啓代殷後，作《微子之命》。

《微子之命》：王若曰：「猷！殷王元子。惟稽古，崇德象賢。統承先王，修其禮物，作賓于王家，與國咸休，永世無窮。孔氏曰：「微子，帝乙元子。惟考古典，有尊德象賢之義。言今法之。

【六】「十」原無，據文意補。

二王之後，各修其禮，正朔服色，與時王並通三統，爲王者賓客。」呂氏曰：「先王之心，公平廣大，非若後世滅人之國，惟恐苗裔之存，爲子孫害。成王命微子，方且撫助愛養，欲其與國咸休，永世無窮：公平廣大氣象，於此可見。」嗚呼！乃祖成湯，克齊聖廣淵，皇天眷佑，誕受厥命。撫民以寬，除其邪虐，功加于時，德垂後裔。呂氏曰：「上言崇德，此乃陳湯之德。齊謂端正直方，聖謂大而化之，廣謂宏大溥博，淵謂淵深精粹。傳記多論湯尚嚴、商先罰，皆不知治體者也。仲虺稱湯曰『克寬克仁』，則湯開創六百年之業，正在於寬。尚嚴、先罰，其不考於經者歟？除其邪虐，謂除桀之邪虐也。」爾惟踐修厥猷，舊有令聞，恪慎克孝，肅恭神人。予嘉乃德，曰篤不忘。上帝時歆，下民祗協，庸建爾于上公，尹茲東夏。愚按：恪慎克孝，是事親以敬也。肅恭神人，是事神治人皆以敬也。敬以事神，故上帝時歆；敬以治人，故下民祗協。古者聖賢，惟於敬用功而已。微子之德如此，信乎其爲象賢也歟！」欽哉！往敷乃訓，愚按：微子既篤於敬矣，而猶以欽哉勉之，欲其敬而又敬也。往敷乃訓，欲其以修於己者，布其教於國人也。慎乃服命，率由典常，以蕃王室。弘乃烈祖，律乃有民，永綏厥位，毗予一人。世世饗德，萬邦作式，俾我有周無斁。蔡氏曰：「此因戒勉之也。」蘇氏曰：「方武庚叛後而封微子，微子蓋處可疑之地，而命之曰『上帝時歆』，又曰『弘乃烈祖』【七】，又曰『萬邦作式』，此三代之事，後世所以不及也。」愚按：弘乃以下，至無斁，用叶韻體。嗚呼！往哉惟休，無替朕命。」陳氏曰：「武庚挾管、蔡、淮夷以叛，周既黜其命矣，復封微子以奉湯祀。常情於此，孰不暴白武庚之罪，明其黜商之由？而此篇丁寧惻怛，無一言及武庚事，以傷微子之心。其誥命賢者，其大體當如此。」愚按：此篇不獨得誥命賢者之體，蓋武庚之罪當行天討，微子之德當加天命，非有一毫喜怒之私，故其詞從容和平，略無忿疾之意，於此可見聖人之心矣。

成王既伐管叔、蔡叔，以殷餘民封康叔，作《康誥》、《酒誥》、《梓材》。孔氏曰：「周公既滅

【七】弘乃烈祖　「弘」原作「洪」，據《尚書注疏》卷十二改。

三監，懲其數畔，故使賢母弟主之。」　呂氏曰：「唐、虞命九官不過數語，《微子之命》、《蔡仲之命》不過一篇，未有如此詳者。蓋三監既叛之後，民志未定，邦之安危惟兹殷士，所以命之不得不詳，亦時變也。所謂餘民者，世家世族也，遷于洛，其不遷者，謂之餘民。」　按：此篇胡氏以爲武王之書，朱子從之，而蔡氏所辨尤力。今姑從先儒之説，以爲周公作，更當博考云。

王若曰：「孟侯，朕其弟，小子封。惟乃丕顯考文王，克明德慎罰，不敢侮鰥寡，庸庸，祗祗，威威，顯民，用肇造我區夏，越我一二邦，以修我西土。惟時怙冒，聞于上帝，帝休，天乃大命文王殪戎殷，誕受厥命越厥邦厥民。惟時叙，乃寡兄勗，肆汝小子封在兹東土。」孔氏曰：「周公稱成王命，順康叔之德，命爲孟侯。孟，長也，五侯之長謂方伯。」　蘇氏曰：「孟，長也。康叔，成王叔父而周公弟，謂之孟侯則可，謂之小子則不可。且謂武王爲寡兄，此豈成王之言？蓋周公雖以王命命康叔，而其實訓誥皆周公之言。殪，殺也。戎商，比之戎虜也。民與國皆叙，乃汝寡有之兄武王勗勉之力，言汝小子封承文、武之澤，乃得列爲諸侯也。」　呂氏曰：「文王之克明，乃惟天聰明之明，心理洞然，無有障蔽，明之至也。自古亦有明斷之君，然多以私意爲明，非所謂克明。」又曰：「文王於天下之民，高明煢獨，視之皆如承祭，無一毫分别之心。凡君道之所當爲，隨所寓而契於理，當用者用，當敬者敬，當懲者懲，生成肅殺，各歸其分，此天之心也。此道顯然昭著，暴白於民，誠之不可揜也。所以能肇造區夏，而艱難積累修之之功，自一二邦以始，至于西土之人，盡怙之冒之，升聞于上帝。帝休美之，故以殪戎殷之責付之，大受其命。萬國兆民各安其居，咸有次序，文王開創於始，武王克勤於終。周有天下，其難如此，故汝小子得在此東土爲諸侯。此深警康叔，使知自勉也。」　蔡氏曰：「明德，務崇之之謂。謹罰，務去之之謂。明德謹罰者，一篇之綱領也。鰥寡，人所易忽而不忽焉，以見聖人無所不敬畏，此即不虐無告之意。庸，用。□文王敬賢討罪，一聽於理，而已無與焉，故德著於民，用始造我區夏云云。」

王曰：「嗚呼！封，汝念哉！今民將在祗遹乃文考，紹聞衣德言。往敷求于殷先哲王，用保乂民。汝丕遠惟商耇成人，宅心知訓。别求聞由古先哲王，用康保民。弘于天，若德裕乃身，不廢在王命。」唐孔氏曰：「不但法其先君也。商先哲王，謂商之賢君。商耇成人，謂商之賢臣。古先哲王，鄭云『虞夏也』。馬云：『遹，述也。』」吕氏曰：「周公又嘆息而言，使念其告戒之意。夫商民見文王之子來臨爲侯，必以能祗遹文王之事望之。祗遹者，敬而述之也。民之所願將在乎此，爲康叔者，當紹其所聞，使承續而不間斷。夫以文王爲之父，武王、周公爲之兄，聞父兄道德之言熟矣。一旦出而爲侯，既離父兄之側，恐舊聞不相承續，而異聞或有害正者。康叔於此當佩服先王德言，日夕覆被在身，然後足以副民望，此周公告康叔之至切者也。爾之所往，商之故地也。商賢聖之君六七作，遺風舊典豈無存者，必於其地敷而求之也。况商民之情，素安乎殷先哲王之訓，循而行之，必可以保乂商民矣。又當求商耇成人之訓，商賢聖之君必有耇成人爲之輔，就而詢焉，廣大深遠，而思惟之。蓋耇成之言，初無味思，惟至於廣大深遠，方有所得。宅心知訓者，人心未宅，則一念潰亂，雖有老成之言，無由知之。惟有所宅，則有所知。康叔見聞至此，亦廣矣，猶以爲未也，復使之别求堯、舜、禹、湯之法，見用功之無窮也。康叔果能多求，徧師衆理，該通至於與天同大，自然心逸日休，綽綽而有餘裕，如此乃能不廢王命。蓋天子之職，不易盡也，必如舜與周公、曾子，方能不廢君父之命。」蔡氏曰：「宅心，處心也，安汝止之意。《易》曰：『君子多識前言往行，以蓄其德。』弘者，廓而大之也。天者，理之所從出也。康叔博學以聚之，集義以生之，真積力久，衆理該通，此心天理之所從出者，始恢廓而有餘用矣。若是則心廣體胖，動無違理，斯能不廢在王之命也。」按：弘于天，蔡説爲優。

王曰：「嗚呼！小子封，恫瘝乃身，敬哉！天畏棐忱，民情大可見。小人難保，往盡乃心，無康好逸豫，乃其乂民；我聞曰：『怨不在大，亦不在小。惠不惠，懋不懋。』已！汝惟小子，乃服惟弘王，應保殷民；亦惟助王宅天命，作新民。」吕氏曰：「周公嘆而言，今命爾爲諸侯，非欲富貴爾身，乃委疾痛于爾身耳。夫爲諸侯，豈易事哉！上有天命之可畏，下有小人之難保，豈非恫瘝乃身乎？爾自此以往，當盡其心，不可安康而好逸豫，乃所以乂民。惠所不惠，如鰥寡孤獨，人所易虐，能撫摩之，是惠所不惠也。懋所不懋，纖悉微小，人所易忽，能力行之，是懋所不懋也。所以然者，正以爲弭怨之道。汝能服行其事，乃可以光大王室，應保殷民。」蔡氏曰：「服，事。應，和也。汝之所事，惟在廣上德意，和保殷民，使之不失其所，以助王安定天命，而作新斯民也。」愚按：周公以惠不惠、懋不懋，爲弭怨之道，後世乃欲以嚴刑峻法止之，不知適以長怨也。前言明德，此言新民，《大學》之序固如此可見，百聖相傳同此一道。

王曰：「嗚呼！封，敬明乃罰。人有小罪，非眚，乃惟終，自作不典，式爾，有厥罪小，乃不可不殺。乃有大罪，非終，乃惟眚災，適爾，既道極厥辜，時乃不可殺。」唐孔氏曰：「上既言明德之理，此又言謹罰之義。」王氏曰：「此教康叔以作新民之道。作新民，在敬明乃罰，蓋民習舊俗，小大好草竊姦宄【八】，師師非度，一旦欲作而新之，非有以懲之，則不知所畏。敬明乃罰，所以懲罪。懲罪之極，乃有至於殺者，以爲不如是，不足以作民而新之也。人有小罪，然非過眚也。乃惟終成其惡，非詿誤也，乃惟自作不善，原其情，乃惟不以汝爲典式，乃不可不殺。乃有大罪，非能終成其惡也，乃惟過眚，原其罪，乃惟適爾，非敢不以爾爲典式也，是人乃不可殺。」蘇氏曰：「信如此言，是周公虐刑，殺非死罪，且教康叔以人之向背己爲喜怒，而出入其生死也。法當死，原情以生之，可也。法不當死，而原情以殺之，情之輕重寄於有司之手，則人人可殺矣。雖大無道、嗜殺人之君，不立此法，而謂周公爲之歟？吾嘗聞之知法者，曰此假設法也。周公設爲甲乙二人皆犯死罪，而議其輕重也。甲之罪小，小於乙之謂也，非謂其罪不至死也，然其罪乃非眚災，乃惟終之，乃惟自作不法，而曰法固當爾，如是者當據法殺之，不可赦也。乙之罪雖大，然非終之者，乃惟眚災適爾者，適會其如此也，是則真可赦也。末世法壞，違經背理，然終無許有司論殺小罪之法，況使諸侯自以向背己爲喜怒，而專殺非死罪者歟！以今世之法考之，謀殺已傷，雖未殺皆死。雖

【八】草竊姦宄　「宄」原作「究」，據《書傳》卷八改。

未傷，而置人於必死之地，亦死。鬬殺、故殺，雖已殺而情可憫者，讞。失殺雖已殺，皆贖。夫以未傷、未殺而比之，既殺非小罪，殺而大罪，赦乎？豈可以非死罪爲小罪也？」張氏曰：「東坡訓釋此一段，大有補於教化。竊見先王之心，以破申、商之邪説。明德則曰敬哉，謹罰則曰敬明，是明德謹罰專在敬而已。」林氏曰：「此以司寇之事勑之也，蘇氏假設之法是也。然其論既道極厥辜，時乃不可殺，必於中間更加以常情恕之之意，而後文義乃足。既道極厥辜者，自以爲己之辜，若今之律所謂自首者原其罪之類。此蓋原情以定罪云爾。諸葛孔明之治蜀也，服罪輸情者，雖重必釋，游辭巧節者，雖輕必戮。自作不典式爾者，游辭巧飾之謂也。既道極厥辜者，服罪輸情之謂也。《虞書》曰『眚災肆赦，怙終賊刑』，又曰『宥過無大，刑故無小』，亦此意也。」

王曰：「嗚呼！封，有叙時，乃大明服，惟民其勑懋和。若有疾，惟民其畢棄咎。若保赤子，惟民其康乂。非汝封刑人殺人，無或刑人殺人。非汝封又曰劓刵人，無或劓刵人。」蘇氏曰：「如此則刑有叙也。《春秋傳》曰：『乃大明服，已則不明而殺人以逞，不亦難乎？』勑，正也。刑人、殺人者，法也，非汝意也。雖非汝意，然生殺必聽汝，不可使在人也。非獨生殺也，劓刵亦如此。此其大畧，蓋因前之辭也。」林氏曰：「刑明則民服，然必有不忍人之心。如有疾，如保赤子，而後可。『非汝封』以下，又戒之以謹刑。孔氏以『無或刑人殺人』爲絶句，以『非汝封』屬『又曰』爲下句。王氏疑『又曰』在『非汝封』之上，皆未安。惟蘇氏直以『非汝封』爲絶句，不以冠於『又曰』之上，其説可謂盡之矣。」呂氏曰：「『非汝封』以下，殷勤告戒之辭也。『非汝封刑人殺人』，刑人、殺人皆天討也，豈汝封之權乎？『無或刑人殺人』，申戒之辭，不可或有刑人、殺人之意。又言非汝封者，總説兩句非汝之權也。「又曰劓刵人，無或劓刵人」，史官記周公勤勤諄複之意，言不特於大罪如此，劓刵微罪亦不可有自用之心。周公恐其大罪謹之而小罪輕之也。」愚按：蘇氏、呂氏二説不同，更當詳説。又此章言「惟民其」者三，蓋人君用刑有叙而人服，則民皆相勑相勉以和矣。治民如治疾，雖攻以藥石而非害之，則民皆遠罪而遷於善矣。保民如保赤子，心誠求之，則民皆安且治矣。

王曰：「外事，汝陳時臬，司師，茲殷罰有倫。」又曰：「要囚，服念五六日，至于旬時，丕蔽要囚。」孔氏曰：「言外土諸侯奉王事，汝當布陳是法，司牧其衆，及此商家刑罰有倫理者兼用之。要囚，謂察其要辭以斷獄，既得其辭，服膺思念五六日，至于十日，至于三月，乃大斷之。言必反覆思念，重刑之至也。」唐孔氏曰：「言不濫刑，不但國內，外土諸侯以獄事上於州牧之官，汝受而聽之。衛居商墟，周承商後，刑書相因，故兼用其有理者。謂當時刑書，或無正條，而商有故事，可兼用，若今律無條，求故事之比也。臬，爲準限之義，故爲法也。要囚，明取要辭於囚。」顧氏云：「又曰者，周公重言之也。」蘇氏曰：「德爲內，政爲外。臬，闑也。凡政事，汝當陳此法以爲限節也。司，專也。專師此，則商罰有倫矣。要，獄辭也。服念五六日，爲囚求生道也。求之旬日而終無生道，乃可殺。」林氏曰：「王氏、蘇氏論外事皆非，唐孔氏是也。而去盡康叔以外侯入爲大司寇，則內事者，司寇之事也。外事者，衛事也。周公以爲不獨司寇之事爲然，衛之事亦當然爾。《左傳》定四年，衛祝鮀曰：『成王封康叔於商墟，啓以商政，疆以周索。』商罰、商彝，所謂啓以商政也。唐太宗謂羣臣曰：『死者不可復生，決囚雖二覆奏【九】，而頃刻之間，何暇思慮？自今宜一日五覆奏【一〇】。』正得周公要囚之意。」呂氏曰：「要囚，服念五六日，至于旬時，深思洞察，畢見其理，方可斷罪。」

王曰：「汝陳時臬，事罰。蔽殷彝，用其義刑義殺，勿庸以次汝封。乃汝盡遜，曰時敘。惟曰未有遜事。已！汝惟小子，未其有若汝封之心，朕心朕德惟乃知。」林氏曰：「上言商罰有倫，蓋言商家之罰，固有其倫也。此言罰蔽殷彝，謂汝之斷罰，必以商之常法也。」孔氏曰：「義，宜也。用舊法典刑，宜於時者以刑殺，勿庸以就汝封之心所安。乃使汝所行盡順，曰是有次敘，惟當自謂未有順事，君子將興，直以爲未足。」王氏曰：「勿以即汝封私意遜者，勿己以就義之謂。」陳氏曰：「上言無或刑，又□人非汝封，故此申言當用

【九】雖二覆奏　「二」，《尚書全解》卷二十八作「三」。

【一〇】一日五覆奏　「一」，《尚書全解》卷二十八作「二」。

之以義。上言非汝封刑人殺人，故此申言勿庸以次汝封。」□氏曰：「有其善喪厥善，故當曰未有遜事猶□刑，雖休勿休也。」葉氏曰：「周公以三叔不□其心而疑之，故謂康叔未有若汝封之心而吾之心德，惟汝爲能知也。」呂氏曰：「用其刑殺之合義者，不可遷就以從己意。」蔡氏曰：「申言鋪陳是法與事，罰斷以殷之常法矣。又慮其泥古而不通，又謂其刑其殺，必察其宜於時者而後用之。既又慮其趍時而徇己，又謂刑殺不可以就汝封之意。既又慮其刑殺雖已當，而矜喜之心乘之，又謂使汝刑殺盡順於義，雖曰是有次叙，汝當惟謂未有順義之事。蓋矜喜之心生，乃怠惰之心起，刑殺之所由不中也，可不戒哉！」凡民自得罪，寇攘姦宄，殺越人于貨，暋不畏死，罔弗憝。」孔氏曰：「暋，强也。自强爲惡而不畏死，人無不惡之者。」呂氏曰：「説者以爲此數句，與上文不協，蓋周公舉一端以爲證驗也。豈不見當人自犯罪作孽，非人陷之也。如盜賊姦惡，殺奪人財貨，剛强勇悍又不畏死，人皆惡之。刑法加焉，豈庸以次汝封乎？刑加於自犯之罪也。凡所用刑皆然，則契公理矣。所刑非人所共惡，是移法就己也。」

王曰：「封，元惡大憝，矧惟不孝不友。子弗祗服厥父事，大傷厥考心；于父不能字厥子，乃疾厥子。于弟弗念天顯，乃弗克恭厥兄；兄亦不念鞠子哀，大不友于弟。惟弔兹，不于我政人得罪，天惟與我民彝大泯亂。曰：乃其速由文王作罰，刑兹無赦。不率大戛。蘇氏曰：「商紂之後，三監之世，商人父子兄弟，以相殘虐爲俗。周公之意蓋曰：孝友，民之天性也，不孝不友，必有以使之，子弟固有罪矣，而父兄獨無過乎？故曰：凡民有自棄於姦宄者，此固爲元惡大憝矣，刑政之所治也。至於父子兄弟相與爲逆亂，則治之當有道，不可與寇攘同法。我將誨其子曰：汝不服父事，豈不大傷父心？又誨其父曰：此非汝子乎？何疾之深也！又誨其弟曰：長幼天命也，其可不順？又誨其兄曰：此汝弟也，獨不念父母鞠養劬勞之哀乎？人非木石禽犢，稍假以日月，須其善心油然而生，未有不爲君子也。我獨弔閔此人，不幸而得罪於三監之世，不得罪我政人之手。天與我民五常之性，而吏不知訓，以大泯亂。乃迫而蹙之曰：乃其速由文王作罰，刑兹無赦，則民將避罪不暇，而父子兄弟益相忿疾，至於賊殺而後已。雖大戞擊痛傷之，民不率也。舜命契爲司徒，曰：敬敷五教，在寬。寬之言緩也，五教所以復其天性，當緩而不當速也。」張氏曰：「東坡之論，真有補於教化者。昔魯有父子訟者，孔子置之狴犴三月，俟其悔而出之，其意正與此合。蓋聽父子兄弟之訟，不與凡民同，當有教化以感動之，使自悔悟，知其出於天性可也。若一以法斷之，則用一法吏足矣，不必吾儒也。雖以漢儒若孔安國於此，猶以文害辭，辭害意，流入申、商之學，惟坡獨得孟子説《詩》之法。」林氏曰：「父雖不慈，子不可以不孝；兄雖不友，弟不可以不恭。而悖天理、反人倫，乃至於此，無乃我政人之罪乎？弔，當讀爲吊閔之吊，惟我政人之罪固可吊，而不可憝，苟不知此，而以刑罰從事，則民將不循乎天常矣。孟子嘗引此篇『殺越人于貨，愍不畏死，凡民罔不憝』，以爲是不待教而誅也。此爲不待教而誅，則夫不孝不慈、不友不恭之人，其必教之不改，然後誅也。舜之時，寇賊姦宄，則使皐陶明五刑以治之。至於百姓不親、五品不遜，乃不屬之皐陶，而使契爲司徒，敷五教以導之。以爲五品不遜蓋有任其咎者，而非民之罪也。周公之意亦然。」

吕氏曰：「惟吊兹，吊，至也。至于此地，豈不爲我正人得罪？夫天之立君，綱紀人倫，使民知父子兄弟之分也。今戕賊至此，則爲之正人如卿大夫者，豈不負天之責耶？天之降衷秉彝以與民者，亦大泯亂矣。商民染紂之惡，人倫廢壞，紂之罪既不可免矣。今商土餘習未忘，苟復至此，則爲我正人者，亦必得罪必也。昭明整理猶有違者，用文王所作罰刑以治之，不可赦。前言殷罰曰彝，此言文王之罰曰『作』者，殷先王之罰常行者耳。經紂之惡，人倫廢壞，文王憂之，想於維持綱常之法，必有創立者。《周禮·司徒》『不孝不弟之刑』，豈其所作耶？故常事用殷罰，人倫之際則用文王之罰，此撥亂之道也。然康叔不以身率之，則又大難。戞者，『戞戞乎其難』之謂也。何者？文王先自治其在我，刑于寡妻，至于兄弟，以御于家邦，此其所能作罰者。不能如文王之躬率，徒用其罰刑，何由以致人心之服也乎？」蔡氏曰：「大憝，即上文之『罔弗憝』，言寇攘姦宄，固爲大惡而大可惡矣，況不孝不友之人，尤爲大可惡者，云云。父子兄弟至於如此，苟不於爲政之人而得罪焉，則天之與我民彝，必大泯滅而紊亂矣。曰者，言如此，則汝其速由文王作罰，刑此無赦，而懲戒之不可緩也。」　愚按：此章説多不同。朱子以爲蘇氏之説，懲王氏之弊，一槩以寬爲説，非先王刑人正法之意。朱子之言當矣，然蘇、林等説，亦不可廢，姑存其畧。呂、蔡説比諸家爲優，蔡以「不率大戛」一句，分屬下章，與諸家異，更當參詳。

「矧惟外庶子訓人，惟厥正人，越小臣諸節，乃別播敷，造民大譽，弗念弗庸，瘝厥君。時乃引惡，惟朕憝。已！汝乃其速由兹義率殺。亦惟君惟長，不能厥家人，越厥小臣外正。惟威惟虐，大放王命，乃非德用乂。汝亦罔不克敬典，乃由裕民，惟文王之敬忌，乃裕民曰：我惟有及，則予一人以懌。」葉氏曰：「《禮》曰：『庶子，正公族之官，教之以孝弟、睦友、子愛，明父子之義，長幼之節者。』」　林氏曰：「外云者，指衛而言也，云云。《家人》之《彖》曰：『父父，子子，兄兄，弟弟，夫夫，婦婦，而家道正，正家而天下定矣。』此其本末先後之叙，康叔當反諸身。『不能厥家人，越厥小臣外正』，猶《左傳》云『不能其大夫，至于君祖母以及國人』也。」

呂氏曰：「況汝國有庶子以盡訓導之職者，有正人爲官之正者，又小臣凡有符節者，皆汝所統屬也。乃各立條教，違道干譽，弗念上之意，弗用上之命令，以病其君，君臣上下皆相牽引而入於惡地，此成王、周公之所惡也。康叔當速由兹義率殺。曰『率』者，與上『率』字相應，曰此義以表率之，表率不從，然後殺之，此乃爲君爲長之道。苟康叔不能自治其家人，及小臣、外正、左右執事之人，徒用威虐以脅其從，是乃大棄王命。縱能使民强服其治，已非用德，故曰『乃非德用乂』。既先以身率之，然後用刑。康叔又當無不克敬其典，典者，常也，君臣父子是也。」

蔡氏曰：「戛，法也。言民之不率教者，固可大寘於法矣，況外庶子以訓人爲職云云。乃云云，弗念其君，弗用其法，以病君上，是乃長惡於下，我之所深惡也。如此，刑其可已乎？汝其率由斯義，以誅戮之可也。上言民不孝不友，則速由文王作罰，刑兹無赦；此言外庶子、正人、小臣，背上立私，則速由兹義率殺。若用法峻急者，蓋殷之臣民化上之惡，父子兄弟之無其親，君臣上下之無其義，非繩之以法，示之以威，殷人孰知不孝不義之不可干哉？《周禮》所謂『刑亂國用重典』是也。然曰『速由文王』，曰『速由斯義』，則其刑其罰，亦仁厚而已矣。君長，指康叔而言。爲君長而不能正其家，不能訓其臣，惟威惟虐，大廢棄天子之命，乃欲以非德用治，是康叔且不能用上命矣，亦何以責其臣之瘝厥君哉！惟文王之敬忌者，敬則有所不忽，忌則有所不敢。」陳氏曰：「乃由裕民者，去惡所以養民。曰我惟有及者，去其所以害民者，則利自及。」

按：「元惡大憝」至此，諸家多分爲二章。「不率大戛」一句，或屬下章，或屬上章。呂氏合而爲一，似爲得之。「不率大戛」異説尤多，呂氏謂不以身率之，則亦戛乎其難【一一】，與下文「不能其家，罔不敬典」相應。蓋戛者，二物相擊之謂。然其義終難通曉，當在闕疑之域。至於全章大指，蘇氏專主不殺，蔡氏專主於殺，皆未免偏重。呂氏謂率之不從而後殺，亦似優於諸家，然亦未知其必然，故並存之，以俟商訂。「乃别播敷造民大譽」，諸家往往指爲别事，愚謂我所惡者，不孝不友也，諸臣不以此訓民，乃别立條教，以邀譽。愚俗使其不知不孝不友之爲惡，豈非不體上心，不用上令，而病其君乎？引惡謂引而入於不孝不友之地，此其所以速由兹義以率殺也。蓋導民以惡，乃賊人心，害風教之大者，不然，安得遽以刑殺加之乎？後世好名之説，立其以善率民者，亦例以邀譽之。如黄霸教民禮遜，而張敞以私立條教罪之是也。愚恐《康誥》之義不明，小人得借以爲説，故不得不辨。

王曰：「封，爽惟民迪吉康。我時其惟殷先哲王德，用康乂民作求。矧今民罔迪不適，不迪則罔政在厥邦。」林氏曰：「堯、舜之民仁壽，桀、紂之民鄙夫，非其自爾也，上之人迪之者，以其道與非其道故也。作求，謂起而求商先哲王所以康乂民者而行之。《詩》云：『王配于京，世德作求。』」呂氏曰：「此成王所以自責也。我明而思之，見得治民必有以開導之，而後可以至吉康之地，終言身率之意也。」蔡氏曰：「民無導之而不從者，苟不有以導之，則爲無政於國矣。」愚謂此雖成王以導民之責自勉，亦所以訓康叔也。然則欲導民於吉康，其何

【一一】其難　「其」原作「甚」，據上引呂氏注改，蓋用韓愈語。

以哉？惟於殷先哲王之德用於康乂民者，作而求之而已。蓋殷先哲王之所爲，無非導民吉康之道也。導之以仁義，而民趍於仁義，導之以孝弟，而民趍於孝弟，此即所謂吉康也。政者，所以正民也。不能導民，俾知所適，尚何政之有？蓋古之所謂政者，合教化而言；後世之所謂政者，離教化而言。

王曰：「封，予惟不可不監，告汝德之説于罰之行。今惟民不静，未戾厥心，迪屢未同，爽惟天其罰殛我，我其不怨。惟厥罪無在大，亦無在多，矧曰其尚顯聞於天。」孔氏曰：「我惟不可不監視古義，告汝施德之説於罰之所行。欲其勤德謹刑。」蘇氏曰：「德之説，説者，其理之謂也。作德而不知自然之理，則德非己有。己且不有，安能移諸人？此罰所以不行也。同，從也。戾，止也。今商民不静其心，無所止戾，道之而屢不從者，罪在我也。天罰殛我明矣，我其敢怨？毋曰我無罪，罪豈在於大與多乎？言行之失毫厘爲千里，況其顯明于天者乎！」

張氏曰：「我不可不監觀文王明德謹罰之意而告汝，上文所告皆是也。德之説，罰之行，并以告康叔矣。古之言天者，皆責備於己，而不求全於人，故民不静不同，天不罪民而罪導民者。」孫氏曰：「使罰之行，非德不能也。」林氏曰：「先儒勤德謹罰之説是也，蓋德者本也，罰者其輔也。不本於德，其何以行罰哉？王氏以説爲説，而曰罰行然後説德，蓋爲新法地耳。」愚按：德之説，罰之行，張氏得之，蘇謂德有説，非本指也。

王曰：「嗚呼！封，敬哉！無作怨，勿用非謀非彝，蔽時忱。丕則敏德，用康乃心，顧乃德。遠乃猷，裕乃以民寧，不汝瑕殄。」孔氏曰：「言當修己以敬，無爲可怨之事，勿用非善謀、非常法。斷行是誠道，大法敏德，信則人任焉，敏則有功。用是誠道安汝心，顧省汝德，無令有非，遠乃謀，思爲長久。行寬政則民安，不汝罪，不汝絶。」陳氏曰：「非謀，敗事之謀也。非彝，變常之事也。用敗事之謀，及變常之事，皆起怨之道，但斷以至誠，敏而行之，則無怨矣。」薛氏曰：「時忱者，至誠之道也。敏德者，至健之道也。惟至誠，故能有守；惟至健，故能有爲。」　林氏曰：「民豈欲怨其上哉？君作怨，則民怨之矣。蔽，與一言以蔽之蔽同。薛氏至誠至健之説是也，古之人力有爲於天下，惟誠與敬而已。」　吕氏曰：「凡民之怨，皆上之人有以召之，故曰作爲人君者，凡有一毫致民之怨者，皆不可作。顧謂省察自驗也。」　蔡氏曰：「大法古人之敏德。」　愚按：裕乃以民寧，不必言行寬政，但自無作怨以下數條，行之優裕，即所以致民之寧，而民不瑕絶之也。蓋爲善未至於優裕，皆勉强也，與前「德裕乃身」之裕同。

王曰：「嗚呼！肆汝小子封，惟命不于常，汝念哉！無我殄享。明乃服命，高乃聽，用康乂民。」王若曰：「往哉！封，勿替敬典，聽朕告，汝乃以殷民世享。」《大學》曰：「《書》曰『惟命不于常』，道善則得之，不善則失之也。」　王氏曰：「或至殄享，以天命無常故也。弗念則殄享，敬典聽朕告汝，則商民世享。」　吕氏曰：「明者，使不昏迷其意也。服命者，所戒全篇之命也。又當尊其所聞，乃可用以乂民。若聽之輕慢，安能乂民哉？」　愚按：敬典，即前所謂「罔不克敬典」。篇將終，復申言之，必如是然後能世世享國也。

《酒誥》：王若曰：「明大命于妹邦。乃穆考文王，肇國在西土。厥誥毖庶邦、庶士、越少正、御事朝夕曰：祀兹酒。惟天降命，肇我民，惟元祀。天降威，我民用大亂喪德，亦罔非酒惟行，越小大邦用喪，亦罔非酒惟辜。孔氏曰：「康叔監商民，商民化紂嗜酒。周公以成王命告康叔，欲令明施大教命于妹國。妹，地名，紂所都朝歌以北是。文王始國在西土，其所告謹衆國衆士於少正、官御治事吏，朝夕勑之，惟祭祀則用酒。元祀，大祀也。」　蘇氏曰：「少正，官之副式也。酒行於天下非小物細故也，故本之於天。天始令民知作酒者，本爲祭祀而已。」　葉氏曰：「《泰誓》言『淫酗肆虐，臣下化之』，邶、鄘、衛皆王畿，而妹之俗漸漬尤深，故特戒之。」　吕氏曰：「酒小事爾，周公乃爲之作一篇之書，何也？蓋酒之爲病，在後世視之則輕，在當時視之則重。大抵有一身之病，有舉世之病，商之君民沈湎於酒，乃舉世之病，周公所以大誥之也。」又曰：「天下之物，無一不本於天。以酒論之，麴蘖水火之劑，皆天所爲。天之降命所以使我民置此酒者，以祭祀無酒，則無以薦其馨香，非以資人之酣飲也。後人失其本意，乃以此喪德、喪邦。夫人以飲酒得禍，而曰天降者，天理不在人心之外，民爲酒所困，即天之降威也。」南軒張氏曰：「酒之爲物，本以奉祭祀、供賓客，此即天之降命也。而人以酒之故，至於失德喪身，即天之降威也。因言釋氏本惡天之降威者，乃併與天之降命者而去之，吾儒則不然，去其降威者而已。降威者天，而天之降命者自存。」按：先儒以「穆考文王」爲昭穆之穆，或曰穆考者，敬德之考，引「穆穆文王」爲證，後説似優。

「文王告教小子，有正有事，無彝酒。越庶國，飲惟祀，德將無醉。惟曰我民迪小子，惟土物愛，厥心臧。聰聽祖考之彝訓，越小大德，小子惟一。」葉氏曰：「《詩》曰：『肆成人有德，小子有造。』小子，未成人之稱。」陳氏曰：「有正，有官以治之。有事，民各有業也。有官則不敢飲，有業則不暇飲，如此則常乎酒者，無有也。祭祀而飲酒，不使之醉，惟土物愛而不欲珍奇，則其心不亂而善心生。」林氏曰：「孔子謂『不有博弈』，蓋使民飽食終日，無所用心，則非僻之心入矣。故使民不愛酒，非有事而使之，服勤則不可，而又有正以督之，有事，即下文『藝黍稷』、『遠服賈』是也。無彝酒，非不飲也，不當飲則不飲耳。《詩》曰：『其未醉止，威儀抑抑。曰既醉止，威儀怭怭。』醉與未醉，若二人之所爲，豈可不以德將之哉？」呂氏曰：「德將無醉，凡人中無所主，則爲麴蘖所迷。文王言我民當導迪其小子，惟土物是愛，勤稼穡，服田畝，其心方善。祖考歷事既多，所以教子孫者，必不許之縱酒。聰聽者，欲其用精神以聽也。聽之不聰，則誨爾諄諄，聽我藐藐矣。」蔡氏曰：「小子者，少小之稱，以其血氣未定，尤易縱酒喪德，故文王專誥教之。無、毋同，毋常於酒，其飲惟於祭祀之時，然亦必以德將之，毋至於醉也。」又曰：「文王言我民當訓迪其子孫，爲子孫者，亦當聰聽其祖考之常訓，不可以謹酒爲小德，小德大德，惟一視之可也。」愚按：若以謹酒爲小德，則湎酒亦小失也，其可乎？故周公欲其一視之也。

「妹土，嗣爾股肱純，其藝黍稷，奔走事厥考厥長。肇牽車牛，遠服賈，用孝養厥父母。厥父母慶，自洗腆，致用酒。庶士、有正越庶伯、君子，其爾典聽朕教。爾大克羞耇惟君，爾乃飲食醉飽。丕惟曰：爾克永觀省，作稽中德。爾尚克羞饋祀，爾乃自介用逸。茲乃允惟王正事之臣，茲亦惟大若元德，永不忘在王家。」吕氏曰：「前舉文王之言，至此乃成王自告康叔以治本國之事。康叔當使妹土之民竭股肱之力，純一而不雜，專工於稼穡之事，奔走事其親若長。下民之分，竭力耕田，供爲子職而已，何暇於縱酒乎？安常樂業，念不至於酒；不服田畝，心無所用，則必向於酒矣。其有肇牽車牛，遠出爲賈，以其所得孝養父母，父母以其遠歸而喜，躬自洗濯，腆厚致酒，以慰勞之，是時乃可用酒。庶士有職事者，以至於百君子爲官長者，皆在爾統率之下，爾當聽我之教。爾若大能羞養老成之人，乃爲君當然之事，爾方可飲至于醉，食至於飽。周公開飲酒之門，不過三事：祭祀用酒，父母慶用酒，養老用酒。三者無非於其良心處開之，於此飲酒，豈至於縱？乃所以養其温厚和氣也。永，長。省，察也。周公言康叔，爾當長永觀顧省察，動作皆稽中德。大抵致謹於言行易，致謹於飲食難。若非深觀默省，一動一作，必稽中德，則口腹亦豈易制？工夫至此，爾庶幾能羞饋祀，則可以保宗廟矣。爾乃可自大用安逸，而一身不至於放縱矣。此乃信爲王者正事之臣，而天亦順其元德，周家世世不忘。夫不荒于酒，以率國人，諸侯常事爾，而稱之如此，其重至於天。若元德者，蓋進德之驗，惟於最難屏處，工夫密察，則德進不已，而天不能違也。酒雖細故，玩而難遠，故周公云然。」蔡氏曰：「妹土以下，教妹土之民，或大修農功，或遠服商賈，以養父母。父母慶，則可以用酒也。庶士有正以下，教妹土之臣。介，助也。用逸者，用以燕寧也。言爾能常常反觀内省，使念慮之發，營爲之際，必稽于中正之德，而無過不及之差，則德全於身，而可以交於神明矣。如是，則庶幾能進饋祀，爾亦可以宴樂也。」愚按：妹土嗣爾股肱純，蓋謂此土之民久染沉酣之俗，繼此宜純用股肱之力，以從事於農、商，以養其父母爾。此二字通用，如自爾之類是也。父母慶則用酒，蔡氏兼農、商言之，於理爲長。

王曰：「封！我西土棐徂邦君、御事、小子，尚克用文王教，不腆于酒。故我至于今，克受殷之命。」呂氏曰：「此又舉文王之事以告之。我西土能輔助文王，自以往邦君以至於御事、小子之臣，皆庶幾能用文王教，不腆厚于酒，故我能至今受商之命，而有天下。蓋酒雖人之所嗜，所性不存焉，於此既薄，則於彼必厚，天下之理相爲消長。所以能受商之命者，乃不厚於酒，而厚於德之力也。」蔡氏曰：「此言文王毖酒之效，其大如此。」按：棐徂三字，未詳。

王曰：「封！我聞惟曰：在昔殷先哲王迪畏天顯小民，經德秉哲。自成湯咸至于帝乙，成王畏相，惟御事厥棐有恭，不敢自暇自逸，矧曰其敢崇飲？越在外服，侯甸男衛邦伯；越在内服，百僚庶尹惟亞惟服宗工，越百姓里居，罔敢湎于酒，不惟不敢，亦不暇。惟助成王德顯，越尹人祗辟。孔氏曰：「崇，聚也。自暇自逸猶不敢，況敢聚會飲酒乎？」呂氏曰：「此又舉商之所以興者告康叔。我聞昔日商王之典，蓋以是道而畏天畏民也。天有顯道，小民難保，何敢不畏？能畏小民，是其畏天也。經德秉哲者，商先哲王持養之工也。德乃本然之德，脩之有常，然後無失德。哲亦本然之明，不保持則爲物所昏，故德必有常，明必謹守也。盛德之主，無不尊畏，其輔助之臣，相與贊成一己之德，其心克自抑畏。君既抑畏，凡在位在職者，皆肅恭以輔上，而體其君之心。夫自成湯至于帝乙，賢聖之君六七作，君臣之間皆於恭敬用工，雖自暇自逸且有所不敢，矧曰其敢崇酒？言況有工夫崇尚酒也？朝廷君臣既如此，故在外服者，有侯甸男衛邦伯之諸侯，在内服者，有百僚庶尹惟亞惟服宗工，至於百姓里居不在位而閒居者，皆不敢沈湎于酒。不惟畏之而不敢，上下内外舉在篤恭中，此心豈暇及於酒，惟欲助成王德耳。又大而爲尹人者，亦專以敬君爲事，見商之時，通天下皆篤恭矣。」蔡氏曰：「惟欲上以助成君德，而伸之昭著；下以助尹人祗辟，而使之益不怠耳。成王，顧上文成王而言。祗辟，顧上文有恭而言。」愚按：此章乃一篇根本。凡人敬則不縱欲，縱欲則不敬。殷之君臣既一於敬矣，舉天下之物欲不足以動之，況荒惑敗亂如酒乎？此正天理人欲相爲消長之意，學者宜深味之。

「我聞亦惟曰：在今後嗣王酣身，厥命罔顯于民，祗保越怨不易，誕惟厥縱，淫泆于非彝，用燕喪威儀，民罔不衋傷心。惟荒腆于酒，不惟自息乃逸。厥心疾很，不克畏死。辜在商邑，越殷國滅，無罹。弗惟德馨香祀，登聞于天，誕惟民怨，庶群自酒，腥聞在上，故天降喪于殷。罔愛于殷，惟逸。天非虐，惟民自速辜。」孔氏曰：「嗣王，紂也。酣樂其身，政令不顯明於民，所敬所安皆在於怨，不可變易。」蘇氏曰：「紂喪其威儀，望之不似人君，莫不痛其將亡也。而猶荒湎，不少休息，其心爲酒所使，忿疾强很，不復畏死。不醉而怒曰奰，明醉者常怒也。國君醉則殺人，士庶人醉則相殺，明酒之能使人怒也。紂之惡，至於殺其身而不畏，惟多罪逋逃，萃於商邑，上下沈湎，及商之滅，此等能無罹乎？言與紂俱死也。天降喪於殷，無所愛愍者，皆以其逸爾。非天之虐，商人自速辜也。」張氏曰：「人之心於一處重，必於萬事皆輕。紂惟荒於酒，故國事皆忽；厚於酒，故國事皆薄。先王之祀，以德不以物，故奉牲以告，奉盛以告，奉酒醴以告，皆以德爲主耳。有德則馨香，無德則臭穢。商先哲王以畏爲天所相，紂以逸爲天所喪。」呂氏曰：「此周公又舉商之所以亡者告康叔。先王敬保其德，而後王敬保其怨，乃至於使民傷心矣。紂猶不自覺，反以爲安，故長其暴心，雖死不畏。商邑，指言王家也。常時縱酒之罪，止於紂與衆逋逃之人耳。而無辜之人，無不罹其禍，使商國靡有孑遺。無有德之馨香寓于祭祀，而顯聞于天者，但大有民之怨氣耳。風俗既成，人皆嗜酒，罪合于一，腥穢充塞，天所以降喪于殷，以是故也。」蔡氏曰：「惟民自速辜，曰民者，猶言先民，君臣之通稱也。」又曰：「其心疾很，雖殺身而不畏也。辜萃商邑，雖滅國而不憂也。」按：「無罹」二字，據蘇説則無字上添能字，據呂説則罹字上添不字，皆不若蔡氏省力。

王曰：「封！予不惟若兹多誥。古人有言曰：『人無於水監，當於民監。』今惟殷墜厥命，我其可不大監撫于時？」孔氏曰：「視水見己形，視民行事見吉凶。」蔡氏曰：「我不惟如此多言，所以言湯、言受如此其詳者，古人謂人無於水監，監水能見人之妍醜而已；當於民監，則其得失可知。今殷既墜厥命矣，我其可不以殷民之失爲大監戒，以撫安斯時乎？」予惟曰：汝劼毖殷獻臣，侯甸男衛，矧太史友、內史友、越獻臣百宗工。矧惟爾事，服休服采，矧惟若疇，圻父薄違，農父若保，宏父定辟，矧汝剛制于酒。夏氏曰：「自予惟曰以下，皆成王、周公使康叔監殷之失，以剛制于酒之事也。我今惟言汝康叔當堅固毖謹，殷之賢臣及汝爲孟侯所統侯甸男衛之國君，皆當固謹之，此正如文王毖庶邦庶士越少正御事，蓋毖謹之，使不縱于酒也。殷賢臣及所統諸侯，既固謹之矣，況太史內史之官，乃汝康叔之所親友者。及其賢臣爲百官尊者，不可不固謹之也。內史而下，既固謹之矣，況與汝康叔共事之人，所謂服休而在位、服采而在職者，其可不固謹之乎？況爾之疇匹，而位爲三卿者，謂司徒、司馬、司空也。司馬掌九畿之法，故謂之圻父。父者，尊之也。圻父邦政有違王命者，當有以薄近而誅伐之。司徒掌稼穡以厚民生，故謂之農父。農父在於厚民生，則當順民而保安之。司空掌廣地以居民，故謂之宏父。惟宏父在於居民，則當定民居之法。蓋大國三卿，康叔、孟侯實大國，故有此三卿。三卿位尊，故於康叔爲疇匹也，又可以不固謹之乎？周公此意，蓋謂自殷賢臣推而上之至於三卿，皆康叔所當毖謹者，故其可不剛以制其從酒之欲乎？蓋謂汝身又當剛制於酒也。」呂氏曰：「剛制者，當時酒之爲病甚深，苟泛泛悠悠，不用力斷然制之，則安能制之？故謂之剛制。」蔡氏曰：「剛制，亦劼毖之意，剛果用力以制之者也。」愚按：四矧字，一節重於一節，蓋所職愈重，則所戒當愈嚴。劼毖以上所戒勑而言，剛制以己所自檢而言。在群臣，則當謹上之戒；在康叔，則當防己之欲。

「厥或誥曰群飲，汝勿佚，盡執拘以歸于周，予其殺。又惟殷之迪，諸臣惟工乃湎于酒，勿庸殺之，姑惟教之。有斯明享，乃不用我教辭，惟我一人弗恤，弗蠲乃事，時同于殺。」王曰：「封！汝典聽朕毖，勿辯乃司民湎于酒。」蘇氏曰：「予其殺者，未必殺也，猶今法曰當斬者，皆具法以待命，不必死也。然必立死法者，使人畏而不敢犯也。群飲蓋亦當時之法，有群聚飲酒謀爲大姦者，其詳不可得而聞矣。如今之法有曰夜聚曉散者，皆死罪，蓋聚而爲妖逆者也。使後世不知其詳，徒聞其名，凡民夜相過者，輒殺之，可乎？或曰：自漢武帝以來至于今皆有酒禁，刑有至於流，而賞或不貲，未嘗少縱，而私釀終不能絶也，周公獨何以禁之？曰：周公無所利於酒也，以正民德而已。甲與乙皆答其子，甲之子服，乙之子不服，何也？甲答其子而責之學，乙答其子而奪之食，此周公之所以能禁酒也。」林氏曰：「殷紂所迪之諸臣，其百工有湎于酒者，蓋其化紂之惡，未能遽革，故勿用法以殺之，姑亦教之而已。下文言殷則群飲而誅者，其爲周人可知也。」孫氏曰：「使誠欲殺之，雖康叔可也，何待歸之於周？此欲原情定罪耳。」張氏曰：「有斯明享，謂汝有此戒酒之效，則是明於享。上之道乃或不用我教，辭而躬自飲酒，使吏民波蕩從之，則是汝康叔不以我一人爲念，不蠲潔其政事，是陷民於罪而殺之也。孟子謂以梃殺人，與刃無以異，使康叔以濁亂之政施於民，是以梃殺人也。」唐孔氏曰：「以戒酒事終，故結之曰：汝當常聽命我，所使汝慎者，篤而行之，勿使汝主民之吏湎於酒，當正身以帥民。」按：勿辯以下，説者不同，句斷亦異。林氏謂孔説爲不費辭，但不知辯之訓使何所也。今姑取此，亦未敢以爲必然。

《梓材》：王曰：「封！以厥庶民暨厥臣，達大家；以厥臣達王，惟邦君。林氏曰：「大家者，天子建國，諸侯立家，故魯三桓謂之三家。其曰『大家』，猶孟子之所謂『巨室』也。」吕氏曰：「當流言之變，正緣天下之情阻而不通，故康叔於變亂新造之後，在通上下之情以爲綱領。大家强而難通者也，王尊而難通者也。康叔任爲邦之責，當通上下之情，以一國臣民之情，達之於大家。又以臣民、大家之情，達之於王。自康叔言之，有民、有臣、有大家；自王言，則率土之濱，莫非王臣，故止謂之臣。當變亂新造之後，上下之情不通，不於此而通之，則再召變亂，亦未可知。惟關脉相通，則變亂無從而生，此康叔爲邦之本也。」蔡氏曰：「以厥庶民暨厥臣達大家，則下之情無不通矣。以厥臣達王，則上之情無不通矣。」

「汝若恒，越曰：『我有師師：司徒、司馬、司空、尹旅。』曰：『予罔厲殺人。』亦厥君先敬勞，肆徂厥敬勞。肆往姦宄、殺人、歷人，宥，肆亦見厥君事，戕敗人，宥。王啓監，厥亂爲民，曰：『無胥戕，無胥虐，至于敬寡，至于屬婦，合由以容。』王其效邦君越御事：『厥命曷以引養引恬，自古王若兹監，罔攸辟。』呂氏曰：「爲邦之要，務在虚心屈己。不敢自用，以一國之人爲師，常言我有師，師謂之師師，則非一人矣。官長無不師之，始盡爲邦之道。既通一國之情，又取人爲善，乃示德意於邦人，謂我之意不欲厲殺人，此三代得天下之本也。文、武之得天下，成王之守天下，皆本於罔厲殺人。康叔當體此意，以好生爲德。敬以慰勞斯民，謂之敬勞者，以尊臨卑，易至於忽，必慰勞之以敬，使民如承大祭可也。肆，今也。自今以往，凡司徒、司馬、司空、尹旅之屬，亦將如康叔之敬勞，康叔有以先之也。自今以往，昔之爲姦宄者，與殺人者，歷人，如今干證賊所過歷者也，皆宥之，而咸與惟新。康叔既以好生之德先之，凡爲康叔臣者，見其君有好生之事，有戕賊敗害人者，亦體康叔之意，從而宥之。然康叔之所宥及於殺，人臣之所宥止於戕敗人者，蓋大權君之所專，小事臣之所職也。又言王者開諸侯之監，本爲治民，非爲他也。舜之命十二牧，曰：『食哉惟時，柔遠能邇。』成王命康叔爲監，亦但言涵養撫摩，不可殘虐，至於鰥寡無告者，敬之使得其所，寡婦無依者，聯屬之使有所歸，聚合其民，大度并包而含容之。效，致也。王之所以致此命於邦君，以及御事者，果何以乎？優游涵養，待以歲月，徐徐使之，自至於安養之地，此所謂引養引恬也。杜詩有謂『隨風潛入夜，潤物細無聲』者，雖爲雨而言，亦切於治體。久病之人驟加藥石，反以滋疾；安恬以補養之，引而至於和平可也。監謂康叔也，周公告康叔，自古王者之撫民皆如此，不可以法治之，總上文三節之意也。」蘇氏曰：「歷人者，罪人之所過，律所謂知情藏匿。貲，給也。戕敗人，謂毀傷人四肢面目，漢律所謂疻也。夫亂生於激，不小忍而求速決，則釁隙横生，靡所不至。小引延之，人静而亂自衰，使相容養，以至於恬安，是謂引養引恬。」林氏曰：「三監之亂，必有反側不自安者，故必宥之，使知我之不復窮治，則其心安矣。」蔡氏曰：「其命監之辭，蓋曰無相與戕殺其民，無相與虐害其民。人之寡弱者，則哀敬之，使不失其所【一二】；婦之窮獨者，則聯屬之，使有所歸。」

「惟曰：『若稽田，既勤敷菑，惟其陳修，爲厥疆畎；若作室家，既勤垣墉，惟其塗塈茨；若作梓材，既勤樸斲，惟其塗丹雘。』呂氏曰：「周公又舉物理以論康叔，如稽考田畝，既用力整理，而陳布修治矣。苟不爲疆畎，必有水潦之侵、牛羊之踐。又如作室家，既築垣墉矣，苟不覆蓋，必爲風雨所飄搖。又如造器，既勤於樸素矣，苟不加采飾，則樸斲之事亦徒然耳。梓材者，古人制器多用梓木爲之，故以名篇。意謂周家基業，自太王、王季、文王，艱難積累，周公復爲之定亂，十已七八矣。今之所少，但欲隄防覆蓋粉飾，如疆畎、塈茨、丹雘之類而已。康叔苟不撫摩商之遺民，復爲變亂，則前日艱難工夫皆廢矣。言命之之意至切也。」

「今王惟曰：『先王既勤用明德，懷爲夾，庶邦享作，兄弟方來，亦既用明德。后式典集，庶邦丕享。孔氏曰：「言文、武已勤用明德，懷遠爲近，汝治國當法之。」王氏曰：「既盡也，懷庶邦爲己夾輔。」蔡氏曰：「先王，文、武也。兄弟，言友愛也。《泰誓》曰『友邦冢君』，方來者，方方而來也。既，盡也。先王盡勤用明德，而懷來于上。諸侯亦盡用明德，而視效於下。后，後王也。式，用也。典，舊典也。集，和輯也。此章以後，若臣下進戒之辭，疑簡脱誤於此。」皇天既付中國民越厥疆土于先王，肆王惟德用，和懌先後迷民，用懌先王受命。』林氏曰：「言天盡以中國之民付之於先王，而一民莫非其臣。盡以中國之疆土付之于先王，而尺地莫非其有。凡以先王之勤用明德而已，天之於先王，其眷顧之也如此。其至今王惟當用德，以和懌先後迷民而已。迷民，謂殷之餘民。先儒謂和悦先後天下迷愚之民，先後教訓。了翁言先迷民者，紂之民；後迷民者，武庚之民；其説爲長。蓋當時之亂，殷民罔不小大好草竊姦宄，則其民之迷，可謂甚矣。其餘民之尚存者，當武庚之叛，又皆蓄不軌

【一二】使不失其所　「失」字原作「夫」，據《書經集傳》卷四改。

之心，相挺而爲亂，惟其如此，所以謂之先後迷民。常人於此，方且以刑罰为事，周公之意則不然，故謂今王惟用德以和懌之，使之易直子諒之心油然而生，則孰不遷善遠罪也。惟不忍鄙其民，而用德以和懌之，則是以先王之心爲心，則皇天之所眷顧付畀於先王者，可以慰先王在天之靈矣，故曰用懌先王受命。」蔡氏曰：「命，天命也。用慰悦先王之克受天命者也。」

「已！若兹監。惟曰：『欲至于萬年，惟王子子孫孫永保民。』」蔡氏曰：「已，語辭。監，視也。此人臣祈天永命之辭也。」按：此篇文多不類，「自今王惟曰」以下，若人臣進戒之辭。以《書》例推之，曰「今王惟曰」者，猶《洛誥》之「今王即命曰」也；「肆王惟德用」者，猶《召誥》之「肆惟王其疾敬德，王其德之用」也；「已若兹監」者，猶《無逸》「嗣王其監于兹」也；「惟王子子孫孫永保民」者，猶《召誥》「惟王受命無疆惟休」也。反復參考，與周公、召公進戒之言，若出一口，意者此篇得於簡編斷爛之中，文既不全，而進戒者有用明德之語，編書者以與「罔厲殺人」等意合，遂以爲文意相屬。細詳其語脉，一篇之中，前則尊喻卑之辭，後則臣告君之語，有不可强合者。按：蔡氏本吴氏説，近之，姑附此。

召公既相宅，周公往營成周，使來告卜，作《洛誥》。孔氏曰：「召公先相宅卜之，周公自後至，經營作之，遣使以所卜吉兆逆告成王。」蘇氏曰：「周人謂洛爲成周，謂鎬爲宗周。」吕氏曰：「太甲復亳，而伊尹告歸。成王卜洛，而周公告歸。蓋伊尹、周公，處大臣之變者也，已事而亟去，所以明吾心，而嚴萬世之防也。周公不得遂其去，何也？伊尹之時，國無他變，太甲思庸，則其責塞矣。周公雖卜洛以遷商民，基業始定，然其心猶未服，四方之大勢猶未集，非周公誰與鎮安之？此所以欲去而復留也。告洛邑之卜，周公在成周，而遣使於成王也。作《洛誥》之書，周公歸宗周，而親誥于成王也。」

《洛誥》：蘇氏曰：「此處有脱簡在《康誥》，自『惟三月哉生魄』至『洪大誥治』下【一三】，屬周公拜手之文。」

【一三】自惟三月　「自」原作「曰」，據《書經集傳》卷五改。

周公拜手稽首，曰：「朕復子明辟，王如弗敢及天基命定命，予乃胤保大相東土，其基作民明辟。孔氏曰：「既成洛邑，將致政成王，告以居洛之義。」　唐孔氏曰：「篇末云『戊辰，王在新邑』，明戊辰以上，皆是西都時所告也。周公正以此年還政者，以成王年已二十成人，故必歸政而退老也。　王肅於《金縢》篇末云：『武王年九十三冬十一月崩，其明年稱元年。周公攝政，遭流言，作《大誥》而東征。二年克殷，殺管叔，三年歸，制禮作樂。出入四年，六年而成，七年營洛邑，作《康誥》、《召誥》，歸政成王。然則武王崩時，成王年已十三矣。』」　王氏曰：「復，如復還之復，周公得卜，復命于成王。子者，親之也。明辟者，尊之也。將告以基作民明辟，故稱明辟。先儒以成王幼，周公代王爲辟，至是反政。荀卿曰：『以枝代王而非越也，君臣易位而非不順也。』以《書》考之，周公位冢宰、正百工而已，未嘗代王爲辟也，何君臣易位、復辟之有哉？管、蔡之難，周公以王命東征，不敢西歸，以待王之察己。蓋周公事成王如此，而曰代之爲辟，不亦悖乎！」　葉氏曰：「周公踐天子之位，以治天下，初無經見，獨《禮·明堂位》云爾。《明堂位》非出吾夫子，其言「曲阜七百里」、「魯君臣未嘗相弒」之類，皆世儒傳疑，尚何足證乎！」　朱子曰：「周公不欲斥言王幼不能，故言王若不敢及天之初命、定命【一四】，則不得不嗣攝政事，保佑王躬，而相此洛邑，以爲王當於此初作民主也。」　呂氏曰：「朕復子明辟，程氏謂如復于王之復，周公蓋言我以作洛獻卜之事，反告於汝。明，君也。世儒復辟之說，蓋生於此語。抑不知有失，然後有復。武王崩，成王立，未嘗一日不居王位，何復之有哉？君幼而百官總己以聽焉，是固冢宰之職也。前乎此者，封康叔、伐三監，莫不繫之於成王，則昔固爲辟自若也，而今何復焉？政使如世儒之說，則天下之事，豈有大於此者？何爲下文無一事及之，而專論營洛獻卜之事耶？營洛大政，宜自天子出，以成王幼沖新立，若不敢及大時建都邑，基周家之命而定之，予乃不得不嗣太保以往，大相東土，其庶幾爲成王始基作民明辟之地，中天下而立，明四目，達四聰，並受四海之圖籍。大哉！洛邑是誠作民明辟之基也，是誠周公建都之意也。」　蔡氏曰：「拜手以下，周公授使者告卜之辭也。拜手稽首者，史記周公遣使者之禮也。」　按：胤保，朱、呂說異，呂似勝。

【一四】天之初命定命　《朱熹文集》卷六十五無「定命」二字。

「予惟乙卯，朝至于洛師。我卜河朔黎水，我乃卜澗水東、瀍水西，惟洛食。我又卜瀍水東，亦惟洛食。伻來，以圖及獻卜。」蘇氏曰：「黎水，今河朔黎陽也。周公營東都，本以處商餘民。民懷土重遷，故以都河朔爲便，卜不吉，然後卜洛。」呂氏曰：「卜都之意，主於商民。先卜河朔黎水者，因其所安也。意在近地者，商民之心意。在地中者，周公之心，衆之所向，周公亦豈安其獨見哉？並列二說以聽於天而已。卜黎於先者，先人後己之心也。黎既不吉，改卜洛邑，龜乃協從。蓋周公之心，即天心也，無間故無違也。始云我卜澗水東、瀍水西，惟洛食者，王城也，朝會之地也。終云我又卜瀍水東，亦惟洛食者，下都也，頑民之居也。王城在澗瀍之間，下都在瀍水之外，其地皆近洛水，故兩云惟洛食也。食云者，史先定墨，而灼龜之兆，正食其墨也。洛邑雖有二城，而成周則其揔名。杜預、孔穎達皆以下都爲成周，謂敬王繼子朝之亂自王城始都之，其說不然。」朱子曰：「伻，使也。遣使以所卜地圖及卜兆來告成王。」

王拜手稽首曰：「公不敢不敬天之休，來相宅，其作周匹休。公既定宅，伻來，來視予卜休恒吉。我二人共貞。公其以予萬億年敬天之休，拜手稽首誨言。」孔氏曰：「成王尊敬周公，答其拜手稽首而受其言。」張氏曰：「成王明周公之心，曰公之營洛，非欲勞民動衆誇張侈大也，敬天之休而已。」呂氏曰：「宅土中而作大邑，天之休命也。周公之來相宅，乃敬承天之休命，非出於己私也。其作周匹休者，言周公相宅營洛，實配宗周，其休美俱無窮也。成王復言：公既定宅，使人來以龜兆來視，予其卜之休祥，有常永無窮之吉。我與周公二人，其共貞固，守此基業乎！公其以予億萬年敬天之休。以者，使之之辭也。成王自謂保天命與墜天命二者，皆不係於己，惟係周公。使我如何爾，公庶幾永留輔佐，以我小子萬億年敬天之休而不墜乎！倚之者甚重，而望之者甚長也。」林氏曰：「公其以予萬億年敬天之休，爲周公得卜之繇辭。周公以此誨成王，成王得公之誨既至，故盡禮以答之。」按：此亦一說也。

周公曰：「王肇稱殷禮，祀于新邑，咸秩無文。予齊百工，伻從王于周。予惟曰：『庶有事。』今王即命曰：『記功宗，以功作元祀。』惟命曰：『汝受命篤弼，丕視功載，乃汝其悉自教工。孺子其朋，孺子其朋，其往。無若火始燄燄，厥攸灼叙，弗其絶。厥若彝，及撫事如予。惟以在周工往新邑，伻嚮即有僚，明作有功。惇大成裕，汝永有辭。』」蘇氏曰：「稱，舉也。殷禮，盛禮也。」葉氏曰：「殷，『猶殷薦之上帝』之殷。」林氏曰：「元勳大臣，與文、武同定天下，當列之元祀，以示無窮之勸，此大事足以係天下之心。武王則未暇，周公則未行，而留以遺王。若止於明作有功，此漢宣帝技巧咸精，只是綜核名實之政；若止於惇大成裕，只是漢文帝寬大之風，不免有上下柔弱之患，故周公欲其不偏。」呂氏曰：「成王既盡禮以求誨言，於是周公舉其大者告之。『王肇稱殷禮，祀于新邑，咸秩無文』，告以定都之首務也。定都之初，肇舉盛禮，大饗群祀，雖祀典之不載者，咸秩序而祭之，有告焉，有報焉，有祈焉。始建新都，昭假上下，告成事也。雨暘時若，大役以成，報神賜也。自今以始，永奠中土，祈鴻休也。後世不知祭祀之義、鬼神之德，則觀周公首以祀于新邑。告成王若闊於事情，抑不知人主臨鎮新都之始，齊祓一心，對越天地，達此精明之德，放諸四海無所不準。而助祭諸侯，下逮胞翟之賤，亦皆有孚顒若，收其放而合其離。蓋格君心，萃天下之道，莫要於此。『予齊百工，伻從王于周。予惟曰：庶有事』，周公言我整齊百官，使從成王于成周者，豈徒然哉？予惟曰：庶幾有事焉，以大慰天下云爾。下文所稱記功宗之類，皆所當爲之事也。方周公當國之時，百官賢否雖或小不齊，公固化之有道，處之有方，於治道未害也。今成王親政之初，所從百官，豈容有一小人參錯其間，故公必精察審擇，使咸出於正，無少不齊，老臣愛君之心，亦篤矣。不授之以人，而徒責之以事，周公必不爾也。既授之以人矣，成王亦安得辭其責乎？『今王即命曰：記功宗，以功作元祀。惟命曰：汝受命篤弼』者，基業既定，則當修創業之功，以示天下洛邑既成，周之業既定矣。論創業之勳，不可後也。故教成王今即出命曰：記録功臣之宗勳勞之最大者，以其功之作元祀。凡功臣莫不祭於大烝，爲功臣之宗者，居其冠，故謂之元祀也。漢高帝次功臣，其第一久之而後定，蓋功臣之冠，天下觀瞻，所以鎮服群下者，實繫此舉焉。論功莫先於宗，言宗則凡功臣可得而推矣。報功莫重於祀，言祀則凡慶賞可得而推矣。既發命以報其功，惟申命以勉之，曰汝功臣其受此褒賞之命，以厚輔王室。蓋示之倚任之意也。『丕視功載，乃汝其悉自教工。孺子其朋，孺子其朋，其往。無若火始燄燄，厥攸灼叙，弗其絶』者，周公既告成王以褒賞功臣，又戒以當大視功臣之載書，苟無不公，百工效之，亦皆公也。苟少有私，百工窺之，亦將皆私也。其公其私，悉自汝教之，所謂乃汝其悉自教工也。百工視傚如此，孺子論功行賞，其可少有朋比乎？孺子其少有朋比，則自此以往，臨政出治，將無不朋比，如火始然，燄燄之微耳。其所焚灼以叙而進，自少而多，自近而遠，遂不可絶矣。其可不深戒其初乎！論功者，成王之初政，周公懼其私心之或萌，故嚴厲其辭，所以閑之於始，而禁之於未發也。『厥若彝』者，告成王以其順典彝也。『及撫事如予』者，告成王以撫定天下之事，當如我爲政之時也。『及』云者，周公自謙，使成王先順典彝，而因觀法我之所爲也。『惟以在周工往新邑』者，即周公所齊從王于周之百工，戒成王之洛，當惟以此自從，不可以他人間之也。周公爲成王慮者，可謂悉矣。示之以典，欲其遵也；教之以身，欲其效也；遺之以人，欲其用也。成王之臨洛邑，誠能循奉典彝，師法周公，信任衆賢，則治道亦無餘藴矣。『伻嚮即有僚，明作有功。惇大成裕，汝永有辭』者，復告成王，當使百工咸知上意所嚮，聯事分職，各就有僚，曉然不惑，奮揚興起，咸厎成績，乃所謂明作有功也。苟不知上之所嚮則惑，惑則怠，怠則績用弗成矣。然則所嚮果何嚮也？曰惇大者，其所嚮也。一代必有所尚，以定一代之治體，百工皆知所嚮，雖其職之異，其功之殊，而體要皆惇厚寬大，共成温裕之風俗，則是周八百年之所尚，實定於成王。休聞顯譽，豈有既乎？」

公曰：「已！汝惟冲子，惟終。汝其敬識百辟享，亦識其有不享。享多儀，儀不及物，惟曰不享。惟不役志于享。凡民惟曰不享，惟事其爽侮。孔氏曰：「已乎，汝惟童子，嗣父祖之位，惟當終其美業。」蘇氏曰：「享，朝享也。儀不及物，與不朝同爽失也。禮失而人慢也。小人以賄説人，必簡於禮。

孔子獨飽於少施氏者，遠小人也。周公戒成王責諸侯以禮，不以幣，恐其役志於物，而不役志於禮，則諸侯慢，而王室輕矣。此治亂之本，故周公特言之。《春秋傳》曰：『晉趙文子爲政，薄諸侯之幣，而重其禮。謂魯穆叔曰：自今以往，兵其少弭矣。』夫以列國之卿，輕幣重禮，猶足以弭兵，王而好賄，則其致寇也必矣。唐之衰，君相皆可以賄取，方鎮爭羨餘，行苞苴，而天子始失政，以致於亡。周公之戒，聖矣哉！」孫氏曰：「敬識其享，則享者知所勸，亦識其不享，則不享者知所懼。」陳氏曰：「幣有餘而禮不及，諸侯必有輕上之心，以爲可以幣交也。」薛氏曰：「惟終，與載謀載惟之惟同。敬識其微，以慮患於未然，此惟終之道也。」林氏曰：「覲禮，諸侯之朝王，皆有束帛加璧庭實，所謂物也。其辭遜升降之容，所謂儀也。享固多儀，苟儀不及物，禮不足而幣有餘，則雖享覲于王，與不享無以異也。其所以儀不足者，蓋以諸侯而志於享上故也。諸侯既不專心致志於此，則凡民化之，皆無奉上之心，天下之事其將差错侮慢，不可正也。故汝當敬識之者，以諸侯之勤怠，而反諸己，戒謹恐懼，不敢忽也。苟不能敬識，則王綱廢弛，而不能自振。」呂氏曰：「周家之治，文、武、周公實始之，全於終之，則成王之责也。『汝其敬識百辟享』以下，诲之以统御諸侯之道也。王者之统御諸侯，必先其向背，所以識其向背，非用智而任術也，亦曰敬而已矣。敬則昰心常存，無憎愛之私，故能識百辟忠誠以享王室者，亦識其有悖慢而不享王室者，所謂不享王者，非必顯然負固阻兵也。庭實，奉上之物，固與其他諸侯無異，第無誠意以將之耳。」

「乃惟孺子頒，朕不暇聽。朕教汝于棐民彝，汝乃是不蘉，乃時惟不永哉。篤叙乃正父，罔不若予，不敢廢乃命。汝往敬哉！茲予其明農哉！彼裕我民，無遠用戾。」呂氏曰：「此誨之以教養兆民之道也。周公之於民至矣，然治道有先後之序，蓋亦有未暇爲者，故屬成王頒布我所不暇爲者於天下。王其聽我教汝於輔助斯民教養之常道次第，而頒之於民可也。蘉，勉也。民惟邦本，汝乃於是而輔民彝，不勉行之，是基業必將不永矣。危言以感動之，欲其深勉乎此也。『篤叙乃正父，罔不若予，不敢廢乃命』者，周公復告成王以惇篤次序。武王之事，罔不如我，前日當國之時，則天下不敢廢汝之命矣。武王没，周公如武王，天下所以不廢周公之命也。周公去，成王如周公，天下所以不廢成王之命也。苟成王作聰明，喜變更，武王、周公之政皆失其叙，則天下安肯用一幼沖孺子之命乎？『篤叙』云者，典刑具存，誠意不存焉，亦徒法而已，故行之貴乎篤也。『汝往敬哉！兹予其明農哉！』告戒既終，勉以汝往新邑布政，不可不敬，我其退休田野，惟農事是明，不復與聞國事矣。『彼裕我民，無遠用戾』者，周公既與成王決别，以民者國之大本，意未能已，復指而言之，曰彼寬裕我民之道。前所謂『棐民彝』者，是不可須臾離，無或少遠之，而用致違戾也。周公於將去之際，殷勤反覆，不能忘民，如此其真知本者哉！」張氏曰：「『汝往敬哉』，言成王自今以往，當敬其心。周公既以敬教成王於宅洛之初，召公又以敬戒成王於丕作之日，聖賢相傳無他道也。」

王若曰：「公，明保予沖子，公稱丕顯德，以予小子揚文、武烈，奉答天命，和恒四方民，居師，惇宗將禮，稱秩元祀，咸秩無文。惟公德明光于上下，勤施于四方，旁作穆穆，迓衡不迷，文、武勤教。予沖子夙夜毖祀。」孔氏曰：「成王順周公之意，請留之自輔。」吕氏曰：「成王將留周公，故先歸。重於公答其誨言，稱其功德，蓋所以開挽留之端也。『公明保予沖子』者，成王退，託言我幼沖孺子，蒙然未有所知。公之於我，正如人之養嬰孩，寒暑飢渴，莫能自卞皆傳養者，明以保之。歸重於公者，亦至矣。『公稱丕顯德』至『咸秩無文』者，答周公之誨言也。公所稱舉以誨我者，明著深實，皆丕顯之德。蓋欲以我小子繼先烈，成天意，結民心，舉祀典，我不敢不深服是誨也。文、武之烈，要在增光而發揚之，苟止欲持循，則浸頹其舊矣。上天之眷，要在進脩而奉答之，苟無以稱塞，則將墜其命矣。四方之民，要在和調而恒保之，苟使之乖離，則君位危，而不能居師衆之上矣。『惇宗將禮，稱秩元祀，咸秩無文』，即前所謂『肇稱殷禮』，蓋以惇重宗敬大禮之心而舉行，次叙大祀，徧祭百神而大饗之也。周公前兩章之誨，大畧不出此矣。周公之誨，以祀爲先者，先其原也。成王之答，以祀爲後者，先其實也。

齊明之心，蓋出治之原，而爲治之條理，則此心之實也。告者，示其原；受者，得其實：周公可謂善誨，成王可謂善聽矣。『惟公德明』，至于『冲子夙夜毖祀』者，稱周公之功德也。周公聖德之著，輝光充塞天地，若可以止矣。方且勤施治教於四方之人，雖邊陬海隅，亦皆『旁作穆穆』，交發誠敬之容，德益日新，前迓太平其象，可見文、武勤勞創業垂統，以教後世者，賴公再明，不復迷錯。我小子拱手仰成，徒知爲祭主，蚤夜謹祀而已。則公之有大功德於我周家者，亦云盛矣。天下皆在周公光宅之中，識其不已之心者，成王也。天下皆嚮周公日新之化，識其迓平之象者，成王也。周公勤施不已之心，雖聖人所同，然征討四國，思兼三王，其勤勞特甚焉，信乎其爲勤施也。下曰既平而曰迓平者，既平則盈不可久矣，迓則有亹亹方進之意焉。周公勤勞如是，動德如是，成正弁冕奉祭，其敢忘所自乎？其可少遠周公乎？挽留之意，莫切於是。」

王曰：「公功棐迪篤，罔不若時。」呂氏曰：「既稱周公之功德，言之不足，復言公之功輔養啓迪我小子之篤，罔不如是，非止前所稱而已，蓋非言語所能盡也。」王曰：「公，予小子其退，即辟于周，命公後。」蔡氏曰：「此下成王留周公治洛也。成王言我退即君于周，命公留後治洛，蓋洛邑之作，周公本欲成王遷都，以宅天下之中，而成王之意則未欲捨鎬京，故於舉祀發政之後，即欲歸君于周。而留周公治洛，謂之後者，猶後世留守、留後之義。先儒謂封伯禽以爲魯後者，非是。攷之《費誓》『東郊不開』，乃在周公東征之時，則伯禽就國，蓋已久矣。下文惟告周公其後，其字之義益可見其爲周公不爲伯禽也。」愚按：《史記·魯世家》伯禽即位之後，管、蔡等反，淮夷、徐戎亦並興，於是伯禽率師伐之於肸，遂平徐戎。據此則蔡氏說當矣。四方迪亂未定，于宗禮亦未克敉公功，迪將其後，監我士師工，誕保文、武受民，亂爲四輔。」蔡氏曰：「宗禮即功宗之禮也。亂，治也。四方開治，公之功也。未定功宗之禮，故未能敉公功也。敉功者，安定其功之謂，即下文命寧者也。將，大也。周公居洛，啓大其後，使我士師工有所監視，大保文、武所受於天之民，而治爲宗周之四輔也。漢三輔，蓋本諸此。」

王曰：「公定，予往已。公功肅將祇歡，公無困哉。我惟無斁其康事，公勿替刑，四方其世享。」張氏曰：「周公之功，天下誰不欽敬？誰不歡樂？天下信服周公如此，故周公留，則王室安；周公去，則天下疑。而公去之，豈非困王哉？」夏氏曰：「公功如此，而肅敬自將謂不驕，故人告敬樂之。」蔡氏曰：「成王欲周公止洛，而自歸往宗周，言周公之功云云，宜鎮撫洛邑以慰擇人心，毋求去以困我也。我惟無厭其安民之事，公勿替刑監我士師工者，四海得以世世享公之德也。」吴氏曰：「《前漢書》兩引『公無困哉』，皆以哉爲我，當以我爲正。」愚按：『公功肅將祇歡』，蓋即公身而言，謂其功如此，而以肅自將以敬自樂，可以見公之盛德，非謂天下敬樂之也。

周公拜手稽首曰：「王命予來，承保乃文祖受命民，越乃光烈考武王，弘朕恭。蔡氏曰：「弘大其責□之恭。」孺子來相宅，其大惇典殷獻民，亂爲四方新辟，作周恭先。曰：『其自時中乂，萬邦咸休，惟王有成績。予旦以多子越御事，篤前人成烈，答其師，作周孚先。』孔氏曰：「拜而後言，許成王留。」王氏曰：「恭先以恭倡後王也，孚先以孚倡後民也。」蘇氏曰：「洪大成王之恭德也，厚施典法於商賢人，後世言周之恭主者，以成王爲先。古之言恭者，甚盛德不敢居也。《詩》曰：『自古在昔，先民有作。温恭朝夕，執事有恪。』多子，衆賢也。後世言周之信臣者，以周公爲先也。國之將興，必有繼天之王，建都邑，立藩輔，以定天命，而宅民心，爲子孫之師。亦必有命世之臣，考禮樂，修法令，以定國是，而正風俗，爲卿大夫之宗。然後可以世世垂拱仰成，雖有中主弱輔，而不至於亂。國之所恃者，法與人也。傳曰：『雖無老成人，尚有典刑。』故周公以謂惇典而用賢，可以定國。後之言恭者，必稽焉。傳説有言：『事不師古，以克永世，匪説攸聞。』今不師古，後不師今，故周公以謂我當與卿大夫士篤前人成烈，以答衆心，則後之言信者，必師焉。夫以成王之賢、周公之聖，其所以爲後世先者，不過於恭與信而已。」孫氏曰：「前言誕保文、武受民，此言承保文祖受命民，何也？蓋文、武之民，受之先王也。文祖之民，上受之天，下受之先王也。此王命周公承保之也。」

「考朕昭子刑【一五】，乃單文祖德。伻來毖殷，乃命寧予以秬鬯二卣，曰明禋，拜手稽首休享。予不敢宿，則禋于文王、武王。惠篤叙，無有遘自疾，萬年厭于乃德，殷乃引考。王伻殷，乃承叙萬年，其永觀朕子懷德。」王氏曰：「王稱周公之功，周公乃歸德於文王，以爲成朕昭子典刑，乃盡汝祖文王之德也。《詩》曰：『儀式刑文王之典，日靖四方。』又曰：『儀刑文王，萬邦作孚。』與此同意。成王使周公來毖商民，乃命寧周公以秬鬯二卣，曰明禋于文王、武王，使之明禋，則以太平告文、武也。故周公不敢宿成王明禋之命，即禋文、武，曰王尊之，曰朕子親之也。」考字，王氏、蔡氏訓成，蘇氏作「稽考」之「考」。昭子，蔡氏云「猶明辟」。蘇氏曰：「考我所以明子之法，乃盡文王德也。鬯，鬱金香草也。以黑黍爲酒，令以鬱鬯，所以祼也。宗廟之禮，莫盛於祼。王使人來戒敕庶商，且以秬鬯二卣綏寧周公。王拜手稽首，而致之公曰明禋，曰休享，何也？事周公如神明也。古者有大賓客以享禮，禮之酒清，人渴而不飲；肉乾，人飢而不食也。故享有禮薦，豈非敬之至者，則其禮如祭也歟？周公不敢當此禮，即日致之文、武，不敢以王命宿于家。周公以秬鬯二卣禋于文、武，且祝之曰：使我國家順厚以叙，身其康强無有遘疾，子孫萬年厭飽乃德，商人亦永壽考。王使商人成叙萬年，其永觀法我孺子而懷其德。」□氏曰：「此言未到洛邑時事也。伻來以下，東坡之説甚當。事周公如神明，先儒未有發此議者，東坡之觀書如此，豈淺淺者所能及哉！順厚而叙，謂順理而忠厚，其施設有先後也。觀周公此書，則夫天子之禮樂，周公其敢當之乎？所以《春秋》於郊於禘，皆貶其僭禮之失者，蓋成王之賜，伯禽之受，初非周公之意也。」蔡氏曰：「此祭之祝辭，周公爲成王禱也。惠，順也。篤叙，與『篤叙乃正父』同。順篤叙文、武之道，身其康强，無有遘遇自罹疾苦者，子孫萬年厭飽乃德，殷人亦永壽考也。承，聽受也。叙，教條次第也。王使殷民承叙萬年，其永觀法我孺子，而懷其德也。蓋周公雖許成王留洛，然且謂伻殷者，若曰遷洛之民，我固任之，至於使其承叙萬年，則實繫於王也。亦責難之意，與《召誥》末『用

【一五】朕昭子刑　「子」原作「于」，據《尚書注疏》卷十四改。

【一六】
祈天永命　「祈」原作「行」，據《召誥》改。

【一七】
遷殷頑民　「殷」原缺，據《尚書正義》卷十六補。

供王能祈天永命【一六】』，語脈相類。」

戊辰，王在新邑，烝祭歲。文王騂牛一，武王騂牛一。王命作册，逸祝册，惟告周公其後。王賓，殺禋咸格，王入太室，祼。王命周公後，作册逸誥，在十有二月。惟周公誕保文武受命，惟七年。蔡氏曰：「此下史官記祭祀、册誥等事，以附篇末也。戊辰，十二月之戊辰日也。是日成王在洛舉烝祭之禮，曰歲云者，歲舉之祭也。宗廟禮太牢此用特牛者，命周公留後於洛，故舉盛禮也。逸，史佚也。作册者，册書也。『逸祝册』者，史逸爲祝册以告神也。『惟告周公其後』者，祝册所載更不他及，惟告周公留守其後之意，重其事也。王賓，猶虞賓杞、宋之屬，助祭諸侯也。以王殺牲禋祭祖廟，故咸至也。太室，清廟中央室也。祼，灌也，以圭瓚酌秬鬯也，灌地以降神也。逸誥者，史逸誥周公治洛，留後也。『在十有二月』，明戊辰爲十二月日也。」　呂氏曰：「史官記周公輔成王，保文、武受命，終始至此，凡七年也。」　吳氏曰：「周公自留洛之後，凡七年而薨。成王之留公也，言『誕保文、武受民』；　公之復成王也，亦言『承保乃文祖受命民，越乃光烈考武王』。故史臣於其終計其年曰：『惟周公誕保文、武受命，惟七年。』蓋終始公之辭云。」　按：呂氏本舊説，吳氏謂公留洛七年而薨，未知何所據，姑附此，俟考。

成周既成，遷殷頑民【一七】。周公以王命誥，作《多士》。　呂氏曰：「遷洛之事，《召誥》則經始之也，《洛誥》則考成之也，《多士》則慰安之也。亦既慰安之矣，而『踐奄』之後，復待《多方》之誥，然後人情始定。與其再喻之煩，曷若一喻之至乎？曰：聖人之言，不過乎煩。始遷之時，如是勞來之足矣。苟預憂他日之疑而曲喻之，於己則爲躁，於民則爲瀆，非聖人之言也。」又曰：「所謂頑民者，蓋於商民之中尤負固不悛者，非諸侯之權所能震服也，非文誥之辭所能勸率也。惟置之於醇醲太和之地，而後日漸月漬，浸以融釋，此其所以有成周之遷也。」　張氏曰：「此《多士》者，周所謂頑民，乃商之忠臣也。周公營建商民於是，使其耳目一新，心志變易，日見周之士大夫，日聞周之號令，日被周之德化，變念商之心爲念周之心。其論遷居於洛，則曰『是惟天命，無我怨』；　論『夏迪簡在王庭』，則曰『予一人惟聽用德』。既安慰以勞苦之詞，又開勉以選任之意，使人人自喜，有仕官之望，而無擯絕之憂；有一家之心，而無所防閑之苦。嗚呼！周公忠厚之風，其亦見於此乎！」李氏曰：「周公之營洛邑，專以遷商民之大家世族，故播告之辭，皆稱商士。商之多士，舊居衛也，去西周最遠。周公蓋憂之，因遷之東洛，使之近附鎬、豐，而易以化服也。」陳氏曰：「堯遷有苗於三危，而苗民始格；周公遷商民於洛，而商民始化；此即孟子『引而致之莊嶽』之説也。」吴氏曰：「方遷民于洛之時，成周未作。其後王與周公患四方之遠，鑒三監之叛，於是始作洛邑，欲徙周而居之，其曰『昔朕來自奄，大降爾四國民命。我乃明致天罰，移爾遐逖，比事臣我宗多遜』者，述遷民之初也；『今朕作大邑于茲洛，予惟四方罔攸賓，亦惟爾士攸服奔走，臣我多遜』者，言遷民而後作洛也。故《洛誥》一篇，皆無欲遷商民之意，惟周公既諸成王留治于洛之後，乃曰『伻來毖殷』，又曰『王伻殷乃承叙』，當時商民已遷于洛，故其言如此。」蔡氏曰：「武王已有都洛之志，故周公黜殷之後，以殷民反覆難制，即遷于洛。至是建成周，造廬舍，定疆埸，乃告命與之更始焉，此《多士》之所以作也。由是而推，則《召誥》攻位之庶殷，其已遷洛之民歟？不然，則受都今衛州也，洛邑，今西京也，相去四百餘里，召公安得舍近之友民，而役遠之讎民哉？《書序》以爲成周既成，遷殷頑民者，誤矣。」按：吴、蔡二氏之説，與序文異，當考。

《多士》：惟三月，周公初于新邑洛，用告商王士。孔氏曰：「周公致政，明年三月，始於新邑洛用王命告商王之衆士。」蔡氏曰：「三月，成王祀洛次年之三月也。周公至洛久矣，此言初者，成王既不果遷，留公治洛，至是始行治洛之事也。」

王若曰：「爾殷遺多士，弗弔旻天，大降喪于殷。我有周佑命，將天明威，致王罰，勑殷命終于帝。肆爾多士，非我小國敢弋殷命。惟天不畀允罔固亂，弼我。我其敢求位？惟帝不畀。惟我下民秉爲，惟天明畏。孔氏曰：「弔，至也。言商道不至，故旻天下喪亡於商。」蔡氏曰：「弗弔，未詳，意其爲嘆憫之辭，當時方言爾也。」唐孔氏曰：「成周南臨洛水，故云新邑。洛以商民未服，故以天命喻之，獨言旻天者，旻，愍也。弋，射也，射而取之，故弋爲取。周本商之諸侯，故周公自稱小國。」蘇氏曰：「固，讀如『推亡固存』之固。信哉，天之固治，而不固亂也。不固亂，所以輔我，我豈求之哉？秉，持也。帝既不畀商矣，則民皆持爲此説曰：天將降威於商也。」陳氏曰：「秉爲，秉心而爲我也。」薛氏曰：「伊尹曰：『非天私我有商，惟天佑于一德；非商求于下民，惟民歸于一德。』與此同意。」夏氏曰：「命，非敢弋天不畀紂而我得之；位，非敢求帝不畀紂而我有之。」吕氏曰：「頑民之來，謂周公必以凶徒醜類見處，不自意得『殷遺多士』之稱，訓誥未孚，而嚚悍暴戾固已十消其八九矣。弗弔云云者，憫其喪亂，而慰勉之也。喪殷者，非他也，周實爲之也，而慰勉之辭若無與焉者，何哉？殷得罪於天，周奉天討，而未嘗有心於其間也。旻天者，自其秋殺者言之，言各有主也。紂固司王罰者也，惟其不王而失天職，故職移於周，反致王罰於其身焉。吁，可畏也！以天言之，則曰明威；以人言之，則曰王罰。弋，猶弋鳥之弋，謂有心於取之也。周之革殷，至公至明如此，惟頑民以小人之慮度君子之心，則疑周之弋殷命也，疑周之求天位也。聖人憫之、憐之，呼而告之曰云云。以强弱小大之勢論之，小國亦豈能弋殷命？然卒革殷命焉，是天也，非人也。頑民亦可以少悟矣。夫天之於物，栽者培之，傾者覆之，固其治而不固其亂者，天之道也。觀天之不畀殷，益信其『允罔固亂』也。天既不畀殷，故輔助我有周俾作民主，我曷嘗有求位之意哉？是乃因其疑而解之，非以自解也。前既言『天不畀』，此又言『帝不畀』告之，然所謂不畀者，豈在外哉？是乃我下民所秉之爲，善善惡惡確然不可易者也。下民之爲，乃上天之明畏也。『秉爲』猶言秉彝，《詩》言其體，此言其用也。」

「我聞曰：『上帝引逸。』有夏不適逸，則惟帝降格，嚮于時夏。弗克庸帝，大淫泆有辭。惟時天罔念聞，厥惟廢元命，降致罰，乃命爾先祖成湯革夏，俊民甸四方。蘇氏曰：「引，去也。放逸者，天命去之也。夏之先王不往從放逸之樂，故上帝降格。」夏氏曰：「上帝於人君之好逸樂者，則引而去之，是天不欲人君縱逸也。而有夏之君，皆志於憂勤，而不敢於逸樂，謂大禹以下，諸賢君能以憂勤合天意，故天於是降格也。自是之後，漸次向墜，於是夏桀之君，乃不能用上帝之意，謂天引逸，而桀乃適逸，於是大淫過於泆蕩而有惡辭。惟是之故，天於是不復愛念，不復聽聞，遂廢絶其大命，降致以天罰，乃命爾商士之先祖成湯，改夏命爲商，而用賢俊之人以定四方也。」呂氏曰：「國之元命，猶人之元氣，有則生，無則死。夏既廢其命，故天乃命爾先祖成湯爰革夏正焉，『俊民甸四方』者，湯所以盡人君之職分也。伊尹之稱湯曰『旁求俊彦』，孟子之稱湯曰『立賢無方』，蓋成湯治天下之規模，惟伊尹、周公、孟子則深知之也。」愚按：引逸，諸説不同，蘇氏爲近之。然以引爲去，乃時俗之言，未知古有無此訓也。

「自成湯至于帝乙，罔不明德恤祀。亦惟天丕建保乂有殷。殷王亦罔敢失帝，罔不配天其澤。在今後嗣王，誕罔顯于天，矧曰其有聽念于先王勤家？誕淫厥泆，罔顧于天顯民祇。惟時上帝不保，降若茲大喪。惟天不畀，不明厥德。凡四方小大邦喪，罔非有辭于罰。」唐孔氏曰：「下篇説中宗、高宗、祖甲三王以外，其後立王，生則逸，亦罔或克壽，則帝乙以上，非無僻王。而此云然者，立文之法，辭有抑揚，方説紂之不善，盛言前世皆賢，以守位不失，故得美而言之。」孫氏曰：「明德所以修己，恤祀所以畏天。天顯，天道之明而可畏者也。民祇，民事之當敬者也。」陳氏曰：「罔敢失帝者，不得乎天不可以爲天子也。得天之道在乎得民，使無可罰之辭，則天安罰之？」蔡氏曰：「毖祀，言其謹之至。恤祀，言其憂之深。先王之重祭祀如此，罔顯，言不明天意。」薛氏曰：「無所不浹，天之澤也。王者，子惠天下，無彼疆此界之殊。」呂氏曰：「誕罔顯于天，言紂天理昏蔽之極，其本既亡矣，況曰其有能聽念于先王勤邦家而思所以保之乎！先言不明天理，次言不念祖宗者，蓋天理猶有毫髮之存，則追惟前人櫛風沐雨之艱難，必不忍淫泆以蕩覆之也。夫天也，祖宗也，民也，自古帝王之所共畏也。紂不聽念于先王勤家，則不畏祖宗矣。罔顧于天顯，則不畏天矣。罔顧于民祇，則不畏民矣。

三畏既除，舉無忌憚，窮凶極惡，故惟時上帝弗保，降若茲大喪也。推原紂所以爲天所絶者，不明其德而已。明德，天之所賦也。明其德者，人之所以盡乎天也。紂雖下愚，亦豈無是德也？惟昏蔽蠱惑，不能明其德，人欲日肆，故其惡如上所陳也。國未嘗無故而亡，泛觀前後亡國者，其致罰之由，必有可言者，況周之奉辭罰罪乎？爾頑民亦可以知自反矣。」

王若曰：「爾殷多士，今惟我周王，丕靈承帝事。有命曰割殷，告勑于帝。惟我事不貳適，惟爾王家我適。予其曰：『惟爾洪無度，我不爾動，自乃邑。』予亦念天即于殷大戾，肆不正。」呂氏曰：「前章所叙武王革命之理，此章所謂『今惟我周王』，則指當時言之也。頑民之所以憾周者，徒見東征爲周公、成王之事，故明告以是皆帝之事，我周王特大善承之而已。帝既有命曰割殷，則不得不戡定除剪，告其勑正之功于帝也。惟我割殷之事未嘗容少私意，一於從帝，而無貳適。惟爾有殷王家，自不得不惟我之適矣。周不貳於帝，殷其可貳於周乎？上帝臨汝，無貳爾心，惟我事不貳適之謂也。上帝既命，侯于周服，惟爾王家我適之謂也。當是時，猶妄意成王、周公或可動摇，故示以不可移奪之意。然聖賢事不貳適，日用飲食莫不皆然。蓋所以事天也，豈特割殷之事而已哉？『其曰』審度之辭，蓋三監致討之由，實惟爾大爲非，度我固不起兵端以動爾。其作孽，乃自爾邑，非他人也。予又念天就殷邦屢降大戾，紂死，武庚又死，故今邪慝不正，言當遷徙也。」

王曰：「猷！告爾多士，予惟時其遷居西爾。非我一人奉德不康寧，時惟天命，無違。朕不敢有後，無我怨。惟爾知，惟殷先人有册有典，殷革夏命。今爾又曰：『夏迪簡在王庭，有服在百僚。』予一人惟聽用德，肆予敢求爾于天邑商。予惟率肆矜爾，非予罪，時惟天命。」蘇氏曰：「洛邑在故商西南，故曰西爾于洛。」呂氏曰：「此明告以遷洛之意。遷居西爾者，自殷視洛，則爲西也。所以遷爾者，非我一人。秉德不康寧，而樂爲開闔動摇也，是惟天命而已。無違者，戒頑民不可違天命也。我畏天命，故於遷洛之事，不敢有後爾，其無或我怨也。夫周行天討者也，殷受天討者也。受討者之懼，宜若甚於行討者，今以文意觀之，周公常懼，頑民常肆；周公常切，頑民常緩，是何耶？蓋小人不知天命，而不畏也。爾先人典册所載，殷革夏命之事，歷歷可考，我周之革商正如是。爾以所聞於前，而驗所見於後，廢興亦可識矣。周以商革夏之事諭頑民，頑民復以革夏之事責周，謂商革命之初，凡夏之士，皆啓迪簡拔在商王之庭，有服列於百僚之間；今周之於商士，未聞有所簡拔也。此雖頑民責周之語，然成湯革夏之政不多見於書，因此語而推之，則其舉民望、慰衆心、合新舊、安危疑，規模略可見也。爾頑民雖有是言，予一人所聽用者，惟德而已，故予敢以德而求爾于天邑商。爾其修令德，以應我之求，不可援前比以必我之爵也。商猶謂之天邑者，蓋其地舊爲天子之都，理當富於賢德，『敢求』亦敬賢之意，重其地而敬其辭，裁之者固甚正，待之者亦甚厚矣。『予惟』以下，復諭以所以遷洛者，惟欲相率安肆，矜恤爾躬，豈可反以我爲罪乎？前云『非我一人奉德不康寧，時惟天命』，此又云『非予罪，時惟天命』，夫豈借天以自解哉？誠以頑民蔽蒙之極，故每舉天命之公以大警省之，使於此而有發焉，則知洛邑之遷，周蓋未嘗與也。」 蔡氏曰：「予一人所聽用，惟以德而已。故予敢求爾於天邑商，而遷於洛者，以冀率德改行焉耳。」

王曰：「多士，昔朕來自奄，予大降爾四國民命。我乃明致天罰，移爾遐逖，比事臣我宗多遜。」唐孔氏曰：「於時王不親行，而王言『我來自奄』者，周公以王命誅四國，周公師還，亦王來還也。一舉而誅四國，獨言『來自奄』者，謂先誅三監，後伐奄與淮夷【一八】，奄誅在後，誅奄即來，故言『來自奄』也。四國：管、蔡、商、奄。民命，民之性命。」 林氏曰：「王者有心於化民，無意於棄物，故人雖有罪，未嘗必欲置之遠方，而塞其爲善之路也。管、蔡、商、奄，相率以叛，其罪可謂大矣。使成王自克奄歸國之後，以四國之民凶頑爲甚，乃大降黜其命，遷于絶遠之域，是亦明致天罰，何有不可？然王之心有不忍以棄物，於是營洛以居之，使其親比王化，臣服宗周，去其前日

【一八】後伐奄與淮夷 「後」原作「係」，據《尚書正義》卷十六改。

之頑，而爲今日之遜，其待商之多士，豈不深耶？」　蔡氏曰：「降，猶今法降等云者。昔我來自奄，汝四國之民罪皆應死，我大降爾命【一九】，不忍誅戮，乃止明致天罰，移爾遠居于洛，以親比臣我宗周有多遜之美。其罰蓋甚輕，其恩甚厚，今猶有所怨望乎？詳此，則商民之遷蓋已久矣。」　按：二説不同，蔡於文勢爲順，但遷洛邑，恐不可以遐逖言，當詳之。

王曰：「告爾殷多士，今予惟不爾殺，予惟時命有申。今朕作大邑于兹洛，予惟四方罔攸賓，亦惟爾多士，攸服奔走，臣我多遜。爾乃尚有爾土，爾乃尚寧幹止。爾克敬，天惟畀矜爾。爾不克敬，爾不啻不有爾土，予亦致天之罰于爾躬。今爾惟時宅爾邑，繼爾居，爾厥有幹有年于兹洛。爾小子乃興，從爾遷。」陳氏曰：「申，與三令五申同。」　吕氏曰：「告戒既終，乃示以恩意，勉以安居樂業永久之計。今予惟不爾殺者，蓋頑民負罪懷慝，反側不安，故明許其不死，所以洗其危疑也。又今朕作大邑於洛者，蓋爲四方諸侯罔有所賓禮之地，故即土中建都以會朝，此營洛之本意也。亦惟爾多士所服事奔走，臣我周家，進於濟濟多士之盛，非居洛不可，此又營洛之意也。蓋營洛有二説：一則以賓諸侯，一則以居商士。爾乃尚庶幾保有爾土，而無懷動摇之思，此蓋分之以田也。爾乃尚庶幾安寧，各幹其所止，無起覬覦之望，此蓋授之以業也。爾能敬天，天惟畀予，矜恤爾惟敬，則畏天命，畏聖人之言。凡所命告，莫不祗順，福祥所集也，即天之畀矜也。爾不能敬，爾不啻不能保有爾土，予亦致天之罰于爾身。惟不敬，則不畏天命，不畏聖人之言，凡所命告，莫不違悖，刑戮之所集也，即天之罰也。明福威以示之，彼安得不知所向背乎？有幹則有業，有年則有養，爾之遷洛，乃建立門户之祖，後世子孫之興，實從出遷始。自亡國之末裔，而爲興門之始祖，頑民雖愚，其亦知所以作新之者，無大於是也。」　蔡氏曰：「敬，則言動無不循理，天之所福，吉祥所集也。不敬，則言動莫不違悖，天之所禍，刑戮所加也，豈特竄徙不有爾土而已哉，身亦有所不能保矣。」

【一九】大降爾命　「命」原作「民」，據《書經集傳》卷五改。

王曰：「又曰時予，乃或言，爾攸居。」吕氏曰：「《多士》、《多方》篇末皆有『又曰』，蓋殷勤以續前誥，然《多士》『王曰』之下闕文，失其前語，故『又曰』之辭不可盡通。然所謂『時予乃言，爾攸居』者，勉以安居之大指，則可知也。」

乙集下之三

周公作《無逸》。孔氏曰：「中人之性好逸豫，故戒以無逸。」張氏曰：「周、召之於成王，所陳在敬，所戒在逸，蓋敬則不逸，逸則不敬。以敬爲心，則爲恭，爲畏，爲不暇，爲克己，尊先王之典彝，而享國至於長久；以逸爲心，則爲傲慢，爲耽樂，好田獵，峻威刑，聽小人之邪説，而享國不克長久：此理之自然者也。召公以敬之説陳於前，周公以無逸之説繼於後，惟恐其墜文、武之業也。不如是，不足以爲周、召。」呂氏曰：「此篇上自天命精微，下至畎畝艱難，閭里怨詛，無不具載。忠愛惓惓，尤致意於壽夭之際，入之者深，而開之者至。信乎！其爲百代之元龜也。」又曰：「逸豫者，過亂之源。三年東征以定外亂，此特治其末流爾。《無逸》者，治源之書也。」鄭氏曰：「武王克商，召公便作《旅獒》。成王既遷商，周公便作《無逸》。周、召之相君，誠不使其君一日得以自肆也。」蔡氏曰：「此書必稱商王者，時之近也；必稱先王者，王之親也；舉三宗者，繼世之君也；詳文祖者，耳目之所逮也。」

《無逸》：周公曰：「嗚呼！君子所其無逸。先知稼穡之艱難，乃逸，則知小人之依。相小人：厥父母勤勞稼穡，厥子乃不知稼穡之艱難，乃逸，乃諺，既誕。否則侮厥父母曰：『昔之人無聞知。』」蘇氏曰：「舊説先知農夫之艱難，乃謀逸豫，非也。周公方以逸爲深戒，何其謀逸之亟也？蓋曰王當先知稼穡之道，惟艱難乃所以逸樂，則知小人之所依怙以生者如此，則不妨農時，不奪民利，不盡民力也。雖農夫之子，生而飽煖，則不知艱難，而況於王乎？以訓王無忘太王、王季、文王之勤勞王業也。戲侮曰諺，大言曰誕。信哉，周公之言也。曰昔之人無聞知，至于今閭巷田里之民有不令子弟，猶皆相師爲此言也。人君欲自恣於逸樂者，必先詆欺先王，戲玩老成，而小人譸張爲幻者，又勸成之。」林氏曰：「人主惟一心，而賊之者甚衆，或以酒，或以色，或以音樂，或以田獵，或以宫室，或以珍禽奇獸，皆可以召天下之亂，而其原則自於人君之逸。而人君有好逸之心，則是數者乃有隙而可入。然逸者常易，而無逸者常難；逸者常多，而無逸者常少。自非有以警懼而制馭之，何以能無逸哉？故君子之無逸者，必先知稼穡之艱難，常置於胷襟之間，一思及此，則怵惕惻隱之心油然而生矣。蓋將謂彼之勞苦萬狀，我何忍以逸爲哉！斯民必將得以從事於畎畝之間，而無絲毫之擾矣。惟以稼穡艱難爲念，而不留意於逸者，乃所以能逸。蓋好逸未必得逸，無逸者自然逸也。」南軒張氏曰：「周家建國，自后稷以農事爲務，歷世相傳，相與咨嗟歎息，服習乎艱難，詠歌其勞苦，此實王業之根本也。如周公之告成王，其見於《詩》有若《七月》，皆言農桑之候也；其見於《書》有若《無逸》，則欲其知稼穡之艱難，知小人之依也：帝王所傳心法之要端在乎此。夫治常生於敬畏，而亂常起於驕肆，使爲國者而每念乎稼穡之勞，則心不存焉，寡矣。何者？其必嚴恭朝夕，而不敢怠也；其必懷保小民，而不敢康也；其必畏天下之飢寒，若己飢寒之也：是心常存，則驕矜放肆何自而生？豈非治之所由興也歟？」蔡氏曰：「依者，指稼穡而言，小民所恃以爲生。農之依田，猶魚之依水，木之依土。魚無水而死，木無土而枯，民非稼穡則無以生也。」

周公曰：「嗚呼！我聞曰：昔在殷王中宗，嚴恭寅畏，天命自度，治民祗懼，不敢荒寧。肆中宗之享國，七十有五年。其在高宗，時舊勞于外，爰暨小人。作其即位，乃或亮陰，三年不言。其惟不言，言乃雍。不敢荒寧，嘉靖殷邦。至于小大，無時或怨。肆高宗之享國，五十有九年。其在祖甲，不義惟王，舊爲小人。作其即位，爰知小人之依，能保惠于庶民，不敢侮鰥寡。肆祖甲之享國，三十有三年。自時厥後，立王，生則逸。生則逸，不知稼穡之艱難，不聞小人之勞，惟耽樂之從。自時厥後，亦罔或克壽，或十年，或七八年，或五六年，或四三年。」唐孔氏曰：「既言君子不逸，小人反之，更舉前代之王以夭壽爲戒。言不逸之故，而得歷年長也。中宗，廟號。太戊，王名。高宗者，武丁。武丁者，商之賢王也。《説命》云『既免喪，其唯不言』，除喪猶且不言，在喪必無言矣。鄭以『小大謂萬人，上及羣臣』，言人臣大小皆無怨王也。」鄭氏曰：「祖甲，武丁子，帝甲也。」葉氏曰：「古者太子出則撫軍，入則監國。高宗必嘗更勞於外，爰暨小人者，與小人接而知疾苦。説者乃以《説命》『遯于荒野，入宅于河』爲證，不知此蓋甘盤之事也。小乙之教其子，何至使之遯于荒野哉！必不然矣。」眉山蘇氏曰：「人莫不好逸欲，而所甚好者生也。以其所甚好，而禁其所好，庶幾必信，此《無逸》之所爲作也。然猶有不信者，以逸欲爲未必害生也。漢武帝、唐明皇豈無欲者哉？而壽乃如彼。夫多欲不享國者，皆是也，漢武、明皇，千一而已。飲酖食野葛必死，而曹操獨不死，亦可效乎？太甲世次在中宗、高宗之前，此以享國多寡爲次也。商去周未遠，故周公以成王耳目所接者言之。獨稱三宗者，中宗嚴恭寅畏，不言所因，則幾於生而知之者也；高宗舊勞于外，由經歷履涉而後成德，則學而知之者也；祖甲舊爲不義，則困而知之者也：人之品學之等，無出此三者。」陳氏曰：「人主之心，逸樂其所好也。然所好有甚於逸樂者，苟以艱難而得壽命之長，奚爲而逸樂哉？艱難其所惡也，然所惡有甚於艱難者，苟以逸樂而促壽命之短，奚爲而不艱難哉？周公之言，蓋奪常情之好惡，而示之以其所甚好惡也。」李氏曰：「勤勞者必寡欲，寡欲而不壽者，鮮矣。逸樂者必多欲，多欲而能全生者，亦鮮矣。然君子所其無逸，夫豈計其年之脩短而爲之哉？周公蓋就成王言之，使之有所慕而不敢肆耳。」蔡氏曰：「按《書序》，大戊有《原命》、《咸乂》等篇【一】，意述其當時敬天愛民之事，今無所考矣。『乃雍』者，和之發於身。『嘉靖』者，和之達於政。無怨者，和之著於民也。祖甲，高宗之子，祖庚之弟。鄭玄曰：『高宗欲廢祖庚，立祖甲，祖甲以爲不義，逃於民間，故曰不義惟王。』小人指微賤而言，非憸小之人。」愚按：祖甲或以爲太甲，或以爲高宗之子。所謂帝甲者，今考之《經世》書，二君享國皆三十有三年，其曰「不

【一】有原命咸乂　「命」，《書經集傳》卷五作「臣」。

義惟王，舊爲小人」，則其爲太甲明矣。以享國多寡爲次，呂説得之。

周公曰：「嗚呼！厥亦惟我周太王、王季，克自抑畏。文王卑服，即康功田功。徽柔懿恭，懷保小民，惠鮮鰥寡。自朝至于日中昃，不遑暇食，用咸和萬民。文王不敢盤于遊田，以庶邦惟正之供。文王受命惟中身，厥享國五十年。」呂氏曰：「商、周，猶異世也。文王親，成王之祖也，故復舉文王之無逸，以告成王，言愈近而意愈切矣。」周公曰：「嗚呼！繼自今嗣王，則其無淫于觀，于逸，于遊，于田，以萬民惟正之供。無皇曰今日耽樂。乃非民攸訓，非天攸若，時人丕則有愆。無若殷王受之迷亂，酗于酒德哉！」孔氏曰：「繼從今以往嗣世之主皆戒之。」蘇氏曰：「以百日之勞，而開一日之樂，疑若可許也，然周公不許，防其漸也，曰此非所以訓民順天也，言此者必有大咎。」葉氏曰：「今日耽樂，則日復一日矣。」陳氏曰：「人主之耽樂，豈自以爲不害政而爲之哉？猶以爲焦勞之久，姑自暇於今日，然浸淫之久，則與之俱化而不自知。」薛氏曰：「『今日耽樂』，與《詩》『一醉日富』同義。訓，與『四方其訓』之訓同。」呂氏曰：「『無若殷王受』云者，紂之大惡，數千載之後，匹夫、匹婦猶羞比之，況當是時夷滅尚新，惡之尤甚。故舉其甚惡者以警之，以謂苟不戒一日之耽樂，長此不已，則必至於爲紂之徒也。蓋原逸樂之始，使之深絶其微，言無若殷王受之迷亂；蓋原逸樂之終，使知必至此極：始終備矣。」

周公曰：「嗚呼！我聞曰：『古之人猶胥訓告，胥保惠，胥教誨，民無或胥譸張爲幻。』此厥不聽，人乃訓之，乃變亂先王之正刑，至于小大。民否則厥心違怨，否則厥口詛祝。」孔氏曰：「嘆古之君臣，雖君明臣良，猶相道告，相安順，相教誨。譸張，誑也。君臣以道相正，故下民無有相欺誑幻惑也。」蘇氏曰：「譸，誑也。張，誕也。變易名實以惑觀者，曰幻。古之人相與訓戒者，其言皆切近明白，世之所共知者，若曰不殺爲仁，殺爲不仁，薄斂爲有德，厚賦爲無道，此今古不刊之典，先王之正刑也。及小人爲幻惑，則曰多殺所以爲仁，厚斂所以爲德，高臺深池，女色田遊，皆不害民，此理之必不然者，而其學之有師，言之有章，此之謂幻。」陳氏曰：「變亂先王之正法，何益於小人，而小人用事，未有不變正法者。蓋小人喜功而嗜利，功不出於己，則利不足以厭其所欲，於是取先王之正法，變之以從己意，其説以謂先王之末爲者，吾能爲之矣。不知天下之亂，自此始也。古之人言胥訓，小人之訓不言胥，則知古之人君兼聽而無我，其後亂世之君專聽小人而已。」呂氏曰：「訓告者，以格言訓迪之也。保惠者，以善道保惠之也。教誨者，教戒誨語，諄諄懇惻，非特訓告而已也。訓告、教誨皆見於言語，保惠則極其調護於日用飲食之間，功用蓋相表裏也。古之人，其德業固已巍巍矣，其臣猶相與訓告、保惠、教誨焉，況成王幼沖之孺子，豈可少此耶？正之與邪，相爲消長，左右前後，無非正人訓誨保養，正氣充實，邪説何自而投其隙乎？故民無或敢相譸張詭誕爲幻惑，以亂主聽也。此其不聽君子之訓，則小人乃乘隙以邪説訓之，變亂先王之正刑，至無小無大，莫不掃除。使人主未厭君子之言，則小人亦豈敢遽進其説乎？彼固有所窺而動也。先王之正刑甚便於民，甚不便於小人，略而言之，如省刑罰，所以重民命，而小人之殘酷者，則甚不樂矣。薄賦斂，所以厚民生，而小人之貪侈者，則甚不樂矣。故小人得志，必盡殄滅之，而後慊於志，民始無所措手足，心口交怨矣。」蔡氏曰：「保惠者，保養而將順之，非特訓告而已。教誨，則有規正成就之意，又非特保惠而已也。」又曰：「厥心違怨者，怨之蓄于中也。厥口詛祝者，怨之形於外也。」篇中兩至于小大，恐當作一義。上言小大無時或怨，下言小大厥心違怨，蓋皆爲民而言。

周公曰：「嗚呼！自殷王中宗，及高宗，及祖甲，及我周文王，茲四人迪哲。厥或告之曰：『小人怨汝詈汝！』則皇自敬德；厥愆，曰：『朕之愆。』允若時，不啻不敢含怒。

王氏曰：「此四人迪哲，故修己而不責人。皇，與《洪範》『皇則受之』同。厥愆，則曰朕之愆，信如此。」蘇氏曰：「古之哲王莫不如此，而專言四人者，此四人尤以此顯於世也。太甲既立，不明，伊尹放之，然卒於爲商宗。周公曰『茲四人迪哲』，蓋太甲與文王均焉。由此觀之，聖狂之相去殆不容髮。」　吕氏曰：「迪哲，謂允蹈其知而弗去也。凡人平居無事之時，孰不知自反不責人之理哉？及謗讟入于耳，激於心，則平日所謂自反不責人者，忽然忘之，肆其忿戾，無所不至，是非能蹈其平日所知者也。惟文王、三宗則不然。厥或告曰『小人怨汝詈汝』，則大自敬德，益修其所未至。其所誣毁之愆過，安而受之，曰我之愆。信若是，欣然不怒，不止於不敢藏怒而已，蓋初無怒之可藏也。如上所陳，方未遇怨詈，未見誣毁之時，豈不知此爲美哉？至於身當怨詈毁誣之際，能蹈其所知者，惟三宗、文王爲然，斯所以爲迪哲也。深味三宗、文王之聞怨詈，其功益新，其心益平，聖學之緝熙，君道之廣大，斷可識矣。」

「此厥不聽，人乃或譸張爲幻，曰：『小人怨汝詈汝！』則信之。則若時，不永念厥辟，不寬綽厥心，亂罰無罪，殺無辜，怨有同，是叢于厥身。」周公曰：「嗚呼！嗣王，其監于兹。」唐孔氏曰：「殺罰欲以止怨，而怨益甚。」　張氏曰：「成王其或不聽此言，則小人將造無根之言，以讒賊善人君子。」　范氏曰：「明君惟聽正直，故讒慝之言不入於耳。闇君好聽讒佞，故欺誑幻惑之言日至于前。人君惟當修德使人無怨，不可以刑罰止怨，若刑罰止怨，則怨之愈甚。爲人君之道，量不可不廣，心不可不寬。嗣王，成王也。周公歎而言嗣王其監乎！此當以明君爲法，闇君爲戒。」　吕氏曰：「兩章皆言『此厥不聽』，蓋不聽君子之言，乃國家存亡之决也。雖幽、厲之世，豈不知眇然一身不能勝億兆民之怨哉！惟其不聽君子之言，故小人譸張幻惑，百端千緒，使之不得不信。信則自至於怒，怒則自至於虐，終之普天同怨，無所避之。盍亦謹之於聽受之初乎？周公告戒既畢，復嘆息而使嗣王監于兹者，蓋一篇之訓，深切懇惻，欲其永監于此也。《無逸》之書七更端，皆以『嗚呼』發之，蓋深嗟永嘆，其意在於言語之外也。」

召公爲保，周公爲師，相成王，爲左右。召公不説，周公作《君奭》。　蘇氏曰：「舊説謂召公疑周公，陋哉斯言也！方周公攝政，管叔流言，周公晏然不自疑，當時大臣亦莫之疑，非獨召公也。今已還政矣，召公復何疑乎？然則何爲不說也？功成身退，天之道，故伊尹既復政則告歸，而周公不歸，此召公所以不說也。然則周公何不歸也？察成王之德才可舍而去也？故召公之不說，爲周公謀也。周公之不歸，爲周謀也。召公豈獨欲周公之歸哉！蓋亦欲因還政之初，而退老於厥邑，特以周公未歸，故不敢也。何以知之？此書非獨周公自言其當留，亦多留召公語，以此知召公欲去也。」程氏曰：「師保之任，古人難之，故召公不説者，不敢安於保也。」又曰：「召公何嘗疑周公？召公初升爲太保，與周公並列，其心不安，故不悦耳。此篇是周公留召公之意，豈有召公之賢，而不知周公者乎！」陳氏曰：「以一篇之義考之，周公言我不可不留，而亦留召公之辭。召公蓋不悦居位以求去也。」呂氏曰：「成功不可居也，洛邑成而周公告歸，蓋與召公同此心也。已而成王盡禮以留之，周公既幡然而改矣，而召公猶守前欲退之心，未改也。故於師保左右輔相之任，則不悦焉。周公乃作此書，反覆開諭挽留，於是始爲周公留。周公，聖人也，視周以爲去就，可以不差也。召公於吾心之未諭，未嘗以周公留而我亦留，不苟於隨如此。及其既諭也，非特暫留於一時相成王，又相康王，身任託孤寄命之責而不亂，蓋有味於周公之言矣。惟其重於隨，所以篤於信也。」蔡氏曰：「此篇之義，獨蘇氏爲近之。然詳其旨意，乃召公自以盛滿難居，欲避權位，退老厥邑，周公反復告諭，以留之爾。」

《君奭》：周公若曰：「君奭，弗弔天降喪于殷，殷既墜厥命，我有周既受，我不敢知曰，厥基永孚于休。若天棐忱，我亦不敢知曰，其終出于不祥。嗚呼！君已曰：時我，我亦不敢寧于上帝命，弗永遠念天威。越我民罔尤違，惟人。在我後嗣子孫，大弗克恭上下，遏佚前人光，在家不知。天命不易，天難諶，乃其墜命，弗克經歷，嗣前人、恭明德。在今予小子旦，非克有正，迪惟前人光，施于我冲子。」孔氏曰：「尊之曰『君奭』，名同姓也。陳古以告之，言商道不至，故天下喪亡於商。」蘇氏曰：「周公嘗告召公曰：天其將使周室永孚于休歟？抑將終出於不祥歟？

皆未可知也。于時召公答曰：是在我而已。若我能祗上帝命，不敢荒寧，則天將永孚于休。若其弗念天威及使我民無所尤違，則天將終出於不祥，此皆在人而已。今我不去，正爲此爾，故舉其昔言以諭之。」蔡氏曰：「聖賢之智，無有遠近，靡所不知。惟於國家廢興，有不敢知，以天命在人故也。故周、召皆然基言基命。」林氏曰：「永孚于休，終出不祥在天，而不敢寧于上帝命。弗念天威及我民，則在人。在天者不可必，在人者可必，故繼之以惟人君。『已曰時我』，指《召誥》所陳之言。《召誥》言敬德，則祈天永命；不敬德，則早墜厥命。命之脩短不在天而在人，故周公告召公多援《召誥》之言，而爲之反覆辯明。曉人者當如是也。」吕氏曰：「殷之喪亂，自後世之私言之，則殷之過、周之福也。《多士》告殷民而曰『弗弔』，則憫勞之辭耳。今周公之告召公亦曰『弗弔』，蓋聖賢以天下爲心，不幸而遇喪亂，又不幸而任此責，豈其所樂哉？人之於天，或恃而不自修，或懼而不自强。謂『厥基永孚于休』，恃而不自修者也，意天之必福己也；謂『其終出於不祥』者，懼而不自强者也，意天之必禍己也。天無必，必非天也；必之者，非知天也。周公謂吾之於天，豈敢計禍福必之哉？惟盡在我之誠以順天而已。復歎息，引召公前日之言而質之，召公已嘗曰：『是在我矣。』我亦如召公之意，不敢自惰，而安于上帝之命。盍相與悉心而奉天，曷爲遽忘前日之言，而欲去也？《召誥》言天，屢曰『我不敢知』，與周公若合符節，召公前日之言可推矣。『弗永遠』以下云云者，周公告召公：苟弗永遠念天威之可畏，於今日我民無怨尤違戾之時，遂謂天命已固，民心已安，而不扶持之乎？」

又曰：「『天不可信。』我道惟寧王德延，天不庸釋于文王受命。」唐孔氏曰：「王肅云：『重言天不可信，以明己之留蓋畏謹天命。』天命不易固不可信，在我之道惟思文王之德，則可以延出。天必不用釋於文王所受之命也。『上天之載，無聲無臭。儀刑文王，萬邦作孚。』求天者，莫親於文王也。」林氏曰：「周公歷言天命之不可信，恐成王之弗克負荷，將欲輔成王德，以延周家之命，則吾二人不可以一日而去朝廷也。」

公曰：「君奭，我聞在昔，成湯既受命，時則有若伊尹格于皇天。在太甲，時則有若保衡。在太戊，時則有若伊陟、臣扈格于上帝，巫咸乂王家。在祖乙，時則有若巫賢。在武丁，時則有若甘盤。率惟茲有陳，保乂有殷，故殷禮陟配天，多歷年所。唐孔氏曰：「伊尹，名摯，諸子傳記多有其文。皇天與上帝，俱天也，變其文爾。據《太甲》之篇及諸子傳記【二】，太甲大臣惟有伊尹，知即保衡也。《說命》云：『昔先正保衡，作我先王，佑我烈祖，格于皇天。』《商頌·那》祀成湯稱爲烈祖，『烈祖』，湯之號。《詩》稱『實維阿衡，實左右商王』，鄭玄云：『阿，倚。衡，平也。伊尹，湯所依倚而取平。』至太甲改曰保衡。保，安也。」王氏曰：「在高宗時宜言傅說，而言甘盤者，蓋始迪高宗成其德者，甘盤也。以《書》考之，高宗所以命說，固已大過人，此甘盤之力也。然則凡此所稱，皆迪其君於始者也。」　蘇氏曰：「湯初克夏，欲遷夏社，作《臣扈》之篇。湯享國十三年，又七年而太甲立，太甲享國二十三年。又更四帝，乃至太戊，而臣扈猶在，豈非壽百餘歲哉？巫賢，亦咸之子孫。」陳氏曰：「臣扈必二臣而同名，《詩》有家父兄，百餘年後復見於《春秋》，皆此類。」　呂氏曰：「此章序商六臣之烈，蓋勉召公以匹休於前人也。伊尹之佐湯，以聖輔聖，其治化與天無間，故曰『格丁皇天』，言其通于天也。伊陟、臣扈之佐太戊，以賢輔賢，其治化克厭帝心，故曰『格于上帝』，言其通于帝也。自其遍覆包含言之，則謂之天；自其主宰言之，則謂之帝。天譬則性，帝譬則心，初非二也。凡《書》之或稱天，或稱帝，各隨所指，非有輕重。至於此章對言之，則見聖、賢之分焉。雖然，太甲之保衡，即前日之伊尹也。佐湯則格于天，佐太甲則格于帝，何也？非伊尹之治化不若前日，太甲則不若湯也。伊尹之於太甲，亦未嘗以其不若湯，降一等而自貶也。《咸有一德》之篇欲以湯期太甲，其未入聖域，未格皇天，蓋太甲之責也。巫咸，亦太戊之輔相，止言其乂王家者，咸之爲治，功在王室，而精微之蘊，猶有愧於二臣也。巫賢、甘盤，亦各著聲烈於一朝者也。」　蔡氏曰：「陟，升遐也。言六臣循惟此道，有陳列之功，以保乂有殷，故殷先王終以德配天，而享國長久也。」

「天惟純佑命，則商實百姓王人，罔不秉德明恤。小臣屛侯甸，矧咸奔走。惟茲惟德

【二】諸子傳記　「諸」原作「詣」，據《尚書注疏》卷八改。

稱，用乂厥辟，故一人有事于四方，若卜筮，罔不是孚。」呂氏曰：「天惟純佑命，命而曰純，言其眷命之甚篤也。眷命之甚篤，則以商家富實百姓，厚於民，故天亦厚之命也。是蓋六臣深知根本所在，而祈天永命也。王人，王也。六臣格其君心，其王罔不秉德於上。明恤，猶顯比之謂，蓋顯然以至公拊恤天下，在内則逮於卑賤之小臣，在外則逮於藩屏之侯甸。恩意浹洽於外，公平周溥，斯乃所秉之德也。君固秉德矣，况凡奔走在列者，惟此之故，惟德是稱，以用乂其君，君德成就，彰明兆民。凡有所爲於四方，安得不如卜筮之神，民罔不信乎？乂云者，規諫箴誨以治之也。六臣下實其民，上格其君，又號召天下賢俊，使朝【三】……帝割説者不同。」愚謂文王羑里之難，乃天之降割。其降割也，乃所以申勸文王之德也，文工生知者，本不待勸，而天乃降割以勉之，故曰申勸。

「武王惟兹四人，尚迪有禄。後暨武王誕將天威，咸劉厥敵。惟兹四人，昭武王惟冒，丕單稱德。孔氏曰：「文王没，武王立，虢叔先死，故曰四人。」蘇氏曰：「凡周德之所被及者，其民盡稱誦武王也。」孫氏曰：「在文王時，則曰迪見冒聞于西土而已。至武王之時，天下一統，故能冒天下丕單稱德。」張氏曰：「四人在文王時，修和有夏。在武王時，咸劉厥敵。爲將爲相，無不可者，其亦天下之英傑矣。此四人所以咸劉厥敵者，去惡除害而昭武王之德，意使覆冒天下也。」呂氏曰：「武王繼世，五臣其一先没，惟此四人尚蹈有禄位，蓋言賴故老之尚存也。後與武王大將天威，虔劉其敵，蓋言其集大勳也。既集大勳，遂顯其君。惟覆冒之所及大，盡稱武王之德，蓋言其達聲教于四海也。造端於文王，故論其原；成終於武王，故論其效。太公望之烈最盛，而不及焉。蓋一時議論，或詳或畧，主於留召公，非欲爲人物之評也。」

「今在予小子旦【四】，若游大川，予往暨汝奭其濟。小子同未在位，誕無我責，收罔勗不及，耇造德不降，我則鳴鳥不聞，矧曰其有能格？」孔氏曰：「若游大川，我往與汝奭其共濟渡成王，

【三】使朝　此下原有脱頁。

【四】今在予小子旦　「在」原脱，據《尚書正義》卷十六補。

同於未在位即政時。」蘇氏曰：「游大川者，必濟而後已。今予與汝奭同濟，小子其可以中流而止乎？」呂氏曰：「周公言今兩聖五賢之責，皆在我一身，懼不克勝，若游大川，罔知津涯，豈能獨濟哉？予往與汝共濟可也。小子，指成王。成王雖已親政，然幼冲小子，未知艱難，政當同未在位之時，而盡瘁扶持之，不可以成王既在位，而大責我以當去也。收罔勗云云者，召公若收斂退藏，罔勗勉成王之所不逮，以耇老爲德，高視遠引，不降心而屈留，則周家之治可憂矣。鳴鳥，蓋是時周方盛隆，鳴鳳在郊，《卷阿》所謂『鳴于高岡』是也。周公謂召公若去，則我豈能獨保今日之盛？在郊之鳳將藏，而不復聞其鳴，况敢言進此而有感格乎！」唐孔氏曰：「格，謂况如伊尹輩其功格天」。愚按：呂氏以其濟爲句，與諸家異，當審詳之。

公曰：「嗚呼！君肆其監于兹。我受命無疆惟休，亦大惟艱。告君乃猷裕，我不以後人迷。」

張氏曰：「貴爲天子，富有天下，則周家可謂有無疆之休。然不敬德，則早墜厥命；厥德靡常，則九有以亡，故曰亦大惟艱。」呂氏曰：「公歷陳文、武股肱之盛，復嘆息告召公『肆其監于兹』，勉其視此而自强也。周公深思王業，一則以喜，一則以懼。文、武之受命，其休則無疆矣。迹夫后稷、公劉以後，積累締造，蓋亦艱難之大者也。思其休，豈可不喜？固當有以承之。思其艱，豈可不懼？固當有以保之。苟欲獨潔其身，而不爲社稷深長之慮，則亦硜硜然狹隘之甚矣。告君乃猷裕者，告召公勿狹隘欲去，盍謀所以寬裕者可也。鄭氏謂召公似隘急，故令謀於寬裕，是也。蓋大臣之位，百責所萃，震撼擊撞，欲其鎮定；辛甘燥濕，欲其調齊；槃錯棼結，欲其解紓；黯闇污濁，欲其茹納。自非曠度洪量，與夫患失乾没者，未嘗無翩然捨去之意。况召公親遭大變，破斧缺斨之時，屈折調護，心勞力瘁，又非平時大臣之比。顧以成王未親政，不敢乞身耳。一旦政柄有歸，方欲償前日之志，而反不得遂焉，此所以鞅鞅不悦也。是則然矣，盍謀所以寬裕者乎？誠寬裕其心，遠思文、武王業之艱難，展布四體，爲久大之規模，則向來倦厭急隘之疾，自融釋於平寬之域矣。我不以後人迷者，周公言我終不獨善而使後人迷亂，此蓋自言其所以不去者，而亦以勉召公也。」

公曰：「前人敷乃心，乃悉命汝作汝民極，曰：『汝明勗偶王，在亶乘茲大命，惟文王德，丕承無疆之恤。』」蘇氏曰：「周公與召公，同受武王顧命輔成王，故周公曰：前人布其腹心，以命汝位三公，以爲民極，且曰：汝當明勉孺子，如耕之有耦也，在於相信，如車之有馭也，并力一心，以載天命，念文考之舊德，以丕承無疆之休。武王之言如此，而可以求去乎？」呂氏曰：「此章舉文、武所以命召公者，以感動之也。文、武布宣其心，乃悉傾倒以命汝召公，置之輔佐，儀刑具瞻，俾作汝民之限極。其命之辭，則曰：汝明明勉勵，以配偶輔佐王者，命之大如此。爲召公者，在至誠服乘此大命，不可失墜。今而遽去，則且墜此命，而非乘此命矣。『惟文王德』云云者，又追文王之殊遇以感之，召公縱不爲成王留，不爲周公留，盍亦惟念文王前日顧遇之厚德，爲我周家大受無窮之憂責乎？想召公聞此，必悚然動於中矣。《洛誥》周公之復留，實以文、武之故，今召公欲去，周公復舉文、武以感之。」按：勗偶、亶乘之義，未詳。姑取二説于此，更當參攷。

公曰：「君，告汝朕允。保奭，其汝克敬以予，監于殷喪大否，肆念我天威。予不允，惟若茲誥。予惟曰：『襄我二人，汝有合哉。』言曰：『在時二人，天休滋至；惟時二人弗戡。其汝克敬德，明我俊民，在讓後人于丕時。嗚呼！篤棐時二人，我式克至于今日休，我咸成文王功于不怠，丕冒，海隅出日，罔不率俾。』」蘇氏曰：「告汝以我誠心，商之喪其否塞大亂至於如此，可不懼乎！襄，咸也。予本不欲如是告也，予惟曰：王業之成，在我與汝二人而已。汝聞我言，而心有合也。曰信如我，言在我二人也。然今天方保周王室日昌大，我二人任受此福乎！德勝福則安，福勝德則危，今天休滋至，恐我二人之德不能勝也。由此知召公之不悦，蓋以滿溢爲憂也。周公言汝奭以滿溢爲憂，則當求俊民而顯明之，他日遜此後人于昌大之時而去，未晚也。以我二人厚輔之，故周室乃有今日之休。我以今日之休爲未足也，惟至於日月所照，莫不祗屬乃已也。」　孫氏曰：「周公誠告召公，則召公其可不敬？」　呂氏曰：「周公言：凡我所以告召公者，皆我所確信允當，而不可易者也。保奭，呼其官而告之也。『其汝克敬』云云者，深勉召公用力於敬，爲我監觀殷士之大亂，而念我天威之可畏也。召公成德之彦，豈有不克敬者哉？第以欲退之心重，一有所倚，則本心或微有不存，故周公亟以此儆之。當其相與告語，微有不寬，隨以『告君乃猷裕』寬之；微有不存，隨以『其汝克敬』歛之。開歛於眇忽將形之際，是以洙泗鑪錘之妙，而用於豐鎬鼎鉉之間，何其盛也！周公復言：予不信惟今日若此語諭，予固每惟曰：所以念天威而保之，實因我二人，豈可捨去？蓋嘗問汝，汝之見有合於此哉？其不合於此哉？汝則言曰：誠在是二人，但天休滋至，功業日盛，福禄日增，惟是我二人，將不能勝，盍相與避滿盈乎？其汝克自敬德，益加抑畏，明揚俊民，布於列位，以盡大臣之職業，以答滋至之天休，毋徒惴惴欲去也。若他日天下廓廓無事，則在汝推讓後人，於大盛之時超然肥遯，吾不汝禁，今豈辭位之時乎？周公復歎息而言：篤於輔弼者，是我二人，我用能至于今休盛，功緒既見，要當終之，故我欲咸成文王功業于不怠，孜孜勉勉，必至大冒，海隅出日之地，無不率服。惟上所使，然後始厭吾心，始不負大臣之職業，始可謂之丕時，可以讓於後人而去也。其後召公歷成、康而猶未釋大政，豈非念『海隅』、『率俾』之語，而自視常歉然乎？」　愚按：周公言天威，曰『肆念我天威』，蓋天在我而不在外，此心少有不存，則是不念天威矣。豈必求之外乎？

公曰：「君，予不惠若兹多誥，予惟用閔于天越民。」呂氏曰：「周公告召公，我所以不順汝欲去之意，乃若此多誥者，予惟用閔于天之於民，欲生養之。蓋甚艱難，今方有端緒，召公乃捨去，而不肯成就之，是誠大可憫也。天地之大德曰生，周公深有見於此，故見賢者欲去，民將不得遂其生，則爲天憫之也。前以文、武留召公，今以天留召公，意益切矣，召公其敢不留乎！」　蔡氏曰：「周公言我若兹多誥者，予惟憂天命之不終，及斯民之無賴也。韓子言畏天命而悲人窮，亦此意。」

公曰：「嗚呼！君，惟乃知民德，亦罔不能厥初，惟其終。祗若兹，往敬用治。」呂氏曰：「召公之欲去也，見民之罔尤違，謂民心已安而可保也。此其欲去之根，故卒章深言民情難保以警之，歎息而謂召公，惟乃踐歷諳練之久，固知民之德，亦罔不能厥初。今日之罔尤違，蓋亦易事，惟念其終，則難保而可畏耳。其祗此誥，思保民之難。往矣，敬用其治，不可易也。」蔡氏曰：「此召公已留，周公勉使就職之詞。」

蔡叔既没，王命蔡仲踐諸侯位，作《蔡仲之命》。孔氏曰：「言以罪放而卒。王，成王也。父卒命子，罪不相及。」唐孔氏曰：「周公囚蔡叔於郭鄰，至死不赦。蔡叔之没，不知何年，其命蔡仲未必初卒即命，以其繼父命之，故繫之蔡叔之後。昭二十年《左傳》曰：『父子兄弟，罪不相及。』不立管叔之後者，蓋罪重無子，或有而不賢故也。」呂氏曰：「嗚呼！序者，何其深見周公之心也！周公之囚蔡叔，豈得已哉！叔未死之前，周公之心，所謂庶幾改之，予日望之者也。豈忍遽必叔之不能改哉！叔既没矣，此望絶矣，於是以平日友愛之至情，不得施之於叔者，併施之於仲焉。《書》曰云云，何其深見周公之心也！」

《蔡仲之命》：惟周公位冢宰，正百工，羣叔流言。乃致辟管叔于商，囚蔡叔于郭鄰，以車七乘。降霍叔于庶人，三年不齒。蔡仲克庸祗德，周公以爲卿士。叔卒，乃命諸王邦之蔡。孔氏曰：「蔡，國名。仲，字。百官總己以聽冢宰，謂武王崩時。致法謂誅殺。囚謂制其出入。郭鄰，地名。從車七乘，言少。管、蔡、霍，國名。霍叔罪輕，故退爲衆人，三年之後乃齒録，封爲霍侯。明王之法，誅父用子，言至公。周公，圻内諸侯，二卿治事。叔之所封，圻内之蔡。仲之所封，淮汝之間。圻内之蔡名已滅，故取其名以名新國，欲其戒之。」唐孔氏曰：「據《周禮·冢宰》『以八則治都鄙』，馬融云：『距王城四百里至五百里謂之都鄙，以封王之子弟在畿内者。』《冢宰》又云：『乃施則于都鄙而建其長，立其兩。』馬、鄭皆云『立卿兩人』，是畿内諸侯立二卿。定四年《左傳》説此事云『周公舉之，以爲己卿士』，是爲周公圻内之卿士也。《世家》云：『周公舉胡以爲魯卿士，魯國治。於是周公言於成王，復封之於蔡。』按《魯世家》，成王封周公于魯，周公不就封，留佐成王，則周公身不就封，安得使之爲卿士？馬遷謬爾。」　張氏曰：「此史辭也。或曰：舜殛鯀而用禹，周公囚蔡叔而侯蔡仲，在舜與周公，不失爲忠厚，而□□蔡仲其何以處之？曰：聖賢於此，有所處矣。父誠無事，天下有公論，其子不仕，抱痛而死，如晉王裒可也。有父如鯀，績用弗成；　有父如叔，扶武庚以叛。禹爲司空，仲爲蔡侯，勉力爲善，以蓋父之愆，此仁人孝子之心也。儻不論是非，以不仕爲高，而忿恨其上，是怙終遂非，先王所不赦，此不可不講。」　吕氏曰：「史先書『惟周公位冢宰，正百工』，而繼以『羣叔流言』，所以結正叔之罪。主少國疑之時，冢宰之位，乃社稷生民之根柢也。是位一摇，則天下岌岌乎殆矣。今周公之位冢宰，正百工，而三叔乃流言，倡亂以摇之，豈周公一身之利害哉？是乃欲傾覆文、武之社稷，塗炭四海之生靈，得罪上天，得罪宗廟，天討所加，非周公所得而私也。周公戚然於三叔之刑，友愛之情鬱然不舒，幸而蔡仲能用敬於德，則亟擢之，雖爲官擇人，亦以少釋此恨也。」　吴氏曰：「此所謂冢宰正百工，與《詩》所謂攝政，皆在諒陰之時，非以幼冲而攝，而其攝也，不過位冢宰之位而已，亦非如荀卿所謂攝天子位之事也。三年之喪，二十五月而畢，方其畢時，周公固未嘗攝位，非有七年而後還政之事。百官總己以聽冢宰，未知其所從始，如殷之高宗已然，不特周公行之。此皆論周公者所當知也。」

王若曰：「小子胡！惟爾率德改行，克慎厥猷，肆予命爾侯于東土。往即乃封，敬哉！爾尚蓋前人之愆，惟忠惟孝。爾乃邁迹自身，克勤無怠，以垂憲乃後。率乃祖文王之彝訓，無若爾考之違王命！　孫氏曰：「小子胡，親之也。成王不與蔡仲講父之惡，何也？曰：命者，公義之大；諱者，私恩之小：蓋不以私恩廢公義也。」　吕氏曰：「率德，率文王之德也。改行，改蔡叔之行也。周公以兄弟爲念，不忍蔡叔叛亂之愆播於天下，欲亟掩覆之而不可得，故望蔡仲庶幾蓋前人之愆，苟其子能反其道，子之新善著，則父之舊愆庶乎其掩矣。蔡叔之惡，既無以貽厥子孫，仲乃一國始封之祖，創業垂統之責實繫焉。蓋進其步武，自我作古，克勤不怠，以垂法於後。斯須之怠，則流弊或在於數百年之後，不可不謹其源也。」林氏曰：「蔡仲能盡忠孝之道，則天下將稱之曰蔡叔，幸哉！」蔡氏曰：「敬哉者，欲其毋失此心也。」皇天無親，惟德是輔。民心無常，惟惠之懷。爲善不同，同歸于治。爲惡不同，同歸于亂。呂氏曰：「此言天人無適莫之理，以開廣之也。天無私親，所輔者德；民無常王，所懷者惠。仲其無以父之愆得罪於天人，而自沮也。進爾之德，布爾之惠，斯得天人之助矣。不德不惠，則叔以文王之子，而不得保其身；有德有惠，則仲以蔡叔之子，而不得辭其國：天人至公之理，於斯可見。」蔡氏曰：「此章與伊尹誥太甲之言相類，而有深淺不同者，太甲、蔡仲之有間也。善固非一端，而爲善者無不治；惡亦非一端，而爲惡者無不亂：所以深戒之也。」爾其戒哉！慎厥初，惟厥終，終以不困；不惟厥終，終以困窮。呂氏曰：「惟，思也。語以謹始，又告以慮終，竭兩端之教也。」懋乃攸績，睦乃四鄰，以蕃王室，以和兄弟，康濟小民，率自中。呂氏曰：「此告之以諸侯之職也。上奉天子，旁睦友邦，下安民庶，是所當懋之績也，諸侯之職畢矣。奉王室，待諸侯，撫小民，隨時隨事，莫不有中，率皆自於中，則無過不及之失也。觀策戒蔡仲之辭，則周家所以示德意於諸侯，安靜鎮定之規摹，可概見矣。」

「無作聰明亂舊章，詳乃視聽，罔以側言改厥度，則予一人汝嘉。」呂氏曰：「舊章，蓋文、武典憲布在侯邦者，所當謹守而已，不可作其聰明而變亂之也。不作聰明，則天之德也；苟作之，則非天之聰明，特沾沾之小知耳【五】。作與不作，而天人判焉。曰『率自中，無作聰明亂舊章』，所以戒其出於己者也。聽覽不貴於速，而貴於詳，迎刃立決，顧盼生風，似若可喜，然忽略疏快，動皆愆尤。凡讒說姦言，曷嘗不乘其忽遽之時而入？惟詳其視聽，則定而後應，安徐審訂，表裏畢陳，側媚之言將望洋而不敢進。苟惟不詳，豈能不以側言而改其法度乎【六】！」王曰：「嗚呼！小子胡，汝往哉！無荒棄朕命！」呂氏曰：「以蔡仲恂恂祇畏，豈荒棄王命者？蓋地之

【五】沾沾之小　「沾沾」原作「沽沽」，據《增修東萊書說》卷二十七改。

【六】改其法度　「法」原作「侯」，據《增修東萊書說》卷二十七改。

遠也，時之久也，敬或有時而衰焉。將行而復戒之，俾其著于心也。」

成王東伐淮夷，遂踐奄，作《成王政》。成王既踐奄，將遷其君於蒲姑，周公告召公，作《將蒲姑》。孔氏曰：「成王即政，淮夷、奄國又叛，王親伐之，已滅奄，而徙其君於蒲姑。蒲姑，齊地，近中國，教化之。」呂氏曰：「淮夷與奄，成王之時蓋皆再叛。《大誥》周公東征，固已序淮夷之叛矣，此序復云『成王東征淮夷』，是再叛也。《多士》固言『昔朕來自奄』矣，此序復云成王『遂踐奄』，是亦再叛也。踐，滅之之謂也。復遷其君於蒲姑者，按《孟子》『周公相武王，誅紂伐奄』，則奄實濟紂之惡，武王之時既用師矣。至是，蓋三加兵於奄也。長惡不悛，故不得不遷以變移之。將遷，而先告召公，有以見周公於軍國大議，未嘗敢專，非惟善處同列，蓋股肱心膂自應一體也。」

成王歸自奄，在宗周，誥庶邦，作《多方》。王氏曰：「凡此所誥非特商成王，遍告四國，故曰多方。」蘇氏曰：「自《大誥》、《康誥》、《酒誥》、《梓材》、《召誥》、《洛誥》、《多士》、《多方》八篇，雖所告不一，然大略以商人不心服周而作也。予讀《泰誓》、《武成》，常怪周取商之易。及讀此八篇，又怪周安商之難也。湯以下七王之德深矣，方紂之虐，人如在膏火中，歸周如流，不暇念先王之德。及天下粗定，人自膏火中出，即念商先哲王如父母，雖以武王、周公之聖相繼撫之，而莫能禁也。使無周公，亦殆矣。此公之所以畏而不敢去也。」呂氏曰：「自《大誥》訖《多方》，所以經理殷民者，何其勞也！蓋商家賢聖之君，德澤在民者深，而紂爲天下逋逃主，萃淵藪，奔播竄匿、幸災伺變者尚多有之。不幸而武王崩，成王幼，管、蔡造禍，以喜亂之徒，因思舊之情，乘內難之隙，三者參會，故其爲釁，鴟張蟠結而不可解。當斯時也，非周公之忠聖勤勞，亦曰殆哉。雖然，是固周之不造，而實則天之大扶持，保佑有周者也。人之稚齒，百疾先見，則必過加調護，凡傷生伐性者，一不敢萌焉。所以培固真源，克登上壽者，蓋其少年多疾之力也。成周八百年之基業，可以此占之。」又曰：「《多方》之意，與《多士》大畧雖同，其間廣狹則異。蓋《多士》誥戒，止及商民，《多方》乃誥戒天下。」李氏曰：「周公自東征以來，爲商人而作書者，凡八篇，何其畏之深也？曰：周公非畏商人，乃愛商人也。反復告教，指以生路，惟恐其迷而不復，此周公一視天下皆周人，而不以商、周二其心故也。惟商之民剛很最甚，故其誥辭最費，而先儒乃謂《多方》所誥不止商人，并及四方之士。是紛紛焉，不心服非止商人也。嗚呼！過矣。」

《多方》：惟五月丁亥，王來自奄，至于宗周。周公曰：「王若曰：猷！告爾四國多方，惟爾殷侯尹民。孔氏曰：「周公歸政之明年，淮夷、奄又叛。魯征淮夷，作《費誓》。王親征奄，滅其國，五月還至鎬京，周公以王命告四方。」蔡氏曰：「按《費誓》言『徂茲淮夷，徐戎並興』，即其事也。」唐孔氏曰：「自武王伐紂，及成王即政，新封建者甚少。天下諸侯多商之舊國，其心未服周家，由是奄君重叛。今因滅奄歸政，告天下諸侯以興亡之戒【七】，欲其無二心也。《禮記·祭統》衛孔悝之鼎銘曰『即宫于宗周』，彼『宗周』謂洛邑也，是洛邑亦名宗周。知此是鎬京者，成王以周公歸政之時，暫至洛邑，還歸鎬京故也。加『周公曰』於『王若曰』之上，以明周公宣成王之意。」呂氏曰：「史臣作書，舉一以明百，於此加『周公曰』，則知《康誥》至《多方》，凡所謂『王若曰』者，皆然。」張氏曰：「謂之多方，則所告非特商也；而曰『惟爾商侯尹民』，雖告四國多方，而以商爲主。」

「我惟大降爾命，爾罔不知。洪惟圖天之命，弗永寅念于祀。惟帝降格于夏，有夏誕厥逸，不肯感言于民，乃大淫昏，不克終日勸于帝之迪，乃爾攸聞。呂氏曰：「周之革殷，乃奉天命之公，非私取之也。我之降爾命，爾多方殷民，蓋罔不知之矣。爾武庚、爾頑民尚迷不悟。方大肆其圖度校計，以求天之命，而不敬念所以保宗祀之道。天命可受而不可圖，圖則人爲之私，而非天命矣。此蓋深示以天命不可妄干，乃《多方》一篇之綱領也。於是上引歷代所以失天命、受天命之明證以示之。桀之惡上通于天，惟帝降監于夏，譴告而警動之。天譴愈甚，桀惡愈長，方且大其逸豫，雖憂民之言尚不肯出諸口，況憂民之實乎？方且大縱淫昏，天理曾無暫開之

【七】興亡之戒　「亡」原作「工」，據《尚書正義》卷十七孔穎達疏改。

時。凡視聽動息日用之間，洋洋乎皆上帝所以啓迪斯人者。勸，則孜孜勉勉之，謂雖閭巷之人，豈無人欲少醒、耳目清明之頃乎？惟其介然之蹊，旋即堙塞，所以泯然衆人也。至於桀則終日昏酣，未嘗知警，天理幾乎息矣。此桀之所以自絶於天，乃汝之所素聞，欲其因桀以知紂也。」蔡氏曰：「降爾命，謂降宥爾命。」按：降字二説不同，當考。蔡氏又謂此章上疑有闕文，蓋以前諸篇例之，皆先言夏先后，而後言桀，而此章便言桀故也。愚謂『惟帝降格于夏』，蓋言上帝本降格。

「厥圖帝之命，不克開于民之麗，乃大降罰，崇亂有夏。因甲于内亂，不克靈承于旅，罔丕惟進之恭，洪舒于民。亦惟有夏之民，叨懫日欽，劓割夏邑。天惟時求民主，乃大降顯休命于成湯，刑殄有夏。惟天不畀純，乃惟以爾多方之義民，不克永于多享。惟夏之恭多士，大不克明保享于民，乃胥惟虐于民，至于百爲，大不克開。呂氏曰：「此復數桀之惡，言其不順受天命，而以私意圖度之。天命在民，承天之命惟有愛民，更無它法。桀惟知圖天之命，反抑塞民之生理。麗，民之所依也。桀一切遏塞之，所謂『不克開于民之麗』也。乃大降之罰，原其亂因，蓋始于内亂。甲，始也，末喜之嬖是也。蠱其心，敗其家，然後毒流於國，於天下，探其本而言也。桀之心既蠹矣，其不能善承于衆，不能大進於恭，惟舒嫚是恣，惟叨懫是欽，害于商邑者，其流必至於此也。桀既失君德，不能王民矣。故天求其可以爲主者，而大降顯休命于成湯。曰『求』、曰『降』，豈真有求之、降之者哉？天下無統，涣散漫流，勢不得不歸其所聚，而湯之一德，乃所謂『顯休命』之實，一衆離而聚之者也。民不得不聚于湯，湯不得不受民之聚，是豈人爲之私哉？故曰天求之，天降之也。天命湯代夏，刑滅其國，天之不畀於桀者大矣，然非天絶之也。桀之絶天者大，故天之絶桀者亦大。桀所任用皆不義之人，義民在下，志不得伸，雖多何補？故周公慨歎，桀以爾多方之義民，藹然輔世長民之具，混混同流，相隨覆亡，不能永受衆多之服享，猶負米而飢，載泉而渴，蓋深哀之也。義民不能用，而所敬之衆士，則皆叨懫之人，前所謂『日欽』者也。安能明達不惑，保養斯民，乃相與專播其虐于民，民被其虐。凡有所爲，無一能達，四向皆窮，如抵墻壁，民窮如此，安得不速其亡！」　蔡氏曰：「開，即上文『開于民之麗』之開。」

「乃惟成湯，克以爾多方，簡代夏作民主。慎厥麗乃勸，厥民刑用勸。以至于帝乙，罔不明德慎罰，亦克用勸。要囚，殄戮多罪，亦克用勸。開釋無辜，亦克用勸。今至于爾辟，弗克以爾多方享天之命。」孔氏曰：「乃惟成湯，能用汝衆方之賢，代夏政，爲天下民主。」　張氏曰：「桀不用多方之義民所欽者，叨懫所恭者，不克保享于民。湯之興，非借才於異代也，取之多方爾。先王之政，雖歸於忠厚，至有頑不率教者，亦不免於用刑。然桀用刑而民怨，湯用刑而民勸，何也？其用刑同而心異。桀不克開民之麗，乃大降罰，此民所以怨也。湯既謹厥麗矣【八】，至不得已而用刑，民莫不自怨自艾而爲善，烏得而不勸哉！」　呂氏曰：「簡，擇也。當是時，民方擇君，湯所以能以爾多方簡代夏主民者，其道豈有他哉？謹其所依而已。前章『不克開于民之麗』者，言民之所依也。此章『謹厥麗』者，君之所依也。湯深謹其君之所依，所以爲勸民之本。徒善其外而不謹其中，心之所底麗依止，蓋未有能動者，厥民所以儀刑觀法者，亦用此而競觀感之，非自外也。商傳世之多，皆不失其所依。明德謹罰，正指君之所依也。明德，德之實；謹罰，仁之發也。商世之君，德固有淺深，然大畧不失所依，亦皆能用以動化勸導斯民，其刑其赦，亦皆能用以勸民。赦而民勸之，猶可也。刑使民畏耳，亦克用勸，則有默行於刑赦之間者矣。蓋所謂明德謹罰之本，而君之所依者也。每語結之以勸者，天下非可驅以智力，束以法制，惟動化其民，使常有欣欣不已之意，乃維持長久之道也。爾辟，指紂而言。商先哲王世傳家法積累維持如此，今一旦至于汝君，乃以爾全盛之多方，不克坐享天之成命而亡之。天命至公如此，周公所以示天下深矣！」

「嗚呼！王若曰：誥告爾多方，非天庸釋有夏，非天庸釋有殷，乃惟爾辟，以爾多方，大淫圖天之命，屑有辭。乃惟有夏，圖厥政，不集于享，天降時喪，有邦間之。乃惟爾

【八】謹厥麗　「謹」孔穎達疏作「慎」，下文多此例，今仍其舊。

商後王逸厥逸，圖厥政，不蠲烝，天惟降時喪。葉氏曰：「庸釋，猶前言『天不庸釋于文王受命』。」呂氏曰：「序『嗚呼』於『王若曰』之上，蓋周公先自歎息，而始宣布成王之誥告，又所以見周公未嘗稱王也。入此篇之始，『周公曰』、『王若曰』，複語相承，《書》無此體也。至於此章，先嗚呼而後王若曰，《書》亦無此體也。周公居聖人之變，史官預憂來世傳疑襲誤，蓋有竊之爲口實者矣，故於周公誥命之終篇，發新例二，著周公實未嘗稱王，所以別嫌明微，而謹萬世之防也。天未嘗用意棄夏、商，乃二國自絶耳，教之以自反而不怨天也。孽非天作，乃紂自作。此章論夏、商二國，『乃惟』皆指其自作之孽也。紂以爾多方之衆，惟意所適，大肆淫泆，不順天命，而妄圖度焉。凡人欲之作，天理之逆，皆是也。惡之播於人口者，謂之辭。方惡之未熟也，大者則傳道之，至於瑣屑者，猶未暇舉焉。至於肆欲逆天，其惡既熟，則民不堪其虐，無復諱避，雖瑣屑之惡，極口歷數，一一有辭，是民既棄之矣，天固不得而不棄之也。『集』乃積集之集，『享』乃享國之享。治世之政，聚其所以興，所謂『集于享』也。亂世之政，積其所以滅，所謂『不集于享』也。桀圖其政，既不集于享，而集于亡，故天降是喪亂，而俾有邦代之，豈非桀之所自取乎？商親代夏，爲紂者，可以永鑒矣。反於桀之淫逸，而又加其逸焉，言罪浮于桀也。不蠲，不潔也。紂圖其政，無非穢濁，長惡既極，故天降是喪亂焉。此豈非紂之所自取乎？」　蔡氏曰：「紂以逸居逸，淫湎無度，故其爲政，不蠲潔而穢惡，不烝進而怠惰，天以是降喪亡于殷。」

「惟聖罔念作狂，惟狂克念作聖。天惟五年，須暇之子孫，誕作民主，罔可念聽。天惟求爾多方，大動以威，開厥顧天。惟爾多方，罔堪顧之。惟我周王，靈承于旅，克堪用德，惟典神天。天惟式教我用休，簡畀殷命，尹爾多方。孔氏曰：「惟聖人無念於善，則爲狂人。惟狂人能念於善，則爲聖人。桀、紂非實狂愚，以不念善，故滅亡。天以湯故，五年須暇湯之子孫，冀其改悔。」　唐孔氏曰：「『顧』謂回視，有聖德者，天回視之。《詩》所謂『乃眷西顧』。『開厥顧天』，謂天顧此人，人亦顧天。」　王氏曰：「天視聽自民，故得衆斯得天矣。所謂顧天者，靈承于旅而已。天教我，非諄諄然命之，啓迪其心而已。《文王之詩》曰：『無然畔援，無然歆羡，誕先登于岸。』與此同意。『克堪用德，惟典神天』，然後『天惟式教我用休』。以多方罔堪顧之，故簡周而畀商命。簡與『簡厥修』之簡同。」　張子曰：「聖、狂之相去，不啻霄壤，而作聖作狂在乎一念之頃。天之於紂，待之如此其緩也，而紂於五年之間，心未嘗訟過，口未嘗出悔言，故無可念聽。我能念天，天亦念我；我能聽天，天亦聽我。」　呂氏曰：「紂雖當亡，天尚以先哲干之故，未忍遽絶而待其改也。紂固無能改之事，而有可改之理。聖狂罔念克念之機，所謂可改之理也。聖者，通明之稱。《周官》列六德以教民，而聖居一焉，則非大而化之聖矣。若大而化之，寧有罔念，又豈狂者一克念而遽可至哉？然大而化之之聖，亦通明之極而化之者也；狂而克念，亦天而化之之基也：斯所以皆謂之聖也。雖曰通明不念則狂，雖曰狂惑能念則通，其機惟在於念與不念之間。紂雖狂惑，如其能念則作聖，孰禦哉？惟有可改之理，故天以商先哲王之故，徘徊五年，須而待之，暇而寬之，依依於其子孫，而覬其改焉。紂乃大爲民主，肆於民上，曾無少善可念可聽，然則天絶紂乎？紂絶天乎？周公知天未遽絶紂可也，何所見而能數其年也？我之未忍，民之未厭，斯則天也。民由之而不知，聖人與天爲一，動靜久速，極於著察，故明數其年，而謂之五焉。此蓋武王、周公之所獨知。説者乃牽合歲月，以附其數，亦外矣。」又曰：「得民者，得天之實，故前章論夏之亡，必本『不克靈承于旅』，而文、武所以得天者，亦惟曰『靈承于旅』而已。民，承君者也。吾於民衆亦謂之承者，民可近而不可下也【九】。承而謂之靈者，文、武之於衆，承接附循，融融乎其善也。『克堪』者，能勝之謂也。『德輶如毛，民鮮克舉之』，德之爲重，舉者莫能勝也。文、武之於德，能勝而用之，則其力過孟賁遠矣。漢、唐賢主，豈無欲布德於天下者？惟力薄而奪於私欲，駁而不純。是知德者非有真力，則莫能勝，莫能用也。天蓋不言，所謂『式教我用休』者，如之何而教之也？文、武既得乎天，天理日新，左右逢原。其思也若或起之，其行也若或翼之，是乃天之所以教，非諄諄然命之也。此章深諭天下，以向者天命未定，眷求民主之時，能者則得之，孰有遏汝者哉！乃無一能當天之眷顧者。今天既命我有周而定于一矣，猶洶洶不靖，欲何爲也？明指天命以曉之，服姦雄之心者，莫切於是。」　蔡氏曰：「或謂：『狂

【九】民可近　「可」字原脱，據《增修東萊書説》卷二十八補。

而克念，果至於聖乎？』曰：『聖固未易爲也，狂而克念，則作聖之功知所向方，太甲其庶幾矣。』『聖而罔念，果至於狂乎？』曰：『聖固無所謂罔念也。禹戒舜曰：無若丹朱傲，惟慢遊是好。一念之差，雖未至於狂，而狂之理亦在是矣。此人心惟危，聖人拳拳告戒，豈無意哉？』」

「今我曷敢多誥，我惟大降爾四國民命。爾曷不忱裕之于爾多方？爾曷不夾介乂我周王，享天之命？今爾尚宅爾宅，畋爾田，爾曷不惠王熙天之命？爾乃迪屢不靜，爾心未愛，爾乃不大宅天命，爾乃屑播天命，爾乃自作不典，圖忱于正。我惟時其教告之，我惟時其戰要囚之，至于再，至于三。乃有不用我降爾命，我乃其大罰殛之。非我有周秉德不康寧，乃惟爾自速辜。」「呂氏曰：「由《大誥》而至於是篇，周公之誥亦既多矣。憂其瀆而玩也，故明告以自今我不敢復多誥，惟大降黜爾四國民命而殄滅之。言告諭不可得，而威罰將行，亦以大警之也。既曰不敢多誥矣，自是而下，訓誥猶繹絡而不絕焉，於此見周公之惓惓斯民也。『爾曷不忱裕之于爾多方』者，教之以誠實寬裕，各安於其國也。惟詐故迫，惟忱故裕。險詐者躁擾而不安其位，斯其所以迫也。誠忱者平寬而不願乎外，斯其所以裕也。使三監、淮、奄之屬誠知所謂『忱裕』者，則于爾多方自有樂地，豈至於行險僥倖哉！介猶賓介之介，相助之謂也。天之所廢不可輔，天之所興不可毀，相扇而扶持已滅之商，逆天之命者也。夾輔而助治方興之周，享天之命者也。其別如此，曷爲而不知所擇乎？爾前日之叛亂，據法定罪，則瀦其宅，收其田久矣。今爾猶得居爾宅，耕爾田，曷不思我周家之大造，順我王室，各祗天職，以共廣天之命，乃相啓迪教誘，而屢爲不靜乎？反覆背恩，一至於是，使他人諭之，殆將裂眥切齒，不勝其怒矣。周公乃從容而曰『爾心未愛』，蓋傷頑民累于滅亡之禍，必其心未知自愛而然，是深可憫惻而已，淵乎天地父母之心也。復叙其前日不自愛者，『爾乃不大宅天命』，謂其不安天命而妄動也。『爾乃屑播天命』，謂戕滅天理，雖瑣屑之僅存者，播棄而無孑遺也。『爾乃自作不典，圖忱于正』，謂既作不法，乃圖見信於正，甚言其不自反也。

『我惟時其教告之，我惟時其戰要囚之』，如《大誥》、《多方》之訓，如東征踐奄之師，既至于再，至于三矣。『乃有不用我降爾命，乃其大罰殛之』者，『降爾命』謂前日黜殷遷奄之命』，若猶不循省，悍然不用我降爾之命，則固將大罰殛之，不可望如前日之恩貸也。此非有周秉德不康寧，乃惟爾自作孽以速辜而已。『秉德不康寧』，《多士》、《多方》皆言之【一〇】。蓋頑民不自省己之屢叛屢起，乃不康寧之大者，反咎周之遷徙討伐爲不康寧，不自責而責人，此其所以覆出爲惡也，故每提耳而告之。」蔡氏曰：「『我惟大降爾四國民命【一一】』，舉其宥過之恩，而責其遷善之實也。」

按：降字二説不同，姑並存之。

王曰：「嗚呼！猷，告爾有方多士，暨殷多士：今爾奔走臣我監五祀。越惟有胥伯小大多正，爾罔不克臬。自作不和，爾惟和哉！爾室不睦，爾惟和哉！爾邑克明，爾惟克勤乃事。爾尚不忌于凶德，亦則以穆穆在乃位，克閲于乃邑謀介。爾乃自時洛邑，尚永力畋爾田。天惟畀矜爾，我有周惟其大介賚爾，迪簡在王庭，尚爾事，有服在大僚。」呂氏曰：「此章專論安集商民之事。監，蓋王命監成周之新民者，猶諸侯之分民，有君道焉，故謂之『臣我監』也。不曰『臣我周』而曰『臣我監』者，舉其親於民者也。《周官》多以『胥』、以『伯』、以『正』爲名，胥、伯小大衆多之正，蓋凡殷多士有職於成周，共長治斯民者也。遷商民之時，就拔其雋豪以長治之，用其素所服習，則不至於驚擾，乃安集新附之要領也。周公告新民：『爾奔走服從，臣於我監，今既五年，不爲不久矣。於惟胥、伯多正之屬，宜亦少相體悉，罔不能事其事者』。臬，事也。凡新民自作不和，與其室不睦者，爾惟悉心而和調之。再言『爾惟和哉』者，勉之以勞來不怠也。爾新邑既皆和調，驩然有恩以相愛，粲然有文以相接，教化能明，則爾始不負其職，可以謂之克勤乃事矣。舊染汙俗惡德實多，誅之則不可勝誅，化之則不言而化，爾尚寬厥心，不忌疾于凶德，反循其本，亦則以穆穆和敬之容，端居爾位以臨之，則有孚顒若，彼將潛消於觀感之際矣。」蔡氏曰：「言商士之臣，我監於今五年矣。不曰年而曰祀者，因商俗而言

【一〇】多士多方　「多士」原脱，據《增修東萊書説》卷二十八補。

【一一】大降爾四國民命　「降」下原有「宥」，據《多方》正文删。

也。又按：成周既成，而成王即政；成王即政，而商奄繼叛。事皆相因，纔一二年爾，今言五祀，則商民之遷，固在作洛之前矣，尤爲明驗也。心不安靜，則身不和順矣；身不安靜，則家不和順矣。言『爾惟和哉』者，所以勸勉之也。和其身，睦其家，而後能協于其邑也。謀介，謂謀所以自助也。頑民誠可畏，然苟能以穆穆和敬，端處爾位，以潛消其悍逆悖戾之氣；又能簡閱爾邑之賢者，以謀其助，而民之頑者，且革而化矣，尚何可畏之有哉！」呂氏曰：「『爾乃自時』云云者，既教之長治新邑之政，終勉之以自是洛邑尚爲永久力田之計，安居樂業，無他覬覦，則天將畀與哀矜於爾，我有周亦將大介賜賚錫於爾，啓迪簡拔，置之王朝矣，有服列於大僚，不難至也。《多士》序商民怨周之辭，曰『夏迪簡在王庭【一二】，有服在百僚』，繼以大義裁之。此篇復以『迪簡在王庭』、『有服在百僚』爲勸，何也？爵位者，上之所命，非臣下之可干，因其怨望而許之，姑息之政也。示以好惡而勸之，磨厲之道也。二篇予奪不同，可以見周公御商民闔闢之大用。」

王曰：「嗚呼！多士，爾不克勸忱我命，爾亦則惟不克享，凡民惟曰不享。爾乃惟逸惟頗，大遠王命，則惟爾多方探天之威，我則致天之罰，離逖爾土。」呂氏曰：「前章既勸之以賞，此章復董之以威。爾多士苟不能相勸信我之誥命，爾亦則惟不能享上。凡爾之民，亦惟相告以不享汝矣。己則不忠於君，而望民之忠於己，可乎？出乎爾者，反乎爾者也。下之奉上謂之享，見於《洛誥》詳矣。天之明威凜然在上，未嘗求人而加之也。爾乃放逸頗僻，大棄王命，則惟爾多方探天之威而自取之。我職爲天吏，將致天之罰，播流蕩析，俾爾離遠爾土，蓋不得而私也。後世或以刑賞爲霸政，而非王者之事。今觀周公之待多方，先之以介賚之賞，後之以離逖之刑，申敕明著，炳如丹青，周公豈亦霸者乎？然則果何以爲王、霸之辨也？曰：周公之所介賚，天之所畀矜也；周公之所離逖，天之所罰也。而周公何與於其間哉？其視霸者區區信必邀民以利，驅民以戰者，大不侔矣！然則王者之賞罰，天也；霸者之賞罰，人也。」

【一二】夏迪簡在王庭　「夏」下原有「商」，據《多士》正文刪。

王曰:「我不惟多誥,我惟祗告爾命。」又曰:「時惟爾初,不克敬于和,則無我怨。」吕氏曰:「周公前既告多方以『今我曷敢多誥』矣,懷不能已,猶復諄諄,故於誥之畢,以王命誥之,言我豈專爲煩言贅語者,惟敬告爾以今日之命誥而已。自今以往,此誥真不可復得矣。又曰『時惟爾初,不克敬于和,則無我怨』者,蓋教誥已終,復呼而語之,史官特書『又曰』二字,所以形容周公之惓惓斯民,會已畢而猶有餘情,誥已終而猶有餘語,顧盼之光猶曄然溢於簡册也。『時惟爾初』,言前日愆尤,一皆洗滌,咸與惟新,是乃汝之初,自此可以洗心爲善矣。苟不能敬于輯睦和平之道,猶復乖亂,則自厎誅罰,無我怨也。其意亦懇切矣。商之頑民與紂同惡,武王克紂,反商政之時,是其一初也。不能自此更始,而爲三監之亂,則既失此初矣。周公遷頑民于洛,式化厥訓,是又其一初也。復不能自此更始,而迪屢未静,則又失此初矣。今《多方》之誥,反覆詳盡,明諭以『時惟爾初』,復與之作始,是又其一初也。若又失此初,則真無可言者,彼雖冥頑,苟非木石,寧有不動者哉!」

周公作《立政》。孔氏曰:「周公既致政成王,恐其怠忽,故以君臣立政爲戒,因以名篇。」吕氏曰:「《無逸》、《立政》二篇,相爲經緯者也。以無逸之心,明立政之體,君道備矣。無是心,則雖具舉政體,不過布在方册而已。故先之以《無逸》。有是心矣,而不知所統,則與漢宣、隋文相去蓋無幾也,故繼之以《立政》。」又曰:「自《立政》而後,周公不復有書矣。在百篇中,則是篇乃周公絶筆也。爲治體統固,臻其極至,於反覆申重之意,忠愛惇篤之誠,深長遠大之慮,學者當於言外體之。」林氏曰:「周公之作《立政》、《無逸》,其意一也。蓋當成王即位之初,天下蓋已治安,周公之心懼其驕怠之心易以萌也,於是乎作《無逸》之書,以戒之;又懼夫奸佞之人乘間而易以進也,於是乎作《立政》之篇以戒之。《無逸》之書,言修德之不可逸也;《立政》之篇,言任用之不可非其人也。」

《立政》:周公若曰:「拜手稽首,告嗣天子王矣。」用咸戒于王,曰:「王左右常伯、常任、準人、綴衣、虎賁。」周公曰:「嗚呼!休兹,知恤鮮哉!」孔氏曰:「盡禮致敬,告成王言：嗣天子，今爲王矣，不可不謹。常所長事、常所委任，謂三公六卿；準人，平法，謂士官；綴衣，掌衣服；虎賁，以武力事王：皆左右近臣，宜得其人。歎此五者立政之本，知憂得其人者少。」　王氏曰：「此篇周公所作，記而書之者周史也，故稱若曰。」　蘇氏曰：「王左右有牧民之長曰常伯，有任事之公卿曰常任，有守法之有司曰準人。此三事之外，則有掌服器者，曰綴衣；執射御者，曰虎賁：此褻御也。周公則戒之曰非獨三事者當擇人，此褻御者亦當擇也。」

張氏曰：「周公致政于成王，其法度、紀綱、典章、文物粲然備具，欲成王擇人以守之耳。此周公作《立政》之大意也。百官之長曰常伯，三公是也；任事之臣曰常任，六卿是也；準人者，上自三公，下至百僚，取以爲準，若今臺諫之官是也；掌衣曰綴衣，衛士曰虎賁：此五者尊卑貴賤雖不同，然皆在王之左右者也。左右之臣皆正，則其處心積慮，謦欬談笑，動静作止，無非在仁義禮樂之中。人君朝夕漸染，安得而不正乎？」　林氏曰：「常伯、常任、準人，天子所以共萬機之務者，固不可以不得其人，然其進見也有時。至於綴衣、虎賁之類，則朝夕與王處，而最親且密者也，苟非其人，則王德内蔽，雖有常伯、常任、準人之賢，亦何以施其力哉！」　吕氏曰：「成王之爲王久矣，周公方拜手稽首而告之，何也？蓋成王前此倚成於公，雖居王位，習而不察，猶未知其難居也。故公致敬盡禮，告而警之，曰：『嗣天子，今爲王矣。其可不棄爾幼志，而深思天位之艱乎？』既警之爲君之難，乃悉數治道綱領以咸戒之，則入之者深，而聽之者不敢易矣。曰『王左右常伯』云云，所謂爲治之綱領也。常伯、常任、準人，議政而在左右者也。綴衣、虎賁，共役而在左右者也。尊卑雖有間，然職重者有安危之倚，職親者有染習之移，其繫天下之本一也。常伯、常任、準人，即下文所謂『三宅三事』也。以文意考之，固知其任大體重，然於經無所見，意者公卿輔相之別名歟？官之有別名也久矣，相也而或謂之阿衡、保衡，卿也而或謂之圻父、農父，是以知三者爲輔政之別名也。綴衣、虎賁，特於侍御僕從之中錯舉二者，以見其餘耳。先言『休兹』，而繼以『知恤』者，必知建官置職之美意，然後能深以爲恤也。常伯、常任、準人之官，高位重禄而已乎？彌綸康濟，其職蓋甚休也。綴衣、虎賁，凡僕御之官，豈頤指氣使而已乎？薰陶移養，其職蓋甚休也。其職之休如此，其敢恬不加恤，使非其人處之乎？惟深識建官之美意，故深歎其休，而使成王深繹之也。」愚按：常伯、常任、準人，諸説不同，吕氏似得之，姑並存以俟考。

「古之人，迪惟有夏，乃有室大競，籲俊尊上帝，迪知忱恂于九德之行。乃敢告教厥后曰：『拜手稽首后矣。』曰：『宅乃事，宅乃牧，宅乃準，兹惟后矣。謀面，用丕訓德，則乃宅人，兹乃三宅無義民。』桀德，惟乃弗作往任，是惟暴德罔後。吕氏曰：「周公既歎知恤者鮮矣，復歷舉知恤者以告成王。夏也，成湯也，文、武也，皆知恤乎此者也。夫求賢審官，世主曷嘗不誦此語，然多名爲之，而非實蹈之也。若有夏先后，則允蹈之矣。『迪』云者，蹈之之謂也。乃其國家所以大彊者，以能籲召賢俊，知尊上帝之實而已。夫籲召賢俊，所以彊國，必引之至於尊上帝者，蓋其用賢本以共代天工，發於誠心，非欲私彊其國家也。大競之效，猶響應聲，而非求之也。然雖號召衆賢，苟能招而不能擇，猶爲無益。統名之曰俊，而其所以爲俊者，或直而温，或寬而栗，豈一塗所可識哉！不能實知篤信於九德之行，雖隨其鑒裁，各有所獲，然得於此，未免遺於彼。迪知者，蹈知而非苟知。忱恂者，誠使而非輕信，知之深則信之篤也。自皋陶以九德授禹，夏之先后世守之，以爲知人之法矣。『乃敢告教』云云者，夏臣見其君於賢者實知篤信如此，乃敢告教以圖任之要也。苟此意未孚於下，則臣亦豈敢遽進其言哉？始焉拜手稽首而曰『后矣』，敬告以爲君之難也。終焉歷敘事、牧、準，而曰『兹惟后矣』，申告以爲君之實也。乃事、乃牧、乃準，即前所謂常伯、常任、準人，爲治之體統繫焉。宅是三者，人君之事畢矣。周公之戒成王，自綴衣、虎賁之外，其禮其辭，與夏畧同，然則以圖任三宅爲人君之職者，三代告君之常法也。表親近之職，使人君不敢輕者，周公養源之精意也。『謀面，用丕訓德』，言夏之羣后既以宅三宅爲戒，其君於是謀以博詢之，面以親驗之，用其大順於德者焉。『則乃宅人』者，必如是乃可謂之能宅人。蓋大任不可輕付，大德不可小知，必參人已然後盡也。『兹乃』云云，言夏之盛，任三宅者如是之詳，及其衰也，遂至於曾無義民，言皆不義之民，而無一君子也。『兹乃』云者，此乃三宅之位，非它位也，猶無義民，則餘可知矣。然非人才果劣於往日也，桀之惡德弗作往日任用而已。往惟俊德是任，效見於有室大競。桀惟暴德是任，效見於絶世無後。信乎，存亡在所任也！」蘇氏曰：「事則向所謂常任也，牧則向所謂常伯也，準則向所謂準人也。一篇之中，所謂宅牧者參差不齊，然大要不出是三者，其餘則皆小臣百執事也。」葉氏曰：「《烝民》詩言：『天監有周，昭假于下。保兹天子，生仲山甫。』《崧高》亦曰：『惟嶽降神，生甫及申。』賢能之生於世，非適然也，蓋天以遺人君，使相與牧其民。君而不能用賢，其可謂之尊天乎？故夏、商、周或言尊上帝，或言丕釐上帝之景命，或言敬事上帝，其道一也。」

「亦越成湯，陟丕釐上帝之耿命，乃用三有宅，克即宅，曰三有俊，克即俊。嚴惟丕式，克用三宅三俊。其在商邑，用協于厥邑；其在四方，用丕式見德。呂氏曰：「凡典禮命討昭著於天下者，皆上帝之光命也。成湯之升，大治之，使章條炳蔚，所謂『陟丕釐』也。然湯之所以大治之者，豈一手足之力哉？亦曰圖任三宅三俊而已。所用之三宅，實能就是位而不曠其職；所稱之三俊，實能就是德而不浮其名：蓋言知之之明也。三俊，説者謂他日次補三宅者。觀夫宅以位言，俊以德言，意其儲養待用，或如説者之所謂歟？高帝儲參、陵、平、勃於身後，迄能定再位之亂。諸葛亮儲琬、禕、允、攸於身後，亦能持循數十年。況三代所以爲社稷長慮者，股肱心腹之任，固宜豫求其繼也。『嚴惟丕式』云云者，言待之之恭也。嚴事賢者，一話言，一舉措，惟大則效之，而罔有疑貳，然後能用三宅三俊，而俾之自竭。所謂『學於伊尹，而後臣之』，斯其一證也。知之明，待之恭，賢俊奮庸，登于至治。其在商邑者，『用協于厥邑』，近者察之詳，其情未易齊，畿甸之協則純之至也。其在四方，『用丕式見德』，遠者及之難，其德未易遍，觀法之同則大之至也。至純至大，治道無餘藴矣。」王氏曰：「三宅，謂有常伯、常任、準人之位者。三俊，謂有常伯、常任、準人之才者。」

「嗚呼！其在受德暋，惟羞刑暴德之人，同于厥邦；乃惟庶習逸德之人，同于厥政。帝欽罰之，乃伻我有夏，式商受命，奄甸萬姓。唐孔氏曰：「暋，强也。暴德，以暴虐爲德。逸德，以過惡爲德。庶習者，習效爲之者衆。與暴德同國，與惡德同政，其事一也，異言之耳。《牧誓》云『乃惟四方之多罪逋逃，是崇是長，是信是使，是以爲大夫卿士。俾暴虐于百姓，以姦宄于商邑』，是其事也。」王氏曰：「桀、紂所用非其人，皆本於躬有邪德，故周公言桀、紂必曰桀德、受德者，推本而言之也。」張氏曰：「暋昏，桀之暴、紂之昏，若非所以爲德者，而桀曰桀德，紂曰受德，蓋德者得也，有所得曰德。君子有君子之德，小人有小人之德，使小人而無德，則其爲昏暴也。無味而於仁義禮樂，必變而從之。暴德、逸德固同氣相求。羞刑如珍羞之羞，孟子所謂嗜殺人者。」呂氏曰：「周公既述成湯，乃慨然發歎於紂德之昏，所與共國共政皆惡之尤者，故帝欽罰之，使我有周集有華夏，用商所受之命，同治萬姓焉。欽者，天之理；紂之于罰，皆此理者也；周之有夏，順此理者也。非有罰之者，而罰至亡國；非有使之者，而使其有夏：是所謂天理也。」蔡氏曰：「帝欽罰之，上帝敬致其罰也。」王氏曰：「奄者，覆而有之之謂。甸者，井牧其田、什伍其民之謂【一三】。」

「亦越文王、武王，克知三有宅心，灼見三有俊心，以敬事上帝，立民長伯。呂氏曰：「三宅，共政者也，知其心者猶未盡，則不能無間，惟文、武真能知其心也。三俊，待用者也，未與事遇，則底蘊不外見，惟文、武灼然見其心也，他人則或疑信相半矣。文、武之知三宅三俊，皆曰心者，蓋君臣之相與，萬化之原也。苟貌親口惠，相期於肝鬲之外，則既無其本矣。文、武既克知，灼見三宅、三俊之心，以是而敬事上帝，則天職修而上有所承；以是而立民長伯，則體統立而下有所寄，浩然無愧於俯仰之際矣。夏曰『尊上帝』，商曰『陟丕釐上帝之耿命』，周曰『敬事上帝』，然則事天以人，三代所共也。」

「立政任人、準夫、牧，作三事。虎賁、綴衣、趣馬、小尹、左右攜僕、百司庶府；大都、小伯、藝人、表臣百司；太史、尹伯、庶常吉士；司徒、司馬、司空、亞旅；夷、微、

【一三】什伍其民　「什」原作「仟」，據《禮記·祭義》改。什，户籍與軍隊之基層編制。

盧、烝、三亳、阪尹。吕氏曰：「『立政，任人、凖夫、牧，作三事』者，所謂三宅，蓋立政之本也。『虎賁、綴衣、趣馬、小尹、左右攜僕、百司庶府』者，蓋在内侍衛與凡掌職者也。小尹、虎賁、綴衣、趣馬，皆奉御小職，尹則其長也。左右攜僕者，携持其用之物、服役左右者也。庶府，蓋府史之府，庶言衆也。大都、小伯者，大都、小都之長也。大都言都不言伯，小伯言伯不言都，互見之也。藝人者，卜祝巫匠，執藝以事上者也。表者，對裏之辭。上文百司蓋内百司，若内府、内司服之屬，所謂裏臣也。此百司蓋外百司，若外府、外司服之屬，所謂表臣也。太史者，史官也。尹伯者，有司之長也，如庖人尹庖，内饔尹饔，膳夫則是數尹之伯也。鐘師尹鐘，磬師尹磬，太司樂則是數尹之伯也。凡所謂官吏，莫不在外百司之中，至於特見其名者，則有意焉。虎賁、綴衣、趣馬、小尹、左右攜僕，以扈衛親近而見。庶府，以冗賤人者之忽而見。藝人，以恐其或興淫巧機詐、蕩上心而見。太史，以奉諱惡公天下後世之是非而見。尹伯，以大小相維、體統所係而見。若大都、小伯，則分治郊畿，不預百司之數者也。既條陳歷數文、武之衆職，而摠結之曰庶常吉士，庶，衆也，言在文、武之庭無非吉士也【一四】。常，久也，言終文、武之世無非吉士也。人之相去何啻千百等，用之者小大各有方。今合而謂之吉士，蓋長短不齊，要皆慈祥良善之士，而不容一憸刻傾險者措足其間，此文、武用人之大法，所以立周家忠厚之治體者也。」　蔡氏曰：「言在文、武之廷，無非常德吉士。司徒、司馬、司空、亞旅，此諸侯之官也，蓋所謂三卿也，亞者，卿之貳，旅，三卿之屬。大國三卿，下大夫五人，士二——七人，亞於三卿，則大夫是也。謂之旅，則士而已矣。言諸侯之官，莫不得人也。諸侯之官獨舉此者，以其名位通於天子歟？夷、微、盧、烝、三亳、阪尹，此王官之監於諸侯四夷者也。微、盧，見經。亳，見史。三亳：蒙爲北亳，穀孰爲南亳，偃師爲西亳。烝或以爲衆，或以爲夷。阪，未詳。古者險阨之地【一五】，封疆之守，或不以封，而使王官治之，參錯於五服之間，是之謂尹。地志載王官所治非一，此特舉其重者爾。自諸侯三卿以降，惟列官名而無它語，承上『庶常吉士』之文，以内見外也。」

「文王惟克厥宅心，乃克立兹常事司牧人，以克俊有德。文王罔攸兼于庶言、庶獄庶

【一四】文、武之庭　「之」原作「六」，據文意徑改。

【一五】古者險阨　「古」原作「石」，據《書經集傳》卷五改。

慎，惟有司之牧夫，是訓用違。庶獄庶慎，文王罔敢知于茲。王氏曰：「文王既宅心於道，故能施有政以立常事，而司牧人之官皆克俊有德。」陳氏曰：「宅心，處心也。使文王不克宅心，而私慾汩之，則君子小人紛然莫知所適矣。」林氏曰：「宅其心，則情僞不可得而亂，邪正不可得而易，而常事立矣。此俊德之人所以在官也。」呂氏曰：「前章敷敘文、武衆職既已詳，複恐成王覽其目而不識其綱也，故極本原以示之。心者，萬事之綱也，放而不宅，則憧憧擾擾，自流於一物，尚何以綱萬事乎？君心既宅，安厥攸居，則經世事業，皆此心之建立也；舉世人才，皆此心之應感也。首章所叙文王之事，文王之官，若不勝其繁矣。然文王曷嘗支離多端，而求之於外哉？惟能宅心而已。是心之宅，乃能立茲常事，而體統咸舉。常事，蓋有國常行而不可廢者，前章百官所掌皆是也。司牧人亦能觀感之，故罔不秉德。司牧人蓋舉其長以見其屬，德雖司牧之所自有，然所以俊敏日新者，實由於文王聖心造化之中而不自知，故曰『以克』，言以文王而能，非其所自能也。昔之教者，蓋有示以制度文爲，使之自造上達之妙者矣。亦有微發端倪，使之推於事物之際者矣。本末雖未嘗相離，然語之各有方。惟周公之於成王，博之以庶官而物無所遺，約之以一心而他無所事，博約具舉，體用畢陳。嗚呼！父師之心也。」又曰：「治有原有體【一六】，宅心其原也。『罔攸兼于庶言、庶獄、庶謹』，其體也。凡奏請訴訟，所謂庶言也；凡刑辟訊鞫，所謂庶獄也；凡事莫不繫利害，皆當謹戒，所謂庶謹也：國家之事，不出此三者矣。文王既宅心而司牧人克俊有德，則典之者各有司存，豈文王之所當兼哉？惟付之有司之牧長，順其用違，蓋可否聽其裁決而已，不復兼也。『庶獄、庶謹，文王罔敢知于茲』者，申言之也。置庶言而不論者，事之未施行則謂之言，既施行則獄與謹可包之矣。不曰『罔知于茲』而曰『罔敢知于茲』者，徒言罔知，則是老、莊氏之無爲也。毫釐之辨學者宜精察之。」愚按：不曰『克宅厥心』，而曰『克厥宅心』，猶《皋謨》不曰『謹脩厥身』，而曰『謹厥身脩』也。又舊説『常事司牧人』爲一句，三氏以下皆分二句，當詳之。

「亦越武王，率惟敉功，不敢替厥義德，率惟謀，從容德，以並受此丕丕基。呂氏曰：「亦

【一六】治有原有體　前「有」字，《增修東萊書説》卷二十九作「道」。

越，繼前之辭也。論文王以心以體，自其本原言之也。論武王以功以業，自其發用言之也。觀其本原，可以知其發用。觀其發用，可以知其本原。兩章蓋交相見也。文王一怒而安天下之民，安民者，所謂敉寧之功，一怒，則所謂義德也。武王亦一怒而安天下之民，所以率惟而不敢替者也。『肆不殄厥愠，亦不隕厥問』，文王之容德也。『不泄邇，不忘遠』，遠邇并包，所以率循思惟謀度而從之者也。文、武神武大度如此，宜其並受丕丕之基，建八百年盛大之業也。於義德曰『不敢替』，於容德曰『率惟謀從』者，生育肅殺，一闔一闢，固非二氣而生者，天地聖人之心也。故容德率惟謀從，而義德不敢替焉。先論心，次論體，終論功業，言之序也。」夏氏曰：「一説以此義德爲賢才之有義德者，容德爲賢才之有容德者，謂武王循思文王安天下之功，故於人之有義德用之，而不敢廢循思文王治天下之謀。故於人之有容德者從之而不敢違。此説尤長，以其切於立政用人之意也。」

「嗚呼！孺子王矣，繼自今，我其立政。立事、準人、牧夫。我其克灼知厥若，丕乃俾亂，相我受民，和我庶獄庶慎，時則勿有間之。自一話一言，我則末惟成德之彦，以乂我受民。」王氏曰：「王者之得民，上則受之天，下則受之先王。曰受民者，欲其畏上帝，思先王，而不敢忽也。」吕氏曰：「周公既述文、武基業之大，歎而言曰：孺子今既爲王矣，其何以居之乎？一篇之間【一七】，所謂『王矣』者，蓋屢言而屢歎之，深恐成王平日委重視成，今猶不自知身當職分之大，故警之者不一而足也。『繼自今』云云，授以知人之法也。繼自今，謂繼此以往，自成王而下，後嗣王皆欲其世守之也。我者，主君而言，周公以君爲體者也。政事有大小綱目之判，曰『立政』，則既舉其綱矣。復曰『立事』者，挈持固有其要，綜理亦欲其周也。所以立政、立事者，豈人主親爲之哉？要在圖任準人、牧夫而已。三宅遺其一，蓋略與其二以包其餘，無他意也。圖任三宅，不可無知人之法，『灼知厥若』，所謂知人之法也。若，順也。物莫不有所順，水順於下，火順於上。蓋有堙之而不下，鬱之而不上者矣，然非其所順也。人之於善，豈無飾其外而勉爲之者哉？苟能明則其所順，則君子小人心之所安，不得而遁矣。夏后氏宅人

【一七】一篇之間　「間」原作「問」，據《增修東萊書説》卷二十九改。

之法,亦曰『謀面,用丕訓德』,訓亦順也。觀人以其順,蓋有所傳矣。既灼知其所順果正而不他,然後推心而委付之。『丕乃』云云者,言用之之專也。疑則不用,用則不疑。夫既深知之矣,則當大畀付之,使之爲治,以相助輔翼我所受之民,以和調均齊我庶獄庶謹之事,豈容復使異意者間之哉!民而言受者,言受民於天,於祖宗,而非成王之所自有也。知人不可不盡,任人不可不專,周公所以竭兩端而告之也。成王既涖政矣,周公憂其或自用而無所畏也,故復戒以自一話一言之間,我則終惟我成德之彥,是咨是訪,不敢自用,以治我所受之民。苟造次顛沛,或忘師保,則民有不得其死者,而負上天祖宗之畀付矣。人主尊無二上,必常使之上畏師保,下畏民庶,然後兢業而不敢肆。周公之訓,所以維持其敬心,蓋作聖之功也。」蔡氏曰:「順者,其心之所安也。孔子曰:『察其所安,人焉廋哉!』察其所安者,觀人之要也。」

「嗚呼!予旦已受人之徽言,咸告孺子王矣。繼自今文子文孫,其勿誤于庶獄庶慎,惟正是乂之。蔡氏曰:「前所言禹、湯、文、武任人之事,無非至美之言,我聞之於人者,已皆告孺子王矣。」呂氏曰:「周公前既言擇人以和獄謹,此復申戒自今文子文孫嗣世者,其敬戒勿誤于獄謹,惟以正道,是治之簡畀正人付以獄謹,使以正法斷刑,使以正理揆事,所謂正道也。苟不知正道,雖惴惴然欲其勿誤,能勿誤乎?勿誤者,言其敬之之心。正者,言其治之之體也。」自古商人,亦越我周文王立政,立事、牧夫、準人,則克宅之,克由繹之,兹乃俾乂。呂氏曰:「周公言自古商人,及我周文王,所以立政、立事而圖任牧夫、準人者,既能識其內而知其可以宅是官矣,復能由其外以繹其中焉。由其言而繹其心也,由其才而繹其德也,由其發舒於一時而繹其持久於歲晏者,果何如也?繹之蓋不一端而足也。『則克宅之』,則人與位相稱;『克由繹之』,則表與裏相符。其審如是,然後俾之爲治,既俾之爲治,則一聽其所爲矣。難於未任之先,故易於既任之後。先而遽易,則小人得以投隙。後而方難,則君子無以盡心。前後誠不可錯施也。」

「國則罔有立政用憸人，不訓于德，是罔顯在厥世。繼自今立政，其勿以憸人，其惟吉士，用勱相我國家。」呂氏曰：「此復舉圖任之失以爲戒也。國既罔有立政，無復綱紀，所用乃憸利輕巧之人，不順於德者，是宜晻昧微滅，罔顯在厥世。君子陽類，故用則陞其國於明昌。小人陰類，故用則降其國於晻滅。陰陽陞降，亦各從其類也。前代用君子小人之得失，彰彰如此。繼自今立政者，其勿用憸人，其專擇吉士，以勱勉相助我國家，戒之者蓋甚切矣。人主無他職，惟以別白君子、小人爲本，國家之存亡，常必由之。《立政》之書反復於君子、小人之際者，其有旨哉！文、武百官既庶常吉士，而周公復以『其惟吉士』望後之人。同時召公進戒之《詩》，歌『藹藹王多吉士』者，亦至再焉。穆王之世，周道衰矣，其命伯冏，吉士猶在口也。是則周家父祖所傳，師保所訓，子孫所守，惟在於吉士，其一代之治體蓋可識矣。小人而謂之憸人者，形容其沾沾便捷之情狀，使人主知之也。斯蓋吉士之反，周家家法所嚴惡者也。」蔡氏曰：「自古爲國，無有立政用憸利小人者云。」按：「國則罔有立政」，蔡説爲長。

「今文子文孫，孺子王矣。其勿誤于庶獄，惟有司之牧夫。其克詰爾戎兵，以陟禹之迹，方行天下，至于海表，罔有不服。以覲文王之耿光，以揚武王之大烈。」呂氏曰：「此復呼成王，警之以獄事之重也。繼自『今文子文孫』者，自成王以至後世也。今文子文孫，專指成王也。始云庶言、庶獄、庶謹，已而去其一，止曰庶獄、庶謹，已而去其二，獨曰庶獄，蓋挈其重者特舉之，使成王深知獄之不可少誤，而致嚴於典獄牧夫之選耳。獄何爲而獨重也？民命所繫也。導迎善氣，祈天永命者，獄也；並告無辜，無世在下者，獄也：故周公獨戒之。兵者，刑之大者也，故既言庶獄，而繼以治兵之戒焉。繼世之主，多湛於逸樂，不出户庭，弛備忘戰，以隳祖宗之業，故戒其必能詰治戎兵，遍登大禹九州之舊跡，有截其師，嚴正方整，行於天下，至于海表，罔有不服，以震耀文、武之光烈。蓋奮張其氣而不使怠惰，操握其衆而不使扞格，摧壓其姦而不使覬覦，保位之良圖也。成王撫萬邦，巡侯甸，四征不庭，綏厥兆民，則既克踐此語矣。雖然，周公之訓，稽其所敝，得無或啓後世好大喜功之患乎？曰：周公詰戎兵之訓，繼於謹庶獄之後者也。庶獄之間，尚恐一刑之誤，況六師萬衆之命，其敢不審而誤舉乎？以前明後，推勿誤庶獄之心，而奉詰戎兵之戒，必非得已不已而輕用民死者。」嗚呼！繼自今後王立政，其惟克用常人。」呂氏曰：「常人，有常德之人，與吉士異名而同實者也。蓋食之穀粟，衣之布帛，得之則生，不得則死者也。然每多重遲木訥，例不能與小慧新進者爭長於頰舌刀筆間，故世主惑於取舍而治亂分焉。此周公所以慨歎，而深致意於卒章歟！」

周公若曰：「太史！司寇蘇公，式敬爾由獄，以長我王國。茲式有慎，以列用中罰。」呂氏曰：「《立政》之篇終矣，周公復告太史以蘇公之事，何也？《立政》之所甚重者獄，而蘇公治獄之師也。蘇忿生之爲武王司寇，每用法敬其所由之獄，未嘗敢易。『式敬爾由獄』，蓋言無所不用其敬也，故能封殖基本，以長養我王國。苟治獄者以此爲法而有謹焉，斯能各以輕重之條列，用其中罰而無過差矣。謹者敬之形，所以傳蘇公之心者也。周公既戒後嗣王以擇司獄之牧夫，恐其未知取人之準則，故命太史書蘇公之事於簡，以示後王，曰：此萬世司獄牧夫之式也。合此則用，戾此則斥，豈不易乎！周公之爲庶獄慮者，悉矣。」

成王既黜殷命，滅淮夷，還歸在豐，作《周官》。呂氏曰：「《金縢》，成王初年之書也。《洛誥》，周公還政之書也。《立政》，周公教戒成王之書也。《周官》，成王親政，開物成務之書也。合是數篇以觀成王，可以見其本質焉，可以見其昏明疑信之變焉，可以見其講貫啓發之深焉，可以見其知類通達離師傅而不反焉。過此而有《君陳》，乃周公既没之後。又過此而有《顧命》，乃其身將没之時，成王進德終始之序備矣，周公格君造化之功著矣。」本篇全文注見《丙記》。

周公在豐，孔氏曰：「致政老歸。」將没，欲葬成周。己所營作，示終始念之。公薨，成王葬于畢。不敢臣周公，故使近文、武之墓。告周公，作《亳姑》。周公徙奄君於亳姑，因告柩以葬畢之義，并及奄君已定亳姑，言所遷之功成。　唐孔氏曰：「周公既還政成王，又留爲太師，今言『在豐』，則又致太師之政，去離王朝，告老歸于豐，如伊尹之告歸也。成王封伯禽于魯，以爲周公後。公老不歸魯而在豐者，文十三年《公羊傳》云：『周公曷爲不之魯？欲天下之一乎周也。』」　吕氏曰：「周公終老于豐，蓋成王拳拳不可一日遠周公，故不容之魯。觀《洛誥》所以相反覆挽留者，可見矣。公羊氏云云，此蓋以利害言，不足與論三代君臣之際也。將没而欲葬于成周，蓋宗臣垂死憂國之心，以邦之安危惟兹殷士，致其不忘之意耳。以葬警成王，而意不在葬也。成王識之，故領其意不從其葬，葬于畢者，祔于文、武，從周家之兆域也。亳姑之名，其義不可知。先儒謂并告遷奄之事，亦或然也。」

周公既没，命君陳分正東郊成周，作《君陳》。　唐孔氏曰：「周公遷商頑民於成周，親自監之。既没，成王乃命君陳代周公。」鄭玄云：「天子之國，五十里爲近郊。今河南洛陽相去則然，是成周之邑爲周東郊。」　蘇氏曰：「周公遷商頑民于洛，必不遷舊人以宅新民也。洛人在内，商人在郊，理必然也。」　陳氏曰：「周公營王城以居九鼎，又營成周以居頑民。周公存，則二城皆自監之；周公没，則分東郊之地、成周之邑，使君陳監之。王城之事，君陳不與焉，故曰分正東郊成周。」　葉氏曰：「分正，猶分陝之分，分東郊而使之正也。」　吕氏曰：「《周官》一篇，固可見成王離師傅而不反者，然周公猶在，涵濡漸漬，固有不知之潤也。《君陳》之命，周公則既没矣，成王真得實造之學，當於是篇求之。」　李氏曰：「商之俗，於《多士》則謂之頑民，於《梓材》則謂之迷民，於《召誥》則謂之讎民，以此觀之，則商人在周公之世，其頑迷讎敵經始最難。周公經理調護見於《洛誥》、《多士》、《多方》三書，固已委曲詳盡，嗣承其後者，不必創爲新政以驚擾之，但惟一循周公軌轍可也。故成王命君陳分正東郊，三舉周公之訓以告之。成王之意若曰，周公之所以誘化商民者，不爲不盡，其典訓迄今尚昭然也。今汝往兹東郊，一遵其訓，無忿疾，無求備，必有忍從容以和，則東郊之民耳目不駭，常如周公在其左右，安靜帖息，變亂不起者，蓋可以前卜也。」

《君陳》：王若曰：「君陳，惟爾令德孝恭。惟孝友于兄弟，克施有政。命汝尹兹東

郊，敬哉！陳氏曰：「成周之頑民頑矣，成王不求威猛剛克之臣，而以屬之令德孝恭之君陳，仁哉！」張氏曰：「孔子曰：『居家理，故治可移於官。』令德孝恭，友于兄弟，居家理者也。克施有政，則治可移於官者也。治天下未有不自家始。」范陽張氏曰：「治頑民不可以急，惟不言而飲人以和，與人並立而使人化者，乃可居之。君陳令德孝恭，想見其爲人矣。」呂氏曰：「令德，即孝恭也。令德者，所以形容孝恭之粹美。孝恭者，所以指其德之實也。『惟孝友于兄弟』，自父母而達之兄弟也。『克施有政』，自家而達之官也。本立而生，成章而達，其序則然也。政曰『克施』，難辭也。舉斯心而加諸彼，曷爲其難乎？心則無間，然位移而事易，非久且熟者，蓋未能不少齟齬也。君陳之德如此，則既成而可施於周矣。成王所以舉東郊之任命之也。東郊何地也？周公之居也。今焉命汝臨長之，如何其不敬也！」

「昔周公師保萬民，民懷其德。往慎乃司，茲率厥常，懋昭周公之訓，惟民其乂。呂氏曰：「周公之在東郊，有師之尊，有保之親，化育之德洽於民心。君陳往而繼之，其可不謹乃司，而率循其常乎？蓋民方深懷周公之德，苟君陳一事少異周公之初，一法少變周公之舊，則觀聽疑駭，怨謗交萃，民不可得而治矣。惟勉昭周公之訓，則其民從乂。民方飢渴周公之訓，得君陳發明而復示之，恍若神明再還舊觀，宜其翕然順聽也。」

「我聞曰：至治馨香，感于神明。黍稷非馨，明德惟馨。爾尚式時周公之猷訓，惟日孜孜，無敢逸豫。呂氏曰：「成王既勉君陳昭周公之訓矣，故復舉周公精微之訓以告之。『至治馨香』以下四語，所謂周公之訓也。既言此而揭之以『爾尚式時周公之猷訓』，則是四言其爲周公之訓明矣。物之精固無二體，然形質止而氣臭升，止者有方，升者無間，馨香者精華之上達者也【一八】。至治之極，馨香發聞，感格神明，不疾而速。凡昭薦黍稷之苾芬，是豈黍稷之馨哉？所以芬苾者，實明德之馨也。至治舉其成，明德循其本，非有一馨香也。周公之訓固爲精微，而舉以告君陳，尤當其可。自殷餘頑民言之，欲其感格，非可形驅而勢迫，所謂洞達無間者，蓋當深省也。自

【一八】精華之上　「華」原作「革」，據《書經集傳》卷六改。

周公法度言之，典章雖具，苟無前人之德，則索然萎薾，徒爲陳迹也。故勉之以用是猷訓，惟日孜孜無敢逸豫焉。是訓也，至精至微，非日新不已，深致篤敬之功，孰能與於斯？」

「凡人未見聖，若不克見，既見聖，亦不克由聖。爾其戒哉！爾惟風，下民惟草。 呂氏曰：「成王謂周公之聖，向使聞其名而未得見，其慕用向望之心，惟恐不得一見也。乃親與周公遊處，反玩以爲常，不能遵奉，此所謂『既見聖，亦不克由聖』也。」 王氏曰：「君陳既是周公，故特戒以此上之化下，無可見之迹，故喻以風。」 張氏曰：「孔子所謂『君子之德風，小人之德草』也。」 蔡氏曰：「草上之風，必偃。君陳克由周公之訓，則商民亦由君陳之訓矣。」

「圖厥政，莫或不艱。有廢有興，出入自爾師虞，庶言同則繹。 王氏曰：「政之廢興，或當或否，安危治亂之所繫，非可以忽。故出入之際，當以衆志度之，而庶言既同，則文當繹其是非。繹如絲然，謂當窮其端緒，徒知用衆而不能繹，則敉於衆矣。孟子曰『國人皆曰賢，然後察之。國人皆曰可殺，然後殺之』，『庶言同則繹』之謂也。」 蘇氏曰：「有所廢興出納，皆咨于衆以度之，衆言同，則繹之。孔子曰：『遜與之言，能無悦乎？繹之爲貴。』」 孫氏曰：「出入自爾師虞，所以同乎人。庶言同，則繹所以斷於己。」 呂氏曰：「廢興云者，非謂更革周公之法，蓋政事舉措之間，斟酌權量，以求其當而已。」 蔡氏曰：「圖謀其政，無小無大，莫或不致其難。」爾有嘉謀嘉猷，則入告爾后于内。爾乃順之于外，曰：『斯謀斯猷，惟我后之德。』嗚呼！臣人咸若時，惟良顯哉！」 蔡氏曰：「言切於事謂之謀，言合於道謂之猷。道與事非二也，各舉其重者言之。良以德言，顯以名言。葛氏曰：『成王殆失此言矣。』或曰：『成王舉君陳前日已然之善，而歎息之也。』」 按：此章説多不同。孔氏曰：「善則稱君，人臣之義【一九】。」林氏曰：「《易》之《坤》曰：『陰雖有美，含之以從王事，弗敢成也。』」愚云：二義乃人臣之自處者所當知，君以是告其臣，則不可也。漢高帝稱李斯「善則稱君」，而王衛尉深非之，衛尉之名不著，然其言足爲後世

【一九】善則稱君人臣之義　按：《禮記·坊記》：「善則稱君，過則稱己，則民作忠。」無「人臣之義」。

法。「或曰」云云，盖吕氏説，是亦回互之辭，故不取。

王曰：「君陳，爾惟弘周公丕訓，無依勢作威，無倚法以削，寬而有制，從容以和。蔡氏曰：「此篇言周公訓者三，曰懋昭、曰式時，至此則曰弘周公之丕訓，欲其益張而大之也。君陳何至於依勢以作威，倚法以侵削者？然勢我所有也，法我所用也，喜怒予奪，毫髮不於人而於己，是私意也，非公理也，安能不作威以削乎？君陳之世，當寬和之時也。然寬不可一於寬，必寬而有制；和不可急於和，必從容以和之，而後可以和厥中也。」

「殷民在辟，予曰辟，爾惟勿辟；予曰宥，爾惟勿宥，惟厥中。蔡氏曰：「上章成王慮君陳之徇己，此則慮君陳之徇君。言殷民之在刑辟者，不可徇君以爲生殺，惟當審其輕重之中也。」有弗若于汝政，弗化于汝訓，辟以止辟，乃辟。蔡氏曰：「其有不順于汝之政，不化于汝之訓，刑之可也。然則刑期無刑，刑而可以止刑者乃刑。」

「狃于姦宄，敗常亂俗，三細不宥。蔡氏曰：「狃，習也。常，典常也。俗，風俗也。狃于姦宄，與毁敗常典，壞亂風俗，人犯此三者，雖小罪亦不可宥，以其所關者大也。此終上章之宥。」爾無忿疾于頑，無求備于一夫。蔡氏曰：「無忿疾人之所未化，無求備人之所不能。」必有忍，其乃有濟。有容，德乃大。孔氏曰：「爲人君長，必有所含忍，乃有所成。有所包容，德乃爲大。欲其忍恥含垢。」王氏曰：「當斷不可以不忍，忍所以爲義，又不可以無容，容所以爲仁。此剛柔相濟、仁義並行之道。」蘇氏曰：「有殘忍之忍，有容忍之忍。《春秋傳》曰『州吁阻兵而安忍』，此殘忍之忍也。孔子曰『小不忍則亂大謀』，此容忍之忍也。成王指言三細不宥，則其餘皆當寬之。曰『必有忍，乃有濟』者，正孔子所戒小不忍亂大謀也。近世學者乃謂當斷不可以不忍，忍以爲義，是成王教君陳果於刑殺，以殘忍爲義也。夫不忍人之心，人之本心也，故古者以不忍勸人，以容忍勸人，則有之矣，未聞以殘忍勸人者也。不仁之禍，至於經而止，今乃析言誣經以助發之，予不可以不論。」　呂氏曰：「忍固可以有濟，然猶有堅制力畜之意焉。至於有容，則洪裕寬綽，恢恢乎有餘地矣，德之所以大也。忍言事，容言德，淺深固有間，進乎此者，亦有序也。忍與容，凡人莫不當然，而居上者，據事物之會，拂逆激排者交至，尤當深致力也。」

「簡厥修，亦簡其或不修；進厥良，以率其或不良。王氏曰：「修謂其職業，良謂其行義。職業有修與不修，當簡而別之，則人勸功進。行義之良者，以率其不良，則人勵行。」　呂氏曰：「善衆而惡寡，治之始乎惡，惡衆而善寡，治之始乎善；皆從其尤者而先之也。君陳之時，頑民爲惡者衆，猶不可勝誅也，簡拔其修者而勸之，乃所以率其不良，善舉而惡自勸，此東郊當時之治體也。」

「惟民生厚，因物有遷，違上所命，從厥攸好。孔氏曰：「言人自然之性敦厚，因所見所習之物而有遷變，故必謹所以示之。人之於上，不從其令，從其所好。」　張氏曰：「以身教者從，以言教者訟。違上所命，以言教之之謂也；從厥攸好，以身教之之謂也。古人勸民以行不以言【二〇】。」　呂氏曰：「商民之薄如此，成王乃本其生而謂之厚者，不觀其流而觀其源也，其所以澆薄者，以居淫湎暴虐之地，而爲物所遷耳。本厚者，既可遷而爲薄，既薄者，豈不可反而歸厚乎？然是非聲音笑貌所能爲也。『違上所命，從厥攸好』，民之於上，固不從其文，而從其實也。」　蔡氏曰：「《大學》言『其所令反其所好，則民不從』，亦此意也。」

「爾克敬典在德，時乃罔不變。允升于大猷，惟予一人膺受多福，其爾之休，終有辭于永世。」張氏曰：「觀《康誥》所言，商民父子、兄弟相賊怨如此，風俗之薄可知。君陳欲治此病，惟敬典與在德而已。人君不言福，風俗敦厚，人有士君子之行，此人主之福也。其曰『終有辭于永世』，以見成王期君陳者遠矣。子産爲政一年，而民欲殺之，三年而民歌之。向使子産求名於旦暮，則鄭國何時理乎！」　呂氏曰：「雖知敬典而不在德，則典與我猶爲二物，是猶既其文而未既其實也，何足以動人哉？惟敬典而在德，所敬之典無非實有諸己。實之感人，捷

【二〇】古人勸民　「勸」原作「動」，據文意徑改。

於桴鼓，所以『時乃罔不變』，而信升于大道。如是，則君臣俱受休福，而名傳於永世矣。東郊之命，君陳始以令德孝恭得之，成王終以敬典在德勉之，取之以實，期之以實，終始一實也。」蔡氏曰：「敬典者，敬其君臣、父子、兄弟、夫婦之常道也；在德者，得其典常之道而著之於身也。」愚按：上文言之人君當謹所好，故以敬典在德言之。蓋所好在是則民罔有不化者，此所謂從厥攸好也。敬典在德之外，豈容它有所好哉？

康王命作册畢，分居里，成周郊，作《畢命》。孔氏曰：「爲册書，以命畢公。分别民之居里，異其善惡。成定東周郊境，使有保護。」唐孔氏曰：「《周禮·内史》云：『凡命諸侯及孤卿大夫，則策命之。』分居里，即經所謂『旌别淑慝，表厥宅里』、『殊厥井疆，俾克畏慕』者也。分者，分其善惡，使惡者慕善，非分别其處，使之異也。」呂氏曰：「周公之始遷商民也，命之『宅爾宅，畋爾田』，而戒長治之者不忌于凶德，包以大度，善惡並育，所以安反側而平危疑也。至於君陳，則商民寖服周求化矣。於是『簡厥修，亦簡其或不修。進厥良，以率其或不良』，始表其善者而出之，使惡者知愧而自勸，猶未大區别之也。至於康王，則世既變而風既移矣，所謂負固而未移者，蓋猶稊米之在太倉爾。苟兼畜而并容之，則餘孽不盡，將復爲良民之害。於是册命畢公，分别居土，不惟惡不能染善，而爲惡者無以自容，不得不入於善矣。此周郊之政所以成之也。」

《畢命》：惟十有二年，六月庚午朏，越三日壬申，王朝步自宗周，至于豐。以成周之衆，命畢公保釐東郊。孔氏曰：「宗周，鎬京。豐，文王所都。」唐孔氏曰：「朏，謂月光朏然而明。《説文》：『朏，月未盛之明也』。此日未有事而記之者，爲下言壬申張本，猶記朔望與生魄然也。」王氏曰：「豐，文王之廟所在，以周公之事册畢公，故命之於文王之廟。」張氏曰：「保釐，謂保護釐治，此史官叙命畢公之意。」呂氏曰：「即文、武之廟而發命，重其事也。保者，養也。釐者，治也。曰『保釐』，則所謂『旌别淑慝，表厥宅里』之類，蓋有恩意行乎其間，非斬然割裂，無復潤澤也。觀保釐二字，而一篇治體可舉矣。」

王若曰：「嗚呼！父師惟文王、武王，敷大德于天下，用克受殷命。惟周公左右先王，綏定厥家，毖殷頑民，遷于洛邑，密邇王室，式化厥訓。既歷三紀，世變風移，四方無虞，予一人以寧。夏氏曰：「此以下康王册命之辭也。畢公佐周公爲太師，曰父師者，尊之爲父也。同姓曰父，異姓曰舅，畢公同姓，且爲四朝元老，故父呼之，宜也。」林氏曰：「文、武之造周，皆以其大德布之於天下，而民歸之。先王，指成王也。遷頑民在成王之世，則知先王爲成王無疑。」陳氏曰：「夫商民特東都一邑爾，而曰四方無虞者，京師，天下之根本。東都之民無虞，則四方無虞，觀下文所謂『邦之安危，惟兹商士』，可見君民一體也。民得其安，即君之安也，故予一人以寧。」呂氏曰：「以文、武之敷大德，始能受殷命，見得之難也。以周公之左右輔相，始能綏定厥家，言安之難也。所謂殷民，尤其難安者，周公尤謹之而不敢忽。『遷于洛邑，密邇工室』，親與之居，朝夕浸漬，入於典訓，既歷三紀，世變而風乃移，言教化浹洽之難也。」

「道有升降，政由俗革。不臧厥臧，民罔攸勸。陳氏曰：「《洪範》三德曰『强弗友剛克，燮友柔克』；《周官》謂『刑亂國用重典，刑新國用輕典，刑平國用中典』：古之爲政，未有不隨時以治者。」呂氏曰：「道有升降，一泰一否，回復無窮，可不思所以維持者乎？所以維持之政，要必由風俗變革而後可。法制以束之，智力以持之，可暫而不可久也。既曰世變風移矣，而猶欲其俗革者，風移雖靡然從善，未若俗革則舊染之俗無毫髮存，至是而治始可保也。『不臧厥臧，民罔攸勸』，此革俗之道也。君道當識其大者，商民之餘俗，欲事事而革之，豈不勞哉？善其善者以率之，則民斯勸矣。」蔡氏曰：「有升有降，猶言有隆有汙也。周公當世道方降之時，至君陳、畢公之世，則將升於大猷矣。爲政者，因俗變革，故周公毖殷而謹厥始，君陳有容而和厥中，皆由俗爲政者。當今之政，旌別淑慝之時也，苟不善其善，則民無所勸慕矣。」

「惟公懋德，克勤小物，弼亮四世，正色率下，罔不祗師言。嘉績多于先王，予小子垂拱仰成。」唐孔氏曰：「小物，猶小事也。能勤小事，則大事必勤矣。《晉語》説文王之事，云『詢于八虞，訪于辛、尹，重之以周、召、畢、榮』，則畢公於文王之世已爲大臣矣。」蘇氏曰：「畢公弼亮四世，蓋相文王也，至是耄矣，而猶勤小物，亦可謂盛德也哉！有道者不以大小變，不易小物，斯不難大事矣。」張氏曰：「德欲進而不已，故曰懋。小物人之所忽，畢公克勤，則積小善以成大德也。」吕氏曰：「畢公，天下之大老也。康王不稱其成德而稱其懋德，不稱其總大體而稱其勤小物，蓋以成德自居則止矣，於小物而忽焉，亦非所謂『造次、顛沛必於是』者。惟勉於德者，貫稚耄而不息，故勤於物者，一小大而無間。康王此言，不特善形容畢公之德，亦見其拳拳於師保，觀之詳而察之精也。『弼亮』云云，言畢公輔導四世，風采凝峻，表儀朝著，若小若大，罔不祇服父師之訓，德容之威重，衆望之孚信，養之者蓋非一日之積也。休嘉之績在於先王之世者，固不可一二數矣。康王於此，復何疑哉？惟知委心以聽而已。」蔡氏曰：「小物，猶言細行也。」

王曰：「嗚呼！父師，今予祇命公以周公之事，往哉！旌别淑慝，表厥宅里，彰善癉惡，樹之風聲。弗率訓典，殊厥井疆，俾克畏慕。申畫郊圻，慎固封守，以康四海。」唐孔氏曰：「旌旗所以表識貴賤，故傳以旌爲識。其善者則表異之，若今孝子順孫、義夫節婦，表其門閭也。《孟子》曰『方里爲井，井九百畝』，使民『死徙無出鄉，鄉田同井，出入相友，守望相助，疾病相扶持，則百姓親睦』。然則先王之制爲井田也，其意如此，則弗率訓典者，豈可與善民雜？故殊其井田居界，不與往來，猶今下民有大罪，則擯出族黨之外，吉凶不與交通。郊圻，謂邑之境界。」王氏曰：「旌别民之淑慝，而表異善人之宅里，蓋彰善者而著之，則惡者耻其不若然，則惡者病矣。於是又因其善惡而立之風聲，使震動警戒；其猶不率者，又當殊井疆以處之，使之畏辱而慕善。蓋先善之人，不獨慶賞刑威而已，所以沮勸之術□在於榮辱。而道化既衰，禮教不明，則榮辱□於衆人，所辱者未必惡，所榮者未必善，榮辱無所定，則君子日消，小人日長。彰善癉惡□民知是非榮辱之所在。此古先哲王之所□□特□人，用之商民而已。」陳氏曰：「善惡定然後風聲立，風聲立則天下曉然知善之可爲，而惡之不可爲也。」張氏曰：「《禮記》曰：『不變，移之郊』，『不變，移之遂』：此『殊厥井疆』之謂。」□氏曰：「先王以禮義廉耻養天下，故人以善爲榮，以惡爲辱，而風聲所加，足以勸戒。禮義廉耻廢，則人以利害得失爲榮辱，而勸戒之□不行。此風俗之所以薄也。」吕氏曰：「康王不敢以事煩元老，保釐東郊，乃周公之事，是以敢勞公一行，言之敬而待之尊，體貌重臣當如是也。自『旌別淑慝』以下，皆告以東郊之政也。旌別善惡，表其宅里，此爲友民之族，彼爲頑民之閭，則善者彰，而惡者病矣。榮辱不止於一時，而流芳遺臭，將百年而未泯，所謂『樹之風聲』也。人存則政舉，人亡則政息，惟風聲所傳，雖事往迹陳，而興起如新，此先王所以维持後世也。所以科擇不率訓典之徒，而殊其井疆者，豈欲絶之而置於人類之外哉？乃欲使其畏慕，卒歸於善而已，是則旌別淑慝之本心也。五陽一陰，然後可以夬決揚庭。不知時義而錯施之，或以召亂。康王之語，要必論其世也。」孔氏曰：「郊圻雖舊，所規畫留□□之，又當謹固封疆之守備，以安四海□□□，則四海安矣。」夏氏曰：「善者既表厥□□□□而慕，隱者又殊厥井疆使畏而慕，□□□□□善之可爲與惡之不可爲矣。又□□□□不令如淮夷、徐、奄者，潛相交通。復以□□□□□誘吾民於亂。故使之於郊外之圻。□□□□□畫者，今再畫之封疆之守備。昔所□□□□更固之。如此則異言異服，姦民賊□□□□人。而吾商民可永爲良□□□不□，則四海可以永安矣。」

「政貴有恒，辭尚體要，不惟好異。商俗靡靡，利口惟賢，餘風未殄，公其念哉！」孔氏曰：「政以禮義爲常，辭以理實爲要，故貴尚之。若異於先王，君子所不好。紂以靡靡利口【二一】，餘風未絶，公其念絶之。」唐孔氏曰：「紂之爲人，拒諫飾非，惡聞其短，惟以靡靡相隨，利口捷給，能隨從上意者以之爲賢。商人效之，遂成風俗。」蘇氏曰：「予以《書》考之，知商俗似秦俗，蓋二世似紂也。張釋之諫漢文帝：『秦以任刀筆之吏，爭以亟疾苛察相高，其弊徒文具，亡惻隱之實。以故不聞其過，陵夷至於二世，天下土崩。今以嗇夫口辯而超遷之，臣恐天下

【二一】靡靡利口　「利口」，《尚書注疏》卷十八作「利口惟賢」。

隨風而靡，爭口辯，無其實。』凡釋之所論，則康王以告畢公者也。」葉氏曰：「盤庚之戒羣臣，以『今汝聒聒，起信險膚』，康王之告畢公，以『商俗靡靡，利口惟賢』。小人之亂天下未有不始於喜怒愛憎，私自爲說，更相唱和，以鼓動一世者。」吕氏曰：「政令安重，辭令省實，深懲作聰明、趨浮末之異好，凡論治體者固皆然，在商俗言之，尤爲對病之藥。蓋其俗靡靡，利口是賢，餘風未殄，政當以渾厚敦朴鎮之。畢公所當深念也。」

「我聞曰：『世禄之家，鮮克由禮，以蕩陵德，實悖天道【一二二】。敝化奢麗，萬世同流。』茲殷庶士，席寵惟舊【一二三】，怙侈滅義，服美於人。驕淫矜侉，將由惡終。雖收放心，閑之惟艱。資富能訓，惟以永年。惟德惟義，時乃大訓。不由古訓，于何其訓？」吕氏曰：「此論商民之病源也，故取古人之論世族者證之。世禄之家不可概謂之無禮法也，逸樂豢養之所移，其能由禮則鮮矣。既不由禮，則心無所制，肆其驕蕩，而陵蔑有德，不知忌憚。大道虧盈而益謙，則悖天道也甚矣！興門之俗儉，衰門之俗侈，家之衰敝，其俗未有不侈麗，蓋萬世而同流也。古人論世族之病，必舉而歸之驕侈，此乃商民受病之源也。『茲殷庶士，席寵惟舊』，憑藉光寵，助發其私欲者，有自來矣。私欲、公義，相爲消長，故怙侈則滅義，義滅則無復羞惡之端，徒以服飾之美夸于人，而身之不美則莫之恥也。流而不反，驕淫矜夸，百邪並見，殆將以惡終矣！賴洛邑之遷，式化厥訓，拯其將亡而教育之，蓋再生之賜也。教育之久，雖已收其放心，所以閑其邪則甚難，此畢公所當講也。資富而能訓，所以使之永年。徒資以富，而不能教，將不能永底民之生矣。畢公治商民，承三紀富庶涵養之餘，訓迪而閑其邪者，蓋不可後也。『惟德惟義，時乃大訓』，夫豈外立其教以訓之哉？心之實然者，謂之德；心之當然者，謂之義。體用具舉，此盡心之學，訓莫大於是也。『不由古訓，于何其訓』，善無證則民不從，然亦不出其心之所同然也。古之教者不陵節，當是時，商民既收放心矣，故可以德義之訓示之。」

王曰：「嗚呼！父師，邦之安危，惟茲殷士。不剛不柔，厥德允修。惟周公克慎厥

【一二二】實悖天道　「實」原作「貫」，據《尚書注疏》卷十八改。

【一二三】席寵惟舊　「寵」原作「龍」，據《尚書注疏》卷十九改。

始，惟君陳克和厥中，惟公克成厥終。三后協心，同厎于道，道洽政治，澤潤生民，四夷左衽，罔不咸賴。予小子永膺多福。呂氏曰：「康王之時，四方既無虞矣，猶曰『邦之安危，惟兹殷士』，蓋保治兢業之心也。保治固不當忘兢業，苟惴惴然懼其變亂，加意而治之，非過則不及矣。秦始皇以安危繫於匈奴而急之以剛，唐德宗以安危繫於藩鎮而緩之以柔，皆反致大患，加意之害也。故康王命畢公治商民，惟使之不剛不柔，然後許以德之允修。蓋偏剛偏柔，皆私意之爲，而非所謂德也。『惟周公克謹厥始』，遷商民之初，造端正始，不可少差也。『惟君陳克和厥中』，繼周公之後，保養撫摩，以和爲貴也。『惟公克成厥終』，有周公、君陳，而無畢公以成之，是耕而不穫，前人之勤勞皆虚棄矣，終之之責爲重也。曰謹，曰和，曰成，義雖不同，心之協而厎於道則同。三后所治者洛邑，而施及四夷，無他焉。王畿，四方之本，自源流瀕推而放之也。」公其惟時成周，建無窮之基，亦有無窮之聞。子孫訓其成式惟乂。呂氏曰：「畢公四世大老，豈有意於立後世名，而勳德之隆亦豈少此？康王所以望之者，蓋相期以無窮之事業，乃尊之之至，非謂以名譽誘公也。」

「嗚呼！罔曰弗克，惟既厥心；罔曰民寡，惟慎厥事。欽若先王成烈，以休于前政。」蘇氏曰：「曰弗克者，畏其難而不敢爲者也。曰民寡者，易其事以爲不足爲者也。前政，謂周公、君陳也。」呂氏曰：「《畢命》之篇，前頌而後規。畢公非待規者也，三代君臣相與警戒，無時而不存，未嘗以盛德廢也。東郊之前政，君陳猶可休也，周公豈可休乎？康王之望畢公者，弘矣。」愚按：《金縢》者，周公之始；《畢命》者，周公之終。故自《大誥》而下，凡公所以訓戒成王、告諭殷民者，莫不備載，以見公之始終，則所謂思兼三王以施四事者，於此亦可見矣。

乙集下之四

《詩·豳風》鄭氏《詩譜》曰：「豳者，后稷之曾孫曰公劉者自邰而出所徙戎狄之地名，今屬右扶風栒邑。公劉以夏后太康時失其官守，竄於此地，猶修后稷之業，勤恤愛民，民咸歸之，而國成焉。其封域在《禹貢》雍州岐山之北，原隰之野。至商之末世，太王又避戎狄之難，而入處於岐陽。成王之時，周公居東，思公劉居豳憂念民事至苦之功，以此序己志，故别其詩以爲豳國變風焉。」孔氏曰：「周公，王朝卿士，不得專名一國，因其上陳豳公，故爲豳之變風。」《文中子》：「程元問曰：敢問《豳風》何風也？曰：變風也。元曰：周公之際，亦有變風乎？子曰：君臣相誚，其能正乎？成王終疑，則風遂變矣。非周公至誠，其孰能卒正之哉？元曰：居變之末，何也？曰：夷王以下，變風不復正矣。夫子蓋傷之也，故終之以《豳風》，言變之可正也。唯周公能之，故繫之以正。變而克正，危而克扶，終始不失其本，其惟周公乎？繫之豳，遠矣哉！」

《七月》，陳王業也。周公遭變故，陳后稷先公風化之所由，致王業之艱難也。鄭氏曰：「遭變者，管、蔡流言。」程氏曰：「《七月》大意，憂思深遠，不惟《豳風》當如此。又成王中變，自然發起周公言終久意思。此詩欲成王則先公先王致王業之由【一】，民之勞力趨時，稼穡之艱難如此。此詩多陳節物大要，言歲序之遷，人事當及時耳。所言或與《月令》異者，《月令》多舉其始，此但言其有時，不必始有也。」王氏曰：「仰觀星日霜露之變，俯察蟲鳥草木之化，以知天時，以授民事。女服事乎内，男服事乎外，上以誠愛下，下以忠利上。父父、子子、夫夫，婦婦，養老以慈幼，食力而助弱，其祭祀也時，其燕饗也節，此《七月》之義也。」楊氏曰：「先王之政，使民男女終歲勤動，未嘗休也，雖淫僻之心，何自萌孽哉！而獻享之禮，孝愛之誠，隆於自然，此所以皡皡莫知爲之者也【二】。周

校勘記

【一】則先公先王　「王」字原作「公」，據《伊川經説》卷三改。

【二】爲之者也　「也」原作「此」，據《呂氏家塾讀書記》卷十六改。

公陳王業之致，特在乎此。後之有天下者，宜審也。」又曰：「《七月》備言田桑之事，以其興本於是故也。」　長樂劉氏曰：「此詩所記，苟非井邑其民，鄉黨其教，各有正長部分司其歲功，未易集也。」　朱氏曰：「周公攝政，以成王未知稼穡之艱難，故陳后稷、公劉風化之所由，使瞽矇朝夕諷誦以教之。」　按：朱氏不取《詩序》豳變之説，更詳之。

七月流火，九月授衣。一之日觱發，二之日栗烈，無衣無褐，何以卒歲？三之日于耜，四之日舉趾，同我婦子，饁彼南畝，田畯至喜。張氏曰：「《七月》之詩，皆以夏正爲斷。」　毛氏曰：「火，大火也。流，下也。九月霜始降，可以授冬衣矣。一之日，十之餘也。一之日，周正月也。二之日【二】，殷正月也。觱發，風寒也。栗烈，寒氣也。」　鄭氏曰：「褐，毛布也。卒，終也。」　毛氏曰：「三之日，夏正月也，豳土晚寒，于耜，始修耒耜也。四之日，周四月也，民無不舉足而耕矣。」　孔氏曰：「豳土寒晚，温亦晚，故修耒耜始耕，皆校中國一月。」　程氏曰：「同我婦子，我婦我子同來致餉也。」毛氏曰：「饁，饋也。田畯，田大夫也。」　鄭氏曰：「此章陳人以衣食爲急，餘章廣而成之。」　程氏曰：「歲過中而行暮矣，當有卒歲之具、禦寒之備，故以七月流火爲首。」　范氏曰：「七月陰氣始盛，而寒將至，九月則不可無衣矣。」鄭氏曰：「此二正之月，人之無衣無褐，將何以卒歲乎？」　歐陽氏曰：「農夫在田，婦子往饋，田大夫見其樂業勸農而喜。」　范氏曰：「民生本乎衣食，天下之務莫實於此矣。禮義之所以起，孝悌之所以生，教化之所以成，人情之所以固也，故勤儉之俗莫如《豳風》。」

七月流火，九月授衣。春日載陽，有鳴倉庚。女執懿筐，遵彼微行，爰求柔桑。春日遲遲，采蘩祁祁。女心傷悲，殆及公子同歸。載，則也。陽，温也。倉庚，離黄也。懿筐，深筐也。遵，循也。微行，牆下徑也。五畝之宅，樹之以桑。柔桑，穉桑也。蠶始生，宜穉桑也。遲遲，舒緩也。蘩，皤蒿也，所以生蠶。祁祁，衆多也。傷悲，感事苦也。春女悲，秋士悲，感其物化也。」　程子曰：「殆，庶幾也。」　孔氏曰：「《公羊傳》説『築王姬之館』云『於羣公子之舍，則以卑矣』，是諸侯之女稱公子也。婦人謂嫁曰歸。」　鄭氏曰：「七月流火，九月授

【二】二之日　「之」字原脱，據《毛詩正義》卷八補。

衣，將言女功之始，故又本於此。」　王氏曰：「以九月授衣也，故春日載陽，則求桑而蠶。」　孔氏曰：「春日則以溫矣，又有鳴者，是倉庚也。於此之時，女執持深筐，遵微細之徑，求柔穉之桑，以養新生之蠶。因言養蠶之時，女有傷悲之志，更本之言春日遲遲然而舒緩，采蘩者祁祁然而衆多。女心感蠶事之勞苦、時物之變化，皆傷悲，有與公子同嫁之志。」　程氏曰：「女勤力蠶事，蓋所以爲衣裝之備，庶幾得如富貴之子，及時而行也。」　朱氏曰：「殆及公子同歸，見其上下之情，交相忠愛如此。」　張氏曰：「此章次於耕事者，重昏嫁，本人情。」　范氏曰：「男莫不耕，女莫不蠶，則衣食之本立矣。婚姻以時，則男女正矣。」

七月流火，八月萑葦。蠶月條桑，取彼斧斨，以伐遠揚，猗彼女桑。七月鳴鵙，八月載績。載玄載黃，我朱孔陽，爲公子裳。　毛氏曰：「薍爲萑【四】，葭爲葦。豫蓄萑葦，可以爲曲也。」　程氏曰：「蠶月，當蠶長之月也。計歲氣之早晚，不可指定幾月也。」　鄭氏曰：「條桑，枝落之采其葉也。」　毛氏曰：「斨，方銎也。遠，枝遠也。揚，條揚也。角而束之曰猗。女桑，荑也。鵙，伯勞也。」　孔氏曰：「績，緝麻之名。」　毛氏曰：「玄，黑而有赤也。朱，深纁也。祭服玄衣纁裳。陽，明也。」　鄭氏曰：「七月流火，將言女工自始至成，故亦又本於此。」　孔氏曰：「民知將寒之候，八月萑葦既成，畜之以凝蠶用。」　程氏曰：「蠶長之月，當枝落桑，則用斧斨，亦預備其器具也。伐遠揚【五】，猗女桑，皆用斧斨。」　毛氏曰：「七月鳴鵙，八月載績，絲事畢而麻事起矣。」　朱氏曰：「凡此女功之所成者，皆染之或玄或黃，而其朱者尤鮮明。」　程氏曰：「蓋所以供公上爲公子之衣裳故也【六】。『爲公子裘』，『獻豜于公』，皆此義也。民之知義如此，則美俗成矣。」　張氏曰：「我朱孔陽，則已欲爲公子裳；取彼狐狸，則已欲爲公子裘；春日遲遲，采蘩祁祁，則殆及公子同歸：民愛豳公，待之如家人，其愛之深如此。」　李氏曰：「豈非至誠惻怛之意，上以是施之，下以是報之乎？」　呂氏曰：「八月載績，載玄載黃，我朱孔陽，爲公子裳。孔穎達謂績麻爲布，民自衣之；玄黃之色施於祭服，朱則爲公子之裳【七】。非也。古者冕用麻，而服用絲，如玄冕，豈不

【四】薍爲萑　「薍」原作「亂」，據《毛詩注疏》卷十五改。

【五】伐遠揚　「伐」原作「仁」，據《伊川經說》卷三改。

【六】以供公上　「公上」原作「上公」，據《伊川經說》卷三乙正。

【七】朱則爲公子之裳　「朱」原作「未」，據《毛詩正義》卷八改。

用玄乎？」

四月秀葽，五月鳴蜩。八月其穫，十月隕籜。一之日于貉，取彼狐狸，爲公子裘。二之日其同，載纘武功。言私其豵，獻豣于公。不榮而實曰秀。葽，葽草也。蜩，螗也。穫，禾可穫也。隕，墜。籜，落也。于，往也。　毛氏曰：「于貉，謂取狐狸皮也。狐貉之厚以居，孟冬天子始裘。」　程氏曰：「其同，謂會聚共事也。」　鄭氏曰：「不用仲冬，亦豳地晚寒也。」　毛氏曰：「纘，繼。功，事也。豕一歲曰豵，三歲曰豣。大獸公之，小獸私之。」　孔氏曰：「三章既言絲麻衣服，女功之正，故四章陳女功之助，取皮爲裘，以助衣帛。」　鄭氏曰：「秀葽也，鳴蜩也，穫禾也，隕籜也，四者皆物成而寒之候，物成自秀葽始。」　王氏曰：「隕籜則鳥獸氄毛，於是乎可以取皮，故以隕籜爲取貉、狐狸之候也。」　孔氏曰：「既言捕取狐狸，因説田獵之事。至二之日，君民俱出田獵，則繼纘武事，年常習之，使不忘戰也。」　朱氏曰：「獻豣于公，亦愛其上之無已也。」　吕氏曰：「貉，狐狸之居也。戎狄之貉所以得名，亦以五穀不生，狐狸之所聚也。讀作貉道之貉亦通。」

五月斯螽動股，六月莎雞振羽。七月在野，八月在宇，九月在户，十月蟋蟀入我牀下。穹窒熏鼠，塞向墐音覲。户。嗟我婦子，曰爲改歲，入此室處。陸氏《草木疏》曰：「斯螽，蝗類，長而青，長角，長股，股鳴者也，五月中以兩股相切作聲，聞數十步。莎雞，如蝗而斑色，毛翅數重，其翅正赤，六月中飛而振羽，索索作聲。」《釋文》曰：「屋四垂爲宇。《韓詩》云：『宇，屋霤也。』」　穹，窮。窒，塞也。熏鼠令出其窟。向，北出牖也。墐，塗也。庶人蓽户。穹塞墐户，文在十月之下，亦當以十月塞塗之矣。」　孔氏曰：「改歲者，以仲冬之寒氣始萌，可以爲年之始。」　范氏曰：「五月日短，至而陰生，斯螽動股，莎雞振羽，氣使之然也。陰陽之氣積微而爲寒暑，君子之戒民也蚤矣。」　鄭氏曰：「自七月在野，至十月入牀下，皆謂蟋蟀也。將寒有漸，非卒來也。」　孔氏曰：「蟲既近人，大寒將至，故塗塞其室。又告妻子言我所以爲此者，爲改歲大寒，當入此居處。」　張氏曰：「此章見老者之愛。」

呂氏曰：「豳詩，陳先公風化而載其民言曰『嗟我婦子，曰爲改歲，入此室處』，則三正之通于民俗尚矣，商周特舉而迭用之爾。」

六月食鬱及薁，七月烹葵及菽，八月剥棗，十月穫稻。爲此春酒，以介眉壽。七月食瓜，八月斷壺，九月菽苴。采荼薪樗，食我農夫。鬱，棣屬。薁，蘡薁也。《爾雅》注曰：「葵，承露也，大莖小葉，華紫黃色。」菽，豆也。剥，擊也。春酒，凍醪也。介，助也。眉壽，毫眉也。　長樂劉氏曰：「壺，枯者可爲壺，嫩者可供茹。八月宜斷其梢，令勿復花實，所以堅其壺而大其茹，今民尚爾。」　菽，拾也。苴，麻子也。樗，惡木也。孔氏曰：「樗唯堪爲薪，故曰惡木。」　呂氏曰：「衣裘具矣，居室安矣，老者之養不可以無加也，農夫之勤其養不可以不蓄也。」　程氏曰：「自『六月食鬱及薁』已下果蔬棗酒，皆爲養老之具。」　王氏曰：「眉壽衰矣，養氣體焉以助之也。」程氏曰：「『七月食瓜』以下，皆爲壯者之食，故云食我農夫。」

九月築場圃，十月納禾稼。黍稷重穋，禾麻菽麥。嗟我農夫，我稼既同，上入執宮功。晝爾于茅，宵爾索綯，亟其乘屋，其始播百穀。鄭氏曰：「場圃，同地物生之時耕治之，以種菜茹，至物盡成熟，築堅以爲場。」　孔氏曰：「納謂納於場。」　孔氏曰：「種植嘉穀，名爲稼。」　毛氏曰：「後熟曰重，先熟曰穋。」孔氏曰：「再言禾者，以禾是大名，非徒黍、稷、重、穋四種而已，其餘稻、秫、苽、粱之輩皆名爲禾。麻與菽、麥則無禾稱，故於麻、麥之上更言禾字，以總諸禾也。既同，言已聚也。入爲上，出爲下。宮功，公室之役。亟，急也。乘，升也。急當治野廬之屋。播，種也。」　張氏曰：「此章言農夫稼同，則思上入執宮功，不待督責。自相戒以亟乘屋而播百穀，亦未嘗休息也。」《孟子》：「民事不可緩也。《詩》云：『晝爾于茅，宵爾索綯，亟其乘屋，其始播百穀。』」　范氏曰：「天運而不息，人勤而不已，故我稼既同，則又將始播殖也。」　呂氏曰：「此章終始農事，以極憂勤艱難之意。」

二之日鑿冰沖沖，三之日納于凌陰。四之日其蚤，獻羔祭韭。九月肅霜，十月滌場【八】。朋酒斯饗，曰殺羔羊。躋彼公堂，稱彼兕觥，萬壽無疆。《周官·凌人》曰：「正歲十有二月，令斬冰。」冰盛水腹堅，則命取冰於山林中。冲冲，鑿冰之意。　孔氏曰：「冲冲，非貌非聲，故云鑿冰之意。豳土晚寒，故可夏正月藏冰。凌陰，冰室也。仲春陽氣出地，冰依禮須早開故也【九】。」　程氏曰：「其蚤，用之於獻羔祭韭時。夏頒冰，是其後用時也。」　孔氏曰：「月令仲春，天子乃獻羔開冰，先薦寢廟。祭韭者，蓋以時韭新出，故薦之。」　蘇氏曰：「古者藏冰、發冰，所以節陽氣之盛。夫陽氣之在天地，譬猶火之著於物也，故常有以解之。十二月陽氣蘊伏【一〇】，錮而未發，其盛在下，則納冰於地中。至於二月，四陽作，蟄蟲起，陽始用事，則亦啓冰而廟薦之。至於四月，陽氣畢達，陰氣將絶，則冰於是大發。食肉之禄，老病喪浴，冰無不及。是以冬無愆陽，夏無伏陰，春無淒風，秋無苦雨，雷出不震，無災霜雹，癘疾不降，民不夭札也。」　胡氏曰：「藏冰開冰，亦聖人輔相燮調之一事耳，非專恃此以爲治也。肅，嚴氣也。滌，掃也，場功畢入也。兩樽曰朋。」　孔氏曰：「相命曰殺羔羊。躋，升也。公堂，人君之堂也。稱，舉也。疆，竟也。」　孔氏曰：「七章言收斂之事，所以成首章也。衣食已具，卒章乃言備暑藏冰，飲酒相樂。」　程氏曰：「藏冰所以備暑，而開冰必以仲春，所以順時氣也。」　張氏曰：「民忠愛其君之甚，相戒以速畢場功，當自殺羔羊獻公，以酒祝之萬壽。」　呂氏曰：「豳之先公，國容未備，無君民之間，故曰『朋酒斯饗，曰殺羔羊。躋彼公堂，萬壽無疆』。」

《鴟鴞》，周公救亂也。成王未知周公之志，公乃爲詩以遺王，名之曰《鴟鴞》焉。　鄭氏曰：「未知周公之志者，未知其欲攝政之意。」　朱氏曰：「管、蔡流言，使成王疑周公。周公雖已滅之，然成王之疑未釋，則亂未弭也，故周公作此《鴟鴞》之詩以遺王，而告以王業艱難，不忍毁壞之意，所以爲救亂也。」　歐陽氏曰：「《金縢》言周公先攝政，中誅管、蔡，後爲詩以貽王。鄭氏謂先爲冢宰，中避而出，作詩以貽王，以作詩後乃攝政而誅管、蔡者，非也。」

【八】十月滌場　「場」原作「湯」，據《毛詩注疏》卷十五改。

【九】早開故也　「早」上原有「用」，據《毛詩正義》卷八删。

【一〇】陽氣蘊伏　「蘊」原作「蕰」，據《詩集傳》卷八改。

鴟鴞鴟鴞，既取我子，無毁我室！恩斯勤斯，鬻子之閔斯。歐陽氏曰：「鳥之愛其巢者，鴟鴞而告之。」　鄭氏曰：「室，猶巢也，言已取我子，幸無毁我巢。我巢積日累功，作之甚苦，故愛惜之也。」　歐陽氏曰：「今鴟多攫鳥子而食。」　朱氏曰：「鬻食此子，誠可閔憐。今既取之，其毒甚矣，况又毁我室耶！」　程氏曰：「鴟鴞謂爲惡者，子喻管、蔡，室喻王室。」　呂氏曰：「周公託爲鳥言以自比。」　呂氏曰：「殷民欲叛，馮附二叔之親，欺惑其人，使之流言云『周公將不利於孺子』，欲王取信兄弟之言，中傷周公，謀危王室也。故周公曰管、蔡親也，爾既以惡汚染，使陷於罪，是汝殷民入吾國，害我兄弟矣，又欲危王室，則不可也。」

迨天之未陰雨，徹彼桑土，綢繆牖户。今女下民，或敢侮予！迨，及也。徹，剥也。桑土，桑根也。綢繆，猶纏綿也。自牖者，巢之通氣處，户其出入處也。　鄭氏曰：「下民，巢下之民也。」　程氏曰：「『迨天之未陰雨』而下，言自爲安固防閑之道，深至如此，而尚或侮之。」　朱氏曰：「亦爲鳥言，及天之未陰雨之時，而往取桑根，以纏綿其巢之隙穴，使之堅固，以備陰雨之患。」　孔氏曰：「以勤勞之故，惜此室巢。今巢下之民，或敢侮慢我，欲毁巢室。」又曰：「王肅云：『周公言先王致此大功至艱難，而其下民敢侵侮我周道【一一】，不可不遏絶以全周室。』」予手拮据，予所捋荼。予所蓄租，予口卒瘏，曰予未有室家。拮据，撠挶也。捋，取也。荼，萑苕也。蓄，積。租，取也。卒，盡也。瘏，病也，手病口病。口病，明手亦病也。　鄭氏曰：「我作之至苦如是者，曰我未有室家之故。」　朱氏曰：「亦爲鳥言，以拮据、捋荼、蓄租而至於病者，以巢之未成也。以比己之所以勤勞如此者，以王室新造而未集故也。」

予羽譙譙，予尾翛翛，予室翹翹。風雨所漂摇，予維音嘵嘵。毛氏曰：「譙譙，殺也。翛翛，敝也。翹翹，危也。嘵嘵，懼也。」　鄭氏曰：「音嘵嘵然，恐懼告愬之意。」　蘇氏曰：「爲室之勞，至於羽殺尾敝，室成而風雨漂摇之，則其音得無急乎？」　朱氏曰：「翹翹，成而未定也，風雨又從而漂摇之，以比己既勞悴，王室未安，而多難

【一一】而其下民　「民」原作「氏」，據《呂氏家塾讀書記》卷十六改。

乘之，則其作詩以喻王，亦不得而不汲汲也。」　程氏曰：「此周公之詩，所以辭哀而意切也。」

《東山》，周公東征也。周公東征，三年而歸，勞歸士，大夫美之，故作是詩也。此篇以征伐，故全文見《丙記》。

《破斧》，美周公也。周大夫以惡四國焉。鄭氏曰：「惡其流言毀周公也。」

既破我斧，又缺我斨。周公東征，四國是皇。哀我人斯，亦孔之將。毛氏曰：「隋銎曰斧。」《說文》曰：「斨，方銎也。」　朱氏曰：「四國，四方之國，從管、蔡之亂者。」　毛氏曰：「皇，匡也。將，大也。」　朱氏曰：「言東征之役，既破我斧，而缺我斨，其勞甚矣。然周公之意，蓋將使四方莫敢不一於正而後已，其哀我人也，豈不大哉！然則雖破斧而缺斨，義有所不得辭也。夫管、蔡流言，以謗周公，而公征之。不知者以爲公之爲是，以救其身而已，故爲此詩者，爲之發明其心如此。學者於此玩味而有得焉，則其心正大【一二】，而天地之情可見矣。」　蘇氏曰：「使周公嫌於救其身，潔身而退，以避二叔之難，則其亂將及於四方。如是而周公亦清矣，然亦未免於小也。」

既破我斧，又缺我錡。周公東征，四國是吪。哀我人斯，亦孔之嘉。毛氏曰：「鑿屬曰錡。吪，化也。」既破我斧，又缺我銶。周公東征，四國是遒。哀我人斯，亦孔之休。毛氏曰：「木屬曰銶。遒，固也【一三】。」范氏曰：「亦孔之休，言四國平而天下和也。」

《伐柯》，美周公也。周大夫刺朝廷之不知也。董氏曰：「朝廷者，人主所與大臣論是非可否之地。詩人不斥言成王，而曰朝廷，所以兼刺也。」　程氏曰：「《伐柯》乃既得罪人之後，周公遲留未歸，士大夫刺朝廷不知所以還周公之道。」　呂氏曰：「觀《金縢》所載，二公之知周公至矣。今曰朝廷，則二公亦與焉。蓋大臣與國同體者也。主未悟，而事未回，國人所當責而公所當受也。」

【一二】則其心正大　「其心」原脫，據《詩集傳》卷八補。

【一三】遒固也　「遒」原作「道」，據《毛詩正義》卷八改。

伐柯如何？匪斧不克。取妻如何？匪媒不得。柯，斧柄也。媒，通二姓之言者也。朱氏曰：「克，能也。」程氏曰：「伐柯匪斧則不能，取妻非媒則不成，亦各有其道。今欲周公之歸，亦必有其道也。」

伐柯伐柯，其則不遠。我覯之子，籩豆有踐。鄭氏曰：「則，法也。覯，見也。之子，斥周公也。」《爾雅》曰：「竹豆謂之籩，木豆謂之豆。」毛氏曰：「踐，行列貌。」程氏曰：「此章言其道。」朱氏曰：「執柯以伐柯，即此手中之柯而得其法，以比王欲迎周公，亦不過反之於吾心，則知所以迎之之道。則我得見公，而陳其籩豆之列，將有日矣。」

《九罭》，美周公也。周大夫刺朝廷之不知也。程氏曰：「周公居東未反，士大夫始刺朝廷不知反周公之道。既又思之切，刺之深，責在朝廷之人不速還公也。」九罭之魚，鱒魴。我覯之子，袞衣繡裳。毛氏曰：「興也。」《爾雅》曰：「網罟謂之九罭，九罭，魚網也。」程氏曰：「鱒魴，魚之美者。施九罭之網，則得鱒魴之魚。用隆厚之禮，則得聖賢。我欲覯之子，當用上公禮服往逆之。」鴻飛遵渚，公歸無所，於女信處。毛氏曰：「遵，循也。」程氏曰：「此章言公之不得其所也。鴻飛，戾天者也。今乃遵渚，言不得其所。公既征而歸，則未得其所，蓋朝廷未以師保重禮往逆也。使公不得其所，於女信安處矣，則深責在朝廷之人也。」陳氏曰：「今公未歸其所，於女朝廷之臣，信能自安處乎？」

鴻飛遵陸，公歸不復，於女信宿。程氏曰：「不復，謂未還舊職。宿，安息也。」陳氏曰：「宿，猶處也。」是以有衮衣兮，無以我公歸兮，無使我心悲兮！程氏曰：「此章祈反周公誠切之意。『是以』，猶所以也。朝廷所以有衮衣之章，用尊禮聖賢。無以，以也。無以是服逆我公來歸，無使士民之心悲思望公也。」呂氏曰：「成王既發金縢，悔悟而迎周公，其言曰『惟朕小子其新逆，我國家禮亦宜之』，此正國人之所望於朝廷者也。首章曰『我覯之子，衮衣繡裳』，卒章曰『是以有衮衣兮，無以我公歸兮』，所謂禮亦宜之者也，乃此篇之大指也。説詩者徒見『信宿』兩字偶相屬，遂以爲過宿，曰信之信，故其釋二章、三章或以爲西人語東人，或以爲東人自相語，而不見國人深望乎上誠懇切至之意，求一字之通而失一篇之旨。學者苟能玩味程氏之説，則詩人之心可見矣。凡詩之體，初言者，本意也；再言者，協韻也。『於女信處』，本意也；『於女信宿』，協韻也。」

《狼跋》，美周公也。周公攝政，遠則四國流言，近則王不知，周大夫美其不失其聖也。

狼跋其胡，載疐其尾。公孫碩膚，赤舄几几。狼疐其尾，載跋其胡。公孫碩膚，德音不瑕。説見《甲記》。

《小雅·常棣》，燕兄弟也。閔管、蔡之失道，故作《常棣》焉。鄭氏曰：「周公弔二叔之不咸而使兄弟之恩疏。召穆公爲作此詩而歌之【一四】，以親之。」孔氏曰：「《左傳》云：『王將以戎狄伐鄭，富辰諫曰：昔周公弔二叔之不咸，故封建親戚以藩屏周，召穆公思周德之不類，故糾合宗族於成周而作詩，曰：常棣之華，鄂不韡韡，凡今之人，莫如兄弟。周之有懿德如是，猶曰莫如兄弟，故封建之。其懷柔天下也，猶懼有外侮；捍禦外侮，莫如親親，故以親屏周。召穆公亦云。』是周公弔二叔之不咸，召穆公作詩之事也。《外傳》云周文公之詩曰『兄弟鬩于墻，外禦其侮』，則此詩自是周公所作也。但召穆公虎見厲王之時，兄弟恩疏，重歌此周公所作之詩以親之耳。故鄭氏答趙商云：『凡賦詩者，或造篇或誦古。』」朱氏曰：「舊説以《鹿鳴》以下至《魚麗》，爲文、武燕勞之樂歌，而此詩之序又以爲閔管、蔡之失道而作者，何也？曰：文、武之際，故有燕兄弟之詩矣。周公以管、蔡之爲亂也，故制作之際，更爲是詩委曲致意，以申兄弟之好。蓋燕兄弟者，文、武之政，而閔管、蔡者，周公之心也。夫燕兄弟之詩，當極其和樂，而此詩專言死喪急難之事，其志切，其詞哀。蓋處兄弟之變，孟子所謂『其兄關弓而射之，則己垂涕泣而道之』之義也。文、

【一四】召穆公　《毛詩正義》卷九作「召公」。

武燕兄弟之詩，雖不可見，然意其詞意和平，必異於此，故序者以閔管、蔡之失道發之。」

常棣之華，鄂不韡韡。凡今之人，莫如兄弟。 毛氏曰：「興也。常棣，棣也。鄂猶鄂鄂然，言外發也。」孔氏曰：「王肅云：『不韡韡，言韡韡也。』」毛氏曰：「韡韡，光明也。」程氏曰：「常棣，今所謂玉李，花鄂相承甚力，故以興兄弟。」王氏曰：「華鄂之相恃，不可須臾離也，以天屬故也，兄弟天屬也，其相承覆相恃而不可離如此。」程氏曰：「韡，鮮華壯盛之貌，『不』作柎，亦可如字。亦可以花萼相依，生相親，力相承，興人之莫如兄弟也。」范氏曰：「凡今之人，言舉世之人也。莫如兄弟，親之至也。」

死喪之威，兄弟孔懷。原隰裒矣，兄弟求矣！ 鄭氏曰：「死喪，可畏怖之事。維兄弟之親，甚相思念。」程氏曰：「此章敘兄弟相賴之事：人當死喪患難之可畏，則思兄弟之助；方困窮離散，羣聚於郊野之時，則求所親以相依恃。」王氏曰：「不得保其常居，而哀於原隰之中，此與人同患難之時也。當是時，人各顧其親，則非兄弟孰肯以相求哉！」呂氏曰：「疎其所親，而親其所疎，此失其本心者也。故此詩反覆言朋友之不如兄弟，蓋示之以親疎之分，使之反循其本也。本心既得，則由親及疎，秩然有序，兄弟之親既篤，而朋友之義亦敦矣，初非薄於朋友也。苟雜施而不孫，雖曰厚於朋友，如無源之水，朝滿夕除，胡可保哉？或曰：『人之在難，朋友亦可以坐視歟？』曰：『每有良朋，況也永歎，則非不憂閔，但視兄弟急難爲有差等耳。』詩人之辭，容有抑揚，然《常棣》周公作也，聖人之言，小大高下皆宜，而前後左右不相悖。」

脊令在原，兄弟急難。每有良朋，況也永歎。 毛氏曰：「脊令，雝渠也。飛則鳴，行則搖，不能自舍耳。急難，言兄弟之相救於急難。」程氏曰：「此章言兄弟相須之意，猶脊令首尾相應，急難之際，其相應如是也。」鄭氏曰：「當急難之時，雖有善友來茲，對之長嘆而已。」范氏曰：「兄弟無不相死之義，故朋友之於患難，義有不得相救也，則況也永歎而已。」王氏曰：「古者朋友之喪，則視兄弟；視兄弟，則急難寇讎，何爲而不豫？曰：莫不有君而爲之臣，莫不有父而爲之子，莫不有師而爲之弟子，莫不有兄弟而爲之兄弟，則吾急難寇讎之所當致力也博矣。又推而致之朋友，則吾有所不暇，而無禮以節之，則吾之憂無窮，而人之責無已。蓋古之道如此，而後世之士，猶有以恩望朋友，而至於離絶者。然則世之致力於朋友者，非歟【一五】？曰：勢足以振之，力足以周之，而無傷於義，則鄰里鄉黨不可以不勉也，而況於朋友乎！」

兄弟鬩于墻，外禦其務。每有良朋，烝也無戎。毛氏曰：「鬩，很也。」鄭氏曰：「禦，禁。務，侮也。兄弟雖内鬩，而外禦也。」朱氏曰：「烝，發語聲。戎，助也。」毛氏曰：「戎，相也。」王氏曰：「很于内，非令兄弟也。然及其禦侮，則雖每有良朋，曾不如不令兄弟爲可恃也。」朱氏曰：「此章正爲管、蔡啓商之事而發，以明兄弟之恩情也。吕與叔解鬩爲窺伺，謂寇至而兄弟同力以相死也。此意亦甚美矣，然以文義及一篇之全旨觀之，則未安也。蓋此詩首章略言至親莫如兄弟之意，次章乃以意外不測之事言之，以明兄弟之情，其切如此。三章但言急難，則淺於死喪矣。至於此章，則又以其情義之甚薄而猶有所不能已者言之。其序若曰：死喪不能相救，急難猶相助，又不幸而至於或有小忿，猶當共禦外侮，其所以責之者可謂益輕以約，而所以著夫兄弟之義者益深且切矣。至於又不能然，乃或無事而相忘，則兄弟真爲路人矣。故下章始深責之，然其詞氣和平，怨而不怒，讀者猶或以是爲當然，而未之悟也。其後兩章【一六】，乃始極道兄弟至親，雖有籩豆室家之樂，然非兄弟，則無與同之，以備見兄弟之恩，異形同氣，死生苦樂，無適而不相須之意。卒章又申告之，使之反覆窮極，驗其信然，可謂委曲漸次，説盡人情矣。然其詞意高深，初若簡質闊疏而不切於事者，故説者有所不察，又以小忿爲嫌，而曲其説以避之。於是一篇之意無復統紀【一七】，而失聖人之意遠矣。」

喪亂既平，既安且寧。雖有兄弟，不如友生。陳氏曰：「兄弟之急難相求如此，及其既安寧也，乃謂兄弟不如友生，可乎？」歐陽氏曰：「此乃責之之辭。」程氏曰：「言平時則皆可遂其私意，急難則莫如兄弟也。」

【一五】非歟　「歟」原作「則」，據《吕氏家塾讀書記》卷十七改。

【一六】其後兩章　「其」前原有「其」字，據《吕氏家塾讀書記》卷十七。

【一七】一篇之意　「一」原作「二」，據《吕氏家塾讀書記》卷十七改。

蘇氏曰：「人居平安之世，不知兄弟之可恃，而以至親相責望，則兄弟常多過失，易以生怨，故有以朋友爲賢於兄弟者。」王氏曰：「友生，約我以禮義者也。『雖有兄弟，不如友生』，有禮義，然後無失其愛兄弟之常心。友生約其外，妻子調其內，則兄弟加親矣，故曰『妻子好合，如鼓瑟琴。兄弟既翕，和樂且湛』。」　呂氏曰：「王氏之説雖非經旨，亦學者所當知也。」

儐爾籩豆，飲酒之飫。兄弟既具，和樂且孺。　程氏曰：「孺，親慕之義。小兒親慕父母，謂之孺子。此章勸其相燕樂，養恩義，陳爾籩豆，飲樂飫足，兄弟既皆來，當和樂而相親慕也。」

妻子好合，如鼓瑟琴。兄弟既翕，和樂且湛。　程氏曰：「此章言兄弟相樂，則其妻子好合，其和如琴瑟。兄弟既志意翕合，故其和樂久而不厭。」　朱子曰：「言妻子好合，如琴瑟之和，而兄弟有不合焉，則難以久其樂矣。」　李氏曰：「兄弟既翕，必先於妻子者，顏之推嘗曰：『方其幼也，父母左提右挈，前襟後裾，食則同案【一八】，衣則傳服，學則連業【一九】，遊則共方，雖有悖亂之人，不能不相愛也。及其壯也，各妻其妻，各子其子，雖有篤厚之人，不能不少衰也。』蓋其兄弟之所以乖争者，未必不本於此。既不能敦兄弟之愛，則雖家室妻孥必不能樂之，故必妻子好合，然後可以和樂於兄弟。」　此章當從文公之説，蓋謂飲酒雖飫，必得兄弟具而後樂且孺；妻子雖合，必得兄弟翕而後樂且湛：蓋皆歸於兄弟也。如李氏之説，則恐於文義倒置矣。

宜爾室家，樂爾妻孥。是究是圖，亶其然乎！　程氏曰：「言能如是親睦其親族，則宜其室家，樂其妻孥。窮究是理，圖念是事，信其然乎？言信然。」　蘇氏曰：「『小人思慮不能及遠，常以爲兄弟之於我無所損益，不知兄弟之相親，亦所以宜其室家，而樂其妻孥者。患其淺陋而不信，故使之深思而遠圖之，以信其然否。」　呂氏曰：「告人以兄弟之當親，未有不以爲然者也。苟非是究是圖，實從事於此，則亦未有誠知其然者也；不誠知其然，則所知者特其名而已矣：凡學蓋莫不然。」

【一八】食則同案　「案」原作「按」，據《颜氏家训·兄弟篇》卷三改。

【一九】學則連業　「業」原作「按」，據《颜氏家训·兄弟篇》卷三改。

《大雅·文王》，文王受命作周也。歐陽氏曰：「周自上世以來，積功累仁，至於文王，威德並著，周國自此盛大。至武王，因之遂伐紂滅商而有天下，然以盛德爲天所相而興周者，自文王始也。其義如此而已。故《序》但言受命作周，不言受命稱王也。」張氏曰：「文王之於天下，都無所與，惟正己而已。後世多疑文王行善，以傾紂之天下，正猶曹丕語禪讓之事曰：舜、禹之事，吾知之矣。觀《文王》一篇，便知文王之德性。」朱氏曰：「文王之德業固美矣，詩人所以述之者又極形容之妙，是以其辭尤粹。學者於此而盡心焉，則凡其德性之蘊皆可見矣。」呂氏曰：「按《呂氏春秋》，周公旦乃作詩曰：『文王在上，於昭于天。周雖舊邦，其命惟新，以繩文王之德。』玩味此詩，信非周公莫能作也。」愚按：翼奉亦言周至於成王，有上賢之材，因文、武之業，以周、召爲輔，有司各敬其事，在位莫非其人，天下甫二世耳，然周公猶作《詩》、《書》深戒成王，以恐失天下。《書》則曰「毋若商王紂」，其《詩》則曰「商之未喪師，克配上帝，宜監于殷，駿命不易」。奉亦以此爲周公之詩。愚意《大雅》諸詩，皆非周公莫能爲，獨此篇有呂氏、翼奉之言可證，而餘無所考，惜哉！

文王在上，於昭于天。周雖舊邦，其命維新。有周不顯，帝命不時。文王陟降，在帝左右。於，嘆辭。昭，見也。不顯，顯也。不時，時也。陟，升也。朱氏曰：「文王在上，尊仰之辭也。於昭于天，歎其德之昭明，上徹于天也，言文王與天同德也。」王氏曰：「周受封自后稷，則其爲邦舊矣。至文王而天命之肇造區夏，則其命惟新矣。不顯，則所以甚言其顯也。不時，則所以甚言其時也。」朱氏曰：「夫文王在上，而於昭于天，則有周之德，豈不顯乎！周雖舊邦，而其命維新，則上帝之命，豈不時乎！德顯命時，間不容息。蓋以文王德合乎天，一陟一降，常若在上帝之左右，與之同運而無違也。」歐陽氏曰：「謂其俯仰之間，常如在帝之左右。」程氏曰：「文王陟降，在帝左右。不識不知，順帝之則。不作聰明，順天理也。」蘇氏曰：「文王陟降，在帝左右，蓋聖人先天而天弗違，後天而奉天時，與天如一故也。《詩》於天人之際，多以陟降言之。」

亹亹文王，令聞不已。陳錫哉周，侯文王孫子，文王孫子，本支百世。凡周之士，不顯亦世。亹亹，勉也。令，善也。聞，聲聞也。陳，敷也。錫，賜也。哉，語辭也。侯，維也。本，本宗也。支，支子也。朱氏曰：「所謂亹亹文王，文王非有所勉也，蓋其純亦不已，而人見其亹亹也。其德不已，則令聞亦不已，德盛如是，故上帝敷錫於周，維以文王孫子觀之，則可見矣。蓋其本宗，則百世爲天子；支庶，則百世爲諸侯：皆天命也。不惟如此而已，而又及其臣子，使凡周之士，亦世世脩德，而與周匹休焉。不顯亦世，猶曰豈不顯乎其亦世也？」李氏曰：「非特文王子孫也，凡周之士，亦皆世世而顯也。大之所以錫文王，亦可謂至矣！」鄭氏曰：「此所以爲徧賜也。」

世之不顯，厥猶翼翼。思皇多士，生此王國。王國克生，維周之楨。濟濟多士，文王以寧。翼翼，恭敬也。思，辭也。皇，美也。楨，幹也。濟濟，多威儀也。鄭氏曰：「周之臣既世世光明，其爲君謀事忠敬翼翼然。」王氏曰：「楨，國所恃以立也。周獲天人之助矣，故能生周之楨也。」朱氏曰：「文王之國能生此衆多之士，則可以爲國之幹，而文王亦賴以爲安矣。」劉氏曰：「濟濟多士，本由文王教化陶範而後生也，而文王之天下邦國，又待多士濟濟以爲寧焉，猶人勤於菑田，反以自養；樂於植材，反以自庇。」

穆穆文王，於緝熙敬止。假哉天命，有商孫子。商之孫子，其麗不億。上帝既命，侯于周服。穆穆，敬也，美也，深遠之意。於，嘆美之辭。緝，續也。熙，光也，繼續光明，亦不已之意。止，語辭。假，大也。麗，數也。不億，其數至多，不徒止於一億而已。周服，周之九服也。朱氏曰：「穆穆然文王之德不已，其敬如此，是以大命集焉。以有商孫子觀之，則可見矣。」歐陽氏曰：「大哉，天命！商之孫子數甚衆多，而上帝乃命之爲諸侯。」孟子曰：「《詩》云『商之孫子，其麗不億』云云。」孔子曰：「仁不可爲衆也。夫國君好仁，天下無敵。」

侯服于周，天命靡常。殷士膚敏，祼將于京。厥作祼將，常服黼冔。王之藎臣，無念爾祖。殷士，殷侯也。膚，美也。敏，疾也。祼，灌鬯也。周人尚臭。將，行也。京，周之京師也。黼，白與黑也。冔，殷冠也。夏后氏曰收，周曰冕。王，斥成王。藎，進也。無念，念也。汝祖，文王也。」王氏曰：「天嘗命商，使有九有之師矣，今侯服于周，所謂靡常也。唯其靡常，故商之子孫【二〇】，其爲士而膚美敏疾者，乃反祼將于周京，以助周祭也。」董氏曰：「常服，則不變其服矣。不變其服，存商制也。」朱氏曰：「先代之後，統承先王，脩其禮物，作賓于王家。時王不敢變，而亦所以爲戒也。於是將王之藎臣而告之曰：『得無念爾祖文王之德乎？』蓋以成王而不敢斥言，猶所謂『敢告僕夫』云爾。劉向上疏曰：『孔子論《詩》，至於殷士膚敏，祼將于京，喟然歎曰：大哉，天命！善不可不傳于子孫。是以富貴無常，蓋傷微子之事周，而痛殷之亡也。」呂氏曰：「藎者，忠愛之篤，進進無已也，故謂之忠藎。」

無念爾祖，聿脩厥德。永言配命，自求多福。殷之未喪師，克配上帝。宜鑒于殷，駿命不易。聿，述也。永，長也。師，衆也。駿，大也。不易，言其難也。　李氏曰：「無念爾祖，言成王欲念爾祖，則在聿脩厥德而已。能脩德，則可以長配天命，而福祿自來矣。孟子曰『禍福無不自己求之者』，商自求禍，周自求福，天何容心於其間哉！」朱氏曰：「殷未失天下之時，蓋嘗配上帝矣。今其子孫乃如此，宜以爲監而自省焉，則知天命之難保矣。《大學》曰『得衆則得國，失衆則失國』，此之謂也。」呂氏曰：「王者代天理物，操典禮命討之柄以臨天下，故曰配命，又曰配上帝。」

命之不易，無遏爾躬。宣昭義問，有虞殷自天。上天之載，無聲無臭。儀刑文王，萬邦作孚。遏，止也。宣昭，布明也。義，善也。有，又也。虞，度也。載，事也。儀，象也。刑，法也。孚，信也。　歐陽氏曰：「知天命之不易，無使天命至爾躬而止。」朱氏曰：「當布明善問，而度殷之所以廢興，由於天命者如此。」呂氏曰：「凡欲配天命者，當法天，然天無聲臭可求，苟儀刑文王，則天德全矣。此萬邦所以作孚。」張氏曰：「上天之載，無聲臭可象，正惟儀刑文王，當冥契天德而萬邦信悅。」朱氏曰：「子思子曰：『維天之命，於穆不已。』蓋曰天之所

【二〇】商之子孫　「子孫」原作「孫子」，據《呂氏家塾讀書記》卷二十五改。

以爲天也，於乎不顯。文王之德之純，蓋曰文王之所以爲文也，純亦不已。夫知天之所以爲天，文王之所以爲文，則夫與天同德者，可得而言矣。是詩首言文王在上，於昭于天，文王陟降，在帝左右，而終之以此，其旨深矣。」呂氏曰：「『宣昭義問』，所謂闢四門，明四目，達四聰。蓋天命之大，非小知偏學所能與也。以虞度商之興亡自天者，其敬其怠，瞭然可識，愈敬懼而不敢怠矣。」朱氏曰：「今按此詩一章言文王有顯德，而上帝有成命也。二章言天命集于文王，不唯尊榮其身，又使其子孫百世爲天子諸侯也。三章言命周之福，不唯及其子孫，而又及其羣臣之後嗣也。四章言天命既絶于商，則不惟誅罰其身，又使其子孫亦來臣服于周也。五章言絶商之禍，不唯及其子孫，而又及其羣臣後嗣也。六章言周之子孫臣庶，當以文王爲法，而以商爲監也。七章又言當以商爲監，而以文王爲法也。其於天人之際、興亡之理，丁寧反復，至深切矣。故立之樂官，而因以爲天子諸侯朝會之樂，蓋將以樂乎後世之君臣，而又以昭先王之德於天下也。《國語》以爲兩君相見之樂，特舉其一端而言之爾。然此詩之首章言文王之昭于天，而不言其所以昭；次章言其令聞之不已，而不言其所以聞。至於四章，然後所以昭明而不已者，乃可得而見焉，然亦多詠歎之言，而語其所以爲德之實，則不越乎敬之一字而已。然則後章所謂修厥德而儀刑之者，豈可以它求哉？亦勉乎此而已矣。」

《大明》，文王有明德，故天復命武王也。明明在下，赫赫在上。天難忱斯，不易維王。天位殷適，使不挾四方。忱，信也。易乃難易之易。毛氏曰：「紂居天位，而殷之正適也。」朱氏曰：「此亦周公戒成王之詩，將陳文、武受命，故先言在下者有明明之德，則在上者有赫赫之命矣。達于上下，去就無常，此天之所以難忱，而爲君之所以不易也。」王氏曰：「今紂所居之尊，則天位也，所傳之正，則殷適也，使不挾四方，其不可恃如此。」呂氏曰：「『天位殷適，使不挾四方』，則下章所陳『眷顧周家，有加無已』者，非天私我有周也。栽者培之，傾者覆之，因其材而篤焉。」

摯仲氏任，自彼殷商，來嫁于周，曰嬪于京。乃及王季，維德之行。大音泰。任有身，生此文王。摯，國。任，姓。仲，仲女也。殷商，殷商之諸侯也。自周而言，則諸侯皆商也。嬪，婦也。京，周京也。及，與也。大任【二一】，仲任也。摯仲氏任，繫其夫而言故也。曰大任，繫其子而言故也。　鄭氏曰：「摯國中女曰大任，從殷商嫁爲婦，於周之京配王季，而與之共行德，同志意也。」　蘇氏曰：「言文王之賢，其所從來者，遠自其父母而已然矣。」　劉氏曰：「乾健而不息，坤順以相承，物理自然，形影相附，不可以無實而取之也。　王季天錫大任以配其德，故克生文王焉。　文王天作之合以大其慶，故克生武王焉。」維此文王，小心翼翼。昭事上帝，聿懷多福。厥德不回，以受方國。翼翼，恭順貌。昭，明也。聿，惟也。懷，來也。回，違也。方國，四方來附者。　李氏曰：「文王小心恭敬，明事上帝，遂能懷來百福，蓋其德不回，故能朝諸侯，受此四方來歸之國也。」

天監在下，有命既集。文王初載，天作之合。在洽之陽，在渭之涘。文王嘉止，大邦有子。監，視也。集，就也。載，年也。合，配也。洽，水也。水北爲陽。涘，涯也。嘉，昬禮也。　朱氏曰：「天之監照，實在於下，其命既集於周矣，故於文王之初年，而默定其配。」　鄭氏曰：「天於文王生，則爲之生配於氣勢之處。」孔氏曰：「名山大川皆有靈氣。《嵩高》曰：『維嶽降神，生甫及申。』詩人述其所居，是美其氣勢。」　朱氏曰：「洽陽、渭涘，當文王將昬之期，而大邦有子，蓋曰非人之所能爲矣。」

大邦有子，俔天之妹。文定厥祥，親迎于渭。造舟爲梁，不顯其光。俔，磬也。《説文》云：「俔，譬諭也。」蓋如今俗譬諭物，云磬作然也。文，禮也。祥，吉也。　鄭氏曰：「卜而得吉，則以禮定其吉祥，謂使之納幣也。」　孔氏曰：「《爾雅》云『天子造舟』，孫炎云『造舟，比舟爲梁也』，然則造舟者，比船於水，加板於上，即今之浮橋。故杜預云造舟爲梁，則河橋之謂也。　文王敬重昬事，始作而用之，後世以文王所用，故制爲天子法耳。《方言》曰：『造舟，浮梁也。』」　王氏曰：「譬天之妹，言其生德可以繼天也。『上天之載，無聲無臭。儀刑文王，萬邦作孚』，

【二一】大任　「大」原作「六」，據《毛詩注疏》卷二十三改。

然則非德可以繼天，孰能爲之配？大姒能爲之配，故備其禮文，往請昏焉，以定其祥。既定矣，則文王親迎于渭也。」程氏曰：「先儒以親迎于渭，謂天子須親迎。文王親迎時，方爲公子，未爲君也，況周國自在渭旁，不是出疆。」　鄭氏曰：「迎大姒而更爲梁者，欲其昭著，示後世敬昏禮也。」

有命自天，命此文王。于周于京，纘女維莘。長子維行，篤生武王。保右命爾，燮伐大商。纘，繼也。莘，大姒國也。長子，長女也。行，嫁也。篤，厚也。右，助也。燮，和也。　丘氏曰：「將言篤生武王之事，故又推本而發之也。」　朱氏曰：「天既命文王於周之京矣，而克纘太任之女事者，惟此莘國以其長女來嫁於我也。天又篤厚之，使生武王，保之、助之、命之，而使之順天命以伐商也。」　王氏曰：「言大商，則乃所以大文、武之德。以爲商大矣，非德大，則不能燮伐也。」殷商之旅，其會如林。矢于牧野，維予侯興。上帝臨汝，無貳爾心。旅，衆也。矢，陳也。牧野，紂南郊地名。侯，諸侯也。興，起也。臨，視也。汝謂武王也。貳謂疑貳也。　孔氏曰：「殷商之兵衆，其會聚之時，如林木之盛，列於牧野。」　王氏曰：「明文、武之興，以德不以力也。以其衆寡之力，尊卑之位，宜有貳心。」　呂氏曰：「紂以天子之威，如林之衆來戰。武王方自眇然諸侯而起，苟較强弱，而計衆寡，其心必疑貳矣。然當是時，武王方一心以奉天討，若上帝實臨之，較計之私豈得而容哉？曰『上帝臨汝，無貳爾心』，蓋設爲勉之之辭，以形容武王奉天討之心也。」　愚按：予，武王自言爾，亦武王自謂也，蓋皆設爲武王自勉之辭，非他人勉之之也。

牧野洋洋，檀車煌煌，駟騵彭彭。維師尚父，時維鷹揚，涼彼武王，肆伐大商，會朝清明。洋洋，廣也。檀木之兵車。煌煌，明也。駿馬白腹曰騵。彭彭，强盛貌。師尚父，太公望爲太師而號尚父也。鷹揚，如鷹之飛揚也。涼，佐也。肆，故今也。會，合也【一二】。會朝者，會戰之朝。　鄭氏曰：「戰地寬廣，兵車鮮明，馬

【一二】故今也會合　「今也會」原脱，據《毛詩正義》卷十六補。

又强盛，尚父佐武王爲之上將。」　孔氏曰：「王肅云：『以甲子昧爽與紂戰，不崇朝而殺紂，天下乃大清明，無復濁亂。』」　朱氏曰：「此章言武王師衆之盛，將帥之賢，伐商以除穢濁，不崇朝而清明，所以終首章之意。」

《思齊》，文王所以聖也。鄭氏曰：「言非但天性，德有所由成。」　孔氏曰：「言文王之聖，有所以而然也。」

思齊大音泰，下同。任，文王之母。思媚周姜，京室之婦。大姒嗣徽音，則百斯男。思，語辭。齊，莊也。媚，愛也。周姜，大姜也，京師王室之婦。大姒，文王之妃也。徽，美也。　朱氏曰：「百男，舉成數而言其多也。此詩亦歌文王之德，而推本言之。」又曰：「《春秋傳》曰：『管、蔡、郕、霍、魯、衛、毛、聃、畢、原、豐、郇，文之昭也。』并伯邑考、武王，爲十八人。然此特其見於書傳者爾，亦可以見其多也。」王氏曰：「爲人母，盡母道；爲人婦，盡婦道者，大任也。」　李氏曰：「觀《列女傳》載胎教，則文王由大任而成德可知矣。」　歐陽氏曰：「大姒每思慕任、姜，而繼其美聲，有不妬忌之賢，而子孫衆多。」　李氏曰：「古者親迎之禮，父南向，子北向而跪，醮而命之曰：往迎爾相，成我宗事。隆率以敬，先妣之嗣，若則有常。夫爲人婦，而必事其先妣之嗣，此古之賢女也。以大任而能愛大姜，以大姒而又能嗣大任之徽音，則周之賢妃可謂世不乏人矣。大姜之後，有大任，大任之後，有大姒，此周之所以興也。」

惠于宗公，神罔時怨，神罔時恫。刑于寡妻，至于兄弟，以御于家邦。惠，順也。宗公是宗廟先公，未追王，故稱公。特，是也。恫，痛也。刑，法也。寡妻，適妻也。適妻唯一，故言寡也。寡妻，猶言寡小君也。御，迎也。又曰：「御，治也。以迎治天下國家。」　朱氏曰：「文王上有聖母，所以成之者遠；內有賢妃，所以助之者深。故能順于先公，而鬼神歆之無怨恫者，其儀法內施於閨門，而至于兄弟，以御于家邦也。」　張氏曰：「言接神人之得其道。」　孟子曰：「『刑于寡妻，至于兄弟，以御于家邦』，言舉斯心加諸彼而已。」　呂氏曰：「毫髮不愧於隱微，然後近者孚，故『神罔時怨，神罔時恫』，始可以『刑于寡妻』。」

雝雝在宫，肅肅在廟。不顯亦臨，無射亦保。雝雝，和也。肅肅，敬也。不顯，幽隱之處也。射與斁同，厭也。無射，無厭也。保，守也。歐陽氏曰：「『言文王平居在宫中，則雝雝然而和；有事在宗廟，則肅肅然而敬。』朱氏曰：「雖居幽隱，亦常若有臨之者；雖無厭射，亦常有所守焉：言其純而不已如是。」呂氏曰：「聖人，神人之主也。如前章所載，神人孚格，可謂得爲主之道矣。欲求所以孚格者，當於此章觀之。」

肆戎疾不殄，烈假不瑕。不聞亦式，不諫亦入。戎，大也。疾，害也。殄，絶也。烈，光也。假，大也。瑕，玷也，光大而無瑕也。式，法也。朱氏曰：「『雖事之無所前聞者，而亦無不合於法度；雖無諫諍之者，而亦未嘗不入於善。』李氏曰：「其德性可謂不勉而中，不思而得矣。豈待於有所聞、有所諫，而後中道哉？」呂氏曰：「戎疾，大患難也，羑里之囚是也，昆夷、玁狁之難，則其餘已。文王之德如上章所陳，故雖遭大難，而不失其聖，光大而不可毁缺，所謂『肆戎疾不殄，烈假不瑕』也。」

肆成人有德，小子有造。古之人無斁，譽髦斯士。冠以上爲成人。小子，童子也。造，爲也。古之人，指文王也。無斁，無厭也。譽，名譽也。髦，俊也。李氏曰：「惟文王之德如此，故士皆化之。」孔氏曰：「言長者道德已成，幼者有業學習。」王肅云：「周之成人，皆有成德，小子皆所造，爲進於善也。」朱氏曰：「凡所以致是者，蓋由文王之德純而不已，無有厭斁。」鄭氏曰：「故令此士皆有名譽於天下，成其俊乂之美也。」王氏曰：「初言大任、大姒，則化成乎内也。終言譽髦斯士，則化成乎天下矣。」呂氏曰：「聖人流澤萬世者，莫大於作人，所以續天地，生生之大德也。故此詩以是終焉。文王之無斁，孔子之誨人不倦，其心一也。《典》、《謨》作於虞夏，其稱堯、舜、禹、皋陶，已『曰若稽古』，則此詩追述文王，以爲古之人，復何疑哉！」愚按：此篇辭指，與《文王》、《大明》絶類，其言文王之德，最得其深處，意亦非周公不能爲，故以附此。

《禮記》：成王幼，不能涖阼。涖，視也。不能視阼階，行人君之事。周公相，踐阼而治。抗世子法於伯禽，欲令成王之知父子、君臣、長幼之道也。抗，猶舉也。成王有過，則撻伯禽，所以示成王世子之道也。聞之曰：「爲人臣者，殺其身有益於君，則爲之，況于其身以善其君乎！周公優爲之。」于，讀爲迂，猶廣大也。是故知爲人子，然後可以爲人父；知爲人臣，然後可以爲人君；知事人，然後能使人。成王幼，不能涖阼，以爲世子則無爲也。是故抗世子法於伯禽，使之與成王居。欲令成王之知父子、君臣、長幼之義也。君之於世子也，親則父也，尊則君也。有父之親，有君之尊，然後兼天下而有之，是故養世子不可不愼也。愚按：此周公相業之大者也。

子曰：「下之事上也【一三】，雖有庇民之大德，不敢有君民之心，仁之厚也。是故君子恭儉以求役仁，信讓以求役禮，不自尚其事，不自尊其身，儉於位而寡於欲，讓於賢，卑己而尊人，小心而畏義，求以事君。鄭氏曰：「役之言爲也。」得之自是，不得自是，以聽天命。言不易道、儌禄利也。《詩》云：『莫莫葛藟，施于條枚。凱弟君子，求福不回。』豈，樂也。弟，易也。言樂易之君子其求福修德以俟之，不爲回邪之行以要之，如葛藟之延蔓於條枚也。其舜、禹、文王、周公之謂與！有君民之大德，有事君之小心。」

《孟子》：燕人畔。王曰：「吾甚慙於孟子。」朱子曰：「齊破燕後二年，燕人共立太子平爲王。」陳賈曰：「王無患焉。王自以爲與周公孰仁且智？」王曰：「惡！是何言也！」曰：「周公使管叔監殷，管叔以殷畔。知而使之，是不仁也。不知而使之，是不智也。仁、智，周公

【一三】下之事上也　「上也」原作「君」，據《禮記正義》卷五十四改。

未之盡也，而況於王乎？賈請見而解之。」見孟子，問曰：「古聖人也。」曰：「使管叔監殷，管叔以殷畔也，有諸？」曰：「然。」「周公知其將畔而使之與？」曰：「不知也。」「然則聖人且有過與？」曰：「周公，弟也；管叔，兄也。周公之過，不亦宜乎？」朱子曰：「言周公乃管叔之弟，管叔乃周公之兄，然則周公不知管叔之將畔而使之，其過有所不免矣。或曰：『周公之處管叔，不如舜之處象，何也？』游氏曰：『象之惡已著，而其志不過富貴而已，故舜得以是而全之。若管叔之惡未著，而其志其才皆非象比也，周公詎忍逆探其兄之惡而棄之耶？周公愛兄，宜無不盡者。管叔之事，聖人之不幸也。舜誠信而喜象，周公誠信而任管叔，此天理人倫之至，其用心一也。』」

周公相武王誅紂，伐奄三年討其君，驅飛廉於海隅而戮之，滅國者五十，驅虎、豹、犀、象而遠之，天下大悦。孟子曰：「禹惡旨酒，而好善言。湯執中，立賢無方。文王視民如傷，望道而未之見。武王不泄邇，不忘遠。周公思兼三王，以施四事，其有不合者，仰而思之，夜以繼日；幸而得之，坐以待旦。」

《淮南子》曰：周公之事文王也，行無專制，事無由己，身若不勝衣，言若不出口，有奉持於文王，洞洞屬屬，如將不勝，如恐失之，可謂能子矣。

西旅獻獒，太保作《旅獒》。孔氏曰：「西戎遠國貢大犬【二四】，召公陳戒。」李氏曰：「武王克商之後，遂通道于九夷八蠻。蠻夷之類，向之道不通者，今悉通于中國。此武王德威之所丕冒也。然蠻夷之通于中國，雖爲中國之盛，而要非中國之便，是以召公因西旅獻獒，作書以戒武王，非獨止其貪玩寶貨之心，抑恐夷狄之物入于中國，則啓人主開邊之心，而誨夷狄亂華之禍或自此始，故因旅獒之獻而極言之。大臣之格君，其見事之幾，慮患之遠，而防微

【二四】貢大犬　「犬」原作「大」，據《尚書正義》卷十三改。

杜漸固應爾也。」

《旅獒》：惟克商，遂通道于九夷八蠻。西旅底貢厥獒，太保乃作《旅獒》，用訓于王。

孔氏曰：「犬高四尺曰獒，以大爲異。」　葉氏曰：「紂失德而四夷不親，有隔絶而不至者，故武王克商，其道始通。」　張氏曰：「予讀《孟子》，云『惟大人爲能格君心之非』，夫君心之非，何自而見之乎？及讀《旅獒》，然後知古之大人，其事君也，猶子之事父母也。同氣而異息，同心而異體，專體其心，知其喜怒哀樂、寒煖濕燥之節，以調養之。當紂之未誅，天下之責在武王。武王於是乎其心肅然，無敢少怠。及紂既誅矣，天下之責已塞矣，召公恐其心亦易以怠也，故於旅獒之獻爲此篇以訓焉。深察其言，若嚴父師之訓其子弟於未知稼穡艱難者，予於此得大人格心之義，故表而出之。」　愚按：獒方獻而訓已陳，此召公所以爲能格君心者，若待受之而後訓，則非矣。

曰：「嗚呼！明王慎德，四夷咸賓，無有遠邇，畢獻方物，惟服食器用。王乃昭德之致于異姓之邦，無替厥服；分寶玉于伯叔之國，時庸展親。人不易物，惟德其物。

呂氏曰：「謹德，一篇之綱領。四夷所以咸賓者，以其能謹德耳。堯之『允恭』，舜之『惟帝其難』，禹之『克艱厥后』，湯之『慄慄危懼』，皆所謂謹德也。聖人未嘗留意於物，而受四夷之貢者，以宗廟、朝廷、賓客之事所不可少。若因方物之至，而納玩好之物，則荒怠之心生，而失始初謹德之意矣。昭德之致，如以肅謹楛矢分陳之類【二五】，使知王能以德致四夷之物，况諸夏乎？分寶玉，如以夏氏之璜分魯之類，以布親親之意。同是物也，有德則貴，無德則賤。」　王氏曰：「人以王德所致，故不敢易其物，而惟德其物。」　林氏曰：「厚德允元，而蠻夷率服；無怠無荒，而四夷來王；明王謹德，而四夷咸賓；式固爾猶，而淮夷率服：凡此皆帝王御夷狄之上策。凡可以供耳目之玩好者，則不當獻；雖獻之，亦不當受。唐孔氏以器用爲一，或以爲羽毛齒革之類器也，牛馬犬龜之類用也。此説爲長。夫先王之於四夷，不貴彼之難得，不求我之無所用，而猶不以自有，此皆聖人不貪之實也。肅謹氏之矢，夏后氏之璜，諸侯之子孫守而不失，貴其德

【二五】肅謹　「謹」當作「慎」，下同。蓋呂祖謙爲避孝宗諱而改，此例甚多，姑仍其舊。

也。不然，是亦璜與矢而已，何足貴哉！」　蔡氏曰：「昭，示也。德之致，謂上文所貴方物也，昭示于異姓之諸侯，使之無廢其職；分玉于同姓之諸侯，使之益厚其親。王者以其德所致方物，分賜諸侯，故諸侯亦不敢輕易其物，而以德視其物也。」　陳氏曰：「人不易物，惟德其物，天下見人君所賜之物，不以物視物，而以德視物。以物視物，則雖金玉之貴，不啻鴻毛之輕；以德視物，則雖一介之微，若九鼎之重。」　愚按：昭德之致，謂王者得遠方之貢，則分賜諸侯，使知謹德，則能致遠人之服，不德則反是。欲其惕然自省，無替厥服，此即謹德之謂也。德以身言，服以事言，能謹德則能謹事，能謹事則爲能謹其德。古人論德，不在事外也。舊説昭德之致，若有誇示諸侯之意。蔡氏説亦近之，似猶未安。

「德盛不狎侮。狎侮君子，罔以盡人心；狎侮小人，罔以盡其力。孔氏曰：「德盛者必自敬，何狎易侮慢之有？」　吕氏曰：「狎侮之病，必盛德之至，動容周旋中禮之人則無之。下是或未必免狎侮之病。狎侮君子，君子豈能爲用【二六】？色斯舉矣，高蹈遠引，望望然而去，安能盡其心？狎侮小人，小人微賤，固不得不從，然心不服，豈能盡其力？」　唐孔氏曰：「君子謂臣，小人謂民。」

「不役耳目，百度惟貞。孔氏曰：「不以聲色自役，則百度正。」　吕氏曰：「人之一身，心之官爲主，內不能有所主，而徇其外，則爲耳目所役，而百度安得而正？」　唐孔氏引《左傳》杜氏注曰【二七】：「百度，百事之節也。」　陳氏曰：「耳目皆聽命於心，而吾心不爲耳目所役，則姦聲亂色不足以入吾之念慮，公其有不正乎？心既正，則事事物物之各止其所，百度其有不正乎？」

「玩人喪德，玩物喪志。志以道寧，言以道接。孔氏曰：「以人爲戲弄則喪其德，以物爲戲弄則喪其志。在心爲志，發氣爲言，皆以道爲本。」　蔡氏曰：「玩人，即上文狎侮之事。玩物，即上文不役耳目之事。德者，己之所得；志者，心之所之；道者，義理之當然也。己之志以道而寧，則不至於妄發；人之言以道而接，則不至於妄

【二六】君子豈能　「君子」原脱，據《增修東萊書説》卷十八補。

【二七】唐孔氏引左傳　「孔氏」下原有「曰」，據《尚書正義》卷十三删此衍字。

受。存於中者，所以應乎外；制其外者，所以養其中。古昔聖賢相授心法。」呂氏曰：「志通天地，貫金石，徹古今，苟玩於物，安有所謂志？志以道寧，此用工存養之地也，如孟子『持其志』之意。」王氏曰：「玩人，則以驕而滅敬，故喪德。玩物，則以欲勝剛，故喪志。」

「不作無益害有益，功乃成；不貴異物賤用物，民乃足。孔氏曰：「遊觀爲無益，奇巧爲異物。」唐孔氏曰：「諸所妄作，皆爲無益。諸所希有，皆爲異物。」張氏曰：「天下之理，一舉一廢無兼全之義，故以有益爲主，則無益自廢；以用物爲主，則異物自廢。」

「犬馬非其土性不畜，珍禽奇獸不育于國。不寶遠物，則遠人格；所寶維賢，則邇人安。林氏曰：「漢文還千里馬，是能行召公之言者。虞公以垂棘之璧、屈産之乘爲寶，故其視宮之奇若路人。齊桓以四臣爲寶，故其視照乘之珠猶糞土。」蘇氏曰：「夷狄性貪，故喜廉而畏貪。古之循吏，能以廉服夷狄者多矣，而貪吏亦足以致寇，而況於王乎？周穆王得狼鹿耳，而荒服因以不至。」陳氏曰：「言遠人格，則邇可知；言邇人安，則遠可知。」愚按：犬馬非土性不畜，如晉乘鄭小駟以致敗，蓋一事也。不寶遠物，蘇説盡之。又魏文帝遣使求大貝、明珠、象犀、玳瑁、夏翠、鬥鴨之屬於吴，吴羣臣欲勿與，孫權曰：「彼所求者，於我瓦石耳，孤何惜焉！且彼在諒闇而所求若此，寧復可與論禮哉！」具以與之。然則權之所以與之者，乃所以輕之者也。

「嗚呼！夙夜罔或不勤，不矜細行，終累大德。爲山九仞，功虧一簣。允迪兹，生民保厥居，惟乃世王。」孔氏曰：「當早起夜寐，常勤於德。輕忽小物，積害毁大，故君子謹其微。八尺曰仞，喻向成也。未成一簣，猶不爲山，故曰功虧一簣。是以聖人乾乾日昃，謹終如始。」張氏曰：「既明白利害陳於前，則又興嘆，使武王知所歸。其歸何在？勤而已。蓋怠心一萌，則百邪皆至。怠者，百邪之綱領也。惟勤，則百善皆見。勤者，百善之本原也。」呂氏曰：「『夙夜罔或不勤』一句，與明王謹德相爲表裏。罔或是不可時暫不勤，正是謹德工夫，所謂自强不息，源泉混混，不舍晝夜。耳目玩好，何隙可入？矜是矜持之矜，當於一嚬一笑、一動一作之時，子細體察，蓋小處易得放過。功虧一簣，非謂止用一簣做了便足，聖人雖作之不已，常若欠一簣，聖人之心無窮。」

成王在豐，欲宅洛邑，使召公先相宅，作《召誥》。孔氏曰：「武王克商，遷九鼎於洛邑，欲以爲都，故成王居焉。相所居而卜之，遂以陳戒。」唐孔氏曰：「此篇召公告王，宜以夏商爲戒也。於是周公攝政，故使召公先行。」王氏曰：「洛，天地之中，四方朝貢道里均焉。成王又懲三監之難毖，商頑民遷以自近，洛距妹邦爲近，則易使之。遷作王都焉，則易以鎮服也。然鎬京宗廟、社稷、官府、宫室具在，不可遷也，故於洛時會諸侯而已。何以知之？宣王會諸侯於東都，而《車攻》謂之復古。」李氏曰：「召公作書以誥庶商，而其辭乃專指成王，何也？蓋是書之作，正當洛成之後，周公於此歸政於王，成王宅新邑以聽政之初，蓋君心當正之始，故召公以疾敬其德爲戒。敬不敬之異效，凡七言之，至謂敬德不疾，則大命必墜，一篇之書，其辭甚危。是會也，商民咸在，而召公言之，不少畏避，古人之忠誠蓋如此。」

《召誥》：惟二月既望，《漢志》曰：「周公攝政七年，二月乙亥朔庚寅望。」越六日乙未，王朝步自周，則至于豐。孔氏曰：「後六日，二十一日，成王自鎬京至豐，以遷都事告文王廟。」惟太保先周公相宅，孔氏曰：「太保，三公官名，召公也。」越若來三月，惟丙午朏。孔氏曰：「朏，明也。月三日明生之名。」劉氏曰：「越，粤同。發語聲。來三月，猶言明月也。」越三日戊申，太保朝至于洛，卜宅。厥既得卜，則經營。孔氏曰：「三月五日也。」葉氏曰：「《周官·太卜》：『國大遷，大師則貞龜。』」王氏曰：「經其南北而四營之也。」越三日庚戌，太保乃以庶殷攻位于洛汭。越五日甲寅，位成。唐孔氏曰：「庚戌，三月七日。甲寅，三月十一日也。」葉氏曰：「攻位者，闢荆棘，平高下，以定所經營之位也。」孔氏曰：「洛汭，洛水北也。」孫氏曰：「位成於五日之甲寅，所謂庶民攻之，不日成之者也。」林氏曰：「盤庚之遷亳，太王之遷岐，衛文公之遷楚丘，未嘗不卜。然君臣既有定議，故至洛乃卜。《洪範》所以先乃心卿士、庶民，而後卜筮者也。太王『聿來胥宇』，而後『爰契我龜』；衛文公望楚與堂，而後卜云其吉：皆此類也。」

若翼日乙卯，周公朝至于洛，則達觀于新邑營。孔氏曰：「翼，明也。」唐孔氏曰：「十二日也。」蘇氏曰：「遍觀所營也。」呂氏曰：「召公攻位既成，周公乃來觀，上相之體當然。」越三日丁巳，用牲于郊，牛二。孔氏曰：「告立郊社位於天，以后稷配，故牛二耳。」唐孔氏曰：「十四日。」越翼日戊午，乃社于新邑，牛一，羊一，豕一。孔氏曰：「告立社稷之位，用太牢也。社稷共牢。」唐孔氏曰：「十五日也。《禮》：『成廟則釁之』，此其釁之禮與？」越七日甲子，周公乃朝用書，命庶殷侯、甸、男、邦伯。唐孔氏曰：「二十一日也。書，賦功屬役之書也。」厥既命殷庶，庶殷丕作。孔氏曰：「丕作【二八】，言勤事也。」王氏曰：「命庶商及侯甸男服之邦伯也。言庶商丕作者，庶商，讎民也。侯甸男邦，友民也。讎民丕作，則友民從可知也。」太保乃以庶邦冢君出取幣，乃復入錫周公曰：「拜手稽首，旅王若公。陳氏曰：「旅，陳也。成王在鎬，而諸侯在洛，以幣陳於王以及周公者，周公攝王事故也。」葉氏曰：「《禮》：諸侯朝于廟，既畢，出，復束帛加璧入享，謂之幣。既致于王，復奉束帛以請覿，大夫之私相見也，亦謂之幣。君臣不同朝，今旅王及公，非常禮也。」呂氏曰：「此一章，諸儒之説不同。《書序》言成王在豐，不聞在洛。史官言太保來相宅，此豈自來？使成王在洛，召公何不以幣歸之王，乃歸周公？蓋洛邑事畢，周公將歸宗周，召公乃取天下諸侯贄見幣物，獻之周公，使達之王。召公欲陳戒於王，故與周公言曰『拜手稽首，陳於公及王』。雖與周公言，乃欲以諸侯之幣，與其所戒併達於王也。」誥告庶殷，越自乃御事。朱子曰：「告庶殷諸侯及其御事，而陳戒于王者，所謂公事公言之，王者無私也。王時在鎬，豈亦如告卜，既告而

【二八】丕作　「丕」原作「大」，據《尚書正義》卷十五改。

後遣使奉幣，具此辭以告之歟？」

「嗚呼！皇天上帝，改厥元子。茲大國殷之命，惟王受命，無疆惟休，亦無疆惟恤。嗚呼！曷其奈何弗敬？朱子曰：「此數句者，一篇之綱領也。元子者，天之元子。」陳氏曰：「元子不可改，而天改之；大國未易亡，而天亡之：天命之無常如此。今王受天命，誠無疆之福，亦無疆之憂也，其可不敬乎！」林氏曰：「無疆惟休，亦無疆惟恤，正猶一則以喜，一則以懼。」呂氏曰：「『嗚呼』以下，皆告成王之辭，因周公以達王也。元者，長也。代天作子，乃天之長子也。商本天之長子，後世失道，天即換易，而商之命亦轉而爲周之命，皇天之無親如此。今王受命固有無窮之美矣，然而遺大投艱，天下之責在一身，所可憂者，蓋亦無窮。其可不敬！」蔡氏曰：「蓋深言不可不敬也。此篇專言敬，蓋敬則誠實無妄，視聽言動一循乎理，好惡用舍不違乎天。與天同德，然後能受天明命也。人君保有天命，其有要於此哉？伊尹亦言皇天無親，克敬惟親。敬則天與我一矣。」愚按：《大明》詩謂「天位殷適，使不挾四方」，亦改厥元子大國之意。

「天既遐終大邦殷之命，茲殷多先哲王在天，越厥後王後民，茲服厥命，厥終智藏瘝在。夫知保抱攜持厥婦子，以哀籲天。徂厥亡，出執。嗚呼！天亦哀于四方民，其眷命用懋，王其疾敬德！孔氏曰：「言天已遠終商命，此商多先哲王，精神在天不能救者，以紂不行敬故也。」唐孔氏曰：「遐者，言其去不復返也。」朱子曰：「天既絶殷命矣，此殷之初多先哲王，謂湯至武丁賢聖之君六七作，雖死而其精神在天，故能保祐及其後王後民，使之服其命而不替。其後至紂之時，賢智之人退藏，病民之人在位，其民困於虐政，痛而呼天，往而逃亡，出見拘執，天哀下民，故眷命於能勉敬者以代殷位，而周家受之。故王不可不疾敬德，恐無以承天眷命，又復如紂也。」呂氏曰：「以大邦之殷，一失厥道，天即棄絶之。且商家賢聖之君在天，可以憑藉扶持者多矣，若可世享天命，自今觀之，皆不可恃，則成王安可盡憑太王、王季、文、武也？」又曰：「徂厥亡出執，見商之非弱也，其威令尚行於國中，其法令尚嚴，於出奔者即就拘執，民果不能如紂何，而紂果能勝天下矣。其所以終亡者，紂之力能勝百姓，而不能勝天。至天哀于民，紂之威虐亦無所用，人力豈可以勝天哉！」按：朱子引漢上朱氏曰：「人之死，各返其根。體魄陰也，故降而在下；魂氣陽也，故升而在上，則無不之矣。衆人物欲蔽之，故魄散而神不能升。惟聖人清明在躬，志氣如神，故其死也精神在天，與天爲一。」此釋哲王在天之義，今附此。

「相古先民有夏，天迪從子保，面稽天若，今時既墜厥命。今相有殷，天迪格保，面稽天若，今時既墜厥命。今沖子嗣，則無遺壽耇，曰其稽我古人之德，矧曰其有能稽謀自天。

孔氏曰：「視古先民有夏之王，以爲法戒。禹能敬德，天道從而子安之，禹亦面考天心而順之，桀棄禹之道，天已墜其王命。次復觀有商，言天道所以保安湯者，亦如禹。」唐孔氏曰：「格，至也。」張氏曰：「子保，謂子愛之、保佑之。格保，謂下臨之、保佑之。夏、商之哲王，先後如一，成王嗣位，不可以年少氣盛，遺棄元老大臣，元老大臣，非特識古先哲王之德，亦能識天之心。」林氏曰：「禹爲天子而謂之先民。胡博士曰：古者先哲曰先民，言古先民者，甚久之辭也。迪從子保，謂天道既從之視之，知子而保之。迪格保，謂天道亦至保之，面考天意而順之，以天意之所在敬德者，則佑之也。格與『惟帝降格于夏』之格同。稽古人之德，謂老成人多識前言往行。」蔡氏曰：「幼沖之主，於老成之臣，尤易疏遠，故召公言今王以童子嗣位，不可遺棄老成。言其能稽古人之德，是故不可遺也，況言其能稽謀自天，是尤不可遺也。稽古人之德，則於事有所證；稽謀自天，則於理無所違。無遺壽耇，蓋君天下者之要務，故召公特首言之。」愚按：子保立文，猶曰子惠子來也，面謂向之而不背也。惟其朝夕一念，對越于天而不敢背違，然後能考知天意之所順矣。順乎天，則天亦順之，此所謂天若也。

「嗚呼！有王雖小，元子哉！其丕能諴于小民。今休，王不敢後，用顧畏于民碞。王來紹上帝，自服于土中。旦曰：『其作大邑，其自時配皇天，毖祀于上下，其自時中乂。

王厥有成命，治民今休。』王氏曰：「《詩》『戎雖小子，而式洪大』，與此意同。」　蘇氏曰：「王雖幼，周之元子也，其大能以誠感民矣。當及今休其德不敢後者，疾敬其德，不敢遲也。碞，險也。民，猶水也，能載舟亦能覆舟，物無險於民也矣。」　吕氏曰：「召公前既言先王難恃，天命難知，能詢謀故老，方庶幾知，此恐成王自尊而抑之也。既抑之，必又進之，故歎息而言：『王雖沖子，已爲天之元子。苟大能以至誠包容覆育小民，則今即有休美矣。』此所以進成王。前之抑，所以虚其心；後之進，所以强其志。」又曰：「王來都洛，蓋將嗣上帝，中天下而立，定四海之民。『土中』者，洛天下之中也。召公又託周公之言以戒，觀此則《召誥》非告周公明矣。『旦曰』者，言周公亦嘗曰：洛邑非徒作也，合天心，格幽明，治萬民，皆從此出。稱旦者，君前臣名也。王來洛邑，果能如周公之言，爲此大規摹，有此大功業，天命至此，方有所成，以之治民，今必休矣。周至文、武，天命已成，召公乃言『能如此，天命方成』，欲成王以未成居之也。」

蔡氏曰：「其年雖小，而任則大也。其者，期之辭也。」

「王先服殷御事，比介于我有周御事。節性，惟日其邁。王敬作所，不可不敬德。孔氏曰：「召公既述周公所言，又自陳己意，以終其戒。言當先服治商家御事之臣，使比近於我有周治事之臣，必和協，乃可一。時節其性，令不失中，則道化惟日其行。」　唐孔氏曰：「商家治事之臣，謂商朝舊人、嘗被商家任使者也。周家治事之臣，謂西土新來翼贊周家初基者也。周臣恃功，或加陵商士；商人失勢，或踈忌周臣。新舊不和，政必乖戾，故召公戒王云云。」　林氏曰：「周王遷殷頑民于洛，蓋與洛之舊民雜居，其善惡之習不同，非有以和一之，不能相安以處。政必有以服殷御事，使之親比介助於周之御事，然後可。蓋周御事習於教令，無事於服之，故以服殷御事爲先也。然服殷御事在節其性而已，蓋人性無不善，殷人特化紂之惡，是以不義之習遂與性成，而忘反耳。上之人有以節之，使之日進于善，則與周人何以異哉？然欲節民之性，又在王之所化，故王又當敬爲其所不可不敬之德以率之，非政刑所及也。王氏以爲明政刑以節之，此不知道之言。」　蔡氏曰：「所，處所也，猶『所其無逸』之所。王能以敬爲所，則動靜語默，出入起居，無往而不居敬矣。」林氏以『王敬作』以下爲一句，恐不如蔡説爲長。朱子從林氏作一句讀。

「我不可不監于有夏，亦不可不監于有殷。我不敢知曰，有夏服天命，惟有歷年。我不敢知曰，不其延。惟不敬厥德，乃早墜厥命。我不敢知曰，有殷受天命，惟有歷年。我不敢知曰，不其延，惟不敬厥德，乃早墜厥命。今王嗣受厥命，我亦惟兹二國命，嗣若功。

蘇氏曰：「召公恐成王恃天命而自安，故又戒之曰：夏、商之所以多歷年，與其所以不永延者【二九】，皆非我之所敢知。所敢知者，惟不敬德，乃早墜厥命也。今王亦監此二國，修人事而已。」蔡氏曰：「夏、商之有歷年，與不其延，此在天者也。不敬而墜厥命，此在人者也。在天者不可知，所可知者人而已。夏之服天命，商之受天命，皆有歷年，此二國之功也，王當繼順之。」張氏曰：「此召公特言敬之功也。欲知敬與不敬之效，請即夏、商觀之。不敬則早墜厥命，敬德即惟有歷年，是享國長短在我而不在天。」蔡氏曰：「此與上章相古先民之意相爲出入，但上章主言天眷之不足恃，此則直言不敬德則墜厥命爾。」

「王乃初服。嗚呼！若生子，罔不在厥初生，自貽哲命。今天其命哲，命吉凶，命歷年。知今我初服，宅新邑，肆惟王其疾敬德。王其德之用，祈天永命。孔氏曰：「言王新即政，始服行教化，當如子之初生，習爲善，則善矣。」林氏曰：「天以正性命，人初無上智下愚之别，其所以爲上智下愚者，於己取之而已矣。孟子曰：『自暴者不足與有言也，自棄者不足與有爲也。』下愚者爲自暴自棄，則上智豈非自貽乎？祈非祈禱之祈，敬德所以祈之也。早墜厥命，祈天永命，命之脩短非天也，人也。孟子曰『禍福無不自己求之』者，此之謂也。」呂氏曰：「今王君天下，如人之生子，在於初生。自初生而保養之，乃可以全其善。哲命者，人心所有之明哲，非自外來也。天之命哲，命吉凶，命歷年，正在今日。『知今乃初服』者，王知之否，王今初服而有天下，正天命哲，命吉凶歷年之時也。提而省之，往都新邑，敬德安可少緩？王惟德用，乃可祈天永命。言祈天永命無它術，止有敬德爲可耳。

【二九】所以不永延者　「永」原作「水」，據《書傳》卷十三改。

曰『祈』者，欲成王知天命之未定也。」

「其惟王勿以小民淫用非彝，亦敢殄戮用乂民，若有功。其惟王位在德元，小民乃惟刑用于天下，越王顯。」蘇氏曰：「古今説者皆謂召公戒王過用非常之法，又勸王亦須果敢殄滅殺戮以爲治。嗚呼！殄滅殺戮，桀、紂之事也，桀、紂猶有所不果，而召公乃勸王果於殄滅而無疑乎？蓋曰：王勿以小民過用非法之故，亦敢於法外殄戮以治之。民自用非法，民自過，我自不過稱罪於刑而已。民之有罪，過在我，及其有功，則王亦有德，何也？王之位民，德之先倡也，如此則法用於天下，而王亦顯矣。兵固不可弭也，而佳兵者必亂；刑固不可廢也，而恃刑者必亡。痛召公之意，爲俗儒所誣，故具論之。」蔡氏曰：「刑者，德之反，疾於敬德，則當緩於用刑，惟順導民，則可有功。民猶水也，水泛濫横流失其性，然壅而遏之，則害愈甚。惟順而導之，則可以成功。元，首也。居天下之上必有首，天下之德王位在德元，則小民皆儀刑用德于下，於王之德益以顯矣。」「若有功」以下，蘇、蔡説不同，然皆有理，姑並存之。

「上下勤恤，其曰我受天命，丕若有夏歷年，式勿替有殷歷年。欲王以小民，受天永命。」蘇氏曰：「君臣一德，以勤恤民，庶幾王受民歷年如夏、商，且以民心爲天命也。」呂氏曰：「古人止言民，召公又言小民，召公要成王知根本全在小民。」陳氏曰：「必以小民爲言者，蓋小民人所易忽，澤及小民，則無所不及矣。如堯、舜之不虐無告，文王發政先鰥寡孤獨是也。」李氏曰：「君臣上下同此無疆之恤【三〇】，必曰使我之受命若夏、商歷年之久，豈有他哉？不過欲王以小民爲受命之本也。蓋人心之所與，即天命之所歸，求之於天，不若求之於民爲切爾。」蔡氏曰：「其亦期之之辭。」愚按：前言王其德之用祈天永命，此言欲王以小民祈天永命，蓋祈天永命之道無他，惟修德與愛民而已。拜手稽首曰：「予小臣敢以土之讎民百君子，越友民，保受王威命明德，王末有成命，王亦顯。我非敢勤，惟恭奉幣，用供王能祈天永命。」孔氏曰：「盡禮致敬以入

【三〇】君臣上下　「上」原作「王」，據文意徑改。

其言。予小臣，謙辭。」按：公，王之叔父，國之元臣，其事幼沖之主盡敬如此，真萬世人臣之法也。　蘇氏曰：「商雖已丕作召公憂，其間尚有反側自疑者，故因其大和會而協同之。讎民，商之頑民與三監之叛者。友民，周民也。百君子，商、周之賢士大夫也。自今以往，周家、商人與百君子皆同保受王威德，王終當受天永命，以顯于後世。我非敢以爲勤勞也，奉幣以贊王，祈天永命而已。」　林氏曰：「讎民而謂之君子，正猶頑民而謂之多士也。商民於周不能無嫌貳，使成王置親疎輕重於其間，此亂之所由起也。謂王能一視商、周之民，無讎友之間，此祈天永命之道也。」　蔡氏曰：「奉幣之禮，臣職之所當，恭而祈天之實，則在王之所自盡也。」又按：奉幣，意即上文『取幣以錫周公而旅王』，蓋當時成王將舉新邑之祀，故召公奉以助祭云。

成王將崩，命召公、畢公率諸侯相康王，作《顧命》。孔氏曰：「二公爲二伯，中分天下而治之。臨終之命曰顧命。」　張氏曰：「此成王將崩，顧祖宗基業，欲傳之後嗣，而有付託之命也。召公、畢公，皆佐命大臣，與武王同建立周家社稷，所謂國之元老也。付託子孫，非此二人其誰可乎？《公羊傳》曰：『三公者何？天子之相也。天子之相何以三？自陝而東者，周公主之；自陝而西者，召公主之；一相處乎內。』今周公既沒，畢公代之，故主東方諸侯。然以三公職序論之，太師居上，太保居下，而顧託之命，乃以召公居先，何也？曰：平時在朝任天下事，曰周公、召公而已。周公既沒，不以召公首當顧命之任，可乎？」　呂氏曰：「天子，天下之共主也【三一】。成王有疾，臨廟朝而命之【三二】，二公受遺，率諸侯而輔之，所以定天位而嚴大寶也。世稱漢武拔霍光於宿衛，託以幼孤，爲知人。抑不知所謂大臣者，非可以寄安危而屬存亡者，不在此位。如周之召、畢，內則揔衆職，外則統諸侯，君存則輔政，君沒則託孤，所謂受遺者，蓋其一職也。武帝垂沒，始拔一人而付之，平時大臣果安用乎？其亡見甚矣【三三】。」

《顧命》：惟四月哉生魄，王不懌。成王崩年之四月始生魄，月十六日，王有疾，故不悅懌。甲子，王乃洮頮水，相被冕服，憑玉几。王發大命、臨羣臣，必齋戒沐浴。今疾病，故但洮盥頮面，扶相者被以冠冕，

【三一】天下之共主也　「共主」原作「去王」，據《增修東萊書說》卷三十一改。

【三二】臨廟朝而命之　「廟」原作「廣」，據《增修東萊書說》卷三十一改。

【三三】其亡見甚矣　「甚」原作「其」，據文意徑改。

加朝服，憑玉几以出命。　呂氏曰：「成王甲子之命，去崩纔一日耳，猶盥洗以致其潔，冠服以致其嚴，託孤之言淵奥精明，蓋臨衆之敬，不以困憊廢，而恭定之理，雖垂没猶炯然也。惟善治氣者爲能歷病疾而不惰，惟善養心者惟能臨死生而不昏，此豈一朝一夕之積哉！」　陳氏曰：「此天子疾時，見羣臣也。君問之東首，加朝服拖紳，此人臣疾時見人君也。莫困於疾，而禮法之嚴不以疾廢，故不可以冕服而猶被之冕服，不可以朝紳而猶加之以朝紳，古之人勉强於禮，蓋如此耳。」乃同，召太保奭、芮伯、彤伯、畢公、衛侯、毛公、師氏、虎臣、百尹、御事。同召六卿，下至御治事，太保、畢、毛稱公，則三公矣。此先後六卿次第，冢宰第一，召公領之；司徒第二，芮伯爲之；宗伯第三，彤伯爲之；司馬第四，畢公領之；司寇第五，衛侯爲之【三四】；司空第六，毛公領之。召、芮、彤、畢、衛、毛皆國名，入爲天子公卿。　呂氏曰：「師氏、虎臣，宿衛之臣也。百尹、御事，百司之長與凡庶僚，治事者也【三五】。召公以太保領冢宰，固無可疑。畢、召一體而班在四者，蓋司馬兵權在其掌握，非元老重臣未易付也。」

王曰：「嗚呼！疾大漸，惟幾，病日臻。既彌留，恐不獲誓言嗣，兹予審訓命汝。自歎其疾大進，篤惟危殆。病日甚，言困甚已久。留，言無瘳。恐不得結信出言，嗣續我志，以此故，我詳審教命汝。昔君文王、武王宣重光，奠麗陳教，則肄肄不違，用克達殷集大命。葉氏曰：「昔我文考若日月之照臨，文王有明德，故天復命武王，所謂宣重光也。」　呂氏口：「堯、舜君臣而並，故謂之重畢；文、武父子而處，故謂之重光：自古聖人相繼之盛，惟此時爲然。奠麗者，定民之所附麗，如居之麗於棟宇，食之麗於畎畝之類，蓋言養之也。陳教，則教之也。人君之職，不過教養二端而已。」　蔡氏曰：「麗，依也。言文、武宣布重明之德，定民所依，陳列教條，則民服習而不違，天下化之，用能達於殷邦，而集大命於周也。」　按：奠麗與《多方》「開于民之麗」必同一意，但此無「民」字，呂、蔡之説，未知必然否？

「在後之侗，敬迓天威，嗣守文、武大訓，無敢昏逾。在文、武後之侗稚，成王自斥也。　呂氏

【三四】衛侯爲之　「爲」字原脱，據《書經集傳》卷六補。

【三五】治事者也　「也」字原脱，據《增修東萊書説》卷三十一補。

曰：「此成王自叙平日用力之實也。敬迓天威者，凛然如在其上，敬以承之，而非心之有所將迎也。天威者，理也。文、武大訓，述此理者也。嗣守云云，言操存之工也。敬則不昏，昏則不存矣。少昏即逾，君子所以每用敬也。」今天降疾，殆弗興弗悟。爾尚明時朕言，用敬保元子釗，弘濟于艱難，柔遠能邇，安勸小大庶邦。」釗，康王名。　呂氏曰：「此言疾之既殆，後將不復有言，欲羣臣明聽是言也。然弗興弗悟，血氣之病耳，若志氣則無敢昏逾者，初未嘗病也。『敬保』云云者，屬二公、羣臣保傅康王大濟于艱難。曰元子者，正其統也。柔遠以下，畧舉君道大綱以示之也：懷柔、安慰、勸導，皆居上之道，合遠、邇小大而言之者，周徧不遺，乃所謂君道也。」思夫人自亂于威儀，爾無以釗冒貢于非幾。」呂氏曰：「斯言也，蓋成王平日至親至切之學，至死始發其祕也。周公精微之傳，成王得之，將終，方以示羣臣。孔子精微之傳，曾子得之，將終，方以示孟敬子：皆近在於威儀、容貌、顔色辭氣之際。然則周、孔豈惟同道，其用工之次第品目，亦莫不同也。人受天地之中以生，是以有動作威儀之則，蓋莫非天命也。躁輕縱緩，或踰其則，特人自亂之耳，其天秩本何嘗亂哉？曰『思夫人自亂于威儀』，遡其語意之深長，可見其觀之遠也。威儀失則，豈待形於事，見於行，然後當戒？一俯一仰，毫釐有間，即非天命，已冒進于非之幾矣。曰『爾無以釗冒貢于非幾』，味其誥戒之嚴密，可見其察之精也。有用力于聖學者，其可不請事斯語乎？」蘇氏曰：「死生之際，聖賢所甚重也。成王將崩之一日，被冕服以見百官，出經遠保世之言，其不死於宦官、婦人之手明矣。其致刑措，宜哉！」

兹既受命，還，出綴衣于庭。越翼日乙丑，王崩。太保命仲桓、南宫毛俾爰齊侯吕伋，以二干戈，虎賁百人，逆子釗於南門之外。延入翼室，恤宅宗。丁卯，命作册度。越七日癸酉，伯相命士須材。綴衣，帳幄。羣臣既退，徹出帳幄于庭，王寢于北牖下。桓、毛二臣，名臣子，皆侍左右，將正太子之尊，故出於路寢門外。使桓、毛二臣各執干戈，於齊侯呂伋索虎賁百人，更新逆門外，所以殊之。伋爲天子虎賁氏，明堂、路寢延之，使居憂爲天下宗主。命史爲册，書法度，傳《顧命》於康王。邦伯爲相，則召公命士須材木爲喪用。　唐孔氏曰：『天子初崩，太子必在其側，故知出而更逆以殊之。』　蘇氏曰：「翼室，路寢旁左右翼室也。」　范氏曰：「周公作《立政》以戒成王，自左右常伯至于綴衣、虎賁，皆選忠良，而勿以憸人。是時齊侯呂伋掌天子之兵，故康王之立，太保命仲、桓、南宫毛取干戈、虎賁百人以逆之。周家以爲天子心膂爪牙者，太公之子也，其發之也，以宰相之命，二諸侯往焉，謹重如此，王室其可亂乎！」　又曰：「太子在内，特出而迎之，所以顯之於衆也。古之立君，惟恐衆之不覩，而事之不顯也，天子者，天下之共主也，故當與天下之人戴而君之，未有竊取諸宫中而立之也。先王於其即位也，必以禮正其始；於其將没也，亦以禮正其終。《顧命》之書，所以爲萬世帝王之法也。」　呂氏曰：「成王之軍政，統六師者則畢公焉。典宿衛者，則太公之子焉，兵柄之所屬，亦不輕矣。國有大喪，呼吸安危，徵宿衛以逆嗣君，事莫重焉。發命者冢宰，傳命者兩朝臣，承命者勳戚，顯諸侯體統尊嚴，樞機周密，折衝銷萌之意則深矣。桓、毛非不可獨任者【三六】，將立君之命，並遣而往，所以爲萬世慮也。入自端門，萬姓咸覩，與天下共之也。延入翼室，爲憂居之宗，示天下不可以一日無統也。唐穆、敬以降，閹守執國命，易主於宫掖，而外廷猶不聞，然後知周家之制，曲盡備豫，雖一條一節，亦不可廢也。天子七日而殯，『伯相命士須材』，蓋既殯而致百祀之材【三七】，共喪之百用也。召公以西伯爲相，變文曰『伯相』者，見其摠内外之任也。自成王既崩之後，訖康王受册之前，命皆出於召公，而它人不與焉，故始終以太保伯相言之，所以一號令而無二門也。」　唐孔氏曰：「須材，謂椁與明器。」狄設黼扆綴衣。狄，下士。扆，屏風畫爲斧文，置户牖間，復設幄帳，象平生所爲。牖間南嚮。敷重篾席，黼純，華玉仍几。篾，桃枝竹，白黑雜繒緣之。華，彩色。華玉以飾憑几。仍，因也。因生時几不改作，此見羣臣覲諸侯之坐。西序東嚮，敷重厎席，綴純，文貝仍几。東西廂謂之序。厎，蒻苹。綴，雜綵。有文之貝飾几，此旦夕聽事之坐。東序西嚮，敷重

【三六】桓毛非不可　「桓」原作「相」，據《增修東萊書説》卷三十一改。

【三七】百祀之材　「祀」原作「祝」，據《增修東萊書説》卷三十一改。

豐席，畫純雕玉仍几。豐筦，彩色，爲畫雕刻鏤，此養國老、饗羣臣之坐。西夾南嚮，敷重筍席，玄紛純，漆仍几。西廂夾室之前。筍，蒻竹。玄紛，黑綬，此親屬私宴之坐，故席几質飾。越玉五重，陳寶。於東西序坐，北列玉五重。又陳先王所寶之器物。赤刀、大訓、弘璧、琬琰在西序。寶刀，赤刃削。大訓，虞書典謨。大璧，琬琰之珪爲二重。大玉、夷玉、天球、河圖在東序。三玉爲三重。夷，常也。球，雍州所貢。河圖八卦，伏羲氏王天下，龍馬出河，遂則其文以畫八卦，謂之河圖，及典謨皆歷代傳寶之。夷玉，馬云越地東夷之羡玉。《説文》：夷玉即珣玗琪。胤之舞衣、大貝、鼖鼓在西房。胤國所爲舞者之衣，皆中法。大貝，如車渠。鼖鼓，長八尺，商、周傳寶之。西房，西夾坐東。兑之戈、和之弓、垂之竹矢在東房。兑、和，古之巧人。垂，舜、共工所爲，皆中法，故亦傳寶之。東房，東廂夾室。大輅在賓階面，綴輅在阼階面。大輅，玉。綴輅，金。面，前。皆南向。先輅在左塾之前，次輅在右塾之前。先輅，象；次輅，木。金玉象皆以飾車，木則無飾。皆在路寢門内，左右塾前北面。凡所陳列，皆象成王生時華國之事，所以重顧命。二人雀弁，執惠，立于畢門之内。士衛殯與在廟同，故雀韋弁惠三隅矛。路寢門，一名畢門。四人綦弁，執戈上刃，夾兩階戺。綦文鹿子皮弁亦士。堂廉曰戺，士所立處。一人冕，執劉，立于東堂。一人冕，執鉞，立于西堂。冕，皆大夫也。劉，鉞屬。立於東西廂之前堂。一人冕，執戣，立于東垂。一人冕，執瞿，立于西垂。戣、瞿皆戟屬，立於東西下之階上。一人冕，執鋭，立于側階。鋭，矛屬也。側階，北下立階上。王麻冕黼裳，由賓階隮。王及羣臣皆吉服，用西階升，不敢當主。卿士邦君麻冕蟻裳，入即位。公卿大夫及諸侯皆同服，亦廟中之禮。蟻，裳名，色玄。太保、太史、太宗皆麻冕彤裳。執事各異裳。彤，纁也。太宗，上宗，即宗伯也。太保承介圭，上宗奉同瑁，由阼階隮。大圭，尺二寸，天子守之，故奉以奠康王所位。同，爵名。瑁，所以冒諸侯圭，以齊瑞信，方四寸，邪刻之。用阼階升，由便不嫌。太史秉書，由賓階隮，御王册命，曰：「皇后憑玉几，道揚末命。命汝嗣訓，臨君周邦，率循大卞，燮和天下，用答揚文、武之光訓。」册命之詞。吕氏曰：「太史奉册以贊王，故與王接武而升。『皇后憑玉几』以下【三八】，册命之辭也。言太君力疾，親憑几而揚末命，所以深發其哀敬也。不曰『嗣位』而曰『嗣訓』，所以守位循其本也。臨君周邦，位之大也。率循大卞，法之大也。燮和天下，和之大也。居大位，必由大法，致大和，然後可以對揚文、武之明訓。册辭典正嚴重如此，後世讀之，猶竦然形神俱肅，親承之者蓋可知也。」王再拜，興，答曰：「眇眇予末小子，其能而亂四方，以敬忌天威。」言我微末小子，其能如父祖治四方，以敬忌天威乎？謙辭託不能。蔡氏曰：「顧命有敬迓天威，嗣守文、武大訓之誥，故太史所告，康王所答，皆於是致意焉。」乃受同瑁，王三宿，三祭，三咤。王受瑁爲主，受同以祭。禮成於三，故酌者實三爵於王，王三進爵，三祭酒，三奠爵，告己受羣臣顧命。咤，《説文》曰「奠爵也」。上宗曰饗。吕氏曰：「傳神命而以神之享告也。」

太保受同，降。受王所饗同，下堂反於篚。盥，以異同，秉璋以酢。太保以盥手洗異同實酒，秉璋以酢祭。半圭曰璋，臣所奉玉。已祭，太保又祭，報祭曰酢。授宗人同，拜，王答拜。宗人，小宗伯，佐大宗者。太保供王，宗人供太保。拜白已傳顧命，故授宗人同。拜之，答拜，尊所受命。太保受同，祭嚌。太保既拜而祭，既祭受福。嚌，至齒也。宅授宗人同，拜，王答拜。太保居其所，授宗人同，拜，白成王以事，畢，王答拜，敬所白。太保降，收。太保下堂，則王可知。有司於此盡收徹。諸侯出廟門俟。言諸侯，則卿士已下亦可知。殯之所

【三八】玉几以下　「下」字原脱，據《增修東萊書説》卷三十一補。

處，故曰廟，皆待王後命。　蘇氏曰：「此路寢門也，而謂之廟，以王殯在焉。」　葉氏曰：「此受册而祭於殯之事也。」吕氏曰：「侯者，侯見康王於門外。下篇康王亦出外朝而告諸侯，蓋入廟門則了道也，出廟門則君道也。新天子之尊固屈於門内，而伸於門外也。父子、君臣之義著矣。」　愚按：此篇見周公養成召德之效，又見召公當危疑之際，區處周密，皆可爲來世法。

《公劉》，召康公戒成王也。成王將涖政，戒以民事，美公劉之厚於民，而獻是詩也。

孔氏曰：「《周本紀》云『后稷生不窋，不窋生鞠陶，鞠陶生公劉』，是后稷之曾孫也。后稷本封於邰。」　王氏曰：「周之有公劉，言乎其時則甚微，言乎其事則甚勤。稱時之甚微，以戒其盈；稱事之甚勤，以懲其逸：蓋召公之志也。」

篤公劉，匪居匪康，迺埸迺疆，迺積迺倉。迺裹餱糧，于橐于囊，思輯用光。弓矢斯張，干戈戚揚，爰方啓行。　篤，厚也。康，安也。埸，畔也。疆，界也。積，委積也。餱，食也。糧，粮也。小曰橐，大曰囊。輯，和也。干，盾也。戈，句子戟也。戚，斧也。揚，鉞也。方，猶始也。　朱氏曰：「言厚哉公劉之於民也，其在西戎，不敢寧居，以治其田疇，實其倉廩。既富且强，迺裹其餱糧，思以輯和其人民，而光顯其國家。於是以其弓矢斧鉞之備，爰始啓行，而遷國於豳焉。」　吕氏曰：「毛、鄭以公劉居於邰，而遭夏人亂，辟難遷於豳。且以爲在邰有疆埸積倉，爲夏人迫逐，乃棄而去。攷之是章，意象整暇，不見迫逐之事。以《國語》、《史記》參之，蓋自不窋已竄于西戎，至公劉而復興疆埸積倉，内治既備，然後裹餱治兵，拓大境土，而遷都于豳焉。國都雖遷，向之疆埸積倉，固在其封内也。」

篤公劉，于胥斯原，既庶既繁，既順迺宣，而無永歎。陟則在巘，復降在原。何以舟之？維玉及瑶，㻫琫容刀【三九】。　胥，相。順，猶安也。宣，遍也。巘，小山，别於大山也。舟，帶也。下曰㻫，上曰琫。㻫者，刀鞘之名。琫者，鞘之飾也。瑶者，玉之别名。廣平曰原。　鄭氏曰：「厚乎！公劉之相此原以居

【三九】㻫琫　《毛詩正義》卷十七作「鞞琫」，注文又作「鞸琫」，其字皆通。

民。民既衆矣，既多矣，既順矣，皆安今之居，而無長嘆思其舊也。公劉之相此原地也，由原而升巘，復下在原，言反覆之，重民居也。」 朱氏曰：「此章言至豳而相土也。」 吕氏曰：「躋攀跋涉，賤者之事，非貴者所能堪也，公劉陟巘降原，其勞如此！視其何所佩服乎？則維玉及瑶，鞸琫容刀也。以如是之佩服，親如是之勞苦，斯其所以爲厚於民也歟！」

篤公劉，逝彼百泉，瞻彼溥原。迺陟南岡，乃覯于京。京師之野，于時處處，于時廬旅。于時言言，于時語語。逝，往。瞻，視。溥，廣也。山脊曰岡，絶高謂之京。 鄭氏曰：「于，於。時，是也。直言曰言，直論曰語。公劉往之彼百泉之間，視其廣原可居之處，乃升南山之脊，乃見其可居者於京，謂可營立都邑。京地，乃衆民所宜居之野也。」 横渠張氏曰：「『逝彼百泉，瞻彼溥原』，只看百泉之注處【四〇】，便知地利也。」 蘇氏曰：「公劉之營京邑也，審矣。自下觀之，則往百泉而望廣原。自上觀之，則陟南岡而覯京師。審其可處矣，則經畫以定之，曰：『此可以居民，此可以廬賓旅，此可以施教令，此可以議政事。』蓋自遷豳至此，而始有朝廷邑居之正焉。」 朱氏曰：「京師，高丘而衆居之也。董氏所謂京師者起於此，其後世因以所都爲京師。『曰嬪于京』，『依其在京』，則岐周之京也。『王配于京』，則鎬京也。《春秋》所書京師，則洛邑也。皆仍其本號而稱之，猶晉之云新絳、故絳也。洛邑亦謂之洛師，正京師之意也。於是言其所言，於是語其所語，無不於斯焉。」

篤公劉，于京斯依，蹌蹌濟濟，俾筵俾几。既登乃依，乃造其曹，執豕于牢，酌之用匏。食之飲之，君之宗之。 鄭氏曰：「公劉之居於此京，依而築宫室。其既成也，與羣臣飲酒以樂之【四一】。」 陳氏曰：「蹌蹌濟濟者，禮容之盛也。」 孔氏曰【四二】：「公劉使人爲之設筵設几。」 毛氏曰：「賓已登席坐矣，乃依几矣。曹，羣也。執豕于牢，新國則殺禮也。酌之用匏，儉以質也。君之宗之，爲之君，爲之大宗也。」 吕氏曰：「『食之飲之，君之宗之』，謂既饗燕而定經制，使上下相維也。公劉之爲君久矣，於此始曰『君之』者，言公劉之整屬其民，上則

【四〇】百泉之注處 「注」，《吕氏家塾讀書記》卷二十六作「往」。

【四一】飲酒以樂之 「樂」原作「落」，據《毛詩正義》卷十七改。

【四二】孔氏曰 「孔」原作「亂」，據《吕氏家塾讀書記》卷二十六改。

皆統於君，下則各統於宗，其相維蓋如此也。古者建國立宗，其事相須。春秋之末，晉執蠻子以畀楚【四三】，楚司馬致邑立宗焉，以誘其遺民而盡俘以歸。當典刑廢壞垂盡之時，暫爲詐諼之計，猶必立宗焉，前乎此者，可知矣。」

篤公劉，既溥既長，既景廼岡。相其陰陽，觀其流泉，其軍三單。度其隰原，徹田爲糧。度其夕陽，豳居允荒。山西曰夕陽。允，信也。荒，大也。　蘇氏曰：「宫室既成，則治其田原，既廣且長矣，於是考之日景，參之以高岡，以相其陰陽寒暖之宜，水泉灌溉之利，辨其土宜以授野人。」　孔氏曰：「民居田畝，或南或北，皆須正其方面，故以日景定之。大名則山南爲陽，山北爲陰，但廣谷人川，有寒有暖，寒暖不同【四四】，所宜則異，故相之也。流泉所以灌溉。」　鄭氏曰：「大國之制三軍，以其餘卒爲羨，今公劉遷於豳，民始從之，丁夫適滿三軍之數。單者，無羨卒也。度其隰與原田之多少，徹之使出税，以爲國用。什一而税謂之徹。」　王氏曰：「前既言『既庶既繁』，今更言其僅足三軍，何也？前既遷，復輯其民，是爲既庶既繁；今所謂僅足三軍，則三軍大國之制，於是始爲大國，則其軍僅足而已。且言其僅足者，爲將言其後『爰衆爰有』也。」　李氏曰：「周人徹法，自公劉始。」　蘇氏曰：「於是又度其山西之田以廣之，而豳人之居於此益大。」　朱氏曰：「民至此始受田，有常産者矣。」篤公劉，于豳斯館。涉渭爲亂，取厲取鍛。止基廼理，爰衆爰有。夾其皇澗，遡其過澗，止旅廼密，芮鞫之即。館，舍也。正絶流曰亂。皇，澗名也。遡，鄉也。過，澗名也。芮，水名，《職方》作「汭」。　鄭氏曰：「夾其皇澗，遡其過澗，皆布居澗水之旁。水之外曰鞫。」　朱氏曰：「此章揔叙其所始終也。亂，舟之截流横渡者。涉，謂取材而爲之，以往來取厲取鍛也。厲，砥石也。鍛，鐵也。此言其始來居時，以此成民居及宫室也。既止基於此矣，乃疆理其田野，則人數益繁庶富足。其居有夾澗者，有遡澗者。其止居之衆，日以益密，乃復即芮鞫而居之，豳地日以廣矣。」　吕氏曰：「『止旅乃密，芮鞫之即』，風氣日開，民編日衆，規模日廣，有方興未艾之象焉，周之王業既兆于此矣。」

《洞酌》，召康公戒成王也。言皇天親有德，饗有道也。

【四三】蠻子　原作「欒子」，據《左傳》哀公四年改。

【四四】寒暖不同　「寒暖」原脱，據《毛詩正義》卷十七補。

洞音迥。酌彼行潦，挹彼注兹，可以餴甫云反。饎。尺志反。豈弟君子，民之父母。洞，遠也。餴，餾也。饎，酒食也。豈弟君子，民之父母，樂以彊教之，易以悦安之，民皆有父之尊，有母之親。朱氏曰：「遠酌彼行潦，挹之於彼而注之於此，尚可以餴饎，豈弟君子，豈不爲民之父母乎？民歸之如父母，則皇天親之饗之矣。」蘇氏曰：「雖行潦汙賤之水，苟挹之於彼而注之於此，則遂可以餴饎。孟子曰：『雖有惡人，齋戒沐浴，則可以祀上帝。』此所以爲戒成王也。」

洞酌彼行潦，挹彼注兹，可以濯罍。豈弟君子，民之攸歸。濯，滌也。罍，祭器。橫渠張氏曰：「皇天親有德，饗有道，『民之攸歸』之類也。」

洞酌彼行潦，挹彼注兹，可以濯溉。豈弟君子，民之攸塈。鄭氏曰：「塈，息也。」

《卷阿》，召康公戒成王也。言求賢用吉士也。

有卷者阿，飄風自南。豈弟君子，來游來歌，以矢其音。卷，曲也。飄風，回風也。矢，陳也。君子，指王也。鄭氏曰：「大陵曰阿。有大陵卷然而曲，廻風從長養之方來入之，喻王當屈體以待賢者。」王氏曰：「『有卷者阿』，則虚中屈體之大陵。『飄風自南』，則化養萬物之廻風。不虚中，則風無自而入；不屈體，則風無自而留。其爲陵也不大，則其化養也不博。王之求賢，則亦如此而已。」朱氏曰：「疑召公從成王遊於卷阿之上而賦其事，因王之歌而作此以爲戒。此章總序以發端也。」呂氏曰：「此章具賦、比、興三義：其作詩之由，當從朱氏；其因卷阿、飄風而發興，當從毛氏；以卷阿飄風而興求賢，因以虚中屈體、化養萬物爲比，則如鄭氏、王氏之説。三説相須，其義始備。」伴奂爾游矣，優游爾休矣。豈弟君子，俾爾彌爾性，似先公酋矣。伴奂、優游，閑暇之意。爾，皆指王也。酋，終也。董氏曰：「能充其性，則能似其先君矣。」王氏曰：「彌者，充而成之、使無間之謂也。」　呂氏曰：「自此章以下，皆召公陳其詠歌之辭也。國家閒暇，君臣游衍，可謂伴奐而優游矣。所願乎成王者，惟充其性，似先公之克終而已。俾爾者，祝辭也。彌爾性者，祝其進益成就至於無虧闕之地也。似先公者，召公，周之尊老，故其祝成王遠本先公，不忘舊也。祝之所以戒之也。」　朱氏曰：「自此至第四章，皆極言壽考福禄之盛，廣王心而歆動之。五章以後，乃告以所以致此之由也。」

爾土宇昄章，亦孔之厚矣。豈弟君子，俾爾彌爾性，百神爾主矣。昄，大也。章，著也。李氏曰：「成王承文、武之緒，其土宇大而且著，其厚甚矣，不可以有加矣。」　呂氏曰：「土宇既厚，惟祝其彌爾性，長爲百神之主而已。天子者，百神之主也。苟以逸欲虧其性，則天位難保，將無以主百神矣。上二句嘆而美之，下三句祝而戒之也。前後兩章亦然。」

爾受命長矣，茀禄爾康矣。豈弟君子，俾爾彌爾性，純嘏爾常矣。茀，福也。康，安也。純，大也。嘏，福也。常，常享之也。　陳氏曰：「爾受天命，累世已久，福禄已安矣」。呂氏曰：「自三章至此章，皆嘆美祝戒之辭，雖未及於求賢，然成王所以彌爾性而似先公，主百神而常純嘏者，果何以致之乎？其意蓋在其中矣。」

有馮有翼，有孝有德，以引以翼。豈弟君子，四方爲則。馮依，輔翼也。則，法也。　蘇氏曰：「在前則有馮，在側則有翼。」　王氏曰：「以引引其前，以翼翼其左右。」　呂氏曰：「是詩雖戒求賢，然詠歌以道之，故其辭從容不迫，至此章始明言賢者之益焉。『有馮有翼』，自成王言之也；『以引以翼』，自賢者言之也。有孝、有德之人，在王左右，以引以翼，然後王德罔愆，可以爲四方之法也。賢者之行非一端，必有孝、有德，何也？蓋人主常與慈祥篤實之人處，其所以興起善端，涵養德性，鎮其躁而消其邪，日改月化，有不在言語之間者矣。故宣王之在内者，唯云『張仲孝友』，而蕭望之亦謂『張敞材輕，非師傅之器』，皆此意也。」　朱氏曰：「自此章以下，乃言所以致上章福禄之由也。」

顒顒卬卬，如圭如璋，令聞令望。豈弟君子，四方爲綱。顒顒卬卬，尊嚴也。如圭如璋，純潔也。令聞，善譽也。令望，威儀可望法也。鄭氏曰：「王有賢臣，與之以禮義相切瑳，體貌則顒顒然敬順，志氣則卬卬然高朗，如王之圭璋也。人聞之則有善聲譽，人望之則有善威儀，德行相副。」朱氏曰：「承上章言得馮翼孝德之助，則能如此，即四方以爲綱矣。」

鳳皇于飛，翽翽其羽，亦集爰止。藹藹王多吉士，維君子使，媚于天子。鳳皇，靈鳥也。雄曰鳳，雌曰凰。翽翽，羽聲。藹藹，衆多也。媚，愛也。鄭氏曰：「因時鳳凰至，故喻焉。」朱氏曰：「鳳凰于飛，則翽翽其羽，而集於其所止矣。藹藹王多吉士，則維王之所使，而皆媚于天子矣。媚，愛也，非邪媚之謂也。」呂氏曰：「自此以下，廣言人材之盛也。『亦集爰止』，言其萃聚也。」

鳳皇于飛，翽翽其羽，亦傅音附。于天。藹藹王多吉人，維君子命，媚于庶人。傅，猶戾也。命，猶使也。親愛庶人，謂無擾之。鳳皇鳴矣，于彼高岡。梧桐生矣，于彼朝陽。菶菶萋萋，雝雝喈喈。朱氏曰：「興下章之事也。」毛氏曰：「山東曰朝陽。菶菶萋萋，梧桐盛也。雝雝喈喈，鳳凰鳴也。」鄭氏曰：「岡，山脊。鳳皇非梧桐不棲。」君子之車，既庶且多。君子之馬，既閑且馳。矢詩不多，維以遂歌。庶，衆。閑，習也。朱氏曰：「承上章之興也。菶菶萋萋，則雝雝喈喈矣。君子之車馬衆多，則亦足以待賢者矣。」呂氏曰：「高岡，顯地也。梧桐，嘉木也。鳳皇棲鳴其間，可謂得其所矣，故極言菶菶萋萋之盛，雝雝喈喈之樂，以形容之。今王之車馬既多既閑，苟得衆賢載之，其光華和樂，殆非形容所及也。有其時，有其具，召公所以欲成王勉夫此也。『矢詩不多，維以遂歌』者，召公言初陳詩以戒王，其辭本不多也，意不能已，遂歌而至於累章耳。」

《詩大序》：《關雎》、《麟趾》之化，王者之風，故繫之周公。南，言化自北而南也。

《鵲巢》、《騶虞》之德，諸侯之風也，先王之所以教，故繫之召公。《周南》、《召南》，正始之道，王化之基。鄭氏曰：「自，從也。從北而南，則其化從岐周被江漢之域。」張氏曰：「言南者，以河東則時爲紂所屬，自郊以北，皆爲獯鬻所取，所及者，向南之邑，江漢汝墳是也。」程氏曰：「召伯爲諸侯長，故諸侯之詩主之於《召南》。」蘇氏曰：「文王之風，謂之《周南》、《召南》，何也？文王之治國也，所以爲其國者，屬之周公；所以交於諸侯者，屬之召公。《召南》有召公之詩，《周南》無周公之詩者，周公在内，近於文王，雖有德而不見，則其詩不作。召公在外，遠於文王，功業明普，則詩作於下，此理之最明者也。」朱氏曰：「周公制禮作樂，於是取文王時詩分爲二篇，其言文王之化者，繫之周公，以周公主内治故也；其言諸侯之國被文王之化以成德者，繫之召公，以召公長諸侯故也。」

《甘棠》，美召伯也。召伯之教，明於南國。《釋文》云：「召康公也。」《燕世家》云：「與周同姓。」

蔽芾甘棠，勿翦勿伐，召伯所茇。蔽芾，盛也。甘棠，杜也。翦，去。伐，擊也。茇，草舍也。長樂王氏曰：「召伯觀省風俗，或茇甘棠之下，以受民訟。」《左氏傳》曰：「召伯所茇，思其人猶愛其樹。」劉氏曰：「召伯嘗息此棠之下，今雖不在，猶當勿伐此棠。蓋覩其物，思其人；思其人，則愛其樹：得人心之至也。説者謂召公不重煩勞百姓，止舍棠下，是爲墨子之道也。」

蔽芾甘棠，勿翦勿敗，召伯所憩。憩，息也。朱氏曰：「勿敗，則非特勿伐而已。愛之愈久而愈深也。」

蔽芾甘棠，勿翦勿拜，召伯所説。拜，謂屈之而已。説，舍也。朱氏曰：「勿拜，則非特勿敗而已。」

《行露》，召伯聽訟也。衰亂之俗微，貞信之教興，彊暴之男，不能侵陵貞女也。鄭氏曰：「此殷之末世，周之盛德，當文王與紂之時。」

厭浥行露，豈不夙夜，謂行多露。厭浥，濕意也。行，道也。夙，早也。　杜氏《左傳注》曰：「豈不欲早暮而行，懼多露之濡己，以喻違禮而行，必有汙辱。」　朱氏曰：「南國之人人遵召伯之教，服文王之化，有以革其前日淫亂之俗，故女子能以禮自守，而不爲强暴所汙者，自述己志，作此詩以絶其人。」誰謂雀無角，何以穿我屋？誰謂女無家，何以速我獄？雖速我獄，室家不足！毛氏曰：「雀之穿屋，似有角者。速，召也。」　朱氏曰：「貞女之自守如此，然猶或見訟，而召致於獄，因自訴而言人皆謂雀有角，故能穿我屋，以興人皆謂汝於我嘗有求爲室家之禮，故能致我於獄。然不知汝能致我獄，而求爲室家之禮，初未嘗備，如雀雖能穿屋，而實未嘗有角也。」誰謂鼠無牙，何以穿我墉？誰謂女無家？何以速我訟？雖速我訟，亦不女從！牙，牡齒也。鼠無牡齒。墉，墻也。　朱氏曰：「使貞女之志得以自伸者，召伯聽訟之明也。」　愚按：此文王時事也。然《康王之誥》：「太保率西方諸侯入應門左，畢公率東方諸侯入應門右」，説者謂周中分天下，諸侯主以二伯，自陝以東周公主之，自陝以西召公主之，召公率西方諸侯，蓋仍西伯之舊職，畢公率東方諸侯，則代周公爲東伯矣。然如蘇公之説，則文王之時，召公專在外以主諸侯，而成王之世，則周、召並爲師保而分領諸侯矣，故《顧命》謂之伯相。聖賢德盛材全，故以之治内，則輔相之功著；以之治外，則教化之功成。周公治洛，召公聽訟，畢公保釐，皆其事也。

《召旻》之卒章曰：昔先王受命，有如召公，日辟國百里。今也日蹙國百里。此凡伯刺幽王之詩也。　鄭氏曰：「先王受命，謂文、武也。」　朱氏曰：「文王之時，召公治外，故諸侯之詩謂之《召南》。所謂『日闢國百里』者，文王之化自北而南，至於江漢之間，服從之國日以益衆，及虞、芮質成，而其旁諸侯聞之，相帥歸周者四十餘國焉。今謂幽王之時促國，蓋犬戎内侵、諸侯外畔也。」　愚按：召公所謂闢國者如此，非恃兵力以并吞它人之疆土也。

武王曰：「予有亂臣十人。」孔子曰：「有婦人焉，九人而已。」朱子曰：「謂周公旦、召公奭、太公望、畢公、榮公、太顛、閎夭、散宜生、南宫适及文母也。劉侍讀謂子無臣母之理，婦人謂邑姜也。」又按：《君奭》所稱與十亂同，惟虢叔不與。《國語》又謂：「文王詢于八虞，而諮于二虢，謀於原蔡，而訪於辛尹，重之以周、召、畢、榮。」周之人材其盛如此，所謂「思皇多士，生此王國」者歟？方是時，受方爲天下逋逃主，所與共政者庶習逸德之人，而周之所任者，皆聖賢之徒，雖欲不興，不可得也。榮公而下，事迹無所考，惜哉！

右叙有周輔臣事業。按：周之元臣曰周、召、吕、畢，周、召，謀謨行事具著於《詩》、《書》，畢公則惟《畢命》一篇可以見其德業之盛。而太公望之功烈，自《大明》末章之外，餘無所攷。孟子叙之於羣聖之列，以爲「見而知之」者。司馬遷亦稱其爲文、武師，則其人亦可知矣。然遷又謂西伯之脱於羑里，歸與吕尚陰謀修政以傾商，故其事多兵權奇計，後世之言兵及陰權，皆宗太公爲本謀，是豈爲知聖賢者。獨《大戴禮·踐祚》篇曰：「文、武踐祚三日，召師尚父而問焉，曰：『黄帝、顓帝之道存乎？』師尚父曰：『在丹書，王欲聞之，則齋矣。』齋三日，王端冕，師尚父亦端冕，奉書而入，負屏而立。王下堂，南面而立，師尚父曰：『先王之道不北面。』王行西，折而南，東面而立，師尚父西面道書之言曰：『敬勝怠者吉，怠勝敬者滅。義勝欲者從，欲勝義者凶。以仁得之，以仁守之，其量百世。以不仁得之，以不仁守之，不及其世。』王聞書之言，惕若恐懼，退而爲戒書，於席之四端爲銘焉，於机、於鑑、於盥槃、於楹、於杖、於帶、於履屨、於觴豆爲銘焉，於户牖、於劍、於弓矛爲銘焉。」則師尚父之所以得在傳道之列而爲兵武師者，豈虚也哉！而後世顯指以爲兵家之祖，抑末矣。

《詩·六月》，宣王北伐也。朱氏曰：「成、康既没，周室寖衰，八世而厲王胡暴虐，周人逐之，出居于彘。玁狁内侵，逼近京邑。王崩，子宣王靖即位，命尹吉甫帥師伐之，有功而歸。詩人作歌以叙其事如此。」其七章曰：薄伐玁狁，至于太原。文武吉甫，萬邦爲憲。朱氏曰：「吉甫，此時大將也。憲，法也。非文無以附衆，非武無以威敵，能文能武，則萬邦以之術法矣。」其八章曰：吉甫燕喜，既多受祉。來歸自鎬，我行永久。按：宣王北伐，吉甫實爲之將，遂能驅逐玁狁，以靖邊境，厥功偉矣。至其所作《烝民》之詩，推原天性民彝之善，則其學蓋聖賢之徒也。宣王之輔佐有如此者，其致中興也，宜哉！

《崧高》，尹吉甫美宣王也。天下復平，能建國親諸侯【四五】，褒賞申伯焉。鄭氏曰：「尹吉甫、申伯，皆周之卿士也。尹，官氏。申，國名。」

崧高維嶽，駿音峻。極于天。維嶽降神，生甫及申。維申及甫，維周之翰。四國于蕃，四方于宣。崧，高貌。山大而高曰崧。嶽，四嶽也，東岱、南衡、西華、北恒。翰，幹也。毛氏曰：「堯之時，姜氏爲四伯，掌四嶽之祀，述諸侯之職於周，則有甫、有申、有齊、有許也。駿，大。極，至也。嶽降神靈，和氣以生申、甫。」孔氏曰：「其山高大，上至於天。」王氏曰：「甫也，申也，其先實主嶽事，故天祚其子孫，則維嶽降神，生甫及申。」王氏曰：「翰，垣所恃以立。」王氏曰：「蕃言扞蔽，宣言敷播。」李氏曰：「是二人者，皆爲周室之屏翰。」蘇氏曰：「蔽其患難，而宣其德澤於天下。」呂氏曰：「甫、申，意者皆宣王時賢諸侯，同有功於王室者。甫雖不見於經，以文意攷之，蓋當如此。鄭氏乃遠取訓夏贖刑之甫侯，殆非也。」朱氏曰：「甫，甫侯也，即穆王時作《呂刑》者。或曰：此是宣王時人，而作《呂刑》者之子孫也。」愚按：詩人之意，似云前生甫，後生申，故揔言甫、申，而後專言申伯。鄭説未必非也。

亹亹申伯，王纘之事。于邑于謝，南國是式。王命召伯，定申伯之宅。登是南邦，世執其功。亹亹，勉也。纘，繼。于，於。式，法也。登，成也。鄭氏曰：「申伯亹亹然勉於德，以賢入爲王之卿士，佐王

【四五】親諸侯　「諸」原無，據《毛詩正義》卷十八補。

【四六】使爲法度　「度」原無，據《毛詩正義》卷十八鄭玄箋補。

【四七】正其井牧　「正」原作「定」，與下句重復，據《毛詩正義》卷十八鄭玄箋改。

【四八】往近　「近」當作「迈」，語助詞，然《毛詩正義》卷十八亦作「近」，蓋形近而訛。

【四九】故于郿云　「郿」原作「鄭」，據《毛詩正義》卷十八鄭玄箋改。

【五〇】峙其糧者　「糧」原作「粻」，據《毛詩正義》卷十八鄭玄箋改。

有功。王又欲使繼其故諸侯之事，改大其邑，使爲侯伯，南方之國皆統理。」　孔氏曰：「申伯之賢，當使南國法之。」　王氏曰：「爲申伯建國，而曰邑者，國之所都，亦曰邑。」　蘇氏曰：「謝，周之南土。召伯，召虎也。」　孔氏曰：「王乃命召伯先營謝邑，以定申伯之居。」　陳氏曰：「世執其功者，以南邦傳嗣也。」王命申伯，式是南邦。因是謝人，以作爾庸。王命召伯，徹申伯土田。王命傅御，遷其私人。庸，功也。御，治事之臣，私人家臣也。　鄭氏曰：「召公既定申伯之居，王乃親命之，使爲法度於南邦【四六】。因是故，謝邑之人而爲國，以起女之功。徹者，正其井牧【四七】，定其賦税。」　王氏曰：「遷其私人，使就國也。」申伯之功，召伯是營。有俶其城，寢廟既成。既成藐藐，王錫申伯，四牡蹻蹻，鉤膺濯濯。俶，始也，作也。藐藐，美貌。蹻蹻，壯貌。鉤膺，樊纓。濯濯，光明也。　李氏曰：「『申伯之功』，言城謝之事乃召伯所營。」　鄭氏曰：「作城郭及寢廟，定其人神所處。」　鄭氏曰：「已成告王，王乃賜申伯爲將，遣之。」王遣申伯，路車乘馬。我圖爾居，莫如南土。錫爾介圭，以作爾寶。往近音記。王舅【四八】，南土是保。寶，瑞也。近，己也，如「彼記之子」之「記」。保，守也，安也。　孔氏曰：「王於是發遣申伯，令使之國，故贈送之以大路之車。」　鄭氏曰：「王以正禮遣申伯之國，故復有車馬之賜，因告之曰：『我謀女之所處，無如南土之最善。』」　孔氏曰：「皆命遣之辭。」

申伯信邁，王餞于郿。申伯還南，謝于誠歸。王命召伯，徹申伯土疆，以峙其粻，音張。式遄其行。邁，行也。餞，送行飲酒也。粻，糧。式，用。遄，速也。　鄭氏曰：「時王蓋省岐周，故于郿云【四九】。還南者，北就王命于岐周而還反也。謝于誠歸，誠歸于謝。」　王氏曰：「王既餞之，則申伯於是實歸其國也。言『信邁』、『誠歸』，蓋以見王之數留，疑於行之不果故也。」　鄭氏曰：「王使召公治申伯土界之所至，峙其糧者【五〇】，令廬市有止宿之委積，用是速申伯之行。」　王氏曰：「前曰『徹申伯土田』者，乃始疆之也。今曰『徹申伯土疆』，則其疆定矣。」申伯番番，既入于謝，徒御嘽嘽。周邦咸喜，戎有良翰。不顯申伯，王之元舅，文武是憲。番番，勇武貌。徒御，徒，行者；御，車者【五一】。嘽嘽者，衆盛也。 鄭氏曰：「申伯之貌，有威武番番然。戎，猶女也。」 毛氏曰：「『不顯申伯』，顯矣申伯也。『文武是憲』，言有文有武也。」 蘇氏曰：「申伯既入于謝，周人皆曰汝有良翰蔽矣。『文武是憲』，言其文武皆足法也。」申伯之德，柔惠且直。揉此萬邦，聞于四國。吉甫作誦，其詩孔碩，其風肆好，以贈申伯。碩，大也。肆，極也。 曾氏曰：「前章所謂文武，後章所謂柔惠且直，辭雖異而實則同，皆美其全德耳，非謂既文武又柔直也。」 孔氏曰：「以此順直之德，揉服萬邦，不順之國使之皆順，其聲譽聞達於四方。」 孔氏曰：「詩者，工師誦之以爲樂曲。」 王氏曰：「此雅也，而謂之風，則以辭不迫切，而能感動人之善心，故謂之風也。」 鄭氏曰：「以此贈申伯者，送之令以爲樂。」 孔氏曰：「以贈申伯，則此詩之作，主美申伯而已。申伯有德，王能建之，美申伯亦所以美宣王，故爲宣王詩也。」

《烝民》，尹吉甫美宣王也。任賢使能，周室中興焉。 陳氏曰：「《崧高》、《烝民》二詩，皆尹吉甫贈行之詩，而序詩者皆以爲美宣王，何也？蓋人君委任得人，而僚友之間賦詩以相娛樂，則人君之美莫大焉。」

天生烝民，有物有則。民之秉彝，好是懿德。天監有周，昭假于下。保茲天子，生仲山甫。烝，衆。則，法。彝，常。懿，美也。仲山甫，樊侯也。監，視。假，至也。《孟子》曰：「孔子曰：『爲此詩者，其知道乎！故有物必有則，民之秉彝也，故好是懿德。』」餘見《甲記》。 李氏曰：「天視有周之德，昭明乎下，用保茲天子而生仲山甫。 董仲舒曰『上天佑之，爲生賢佐』，蓋謂此也。」 朱氏曰：「『昭假于下』，言周能以明德感格于天而在下也。」 吕氏曰：「惟皇上帝，降衷于下民，固莫不秉彝好德也。蓋有鍾氣之粹者焉，故曰『天監有周』云云。」仲山甫之德，柔嘉維則。令儀令色，小心翼翼。古訓是式，威儀是力。天子是若，明命使賦。

【五一】御車者 「者」原作「也」，于義不通，據《毛詩正義》卷十八毛傳改。

嘉，美。令，善也。儀，威儀。色，顏色容貌【五二】。翼翼，恭敬。古訓，先王之遺典也。式，法也。力，勉也。若，順。賦，布也。　王氏曰：「天子有明命，則使仲山甫賦之。」　呂氏曰：「『柔嘉維則』，不過其則也。過其則斯爲弱，不得謂之柔嘉矣。『令儀令色，小心翼翼』，言其表裏柔嘉也。『古訓是式，威儀是力』，言其學問進修也。『天子是若，明命使賦』，言其發而措之事業也。此章蓋備舉仲山甫之德。」王命仲山甫，式是百辟。纘戎祖考，王躬是保。出納王命，王之喉舌。賦政于外，四方爰發。　鄭氏曰：「百辟，百君。戎，猶女也。」　李氏曰：「王命仲山甫曰：『我以汝爲百辟之長，而繼女之祖考，而保我王躬。』觀此，則知山甫之祖考嘗爲是官矣，爲山甫乃世其家也。」　朱氏曰：「出，承而布之也。納，行而復之也。喉舌，所以出言也。」　鄭氏曰：「布政於畿外，天下諸侯莫不發應。」　呂氏曰：「仲山甫之職，外則總領諸侯，内則輔養君德，入則典司政本，出則經營四方。『式』云者，表率儀法之謂也。『保』云者，保其身體，傳之德義之謂也。此章蓋備舉仲山甫之職。」

肅肅王命，仲山甫將之。邦國若否，音鄙。仲山甫明之。既明且哲，以保其身。夙夜匪解，以事一人。　鄭氏曰：「將，奉行。若，順也。順否，猶臧否，謂善惡也。夙，早也。一人，斥天子。」　李氏曰：「王之命肅肅然而嚴，仲山甫將而行之。」　呂氏曰：「明亦哲也，並言之，則明者哲之發，哲者明之實也。既明且哲，而後可以保身。甚矣，保身之難也！說者或謂仲山甫事宣王，則保身者，非全身遠害之謂，蓋誤矣。保身乃己事，豈爲治亂而增損哉？身體髮膚，受之父母，不敢毁傷，本非末節也。至於偷生徇私，養小失大，如是而全身遠害，則君子賤之耳。仲山甫在宣王之時，羣臣之任遇莫先焉，而省察其身，奉事其主者，無一毫怠忽，信所謂小心翼翼矣。」　朱氏曰：「保身，蓋順理以守身，非趨利避害而偷以全身之謂。」人亦有言，柔則茹之，剛則吐之。維仲山甫，柔亦不茹，剛亦不吐。不侮矜古頑反。寡，不畏彊禦。　孔氏曰：「人有常言：人之恒性，莫不柔者則

【五二】顏色容貌　「容」前原有「容」字，據《呂氏家塾讀詩記》卷二十七删。

茹食之，剛者則吐出之。喻見寡弱者則侵侮之，彊盛者則避畏之。維有仲山甫則不然，不侮不畏，即是不茹不吐。既言其喻，又言其實以充之。」呂氏曰：「此言仲山甫之德，剛柔不偏也。而二章首舉仲山甫之德，獨以『柔嘉維則』蔽之；《崧高》稱『申伯番番』，終論其德，亦曰『柔惠且直』：然則入德之方，其可知矣。」人亦有言，德輶餘久反。如毛，民鮮克舉之。我儀圖之，維仲山甫舉之，愛莫助之。衮職有闕，維仲山甫補之。輶，輕也。人之言云德甚輕，然而衆人寡能舉之。我，吉甫自謂也。愛，惜也。仲山甫能獨舉此德而行之，惜乎莫能助之者。多仲山甫之德，歸功言耳。儀，度也。圖者，圖謀之。朱氏曰：「儀，度也。我於是而謀度其能舉之者，則惟仲山甫而已。」毛氏曰：「衮冕者，君之上服也。」鄭氏曰：「衮職者，不敢斥王之言也。王之職有闕，能補之者，仲山甫也。」朱氏曰：「其德如是，故能補衮職之闕。孟子曰『惟大人爲能格君心之非』，仲山甫有焉。」

仲山甫出祖，四牡業業，征夫捷捷，每懷靡及。四牡彭彭，八鸞鏘鏘。王命仲山甫，城彼東方。蘇氏曰：「王命仲山甫城齊，祖祭而行，其馬業業而捷，其徒捷捷而敏，猶常恐不及事也。東方則齊也。」鄭氏曰：「彭彭，行貌。鏘鏘，鳴聲。以此車馬命仲山甫使行，言其盛也。」毛氏曰：「古之諸侯之居逼隘，則王者遷其邑而定其居。蓋去薄姑而遷於臨菑也。」四牡騤騤，八鸞喈喈。仲山甫徂齊，式遄其歸。吉甫作誦，穆如清風。仲山甫永懷，以慰其心。毛氏曰：「騤騤，猶彭彭也。喈喈，猶鏘鏘也。遄，疾也。言周之望仲山甫也，清微之風化養萬物者也。」朱氏曰：「『式遄其歸』，不欲其久於外也。穆，深長也。永懷，既行而有所懷思也。」鄭氏曰：「述其美以慰安其心。」曾氏曰：「賦政于外，雖亦仲山甫之職，然保王躬，補王闕，尤其所願。『城彼東方』、『其心永懷』，蓋有所不安者。尹吉甫深知之，作誦而告以遄歸，所以安其心也。」

《江漢》，尹吉甫美宣王也。能興衰撥亂，命召公平淮夷。

江漢浮浮，武夫滔滔。匪安匪遊，淮夷來求。既出我車，既設我旟。匪安匪舒，淮夷來鋪。江漢湯湯，武夫洸洸。經營四方，告成于王。四方既平，王國庶定。時靡有爭，王心載寧。江漢之滸，王命召虎。式辟四方，徹我疆土。匪疚匪棘，王國來極。于疆于理，至于南海。王命召虎，來旬來宣。文、武受命，召公維翰。無曰予小子，召公是似。肇敏戎公，用錫爾祉。釐爾圭瓚，秬鬯一卣。告于文人，錫山土田。于周受命，自召祖命。虎拜稽首，天子萬年。虎拜稽首，對揚王休。作召公考，天子萬壽。明明天子，令聞不已。矢其文德，洽此四國。

《常武》，召穆公美宣王也。有常德以立武事，因以爲戒然。

赫赫明明，王命卿士，南仲大祖，大師皇父。整我六師，以脩我戎。既敬既戒，惠此南國。王謂尹氏，命程伯休父。左右陳行，戒我師旅。率彼淮浦，省此徐土。不留不處，三事就緒。赫赫業業，有嚴天子。王舒保作，匪紹匪遊，徐方繹騷。震驚徐方，如雷如霆，徐方震驚。王奮厥武，如震如怒。進厥虎臣，闞如虓虎。鋪敦淮濆，仍執醜虜。截彼淮浦，王師之所。王旅嘽嘽，如飛如翰，如江如漢，如山之苞，如川之流。緜緜翼翼，不測不克，濯征徐國。王猶允塞，徐方既來【五三】。徐方既同，天子之功。四方既平，徐方來庭。徐方不回，王曰還歸。

《民勞》，召穆公刺厲王也。穆公，康公之後，名虎。吕氏曰：「《民勞》，皆諫辭也。」

【五三】徐方既來　此句原脱，據《毛詩注疏》卷二十五補。

民亦勞止，汔可小康。惠此中國，以綏四方。無縱詭隨，以謹無良。式遏寇虐，憯不畏明。柔遠能邇，以定我王。汔，幾也。康、綏，皆安也。中國，京師也。四方，諸夏也。憯，曾也。呂氏曰：「五章章之始皆言『民亦勞止』、『惠此中國』者，欲王息民而固根本也。中言『無縱詭隨』、『式遏寇虐』者，欲王謹察小人將以害政也。章末之言，皆丁寧反復勸王之辭，使之去危即安，去惡從善也。」鄭氏曰：「今周民罷勞矣，王幾可以小安之乎？愛京師之人，以安天下。京師者，諸夏之根本。」呂氏曰：「憯不畏明，不畏天明也。」蘇氏曰：「人未有無故而妄從人者也。無良之人【五四】，將悦其君而竊其權，以爲寇虐，則爲之，故『無縱詭隨』，則無良之人肅。無良之人肅，則寇虐無畏之人止，然後『柔遠能邇』，而王室定矣。」李氏曰：「不於詭隨之時而禁止之，至於爲寇虐而欲遏止之，亦已晚矣。」朱氏曰：「詭隨，不顧是非而妄隨人世。」呂氏曰：「一言而喪邦，曰『惟予言而莫予違』，則詭隨之人誠覆邦家之人也。『無縱詭隨』，乃所以謹無良而遏寇虐也。小人不畏天明，苟縱而不遏，其爲惡無所限極也。」

民亦勞止，汔可小休。惠此中國，以爲民逑。無縱詭隨，以謹惛怓。式遏寇虐，無俾民憂。無棄爾勞，以爲王休。休，止息也。逑，聚也。惛怓，猶讙譁也。勞，猶功也。鄭氏曰：「無廢女始時勤政事之功，以爲女王之美。述其始事者，誘掖之也。」

民亦勞止，汔可小息。惠此京師，以綏四國。無縱詭隨，以謹罔極。式遏寇虐，無俾作慝。敬慎威儀，以近有德。息，止也。慝，惡也。罔，無。極，中也。李氏曰：「『敬慎威儀，以近有德』，言王當敬慎其威儀，則能親近有德之人。蓋禮貌苟衰，則有德之人去之矣。」呂氏曰：「此章諫厲王遠小人、近君子也。」

民亦勞止，汔可小愒。惠此中國，俾民憂泄。以世反。無縱詭隨，以謹醜厲。式遏寇虐，無俾正敗。戎雖小子，而式弘大。愒，息。泄，去也。醜，衆也。厲，惡也。敗，壞也。戎，猶女也。式，

【五四】無良之人　「無」上原有「人」字，爲衍文，徑删。

用也。弘，猶廣也。正敗，壞正道也。　鄭氏曰：「今王女雖小子自遇，而女用事於天下甚廣大也。《易》曰：『君子出其言善，則千里之外應之，況其邇者乎！出其言不善，則千里之外違之，況其邇者乎！』是以此戒之。」

民亦勞止，汔可小安。惠此中國，國無有殘。無縱詭隨，以謹繾綣。式遏寇虐，無俾正反。王欲玉女，是用大諫。　李氏曰：「『國無有殘』，言國無殘敗之禍也。」　蘇氏曰：「繾綣，小人之固結其君子者也。」　王氏曰：「正敗者，敗而已，未盡，反而爲不正也。正反，則無正矣。」　鄭氏曰：「王乎！我欲令女如玉然，故作是詩，用大諫正女。此穆公至忠之言。」　蘇氏曰：「欲使王德純備如玉也。」

《蕩》，召穆公傷周室大壞也。　歐陽氏曰：「穆公見厲王無道，知其必亡，而自傷周室爾，所以言不及厲王而遠思文王、商殷也。」　蘇氏曰：「《蕩》之所以爲《蕩》，由詩有『蕩蕩上帝』也。《詩序》以爲『天下蕩蕩，無綱紀文章』，則非詩之意矣」。

蕩蕩上帝，下民之辟。疾威上帝，其命多辟。天生烝民，其命匪諶。靡不有初，鮮克有終。　蕩蕩，廣大也。辟，君也。烝，衆。鮮，寡。克，能也。　吕氏曰：「蕩湯乎上帝，吾王非下民之君乎？疾威乎上帝，吾王之命何多僻乎？窮而呼天之辭也。」李氏曰：「『疾威上帝』者，因厲王之疾威，又呼天而告之也。」　朱氏曰：「天生衆民，而命有不可信者。其降命之初，無不善，而人少能以善道自終，是以致此大亂。蓋始爲無所歸咎之辭，而卒自解之如此。」王氏曰：「民受天地之中，所謂命也。能者養之以福，不能者敗以取禍。受天地之中一也，則靡不有初。敗以取禍者衆，則鮮克有終。鮮克有終，則命靡諶矣。」

文王曰咨，咨女殷商。曾是彊禦，曾是掊克，曾是在位，曾是在服。天降滔德，女興是力。　彊禦，强梁禦善也。滔，慢也。　歐陽氏曰：「二章以下，乃將陳王者之過惡，言此等事，皆殷紂所行。文王諮嗟以戒於初，而厲王踐而行之於終也。」　王氏曰：「所使在位在服，皆彊禦掊斂好勝之人也。彊禦掊克，是謂滔德。」蘇氏曰：「天降是人，以妖孽天下，女又興而任之，何哉？」　吕氏曰：「力，言任之之堅也。」

文王曰咨，咨女殷商。而秉義類，彊禦多懟。流言以對，寇攘式内。侯作側慮反。侯祝，靡届靡究。作、祝，詛也。届，極。究，窮也。侯，誰也。而，亦女也。義類，猶善道也。懟，怨也。王氏曰：「女爲人君，以秉義類爲事，乃彊禦多懟，有忠告善道，則以流言對。所爲如此，非所以秉義類也。」　鄭氏曰：「寇盗攘竊爲姦宄者，而王信之，使用事於内。」　鄭氏曰：「與羣臣乖爭相疑，而詛祝無極已。」《釋文》曰：「作，本或作詛。」　吕氏曰：「無道之君，雄猜忌克，不責己而怨人，故曰『彊禦多懟』。其聞規諫，謾爲浮語以應之，而心不在焉，故曰『流言以對』。」

文王曰咨，咨女殷商。女炰烋于中國，斂怨以爲德。不明爾德，時無背布内反。無側。爾德不明，以無陪無卿。炰烋，猶彭亨也。無背無側，背無臣，側無人也。無陪，無陪貳也。無卿，無卿士也。陳氏曰：「紂虚驕作氣於中國。」　朱氏曰：「『斂怨以爲德』，多爲可怨之事，而力行之也。」　李氏曰：「亂世之君，是非顛倒，邪正錯亂，無人以輔弼之故也，故曰云云。」

文王曰咨，咨女殷商。天不湎爾以酒，不義從式。既愆爾止，靡明靡晦。式號式呼，俾晝作夜。湎，沉湎也。止，容止也。式，用也，法也。　陳氏曰：「天之立君，以爲民也，未嘗使女沉湎。」　朱氏曰：「天不使爾沉湎於酒而惟不義之從也。」　孔氏曰：「既愆汝之容止，又無明無晦而飲酒不息，叫號讙呼，使晝日作夜，不嘗視事。」

文王曰咨，咨女殷商。如蜩如螗，如沸如羹。小大近喪，人尚乎由行。内奰皮器反。

于中國，覃及鬼方。蜩，蟬也。螗，蝘也。覃及，延及也。奰，怒也。鬼方，遠方也。鄭氏曰：「飲酒號呼之聲，如蜩螗之鳴；其笑語沓沓，又如湯之沸，羹之方熟。殷紂之時，君臣失道如此，且喪亡矣！時人化之甚，尚欲從而行之，不知其非。」王氏曰：「昏亂如此，故内自中國，外及鬼方，莫不怒也。」

文王曰咨，咨女殷商。匪上帝不時，殷不用舊。雖無老成人，尚有典刑。曾是莫聽，大命以傾。朱氏曰：「非上帝爲此不善之時，但以殷不用舊，致此禍爾。老成人，舊臣。典刑，舊法也。」王氏曰：「雖無老成人與圖先王舊政，然典刑尚在，可循守也。曾是莫聽，此大命所以傾也。」

文王曰咨，咨女殷商。人亦有言，顛沛之揭。枝葉未有害，本實先撥。殷鑒不遠，在夏后之世。顛，仆。沛，拔也。揭，蹶貌。撥，猶絶也。言大木揭然將蹶，枝葉未有折傷，其根本實先絶。歐陽氏曰：「謂紂時宗廟社稷猶在，天下諸侯未盡叛，但王自爲惡盈滿而禍敗爾。蓋穆公作詩時，周室尚存，然知其必亡者，以王爲無道，根本先壞爾。王者，國之本也。又曰『殷鑒不遠，在夏后之世』者，言非獨文王之鑒殷，殷之初興亦鑒夏之亡矣。謂今既然，則後之興者當又鑒厲王也。此言傷之尤深也。」

《黍苗》，刺幽王也。不能膏潤天下，卿士不得行召伯之職焉。鄭氏曰：「陳宣王之德、召伯之功，以刺幽王及其羣臣。」孔氏曰：「《崧高》言『王命召伯，定申伯之宅』，又曰『因是謝人』，與四章『肅肅謝功』相當，故知宣王之時。」

芃芃黍苗，陰雨膏之。悠悠南行，召伯勞之。芃芃，長大貌。悠悠，行貌。蘇氏曰：「宣王國申伯于謝，使召公往營之。召公之勞行者，猶陰雨之膏黍苗。哀今不能而思之也。」我任音壬。我輦，我車我牛。我行既集，蓋云歸哉。集，猶成也。蓋，疑辭，亦發端語。王氏曰：「召伯之遇役夫如此。」丘氏曰：「召伯知其勞苦憂思，故皆呼而諭之曰：『我負任者，我輓輦者，我將車者，我牽傍牛者，俟我南行之功已集，蓋云歸哉。』謂解之使説也。」我徒我御，我師我旅。我行既集，蓋云歸處。毛氏曰：「徒行者、御車者、師者、旅者。」　王氏曰：「召伯之遇征夫如此。」肅肅謝功，召伯營之。烈烈征師，召伯成之。肅肅，嚴正貌。謝，邑也。謝功，謝邑之事。營，治也。烈烈，威武貌。征，行也。　王氏曰：「召伯營謝功之肅，成征師之威，定申伯之宅，平淮夷故也。」原隰既平，泉流既清。召伯有成，王心則寧。土治曰平，水治曰清。　鄭氏曰：「召伯營謝邑，相其原隰之宜，通其泉水之利，此功既成，宣王之心則安也。」　王氏曰：「『原隰既平』，則疆其土田故也。『泉流既清』，則理其溝洫故也。」吕氏曰：「天子，子萬姓者也。大臣，慮四方者也。方伯，分一面者也。申伯之體勢不重，則無以鎮定南服。召穆公身爲卿士，豈得辭其憂責哉！宣王雖深居九重，宵旰之慮，固未嘗一日忘之也，必待召公告厥成功，而王心始寧焉，此真知職分者也。彼幽王近不能察犬戎之禍，以復宗周，何暇經略江淮之間乎？此詩人所以思古也。」　愚按：《民勞》、《蕩》作於厲王之時，《黍苗》作於幽王之時，召公本末於是乎有考，故附焉。　蓋古之君子大而格正君心，小而綜理事物，無一不可爲，後世法學者宜詳玩焉。

右叙周中興輔臣事業。按：宣王中興之佐，古今所稱曰尹吉甫、申伯，曰仲山甫，曰方叔，曰召虎，唐柳宗元所謂望之若神人者也。吉甫、申伯、方叔，惟見於《詩》，他無所攷。獨仲山甫、召穆公其事頗見於《國語·周語》，曰：「厲王暴虐，國人謗王。召公諫曰：『民不堪命矣！』王怒，得衛巫，使監謗者，以告則殺之。國人莫敢言，道路以目。厲王喜，告召公曰：『吾能弭謗矣，乃不敢言！』召公曰：『是障之也。防民之口，甚於防川。川壅而潰，傷人必多，民亦如之。是故爲川者決之使導，爲民者宣之使言。』王不聽。於是國人莫敢出言。三年，流王于彘。厲王太子靜匿召公之家，國人圍之。召公曰：『昔吾驟諫王，王不從，以及此難。今殺王太子，王其以我爲懟乎？夫事君者，險而不懟，怨而不怒，況事王乎！』乃以其子代王。」《史記》曰：「王太子得脱，召公、周公二相行政，號曰共和。共和十四年，厲王死于彘。太子靜匿召公家，二相立之，是爲宣王。宣王即位，二相輔之，修政，法文、武、成、康之遺風，諸侯復宗周。」史稱召、周二相行政，周公之名與行事，史無所攷，惜哉！共和之義，説者多不同，惟韋昭曰：「彘之亂，公卿相與和而修政事，號爲共和。」此爲得之。若《汲冢紀年》所謂「共伯和干王位【五五】，以共爲國名，音恭，和者，伯之名」，則繆矣。召公自厲王時，已爲卿士，當共和時，國無王者十有四年，而翼蔽元儲，鎮定王室，卒立嗣王而相之，以致中兴，可謂社稷之元臣，其功烈無與匹者矣。而定申伯之宅，平淮夷之亂，猶躬任其勞焉。古之君子，其忘身體國蓋如此，嗚呼，真萬世人臣之法歟！《周語》又曰：「魯武公來朝，以其子括與戲見王。王立戲，樊仲山甫諫曰：『不可立也【五六】。不順必犯，犯王命必誅，故出令不可不順也。夫下事上，少事長，所以爲順也。今天子立諸侯而建其少，是教民逆也。若魯從之，諸侯効之，王命將有所壅。若不從而誅之，是自誅王命也。』王卒立之。及魯侯卒，魯人殺戲而立括。三十三年，乃伐魯而立孝公，諸侯自是不睦。三十九年，伐姜戎氏，戰于千畝，王師敗績。既喪南國之師，乃料民於太原。仲山甫曰：『民不可料也。古者不料民而知其少多。』王不聽，卒料之。」宣王之初，用仲山甫内補闕失，外揔征伐，遂能致中興之功。其後言稍不用，而政亦以衰，諸詩之刺興矣。嗚呼，惜哉！

【五五】干王位　「干」原作「于」，據《困學紀聞》卷十一改。

【五六】不可立也　「立也」原作「不順」，據《國語》卷一改。

乙集下之五

魯季友。《春秋》莊公三十有二年，秋七月癸巳，公子牙卒。《傳》：公疾，問後於叔牙，對曰：「慶父材。」杜氏曰：「蓋欲進其母兄。」問於季友，對曰：「臣以死奉般。」季友莊公母弟，故欲立般。　按：季友桓公子，莊公有弟三人：長曰慶父，次曰叔牙，次季友也。般，莊公子，黨氏女孟任所生。　公曰：「鄉者牙曰慶父材。」成季使以君命命僖叔待于鍼巫氏，成季，季友也。鍼巫氏，魯大夫僖叔牙字。　使鍼季酖之，曰：「飲此則有後於魯國，不然，死且無後。」飲之，歸及逵泉而卒。　立叔孫氏。逵泉，魯地。

八月癸亥，公薨于路寢。子般即位，次于黨氏。《公羊傳》曰：「公子牙卒，何以不稱弟？殺也。殺則曷爲不言刺？爲季子諱殺也。曷爲爲季子諱殺？季子之遏惡也，不以爲國獄，緣季子之心而爲之諱。季子之遏惡奈何？莊公病將死，召季子，季子至而授之以國政，曰：『寡人即不起此病，吾將焉致乎魯國？』季子曰：『般也存，君何憂焉？』公曰：『庸得若是乎？牙謂我曰：魯一生一及，君已知之矣。慶父也存。』季子曰：『夫何敢？是將爲亂乎？夫何敢？』俄而牙弑械成。季子和藥而飲之曰：『公子從吾言而飲此【一】，則必可以無爲天下戮笑，必有後於魯國。不從吾言而不飲此，則必爲天下戮笑，必無後於魯國。』於是從其言而飲之。公子牙今將爾，辭曷爲與親弑者同？君親無將，將而誅焉。然則善之與？曰：『然。』殺世子母弟直稱君者，甚之也。季子殺母兄何善爾？誅不得辟兄，君臣之義也。然則曷爲不直誅而酖之？行誅乎兄，隱而逃之，使託若以疾死然，親親之道也。」陸淳曰：「季子恩義俱立，

校勘記

【一】而飲此　「此」原無，據《春秋公羊傳》莊公三十二年補。

變而得中，夫子書其自卒，以示無譏也。」

冬十月己未，子般卒。公羊氏曰：「君存稱世子，君薨稱子某。既葬稱子，踰年稱公。子般卒，不書葬，未踰年之君也。」《傳》：共仲使圉人犖賊子般于黨氏。共仲，慶父。成季奔陳。立閔公。莊公庶子。胡氏曰：「初，公築臺，臨黨氏，見孟任生子般焉。般嘗鞭圉人犖。公薨，般即位。慶父使犖賊般。昔舜不告而娶，恐廢人之大倫以懟父母，君子以爲猶告也。莊公過時越禮，謬於《易》基《乾》、《坤》，《詩》始《關雎》，大舜不告而娶之義甚矣。而子般乃孟任之所出，其能有定乎？雖享國日久，獲終路寢，而嗣子見弑，幾至亡國。有國者可以不戒哉！」公子慶父如齊。胡氏曰：「子般之卒，慶父弑也，宜書『出奔』。其曰『如齊』，見慶父主兵自恣，國人不能制也。」

閔公元年秋八月，公及齊侯盟于落姑。季子來歸。《傳》：請復季友也。杜氏曰：「閔公初立，國家多難，以季友忠賢，故請伯主而復之。」齊侯許之，使召諸陳，公次于郎以待之。「季子來歸」，嘉之也。《穀梁傳》曰：「其稱季子何？賢之也。其曰來歸何？喜之也。」杜氏曰：「季子忠於社稷，爲國人所思，故賢而字之。」胡氏曰：「自外至者爲歸。是嘗出奔矣，何以不書？莊公薨，子般弑【二】，慶父主兵，勢傾公室，季子力不能支，避難而奔，恥也。魯國方危，内賊未討，國人思得季子以安社稷，而公爲請之於齊。《春秋》欲没其恥，故不書『奔』。欲旌其賢，故曰『季子』，聖人之情見矣。」冬，齊仲孫湫來省難。仲孫歸曰：「不去慶父，魯難未已。」時慶父亦已還魯。公曰：「若之何而去之？」對曰：「難不已，將自斃，君其待之。」

二年秋八月辛丑，公薨。九月，夫人姜氏孫于邾。哀姜也。公子慶父出奔莒。弑閔公故。胡氏曰：「公子出奔，譏失賊也。閔公立而季子歸，何以見弑？慶父主兵日久，其權未可遽奪也。季子執政日淺，其

【二】莊公薨子般弑　「公」、「子」原脱，據《春秋傳》卷十補。

謀未得盡行也。誤以聖人處之，期月而已可也。季子賢人而當此，能必克乎？及閔公再弑，慶父罪惡貫盈，而疾之者愈衆。季子忠誠顯著，而附之者益多。外因强齊之援，内協國人之情，正邪消長之勢判矣。然後夫人不敢安其位，慶父不得肆其姦，此明爲國者不知圖難於其易，爲大於其細，雖有智者，不能善其後矣。世儒或言：用魯之衆，因齊之力，以戮慶父，兵勢甚易，而季子不能，故書『夫人孫邾』、『慶父奔莒』，所以深惡其緩不討賊則非也。以絳侯勃之果，陳平之無誤，將相交歡，而内有朱虚，外連齊、楚，以制諸吕庸人，宜易於反手。然太尉已入北軍，士皆左袒【三】，猶恐不信，未敢誦言誅之也。況於慶父巨姦，七百里之侯國，革車千乘，而三十年執其兵柄，其植根深矣，其耳目廣矣，而以爲戮之其勢甚易，此未察乎難易遲速之幾者也。《傳》：初，公傅奪卜齮田，公不禁。杜氏曰：「卜齮，魯大夫。公即位，年八歲，知愛其傅而遂成其意，以奪齮田。齮忿其傅，並及公，故慶父因之。」共仲使卜齮賊公于武闈。宫中小門謂之闈。成季以僖公適邾。僖公，閔公庶兄，成風之子。共仲奔莒，乃入立之，以賂求共仲于莒，莒人歸之。及密，使公子魚請。密，魯地。公子魚，奚斯也。不許，哭而往。共仲曰：「奚斯之聲也。」乃縊。慶父之罪雖重，季子推親親之恩，欲同之叔牙，存孟氏之族，故畧其罪，不書「殺」，又不書「卒」。《正義》曰：「叔牙稱慶父材者，始有黨兄之心，其惡未顯，故季子隱之。慶父弑二君，其罪已章，當以『誅殺』書。季子以親親，欲同之叔牙，故畧其罪，不書『殺』也。又不可全同叔牙，故不書『卒』。慶父子孫終爲孟氏，是季子以親而枉正法耳。」愚按：叔牙之罪未顯，誅其身而存其後，猶可言也，而施之慶父，則過矣。使魯人謂弑君者不失爲有後，故異時東門遂復有殺適立庶之舉，魯由是而遂衰，未必非季子啓之也。惜哉！閔公，哀姜之娣叔姜之子也，故齊人立之。共仲通於哀姜，哀姜欲立之。閔公之死也，哀姜與知之，故孫于邾。齊人取之于夷，以其尸歸。僖公取而葬之。愚按：此

【三】士皆左袒　「士」原作「上」，據文意徑改。

十數言，乃共仲、哀姜具獄也。

僖公元年冬十月壬午，公子友帥師敗莒師于酈，獲莒挐。《傳》：公賜季友汶陽之田及費。《公羊傳》曰：「莒挐者何？莒大夫也。莒無大夫，此何以書？大季子之獲也。何大乎季子之獲？季子治内難以正，禦外難以正。其禦外難以正奈何？慶父弑閔公，走而之莒。莒人逐之，將由乎齊。齊人不納，却反舍于汶水之上，使公子奚斯請入。季子曰：『公子不可以入，入則殺矣。』奚斯不忍反命于慶父，自南涘北面而哭。慶父聞之曰：『嘻！此奚斯之聲也，吾不得入矣。』於是經而死。莒人聞之曰：『吾已得子之賊矣。』以求賂于魯。魯人不與，爲是興師而伐魯，季子待之以偏戰。」《穀梁》以書「獲」爲惡，今不取。

十有六年三月壬申，公子季友卒。杜氏曰：「稱字者，貴之。」書卒以著其始終，後可放者，放此。又今所輯以謀謨事業爲主，若季友之生有文在手之屬，皆不書。按：季友執政十有九年，其謀國有社稷之功，餘無所攷。

季孫行父。文公六年秋，季孫行父如晉。《傳》：季文子將聘於晉，使求遭喪之禮以行。聞晉侯疾故。其人曰：「將焉用之？」文子曰：「備豫不虞，古之善教也。求而無之，實難，過求何害？」所謂文子三思。八月，晉襄公卒。

十五年，齊侯侵我西鄙。《傳》：謂諸侯不能也。遂伐曹，入其郛，討其來朝也。季文子曰：「齊侯其不免乎！己則無禮，而討於有禮者，曰：『何故行禮？』禮以順天，天之道也。己則反天，而又以討人，難以免矣。《詩》曰：『胡不相畏？不畏于天。』」《詩·小雅》。君子之不虐幼賤，畏于天也。《周頌》曰：『畏天之威，于時保之。』《詩·周頌》。不畏于天，將何能保？以亂取國。齊侯商人，本以□立。奉禮以守，猶懼不終，多行無禮，弗能在矣！」舉此一條，以見其學之近正，餘不悉紀。

十有八年冬十月，子卒。夫人姜氏歸于齊。季孫行父如齊。莒弒其君庶其。《傳》曰：「文公二妃敬嬴生宣公【四】。敬嬴嬖而私事襄仲。宣公長而屬諸襄仲，襄仲欲立之，叔仲不可。仲見于齊侯而請之，齊侯新立而欲親魯，許之。冬十月，仲殺惡及視，而立宣公。書曰『子卒』，諱之也。夫人姜氏歸于齊，大歸也。將行，哭而過市曰：『天乎，仲爲不道，殺適立庶。』市人皆哭，魯人謂之哀姜。」按：襄仲，公子遂也。叔仲，惠伯也。胡氏曰：「書『夫人』，則知其正。書『姜氏』，則知其非見絶於先君。書『歸于齊』，則知其無罪，異於『孫于邾』者。而魯國臣子殺嫡立庶，敬嬴、宣公不能事主君，存嫡母，其罪不書而自見矣。」《傳》：莒紀公生大子僕，又生季佗，愛季佗而黜僕，且多行無禮於國。杜氏曰：「紀，號也。莒夷無謚，故有別號。」僕因國人以弒紀公，以其寶玉來奔，納諸宣公。公命與之邑，曰：「今日必授。」季文子使司寇出諸竟，曰：「今日必達。」公問其故。季文子使大史克對曰：「先大夫臧文仲教行父事君之禮，行父奉以周旋，弗敢失隊。曰：『見有禮於其君者，事之如孝子之養父母也；見無禮於其君者，誅之如鷹鸇之逐鳥雀也。』先君周公制周禮，曰：『則以觀德，則，法也。合法則爲吉德。德以處事，處，猶制也。事以度功，度，量也。功以食民。』食，養也。作《誓命》曰：『毀則爲賊，誓，要信也。毀，則壞法也。掩賊爲藏，掩，匿也。竊賄爲盜。賄，財也。盜器爲姦。器，國用也。主藏之名，以掩賊爲名。賴姦之用，用，姦器也。爲大凶德，有常無赦。刑有常。在九刑不忘。』《誓命》

【四】敬嬴生宣公　「嬴」原作「羸」，據《春秋左傳注疏》卷十二改。

以下，皆《九刑》之書，書今亡。行父還觀莒僕，莫可則也。還，猶周旋。孝敬忠信爲吉德，盗賊藏姦爲凶德。夫莒僕，則其孝敬，則弑君父矣；則其忠信，則竊寶玉矣。其人則盗賊也，其器則姦兆也。兆，域也。保而利之，則主藏也。以訓則昏，民無則焉。不度於善，度，居也。而皆在於凶德，是以去之。昔高陽氏有才子八人，齊聖廣淵，明允篤誠，天下之民謂之八愷。高辛氏有才子八人，忠肅共懿，宣慈惠和，天下之民謂之八元。此十六族也，世濟其美，不隕其名。以至于堯，堯不能舉。舜臣堯，舉八愷，使主后土，以揆百官，莫不時序，地平天成。舉八元，使布五教于四方，父義、母慈、兄友、弟恭，内平外成。昔帝鴻氏有不才子，天下之民謂之渾敦。少皞氏有不才子，天下之民謂之窮奇。顓頊氏有不才子，天下之民謂之檮杌。此三族也，世濟其凶，增其惡名，以至于堯，堯不能去。縉雲氏有不才子，天下之民以比三凶，謂之饕餮。舜臣堯，賓于四門，流四凶族，投諸四裔，以禦魑魅。是以堯崩而天下如一，同心戴舜以爲天子，以其舉十六相、去四凶也。故《虞書》數舜之功，曰『慎徽五典，五典克從』，無違教也；徽，美也。典，常也。此八元之功。曰『納于百揆，百揆時序』，無廢事也；此八愷之功。曰『賓于四門，四門穆穆』，無凶人也。流四凶。舜有大功二十而爲天子，舉十六相、去四凶也。今行父雖未獲一吉人，去一凶矣，於舜之功二十之一也，庶幾免於戾乎！」

宣公元年春，王正月，公子遂如齊逆女。杜氏曰：「不譏喪娶者，不待貶責而自明也。」胡氏曰：「魯秉周禮，喪未逾年，遣卿逆女，何亟乎？子赤齊出也。仲遂殺子赤及其母弟而立宣公，懼於見討，故結昏于齊爲自安計。越典禮以逆之，如此其亟而不顧者，必敬嬴、仲遂請齊立接之始謀也。」三月，遂以夫人婦姜至自齊。夏，季孫行父如齊。公會齊侯于平州。齊人取濟西田。《傳》：季文子如齊，納賂以請會。杜氏曰：「宣公簒立，求列於會，故以賂請之。」會于平州，以定公位。簒立者，諸侯既與之會，則不得復討。臣子殺之，與殺君同，故公與齊會而位定【五】。東門襄仲如齊拜成。謝得會也。六月，齊人取濟西之田，爲立公故，以賂齊也。胡氏曰：「經書『行父如齊』，而不言其故，謂『納賂以請會』者，傳也。經有不待傳而著者，比事以觀斯得矣。下書公會齊侯于平州，則知此會行父請之也。又書齊人取濟西田，則知其請蓋以賂也。雖微，傳其事著矣。諸侯立卿爲公室輔，猶屋之有楹也，而謀國如此，亦不待貶絕而惡自見者也。不然，以行父之勤勞恭儉，相三君而無私積，必能以其君顯名，與晏嬰等矣。」愚按：行父歷數莒僕之罪曰「則其孝敬，則弒君父矣；則其忠信，則竊寶玉矣。其人則盜賊也，其器則凶兆也」，而不知東門遂之惡近在目前而不能正，反與之先後如齊以求昏與會焉而已。又再往是陷身於盜賊之黨而不自知也，且其言曰：「見有禮於其君者，事之如孝子之養父母也。見無禮於其君者，誅之如鷹鸇之逐鳥獸也。」如遂者，其有禮乎？其無禮乎？梟獍在前而不知逐，顧區區以弋鳥雀爲能，而曰「此舜功二十之一也」，豈不可哂矣哉！世人誦其文而不既其實，愚不得不辨。

成四年秋，公至自晉，欲求成于楚而叛晉。季文子曰：「不可。晉雖無道，未可叛也。國大臣睦，而邇於我，諸侯聽焉，未可以貳。史佚之《志》有之，周文王大史。曰：『非我族類，其心必異。』楚雖大，非吾族也。與魯異姓。其肯字我乎？」公乃止。字，愛也。愚按：此謀國之善者。

【五】故公與齊會而位定　「齊會」原作「會齊」，「位」原作「後」，據《春秋左傳正義》卷二十一宣公元年杜預注改。

七年春，吴伐郯，郯成。季文子曰：「中國不振旅，蠻夷入伐，而莫之或恤，無弔者也夫！杜氏曰：「言中國不能相愍恤，故夷狄内侵。」《詩》曰：『不弔昊天，亂靡有定。』其此之謂乎！《詩·小雅》，刺在上者不能弔愍下民，故告亂。有上不弔，其誰不受亂？吾亡無日矣！」君子曰：「知懼如是，斯不亡矣。」

八年春，晉侯使韓穿來言汶陽之田，歸之于齊。季文子餞之，餞，送行飲酒。私焉，私與之言。曰：「大國制義以爲盟主，是以諸侯懷德畏討，無有貳心。謂汶陽之田，敝邑之舊也，而用師於齊，使歸諸敝邑。用師，鞌之戰。今有二命曰：『歸諸齊。』信以行義，義以成命，小國所望而懷也。信不可知，義無所立，四方諸侯，其誰不解體？言不復肅敬於晉。《詩》曰：『女也不爽，士貳其行。士也罔極，二三其德。』爽，差也。極，中也。《詩·衛風》，喻魯事晉，猶女之事父，不敢過差【六】，而晉有罔極之心，反二三其德。七年之中，一與一奪，二三孰甚焉！士之二三，猶喪妃耦，而况霸主？霸主將德是以，以，用也。而二三之，其何以長有諸侯乎？《詩》曰：『猶之未遠，是用大簡。』猶，圖也。簡，諫也。《詩·大雅》，言王者圖事不遠，故用大道以諫之。行父懼晉之不遠猶而失諸侯也，是以敢私言之。」愚按：此辭命之善，不減子産。

九年，爲歸汶陽之田【七】，故諸侯貳於晉。晉人懼，會於蒲，以尋馬陵之盟。在七年。季文子謂范文子曰：「德則不競，尋盟何爲？」

十六年九月，晉人執季孫行父，舍之于苕丘。《傳》：宣伯通於穆姜，杜氏曰：「穆姜，成公

【六】事父不敢過差　「事父」原脱，據《春秋左傳正義》卷二十六補。

【七】爲歸汶陽之田　「歸」原無，據《春秋左傳正義》卷二十六補。

母。」宣伯，叔孫僑如也。欲去季、孟而取其室。季文子、孟獻子。秋，會于沙隨，謀伐鄭也。宣伯使告郤犨曰：「魯侯待于壞隤，壞，户恠反。隤，徒回反。以待勝者。」觀晉、楚之勝負。郤犨將新軍，以主東諸侯。取貨于宣伯，而訴公于晉侯，晉侯不見公。宣伯使告郤犨曰：「魯之有季、孟，猶晉之有欒、范也，政令於是乎成。今其謀曰：『晉政多門，不可從也。寧事齊、楚，有亡而已，蔑從晉矣。』若欲得志於魯，請止行父而殺之，我斃蔑也，蔑，孟獻子。時留守公宫。而事晉，蔑有貳矣。魯不貳，小國必睦。不然，歸必叛矣。」九月，晉人執季文子于苕丘。公還，待于鄆，使子叔聲伯請季孫于晉。郤犨曰：「苟去仲孫蔑而止季孫行父，吾與子國，親於公室。」對曰：「僑如之情，子必聞之矣。若去蔑與行父，是大棄魯國而罪寡君也。若猶不棄，而惠徼周公之福，使寡君得事晉君，則夫二人者，魯國社稷之臣也。若朝亡之，魯必夕亡，以魯之密邇仇讎，謂齊、楚。亡而爲讎，治之何及？」范文子謂欒武子曰：「季孫於魯，相二君矣，宣、成。妾不衣帛，馬不食粟，可不謂忠乎？信讒慝而棄忠良，若諸侯何？」乃許魯平，赦季孫。冬十月，僑如奔齊。《公羊傳》曰：「前此者，晉人來乞師而不與，公會晉侯，將執公。季孫行父曰：『此臣之罪也。』於是執季孫行父。公將會晉厲公，會不當期，將執公。季孫行父曰：『臣有罪，執其君；子有罪，執其父：此聽失之大者也。今此臣之罪也，舍臣而執君，吾恐爲宗廟羞。』於是執季孫行父。」愚按：季文子以身代君，其節偉矣，然非素行有以孚于人，亦未易免也。夫妾不衣帛，馬不食粟者，儉也，而范文子稱其忠，何哉？人惟一心，無二用之理。一於謀國，則奉己必薄；一於奉己，則謀國必踈。一公一私，相爲消長者也，則文子之儉，非忠其孰能乎？

十八年【八】，公孫歸父如晉。冬十月壬戌，公薨于路寢。歸父還自晉，至笙，逃奔齊。《傳》：公孫歸父以襄仲之立公也【九】，有寵，歸父，襄仲子。欲去三桓以張公室。與公謀而聘于晉，欲以晉人去之。冬，公薨。季文子言於朝曰：「使我殺適立庶以失大援者，仲也夫！」臧宣叔怒曰：「當其時不能治也，後之人何罪？子欲去之，許請去之。」宣叔，文仲子，武仲父，許，其名也。時爲司寇，主行刑。遂逐東門氏。愚按：文子此舉，蓋假公以復其私。臧宣叔曰「當其時而不能治」，其責之也當矣，然則文子當遂之弒立，當如何耶？曰：上焉有季友之法在，苟不能然，則歸政而去之，猶可以全人臣之節。事宣幾二十年，仲卒公薨，乃始逐其後人，毋乃太晚乎！愚故以假公復私斷之也。

襄四年秋七月戊子，夫人姒氏薨。《傳》：定姒薨，不殯于廟，無櫬，不虞。杜氏曰：「櫬，親身棺。季孫以定姒本賤，既無器備，議其喪制，欲殯不過廟，又不反哭。」匠慶謂季文子匠慶，魯大匠【一〇】。曰：「子爲正卿，而小君之喪不成，不終君也。慢其母，是不終事君之道。君長，誰受其咎？」言襄公長，將責季孫。愚按：本朝吕申公夷簡處章懿后喪類此。初，季孫爲己樹六檟於蒲圃東門之外【一一】。欲自爲櫬。匠慶請木，爲定姒作櫬。季孫曰：「畧。」不以道取曰畧。匠慶用蒲圃之檟，季孫不御。御，止也。《傳》言遂得成禮，故經無異云。君子曰：「《志》所謂『多行無禮，必自及也』，其是之謂乎！」愚按：季孫本意在於少抑妾母，不使盡同小君之禮，其曰「畧」者，猶言從簡而已。匠慶陽若不悟其意，而畧取蒲圃之檟，而季孫不之止，可謂賢矣。「君子」而下，皆妄評。《正義》又以「律畧人畧賣人」爲比，豈季孫之

【八】十八年　按：此條未標明何公，實爲宣公十八年事，若承上會誤以爲成公事。

【九】立公也　「公」原無，據《春秋左傳正義》卷二十四補。

【一〇】匠慶魯大匠　「匠慶」原無，據《春秋左傳正義》卷二十九杜預注補。

【一一】季孫爲己　「己」原無，據《春秋左傳正義》卷二十九補。

賢而肯爲掠奪之事乎？今不取。

五年十有二月辛未，季孫行父卒。《傳》：季文子卒，大夫入斂，公在位。杜氏曰：「在阼階西鄉。」宰庀家器爲葬備，庀，具也。無衣帛之妾，無食粟之馬，無藏金玉，無重器備。謂珍寶甲兵之屬。君子是以知季文子之忠於公室也。相三君矣，而無私積，可不謂忠乎？《正義》曰：「行父以文六年見經，則爲卿久矣。宣公之初，襄仲執政，宣八年仲遂卒，後文子始得政，至今爲相三君也。」《國語》：初，文子之爲相也，仲孫它諫曰：「子爲上卿，妾不衣帛，馬不食粟，人以子爲愛，且不華國也。」文子曰：「吾亦願之，然吾觀國人，其父兄食麄而衣惡者猶多，而吾獨美妾與馬，可乎？吾聞榮於德者華於國，不聞以妾與馬也。」愚按：文子執政三十餘年，言論近正，而功烈無聞，賂齊之舉，乃其大失。然事君忠，持己廉，所欲不存，而自奉甚約，比之聚斂積貨不知紀極，如餓豺狼者，豈直霄壤之間哉！春秋之世，奢淫貪侈，喪身及國者，何可勝數，而文子卓然立於泥滓之中，秋毫無所汙染，以世論之，豈不可尚？故特取之以爲人臣之法云。季文子三思而後行。子曰：「再，斯可矣。」以上魯之名卿。按：魯自隱迄哀，名卿之見于經傳者甚少，蓋自文子之後，武子繼之，政在三家，權臣顓政，而季氏尤甚，雖如叔孫穆子、昭子、孟懿子之賢，亦不聞有事業可稱，故今不得而紀。政歸私門，則公道塞，賢人隱，繇古今以然，可勝慨哉！

管夷吾。莊八年，齊無知弒其君諸兒。襄公也。《傳》：初襄公立無常。鮑叔牙曰：「君使民慢，亂將作矣。」奉公子小白出奔莒。亂作，管夷吾、召忽奉公子糾來奔。鮑叔牙，小白傅。小白，僖公庶子。管、召皆子糾傳。愚按：鮑叔見微知顯者，其智如此，所以能知夷吾之材而舉之以霸齊與？

九年夏，公伐齊，納糾。齊小白入于齊。胡氏曰：「《左氏》書『子糾』，二傳曰『伐齊納糾』，君子以《公》、《穀》爲正。納者，不受而强致之稱。入者，難詞。糾不書『子』者，明糾不當立也。以小白繫齊者，明小白宜有齊也。所以然者，糾與小白皆以庶公子出奔，而糾弟也，又未嘗爲世子。按：史稱『周公誅管、蔡以安周，齊桓殺其弟以反國』，是糾幼而小白長，其有齊宜矣。宜則何以不稱公子？内無所承，上不禀命，故以王法絶之也。桓公於王法雖可絶，視子糾則當立，故管氏相桓爲徙義，而聖人稱之。」九月，齊人取子糾，殺之。取者，不義之詞。前書納糾不稱子者，明不當立也。此書殺糾復稱子者，或奪或予，於義各安，此《春秋》精意也。《傳》：公伐齊，納子糾。桓公自莒先入。秋，師及齊師戰于乾時，我師敗績。鮑叔帥師來言曰：「子糾，親也，請君討之。杜氏曰：「鮑叔乘勝而進，志在生得管仲，故託不忍之辭。」管、召，讎也，請受而甘心焉。」管仲射桓公，故曰讎。甘心，言欲快意戮殺之。乃殺子糾于生竇。召忽死之。管仲請囚，鮑叔受之，及堂阜而税之。堂阜，齊地。歸而以告曰：「管夷吾治於高傒，齊卿高敬仲也。言管仲治理政事之才，多於敬仲。使相可也。」公從之。

《國語》：桓公自莒反于齊，使鮑叔爲宰，辭曰：「臣，君之庸臣也。若必治國家者，則管夷吾乎！臣之所不若夷吾者五：寬惠柔民，弗若也；治國家不失其柄，弗若也；忠信可結於百姓，弗若也；制禮義可法於四方，弗若也；執枹鼓立於軍門，使百姓加勇焉，弗若也。」公曰：「管夷吾射寡人中鉤，是以濱於死。」對曰：「夫爲其君動也。君若宥而反之，猶是也。」桓公使請諸魯。比至，桓公親逆之于郊，而與之坐而問焉【一二】，

【一二】坐而問焉　「而」原無，據《國語》卷六《齊語》補。

曰：「昔吾先君襄公築臺以爲高位，田、狩、畢、弋，不聽國政，卑聖侮士，而唯女是崇。九妃、六嬪，陳妾數百，食必粱肉，衣必文繡。戎車待游車之裂，戎士待陳妾之餘。優笑在前，賢材在後。是以國家不日引，不月長，恐宗廟之不掃除，社稷之不血食，敢問爲此若何？」管子對曰：「昔者聖王之治天下也，參其國而伍其鄙，定民之居，成民之事，而慎用其六柄焉。」公曰：「成民之事若何？」對曰：「四民者，勿使雜處，雜處則其言哤，其事易。聖王之處士也，使就閒燕；處工，就官府；處商，就市井；處農，就田野。士閒燕，則父與父言義，子與子言孝，其事君者言敬，其幼者言悌。工審其四時，辨其功苦，旦暮從事【一三】，以飭其子弟，相語以事，相示以巧，相陳以功。商察其四時，以知其市之賈，負任擔荷【一四】，服牛軺馬，以周四方，以其所有，易其所無，市賤鬻貴。旦暮從事，以飭其子弟，相語以利，相示以賴。農察其四時，耒耜枷芟，以旦暮從事於田野。少而習焉，其心安焉，不見異物而遷焉。是故其父兄之教不肅而成，其子弟之學不勞而能。」公曰：「定民之居若何？」對曰：「制國爲二十一鄉。」公曰：「善。」於是制國爲二十一鄉：工商之鄉六，士鄉十五：公帥五鄉焉，國子帥五鄉焉，高子帥五鄉焉。公曰：「吾欲從事於諸侯，其可乎？」對曰：「君若正卒伍，脩甲兵，則大國亦將脩之，則難以速得志矣。君有攻伐之器，小國有守禦之備，若欲速得志於諸侯，則事可以隱令，可以寄政。」公曰：「爲之若何？」對曰：「作內政而寄軍令焉。」公曰：「善。」管子於是制國：五家爲軌，軌爲之

【一三】旦暮　「暮」原作「莫」，據《國語》卷六《齊語》改。

【一四】擔荷　「荷」原作「何」，據《國語》卷六《齊語》改。

長；十軌爲里，里有司；四里爲連，連爲之長；十連爲鄉，鄉有良人焉。以爲軍令：五家爲軌，故五人爲伍，軌長帥之；十軌爲里，故五十人爲小戎，里有司帥之；四里爲連，故二百人爲卒，連長帥之；十連爲鄉，故二千人爲旅，鄉良人帥之；五鄉一帥，故萬人爲一軍，五鄉之帥帥之。春以蒐振旅，秋以獮治兵。是故卒伍整於里，軍旅整於郊。内教既成，令勿遷徙。伍之人祭祀同福，死喪同卹，禍災共之。人與人相疇，家與家相疇，夜戰聲相聞，晝戰目相視，歡欣足以相樂，憂戚足以相死。是故守則同固，戰則同彊。君有此士也三萬人，以方行於天下，以誅無道，以屏周室，大國之君莫之能禦。」愚

按：桓公始見管仲，其問甚大。使仲嘗知聖賢脩身治國之學，則必勸公由堯、舜之道，矯襄公之失。由心而身，由身而家，推之以及其國，雖與三王比隆，可也。而仲之對，曾微一言及此，其所經畫，大抵强兵戰勝之事而已。桓公自是以爲圖霸無待於脩身，而荒縱淫泆初無害於圖霸，其閨門之行，視襄公殆有甚焉。何前日懲之，而後日蹈之？由仲不知聖賢之學，而無以導之故也。吁，可惜哉！《史記》：「鮑叔既進管仲，仲任政於齊，桓公以霸。管仲曰：『吾始困時，嘗與鮑叔賈，分財利多自與，鮑叔不以我爲貪，知我貧也。吾嘗爲鮑叔謀事而更窮困，鮑叔不以我爲愚，知時有利不利也。吾嘗三仕三見逐於君，鮑叔不以我爲不肖，知我不遭時也。吾嘗三戰三走，鮑叔不以我爲怯，知我有老母也。公子糾敗，召忽死之，吾幽囚受辱，鮑叔不以我爲無恥，知我不羞小節，而恥功名不顯於天下也。生我者父母，知我者鮑子也！』鮑叔既進管仲，以身下之，子孫世禄於齊，有封邑者十餘世，常爲名大夫。天下不多管仲之賢，而多鮑叔能知人也。」

十年冬十月，齊師滅譚，譚子奔莒。《傳》：齊侯之出也，過譚，譚不禮焉。及其入

也，諸侯皆賀，譚又不至。冬，齊師滅譚，譚無禮也。胡氏曰：「过而不禮，入而不賀，責其失事大之禮，可也。坐此見滅，可乎？」 愚按：桓公始得位，即相夷吾。凡盟會征伐之謀，未有不與焉者。舉而合於義，即仲之功；舉而不合義，即仲之罪，故自滅譚以後必書。見桓公之始終，即知管仲之始終矣。

十有三年春，齊侯、宋人、陳人、蔡人、邾子會于北杏。齊地。夏六月，齊人滅遂。《傳》：會于北杏，以平宋亂。杜氏曰：「宋有弑君之亂，齊桓欲脩霸業。」胡氏曰：「桓何以及四國之微者會？是宋公、邾子也。然則何以稱『人』？春秋之世，以諸侯而主天下會盟之政，自北杏始，其後宋襄、晉文、楚莊、秦穆交主夏盟，跡此而爲之者也。桓非受命之伯，諸侯自相推戴以爲盟主，是無王矣。故四國稱『人』，以誅始亂，正王法也。齊侯稱爵，其與之乎？上無天子，下無方伯，有能會諸侯、安中國而免民於左衽，則雖與之可也。誅諸侯者，正也；與桓者，權也。」按：十二年，宋萬弑其君捷。遂人不至。夏，齊人滅遂，而戍之。杜氏曰：「以背北杏會故。」 胡氏曰：「宋人背北杏之會，諸侯伐宋，其稱『人』者，將卑師少也。齊自管仲得政，滅譚之後二十年間，未嘗遣大夫爲主將，亦未嘗動大衆出侵伐。蓋以制用兵而賦於民薄矣，故能南摧强楚，西抑晉、秦，天下莫能與之爭也。或以爲貶齊稱『人』，誤矣。」夏，單伯會伐宋。杜氏曰：「既伐宋，單伯乃至，故曰會。單伯，周大夫也。」冬，單伯會齊侯、宋公、衛侯、鄭伯于鄄。衛地。《傳》：諸侯伐宋，齊請師于周。單伯會之，取成于宋而還。杜氏曰：「齊欲崇天子，故請師。假王命以示大順。」

十有五年春，齊侯、宋公、陳侯、衛侯、鄭伯會于鄄。《傳》：春，復會焉，齊始霸也。杜氏曰：「始爲諸侯長。」秋，宋人、齊人、邾人伐鄭。宋主兵，故序齊上。胡氏曰：「伯者之先諸侯，專征也。非伯者而先諸侯，主兵也。此齊桓之師，何以序宋下？猶未成乎伯也。二十七年同盟于幽，天下與之，然後成乎伯矣。」

《傳》：諸侯爲宋伐郳。郳，附庸，屬宋而叛，故齊桓爲之伐郳。鄭人間之而侵宋。

十有六年夏，宋人、齊人、衛人伐鄭。杜氏曰：「宋主兵也。」《傳》：諸侯伐鄭，宋故也。鄭侵宋故。冬，會齊侯、宋公、陳侯、衛侯、鄭伯、許男、滑伯、滕子，同盟于幽，鄭成也。胡氏曰：「會者，公也。不書『公』，諱也。其諱公，何也？程氏曰：『齊桓始霸，仗義以盟，而魯首畔盟，故諱不稱公。惡失信也。』」按：明年，齊人執鄭詹自齊逃來。胡氏謂方同盟而納其逋逃，故曰叛盟。

十有七年夏，齊人殲于遂。《傳》：遂因氏、頜氏、工婁氏、須遂氏饗齊戍，醉而殺之，齊人殲焉。胡氏曰：「《春秋》書此，見齊人滅遂，恃强陵弱，非伐罪弔民之師。遂以亡國餘民能殲强齊之戍，則申胥一身可以存楚，楚雖三户可以亡秦，固有是理。足爲强而不義之戒，而弱者亦可自省而自立矣。」

二十年夏，齊大災。無傳。天火曰災。冬，齊人伐戎。無傳。愚按：大災之餘，不知恐懼修省，而遽勤兵以伐戎，不待貶削而義自見矣。

二十二年，陳公子完與顓孫奔齊。元城劉氏曰：「物禁太盛，万衰之始也。桓公七年始霸而會諸侯，至十四年陳公子完來奔，不知有齊國者由此人也。」

二十有七年，公會齊侯、宋公、陳侯、鄭伯同盟于幽。《穀梁傳》曰：「同者，有同也，同尊周也。於是而後授之諸侯也。其授之諸侯，何也？齊侯得衆也。桓會不致，安之也。桓盟不日【一五】，信之也。信其信，仁其仁。衣裳之會十有一，未嘗有歃血之盟也，信厚也。兵車之會四，未嘗有大戰也，愛民也。」胡氏曰：「凡盟，皆小國受命於大國，不得已而從焉者也。其有小國願與之盟，非出於勉强者，則書『同盟』，所以志同欲也。前此鄭伯嘗貳於齊矣，至是齊桓霸成，有安中國、攘夷狄之勢，諸侯皆歸之，鄭伯於是焉有畏服之心，其與盟所欲也，故特書『同』。穀梁

【一五】桓盟不日　「日」原作「歃」，據《春秋穀梁傳》莊公二十七年改。

子所謂『於是而後授之諸侯』是也。」王使召伯廖賜齊侯命，杜氏曰：「廖，王卿士。賜，命爲侯伯。」且請伐衛，以其立公子頹也。立子頹在十九年。

二十有八年春，王三月甲寅，齊人伐衛。衛人及齊人戰，衛人敗績。《傳》：「齊侯伐衛。戰，敗衛師。數之以王命，取賂而還。」杜氏曰：「《傳》稱『齊侯』而經書『人』者，諱取賂而還，以賤者告。」愚按：伐衛之書本以義舉，乃取賄而還，是奪於利而爲義不終矣。此其所以爲霸者歟？

三十年秋七月，齊人降鄣。無傳。杜氏曰：「鄣，紀附庸也。小國孤危，不能自固，齊遥以兵威脅，使降附。」胡氏曰：「鄣者，紀之附庸，微乎微者也。齊人不道，肆其强力，脅之使附，不書『鄣降』而曰『降鄣』者，以齊之强，故罪之深；以鄣之微，故責之薄。《春秋》之法，扶弱抑强，明道義也；霸者之政，以强臨弱，急事功也。故曰：五伯，三王之罪人也。」冬，公及齊侯遇于魯濟。杜氏曰：「濟水歷齊、魯界，在魯者爲魯濟。」齊人伐山戎。北狄。《傳》：遇于魯濟，謀伐山戎也，以其病燕故也。齊侯行霸，故欲爲燕謀難。胡氏曰：「齊人者，齊侯也。其稱『人』，譏伐戎也。自管仲得政，至是二十年，未嘗命大夫爲主將，亦未嘗與大衆出征伐，故魯莊十一年而後，凡用兵皆稱『人』者，以將卑師少爾。今此安知其非將卑師少，而獨以爲齊侯，何也？以『來獻戎捷』稱齊侯，則知之矣。夫北戎病燕，職貢不至，桓公内無因國，外無從諸侯，越千里之險爲燕闢地，可謂能修方伯連帥之職，何以譏之乎？桓公不務德，勤兵遠伐，不正王法，以議其罪，則將開後世之君勞中國而事外夷，捨近攻而貴遠畧，困吾民之力，爭不毛之地，其患有不可勝言者，故特貶而書『人』，以爲好武功而不修文德者之戒。」

三十有一年六月，齊侯來獻戎捷。《傳》：非禮也。凡諸侯有四夷之功，則獻于王，王以警于夷。中國則否，諸侯不相遺俘。杜氏曰：「雖夷狄俘，猶不以相遺。」胡氏曰：「齊伐山戎，以其所得，躬來夸示。書『來獻』者，抑之也。後世宰臣有不賞邊功，以沮外徼生事之人，得《春秋》抑戎捷之意。」

閔元年春，王正月，齊人救邢。《傳》：狄人伐邢。杜氏曰：「在往年冬。」管敬仲言於齊侯曰：「戎狄豺狼，不可厭也。諸夏親暱，不可棄也。諸夏，中國也。暱，近也。宴安酖毒，不可懷也。以宴安比之酖毒。《詩》云：『豈不懷歸，畏此簡書。』《詩·小雅》，諸侯之詞。簡書，同惡相恤之謂也。同恤所惡。請救邢以從簡書。」齊人救邢。胡氏曰：「凡書『救』者，未有不善之也。救在京師，則罪列國，子突救衛是也。救在夷狄，則罪諸侯，狄救齊、吴救陳是也。救在遠國，則罪鄰國，晉陽處父帥師伐楚以救江是也。救而不速救者，則書所次，以罪其慢，叔孫豹救晉，次于雍榆是也。救而不敢救者，則書所至，以罪其怯，齊侯伐我北鄙圍成，公救成至遇是也。兵者，《春秋》之所重，獨至於救兵而書法如此，聖人之情見矣。」冬，齊仲孫來。《傳》：齊仲孫湫來省難。湫，名。書曰「仲孫」，嘉之也。仲孫歸曰：「不去慶父，魯難未已。」公曰：「若之何去之？」對曰：「難不已，將自斃，君其待之。」公曰：「魯可取乎？」對曰：「不可。猶秉周禮，周禮，所以本也。臣聞之：國將亡，本必先顛，而後枝葉從之。魯不棄周禮，未可動也。君其務寧魯難而親之。親有禮，因重固，能重能固，則當就成之。間攜貳，離而相疑者，則當因而間之。覆昏亂，霸王之器也。胡氏曰：「仲孫，齊大夫也。其不稱『使』而曰『來』者，譏也。夫齊侯憂魯，使仲孫來省難，何譏乎？曰：鄰有弒逆，則當聲罪戒嚴，修方伯之職以奉天討，而更使計謀之士窺覘虚實，有乘亂取國之心，則非矣。仲孫歸曰『君其務寧魯難而親之』，何譏乎？曰：田常弒簡公，孔子沐浴而朝，告於哀公，請討焉，豈曰齊人方强，姑少待之也？不勸其君急於討賊，而俟其自斃，豈得爲是乎？使慶父稔惡，閔公再弒，則桓公與仲孫之始謀不臧之所致耳。書『齊仲孫來』，交譏之也。」 愚按：魯有弒君之難，甚於邢人之有狄難也，管仲能勸桓公之救邢，而不能勸桓公之平魯，其得爲知輕重也乎？仲孫不足責，愚獨爲管仲惜。

二年春，王正月，齊人遷陽。無傳。杜氏曰：「陽，國名。蓋齊人偪徙之。」僖元年，春王正月，齊師、宋師、曹師次于聶北，救邢。《公羊傳》曰：「救不言次，此其言次何？不及事也。邢已亡矣。孰亡之？蓋狄滅之。曷爲不言狄滅之？爲桓公諱也。」胡氏曰：「三國稱師，見兵力之有餘也。聶北書『次』，譏救邢之不速也。《春秋》大義，伐而書『次』，其次爲善；救而書『次』，其次爲貶。次于聶北，譏之也。」夏六月，邢遷于夷儀，齊師、宋師、曹師城邢。《傳》：諸侯救邢。邢人潰，出奔師。杜氏曰：「奔聶北之師也。邢潰不書，不告也。」師遂逐狄人，具邢器用而遷之，師無私焉。皆撰具還之，無所私取。《正義》曰：「善齊人委任得人，用兵嚴整也。」夏，邢遷于夷儀，諸侯城之，救患也。凡侯伯，救患、分災、討罪，禮也。胡氏曰：「書『邢遷于夷儀』，見齊師次止，緩不及事也。然邢以自遷，爲文而再書『齊師、宋師、曹師城邢』者，美桓公志義，卒有救患之功也。不以王命興師，亦聖人之所與乎？中國衰微，夷狄猾夏，天子不能正，至於遷徙奔亡，諸侯有能救而存之，則救而存之可也。以王命興師者正，能救而與之者權。」秋七月戊辰，夫人姜氏薨于夷，齊人以歸。胡氏曰：「夫人薨不地，其曰『薨于夷』故也。桓公召而殺之也。其曰『齊人以歸』者，以其喪歸于魯也。齊爲盟主，義得舉法，然既誅其人，又歸其喪何居？魯欲拒而勿受乎，則子無讎母之義；受而葬之乎，已絶者復得享小君之禮，典刑紊矣。」十有二月，夫人氏之喪至自齊。胡氏曰：「夫人預弒二君，幾於亡國，大義已絶，不可復入宗廟矣。書『孫于邾』、『薨于夷』者，絶哀姜也。書『齊人以歸』、『夫人氏之喪至自齊』者，譏桓公也。」

二年春，王正月，城楚丘。《傳》：諸侯城楚丘而封衛焉，不書所會，後也。《公羊傳》曰：「城楚丘，孰城？城衛也。曷爲不言城衛？滅也。孰滅之？狄滅之也。曷爲不言狄滅之？爲桓公諱也。曷爲爲桓公諱？上無天子，下無方伯，天下諸侯有相滅亡者，桓公不能救，則桓公恥之也。然則孰城之？桓公城之。曷爲不言桓公城之？不與諸侯專封也。曷爲不與？實與而文不與。文曷爲不與？諸侯之義不得專封。其曰實與之何？上無天子，下無方伯，諸侯有相滅亡者，力能救之，則救之可也。」胡氏曰：「楚丘，衛邑，桓公帥諸侯城之而封衛。不書『桓公』，不與諸侯專封也。《木瓜》美桓公【一六】，而夫子録之，意豈異乎？不與專封，正王法也。《木瓜》有取焉，善衛人之情也。按周制，凡封國大宗伯儐，司几筵【一七】設黼扆，内史作册命，是天子大權，非諸侯所得擅而行之者也。城楚丘，是擅天子之大權而封國也。桓公封衛，而衛國忘亡，其有功於中華甚大，爲利於衛人甚博，宜有美詞發揚其事。今乃微之若此者，正其義而不謀其利，明其道而不計其功，畧小惠，存大節，此《春秋》之法也。」呂氏曰：「桓公始霸之初，狄滅衛，又伐邢，夷狄憑陵中國若是之甚！自非桓公之霸，封衛遷邢，則中國幾何而不爲淪胥於夷狄？孔子所以有『微管』云云之歎也。」按：是年夏五月，虞師、晉師滅下陽，是諸侯擅滅同姓也，而霸主不之問，此管仲之責也。

秋九月，齊侯、宋公、江人、黄人盟于貫。宋地。《傳》：秋盟于貫，服江、黄也。杜氏曰：「江、黄，楚與國也。始來服齊，故爲合諸侯。」胡氏曰：「荆楚天下莫彊焉，江、黄者其東方之與國也。二國來定盟，則楚人失其右臂矣。樂毅破齊，先結韓、趙。孔明伐魏，申好江東。雖武王牧野之師，亦誓友邦，遠及庸、蜀、彭、濮八國之人，共爲掎角之勢也。桓公此盟，其服荆楚之慮周矣，其攘夷狄、免民於左衽之義著矣。」齊寺人貂始漏師于多魚。寺人，内奄官豎貂也。多魚，地名。齊桓多嬖寵，内則如夫人者六人，外則幸豎貂、易牙之等，終以此亂國。《傳》言貂於此始擅貴寵，漏泄桓公軍事，爲齊亂張本。《正義》曰：「『漏師』者，漏洩師之密謀也。」宦者與軍政始於此，其後爲漢之蹇頓，唐之楊思勗【一八】、魚朝恩、程元振、吐突承璀【一九】，本朝之童貫、譚稹，皆桓公啓之。

三年秋，齊侯、宋公、江人、黄人會于陽穀。齊地。冬，公子友如齊涖盟，楚人伐鄭。

【一六】木瓜美桓公 「木」原作「大」，據《春秋大全》卷十二改。

【一七】司几筵 「几」原作「凡」，據《周禮注疏》卷二十改。

【一八】楊思勗 原作「楊思勉」，據《舊唐書·宦官列傳》改。

【一九】吐突承璀 「璀」原作「瓘」，據《舊唐書·宦官列傳》改。

《傳》：會于陽穀，謀伐楚也。《穀梁傳》曰：「陽穀之會，桓公委端、搢笏而朝諸侯，諸侯皆諭乎桓公之志。」胡氏曰：「按《左氏》：『謀伐楚也。』或曰：侵蔡次陘之師，江、黄不與，安知其謀伐楚？曰：兵有聚而爲正，亦有分而爲奇。諸侯之師同次于陘，所謂聚而爲正也。江人、黄人各守其地，所謂分而爲奇也。次陘，大衆厚集其陳，聲罪致討，以震中國之威；江、黄之人各守其境，以爲八國之援：此克敵制勝之謀也。」齊侯爲陽穀之會來尋盟，公子友如齊涖盟。楚人伐鄭，鄭伯欲成，孔叔不可，曰：「齊方勤我，杜氏曰：「孔叔，鄭大夫。」勤，恤鄭難。」棄德不祥。」祥，善也。齊侯與蔡姬乘舟于囿，蕩公。蔡姬，齊侯夫人。蕩，摇也。囿，苑也。蓋魚池在苑中【二〇】。公懼，變色，禁之，不可。公怒，歸之，未之絶也。蔡人嫁之。爲明年齊侵蔡傳。

四年春，王正月，公會齊侯、宋公、陳侯、衛侯、鄭伯、許男、曹伯侵蔡，蔡潰。杜氏曰：「民逃其上曰潰。」遂伐楚，次于陘。遂，兩事之辭。楚彊，齊欲綏之以德，故不速進而次陘。陘，楚地。胡氏曰：「潛師掠境曰侵，侵蔡者，奇也。聲罪致討曰伐，伐楚者，正也。遂者，繼事之辭而有專意。次，止也。楚貢包茅不入，王祭不供，無以縮酒，桓公是徵而楚人服罪，師則有名矣。孟氏何以獨言『春秋無義戰』也？譬諸殺人者。或曰：人可殺與？曰：可。孰可以殺之？曰：爲士師，則可以殺之矣。國可伐與？曰：可。孰可以伐之？曰：爲天吏，則可以伐之矣。楚雖暴横，憑陵上國，齊不請命，擅合諸侯，豈所謂爲天吏以伐之乎？《春秋》以義正名，而樂與人爲善。以義正名，則君臣之分嚴矣。書『遂伐楚』，譏其專也。樂與人爲善，苟志於善，斯善之矣。書『次于陘』、『楚屈完盟于師，盟于召陵』，序其績也。」夏，楚屈完來盟于師，盟于召陵。屈完，楚大夫。楚子遣屈完如師以觀齊。屈完覩齊之盛，因而求盟，故不稱使，以完來盟爲文。齊桓退舍以禮楚，故盟召陵。胡氏曰：「楚大夫有以名氏通者，其曰『屈完』，進之也。其不稱使，權在完也。『來盟于師』，嘉服義也。『盟于召陵』，序桓績也。桓公帥九國之師

【二〇】魚池在苑中　「苑」原作「范」，據《春秋左傳正義》卷十二改。

侵蔡，而蔡潰，伐楚而楚人震恐，兵力强矣。責包茅之不貢則諾，問昭王之不復則辭，徼與同好則承以寡君之願，語其戰勝攻克則對以用力之難，然而桓公退師召陵，以禮楚使，卒與之盟而不遂也。於此見齊師雖强，桓公能以律用之而不暴，楚人已服，桓公能以禮下之而不驕，庶幾乎王者之事矣。故春秋之盟，於斯爲盛，而揚子稱之曰『齊桓之時緼，而《春秋》美召陵』是也。」齊人執陳轅濤塗。陳大夫。秋，及江人、黄人伐陳。冬十有二月，公孫茲帥師會齊人、宋人、衛人、鄭人、許人、曹人侵陳。公孫茲，叔牙子叔孫戴伯。胡氏曰：「揚子《法言》：『或問：爲政有幾？曰：思斁。昔在周公，征于東方，四國是王，其思矣夫。齊桓公欲徑陳，陳不果納，執袁濤塗，其斁矣夫。』桓公識明而量淺，管仲器不足而才有餘。方楚人未帖，而齊以爲憂也。致勤於鄭，振中夏之威；會于陽穀，惇遠國之信；按兵于陘，修文告之詞；退舍召陵，結會盟之禮：何其忠之深，禮之謹也！存此心以進善，則桓有王德，而管氏爲王佐矣。惜乎楚方受盟，志已驕溢，陳大夫一謀不協，其身見執，其國見伐、見侵，而怒猶未怠也，桓德於是乎衰矣！愛人不親反其仁，治人不治反其智，禮人不答反其敬，行有不得者，皆反求諸己，其身正而天下歸之，曾可厚以責人，不自反乎？原其失，在於量淺而器不宏也。魏武纔得荆州，而張松見忽；唐莊宗自矜取汴，而高氏不朝。成湯勝夏，撫有萬方，乃曰：『玆朕未知獲戾于上下，慄慄危懼，若將隕于深淵。』人之度量相越，豈不遠哉！《春秋》稱『人』以『執』，罪齊侯也。稱『侵陳』者，深責之也。」《傳》：齊侯以諸侯之師侵蔡，蔡潰。遂伐楚，楚子使與師言曰：「君處北海，寡人處南海，唯是風馬牛不相及也。楚界猶未至南海，因齊處北海，遂稱所近。牛馬風逸，蓋末界之微事，故以取喻。不虞君之涉吾地也，何故？」管仲對曰：「昔召康公命我先君大公，召康公，周大保召公奭也。曰：『五侯九伯，女實征之，以夾輔周室。』五等諸侯，九州之伯，皆得征討其罪。齊桓因此命以夸楚。賜我先君履，東至于海，西至于河，南至于穆陵，北至于無棣。穆陵、無棣，皆齊境也。履，所踐履之界。齊桓又因以自言其盛。爾貢包茅不入，王祭不共，無以縮酒，寡人是徵。包，裹也，束也。茅，菁茅也。束茅而灌之以酒。昭王南征而不復，寡人是問。」昭王，成王之孫，南巡狩，涉漢，船壞而溺。周人諱而不赴，諸侯不知其故，故問之。對曰：「貢之不入，寡君之罪也，敢不供給？昭王之不復，君其問諸水濱！」昭王時，漢非楚竟，故不受罪。師進，次于陘。楚不服罪，故復進師。夏，楚子使屈完如師。如陘之師，觀彊弱。師退次于召陵。完請盟故。齊侯陳諸侯之師，與屈完乘而觀之。乘，共載。齊侯曰：「豈不穀是爲？先君之好是繼。與不穀同好如何？」言諸侯之附從，非爲己，乃尋先君之好。孤、寡、不穀，諸侯謙稱。《正義》曰：「諸侯之交，必稱先君以相接。《爾雅》訓穀爲善，穀是養人之物，言我不似穀之養人，是謙之辭也。」對曰：「君惠徼福於敝邑之社稷，辱收寡君，寡君之願也。」齊侯曰：「以此衆戰，誰能禦之？以此攻城，何城不克？」對曰：「君若以德綏諸侯，誰敢不服？君若以力，楚國方城以爲城，漢水以爲池，言其險固，以當城池。雖衆，無所用之。」屈完及諸侯盟。陳轅濤塗謂鄭申侯曰：「師出於陳、鄭之間，國必甚病。申侯，鄭大夫。當有共給之費故。若出於東方，觀兵於東夷，循海而歸，其可也。」東夷，莒、徐夷也。觀兵，示威。申侯曰：「善。」濤塗以告齊侯，許之。許出東方。申侯見曰：「師老矣，若出於東方而遇敵，懼不可用也。若出於陳、鄭之間，共其資糧屝屨，其可也。」屝，草也。齊侯説，與之虎牢。還以鄭邑賜之。執轅濤塗。秋，伐陳，討不忠也。以濤塗爲誤軍道。愚按：荆楚僭王，罪之大者也。包茅不供，罪之小者也。昭王不復，則非其罪矣。管仲不以僭王責之，而舉此二罪，是舍其所當責，而責其不必責也。仲豈懵乎哉？吁！此其所以爲霸者之師也。禹之征苗，湯、武之伐桀、紂，皆明徵其辭，蓋有諸己而后可求諸人，無諸己而後可非諸人。齊桓之霸，所謂以力服人，而非心服也。嬖寵如嫡，同産不嫁，内之失德者多矣；滅譚滅遂，遷陽降鄣，外之失義者多矣。楚大國也，僭王其大惡也。我以大惡責之，彼肯弭然受責者哉？亦必斥吾之惡以對。方八國之師雲集，而爲敵人指數其惡，豈不爲諸侯羞？攻之弗克，圍之弗下，將何詞以退師乎？故舍其所當責者，而及其不必責者，庶幾楚人之爲辭也，易不盡力以抗我；我之服楚，亦易不勞師而有功：仲蓋計之熟矣。嗚呼！此其所以爲霸者之師歟！

五年夏，公及齊侯、宋公、陳侯、衛侯、鄭伯、許男、曹伯會王世子于首止。杜氏曰：「惠王大子鄭也。不名而殊會，尊之也。首止，乃衛地。」秋，八月，諸侯盟于首止。間無異事，復稱諸侯者，王世子不盟故也。王之世子尊與王同，齊桓行霸，翼戴天子，尊崇王室，故殊貴世子。《傳》：會于首止，會王大子鄭，謀寧周也。惠王以惠后故，將廢大子鄭而立王子帶，故齊桓帥諸侯會王大子，以定其位。《正義》曰：「襄王與子帶俱惠后所生，其母鍾愛少子，故欲廢大子而立之。」胡氏曰：「『及以會』，尊之也。以王世子而下會諸侯，則陵；以諸侯而上與王世子會，則抗。《春秋》抑强臣，扶弱主，撥亂世反之正，特書『及』以『會』者，若曰：王世子在是，諸侯咸往會焉，示不可得而抗也。經書宰周公祗與王人同序於諸侯之上，而不得與殊會同書，此聖人尊君抑臣之旨也，而班位定矣。」又曰：「首止之盟，美之大者也。王將以愛易世子，桓公有憂之，控大國，扶小國，會于首止以定其位。太子踐阼，是爲襄王，一舉而父子、君臣之道皆得焉，故夫子稱之曰：『管仲相桓公，一匡天下，民到于今受其賜。』中國之爲中國，以有父子、君臣之大倫也，一失則夷狄矣。故曰首止之盟，美之大者也。」鄭伯逃歸，不盟。《傳》：諸侯盟，王使周公召鄭伯【一一】，曰：「吾撫汝以從楚，輔之以晉，可以少安。」王恨齊桓定大子之位，

【一一】王使　「王」后原有「王」字，據《春秋左傳正義》卷十二刪。

故召鄭伯使叛齊也。晉、楚不服于齊【二二】，故以鎮安鄭。愚按：是年晉滅虢，又執虞公；楚人滅弦，齊不能問。鄭伯喜於王命，故逃歸不盟，孔叔止之，鄭大夫。弗聽。

六年夏，公會齊侯、宋公、陳侯、衛侯、曹伯伐鄭，圍新城。秋，楚人圍許，諸侯遂救許。杜氏曰：「皆伐鄭之諸侯。」《傳》：諸侯伐鄭，以其逃首止之盟故也。圍新密，鄭所以不時城也。鄭以非時興土功，齊桓聲其罪以告諸侯。秋，楚子圍許以救鄭，諸侯救許乃還。

七年秋七月，公會齊侯、宋公、陳世子欵、鄭世子華，盟于甯母。《傳》：盟于甯母，謀鄭故也。管仲言於齊侯曰：「臣聞之：招攜以禮，懷遠以德。攜，離也。德、禮不易，無人不懷。」齊侯脩禮於諸侯，諸侯官受方物。杜氏曰：「諸侯官司各於齊受其方所當貢天子之物。」《正義》曰：「王室盛明之時，每國貢有常職。天子既衰，諸侯惰慢，貢賦之事無復定準，故霸主揔帥諸侯，尊崇天子，量其國之大小，號令所出之物。《傳》言諸侯各使官司取齊約束，受其方所當貢天子之物。言其一聽齊令，美齊侯能以禮服諸侯。」鄭伯使大子華聽命於會，言於齊侯曰：「洩氏、孔氏、子人氏三族，實違君命。三族，鄭大夫。君若去之以爲成，我以鄭爲内臣，君亦無所不利焉。」以鄭事齊，如封内臣。齊侯將許之，管仲曰：「君以禮與信屬諸侯，而以姦終之，無乃不可乎？子父不奸之謂禮，守命共時之謂信。守君命，共時事。違此二者，姦莫大焉。」公曰：「諸侯有討於鄭，未捷。今苟有釁，從之，不亦可乎？」子華犯父命，是以釁隙。對曰：「君若綏之以德，加之以訓辭，而帥諸侯以討鄭，鄭將覆亡之不暇，豈敢不懼？若揔其罪人以臨之，揔，將領也。子華奸父之命，即罪人。鄭有

【二二】不服于齊　「齊」原作「鄭」，據《春秋左傳正義》卷十二改。

辭矣，何懼？：以大義爲辭。且夫合諸侯以崇德也，會而列姦，何以示後嗣？：列姦，用子華。夫諸侯之會，其德刑禮義，無國不記。記姦之位，位，會位也。子華爲姦人，而列在會位，將爲諸侯所記。君盟替矣。替，廢也。作而不記，非盛德也。君其勿許，鄭必受盟。夫子華既爲大子而求介於大國，以弱其國，亦必不免。鄭有叔詹、堵叔、師叔三良爲政，未可間也。」齊侯辭焉。子華猶是得罪於鄭。呂氏曰：「此一事見得管仲猶有三代氣象，其曰『君若綏之以德』云云，此等語言，蓋嘗聞先生長者之餘論，惜其急於功利，俯首以就桓公，自小其規模，惟嘗聞先生長者餘論，故時道其所聞，亦有過人者矣。」冬，鄭伯使請盟于齊。以齊侯不聽子華故。閏月，惠王崩。襄王惡大叔帶之難，襄王，惠王大子鄭也。大叔帶，襄王弟，惠后之子也，有寵於惠后，欲立之，未及而卒。懼不立，不發喪，而告難于齊。爲八年盟洮傳。

八年春，王正月，公會王人、齊侯、宋公、衛侯、許男、曹伯、陳世子款，盟于洮。《公羊》曰：「王人者何？微者也。曷爲序乎諸侯之上，先王命也。」杜氏曰：「王人與諸侯盟，不譏者，王室有難故。洮，曹地。」鄭伯乞盟。杜氏曰：「新服未與會，故不序列，别言乞盟。」《正義》曰：「鄭伯往年使子華聽命，心猶未服，齊桓拒子華之請，故今始服從。」愚按：此足見人心可以理服，而不可以力服，此桓公、管仲之所有，而晉文、子犯之所無也。《傳》：盟于洮，謀王室。鄭伯乞盟，請服也。襄王定位，而後發喪。王人會洮還，而後王位定。胡氏曰：「以王命行者，雖下士之微，序乎方伯諸侯之上，不以其賤故輕之也。然則班序之高下，不在乎内外，特係乎王命耳。聖人之情可見矣，尊君之義明矣。」夏，狄伐晉。許氏曰：「晉恃強大且遠，不與齊合，是以狄人得侮之，故當齊桓之時，同盟者安，介立者殆矣。」

九年夏，公會宰周公、齊侯、宋子、衛侯、鄭伯、許男、曹伯于葵丘。杜氏曰：「周公，宰孔也。宰，官。周，采地。天子三公不字。宋子，襄公也。在喪公侯曰子。」程子曰：「天子之宰與世子禮異。」九月戊辰，諸侯盟于葵丘。《傳》：會于葵丘，尋盟，且修好，禮也。王使宰孔賜齊侯胙，胙，祭肉。尊之比二王後。曰：「天子有事于文、武，有祭事也。使孔賜伯舅胙。」天子謂異姓諸侯曰伯舅。齊侯將下拜。孔曰：「且有後命。天子使孔曰：『以伯舅耋老，加勞，賜一級，無下拜。』」對曰：「天威不違顏咫尺，言天鑒察不遠，威嚴常在顏面之前。八寸曰咫。小白余敢貪天子之命，無下拜？恐隕越于下，以遺天子羞，敢不下拜？」下拜，登受。拜堂下，受胙於堂上。按：《齊語》：「桓公召管仲而謀，管仲對曰：『爲君不君，爲臣不臣，亂之本也。』公懼，出見客，云云。諸侯稱順焉。」秋，齊侯盟諸侯于葵丘，曰：「凡我同盟之人，既盟之後，言歸于好。」宰孔先歸，既會，先諸侯去。遇晉侯，曰：「可無會也。晉侯欲來會葵丘。齊侯不務德而勤遠略，故北伐山戎，在莊三十一年。南伐楚，在四年。西爲此會也。東畧之不知，西則否矣。言或向東，必不能復西畧。其在亂乎！君務靖亂，無勤於行。」在，存也。微戒獻公，言晉將有亂。晉侯乃還。不復會齊。《公羊傳》曰：「貫澤之會，桓公有憂中國之心。不召而至者，江人、黄人也。葵丘之會，桓公震而矜之，叛者九國。」《穀梁傳》曰：「葵丘之盟，陳牲而不殺，讀書加于牲上，壹明天子之禁，曰：『毋雍泉，毋訖糴，毋易樹子，毋以妾爲妻，毋使婦人與國事。』」孟子曰：「五霸，桓公爲盛。葵丘之會諸侯，束牲載書而不歃血。初命曰：『誅不孝，無易樹子，無以妾爲妻。』再命曰：『尊賢育才，以彰有德。』三命曰：『敬老慈幼，無忘賓旅。』四命曰：『士無世官，官事無攝，取士必得，無專殺大夫。』五命曰：『無曲防，無遏糴，無有封而不告。』曰：『凡我同盟之人，既盟之後，言歸于好。』」　按《左氏》、《公羊》、《孟子》詳略不同，故並載之。　胡氏曰：「葵丘之盟，美之大者也。」又曰：「觀《孟子》所載此盟初命之詞，則知桓公翼戴襄王之事信矣。」　吕氏曰：「管仲事桓公，專於事上用功，而不於君心用功。惟其於事上用功，故鋪排次序二三十年，皆如其規摹。惟其不於君心用功，故驕矜一萌，叛者九國。管仲之事積數十年而成，桓公之驕止一日而壞，不能格君心之非，其禍蓋如此也！」

十有一年夏，公及夫人姜氏會齊侯于陽穀。杜氏曰：「婦人送迎不出門，見兄弟不踰閾。與公俱會齊侯，非禮。」**冬，楚人伐黄。**胡氏曰：「被兵城守，更歷三時，告命已至，而援師不出，則失救患分災、攘夷狄、安中國之義矣。滅弦、滅温，皆不書，伐黄而書伐者，罪桓公既與會盟，而又不能救也。」　許氏曰：「以陽穀之會觀之，則齊侯霸業怠矣。是以楚人伐黄，而不能救也。」　按《左氏》：「是年夏，揚拒、泉皋、伊雒之戎同伐京師，入王城，焚東門。王子帶召之也。秦、晉伐戎以救周。秋，晉侯平戎于王。」以王室之尊，而有戎難如此，桓公且不能救，況黄乎？齊不能救而秦、晉救之，此齊霸既衰，而二國將起之兆也。

十有二年夏，楚人滅黄。《傳》：黄人恃諸侯之睦于齊也，不共楚職，曰：「自郢及我九百里，焉能害我？」夏，楚滅黄。《穀梁傳》曰：「貫之盟，管仲曰：『江、黄遠齊而近楚。楚，爲利之國也，若伐而不能救，則無以宗諸侯矣。』桓公不聽，遂與之盟。管仲死，楚伐江滅黄，桓公不能救，故君子閔之也。」　胡氏曰：「書『滅』者，見夷狄之强，罪諸夏之弱，責方伯連帥之不修其職，使小國困於强暴，不得其所也。」**王以戎難，故討王子帶。**子帶前年召戎伐周。**秋，王子帶奔齊。冬，齊侯使管夷吾平戎于王，使隰朋平戎**

于晉。杜氏曰：「平，和也。前年晉救周伐戎，故戎與周、晉不和。」按：子帶召戎伐周，桓公爲伯主，不能仗大義討之，而乃受其來奔，王討之而不能助，桓公伯業於是乎掃地矣。管仲方以身任平戎之責，使王室之尊下與戎狄交好，管仲之相業亦於是乎掃地矣。王以上卿之禮饗管仲，管仲辭曰：「臣，賤有司也。有天子之二守國、高在，國子、高子，所命爲齊守臣者，皆正卿也。若節春秋來承王命，何以禮焉？陪臣敢辭！」王曰：「舅氏，伯舅之使，故曰舅氏。余嘉乃勳，應乃懿德，謂督不忘。往踐乃職，無逆朕命！」管仲受下卿之禮而還。吕氏曰：「管仲相桓公，大抵務在正名辨分。王賜胙，使毋下拜，仲則教桓公以天威咫尺，必下拜乃受，則不敢嫚天子之命。王以上卿禮享管仲，仲則辭以有天子之二守國、高在，而不敢越周室班爵禄之制。惟其常聞先生長者餘論，故其輔桓公者，猶守三代之遺制。至子犯輔晉文，則不然矣。」按：《穀梁》稱楚滅黄時，仲已死矣。《左氏》記平戎事，實在是年之冬，則仲固無恙也。又《史記·齊世家》四十 年，秦穆公虜晉惠公，復歸之。是歲管仲、隰朋皆卒，桓公四十一年，乃魯僖之十有五年也。與《穀梁》不同，未知孰是？然自葵丘之後，桓德日衰，雖管仲存，其言亦未必見用矣。史又稱管仲病，公問羣臣誰可相者，對曰：「知臣莫如君。」公曰：「易牙何如？」對曰：「殺子以適君，非人情，不可。」公曰：「開方何如？」對曰：「倍親以適君，非人情，難近。」公曰：「豎刁何如？」對曰：「自宫以適君，非人情，難親。」管仲死，而桓公不用其言，卒近用三子，三子專權。夫三子之嬖於桓公久矣，當管仲之存，而不能去，其死也乃欲使桓公去之，顧不難乎？

十有三年春，狄侵衛。胡氏曰：「齊桓公爲陽穀之會，是肆于寵樂，其行荒矣。楚人伐黄，而救兵不起，是怠于簡書，其業怠矣。然後狄人窺伺中國，今年侵衛，明年侵鄭，近在王都之側，淮夷亦來病杞而不忌也。伯益戒于舜曰『無怠、無荒，四夷來王』，此至誠無息，帝王之道，《春秋》之法也。齊桓、晉文若此類者，其事則直書于策，其義則遊聖門者默識於言意之表矣。」許氏曰：「桓政始衰，自楚伐黄不救，則狄可以量中國矣。」夏四月，公會齊侯、宋公、陳侯、衛侯、鄭伯、許男盟于鹹【一二三】。鹹，衛鹵地。《傳》：齊侯使仲孫湫聘于周，且言王子帶。經不書。杜氏曰：「前年王子帶奔齊，言欲復之。」事畢，不與王言。不言子帶事。歸復命曰：「未可。王怒未怠，其十年乎？不十年，王弗召也。」愚按：齊桓不能討子帶而又納之，此義何也？夏，會于鹹。淮夷病杞故，且謀王室也。秋，爲戎難故，諸侯戍周，齊仲孫湫致之。戍，守也。致諸侯戍卒于周。

十有四年，諸侯城緣陵。《傳》：諸侯城緣陵而遷杞焉。不書其人，有闕也。《穀梁》曰：「其曰諸侯，散辭也。聚而曰散，何也？諸侯城，有散辭也，桓德衰矣。」杜氏曰：「緣陵，杞邑。辟淮夷，遷都於緣陵。闕，謂器用不具，城池未固而去，則爲惠不終也。」秋八月，狄侵鄭。許氏曰：「前年狄侵衛，今年狄侵鄭，而莫或攘之，桓志之衰也。王者之政，兢兢不可怠已。齊桓之烈，盛莫如此，一矜而易心生之，則夷狄闖兵中國。是以先王屢省成功，脩誠謹憲，務以戒其終也。」

十有五年春，王正月，楚人伐徐。三月，公會齊侯、宋公、陳侯、衛侯、鄭伯、許男、曹伯于牡丘，遂次于匡。衛地。公孫敖帥師及諸侯之大夫救徐。《傳》：徐即諸夏故也，盟于牡丘，尋葵丘之盟，且救徐也。《穀梁傳》曰：「兵車之會也。遂次于匡。遂，繼事也。次匡，有畏也。」胡氏傳曰：「楚都于郢，距徐亦遠，而舉兵伐徐，暴横憑陵之罪著矣。徐在山東，與齊密邇，以封境言之，不可以不速救；以形勢言之，非有餽糧越險之難也。今書『盟于牡丘』，見諸侯救患之不協矣。書『次于匡』，見霸主號令之不嚴矣。書大夫帥師而諸侯不行，見桓德益衰，而禦夷狄、安中國之志怠矣。《中庸》曰：『至誠無息，不息則久。』《春秋》謹始卒，欲有

【一二三】盟于鹹　「鹹」字原脱，據《春秋左傳正義》卷十三補。

國者敦不息之誠也。始勤而終怠，則不能久，而無以固其國矣。」秋七月，齊師、曹師伐厲。《傳》：以救徐也。杜氏曰：「厲，楚與國。」冬，宋人伐曹。《傳》：討舊怨也。許氏曰：「同盟始自相攻，桓不能一矣。何以禁夷狄之亂乎？」楚人敗徐于婁林。《傳》：恃救也。杜氏曰：「婁林，徐地。」吕氏曰：「諸侯大夫之救徐也，亦無能爲也。齊桓亦無意於中國也。」

十有六年冬十有二月，公會齊侯、宋公、陳侯、衛侯、鄭伯、許男、邢侯、曹伯于淮。《傳》：王以戎難告于齊，齊徵諸侯而戍周。經不書。杜氏曰：「十有一年戎伐京師以來，遂爲王室難。」會于淮，謀鄫，且東畧也。《穀梁傳》曰：「兵車之會也。」杜氏曰：「鄫爲淮夷所病。」故城鄫，役人病。有夜登丘而呼曰：「齊有亂。」不果城而還。役人遇厲氣，不堪久駐，故作妖言。吕氏曰：「桓公末年，霸業漸衰，故號令紀綱至此，與前日甚不同，觀城鄫一事可見矣。夫以桓公節制之盛，其初也，服楚、遷邢、封衛、會諸侯，役之所向，無不如意。及至末年，欲爲一事而不得，同是桓公，何爲昔强今弱如此？蓋自葵丘之會，志得氣滿，遽自放縱，故霸業以衰。晉文亦然。若王道則不然，此可見力之不如德。」

十有七年春，齊人、徐人伐英氏。《傳》：齊人爲徐伐英氏，以報婁林之役也。杜氏曰：「英氏，楚與國。」夏，滅項。秋，夫人姜氏會齊侯于卞。九月，公至自會。《傳》：師滅項。魯師。淮之會，公有諸侯之事，未歸而取項。淮會在前年冬，諸侯之事，會同講禮之事。齊人以爲討而止公。内諱執，皆言止。秋，聲姜以公故，會齊侯于卞。聲姜，僖公夫人，齊女。書曰『至自會』【二四】，諱之也。冬十有二月乙亥，齊侯小白卒。《傳》：齊侯之夫人三：王姬、徐

【二四】書曰至自會「曰」原無，據《春秋左傳正義》卷十四補。

嬴、蔡姬，皆無子。齊侯好内，多内寵，内嬖如夫人者六人：長衛姬，生武孟；公子無虧。少衛姬，生惠公；公子元。鄭姬，生孝公；公子昭。葛嬴，生昭公；公子潘。密姬，生懿公；公子商人。宋華子，生公子雍。公與管仲屬孝公於宋襄公，以爲大子。雍巫有寵於衛共姬，因寺人貂以薦羞於公，雍巫，雍人，名巫，即易牙。亦有寵，公許之立武孟。易牙既有寵於公，爲長衛姬請立武孟。管仲卒，五公子皆求立。桓公卒，易牙入，與寺人貂因内寵以殺羣吏，而立公子無虧。孝公奔宋。

十二月乙亥赴，辛巳夜殯。《史記》曰：「五公子各樹黨爭立。桓公卒，遂相攻，以故宫中空，莫敢棺。桓公尸在床六十七日，尸蟲出于户。無虧立，乃棺赴。」按：管仲自初相桓公，即以制國治兵爲事，謂若是則可以得志於諸侯，而君心邪正不暇問也。故嘗謂酒腐於爵、肉腐於俎，爲不害霸，惟任賢而以不肖參之，爲害霸。不知君心一放，則是非顛倒，何所不至，尚安能致察於賢不肖之分耶？其後敗桓公功業者，卒出於女子小人，而女子小人之得進，由仲不知格心之學故也。或者乃謂使仲不死，雖六嬖在宫，無害於政。善乎，程子之論曰：當管仲時，桓公之心特未蠱耳。若心已蠱，雖仲獨奈何哉！未有心已蠱，而能用仲者。嗚呼！以仲之才而懵乎此，其亦可惜也！夫其亦可鑒也夫！

十有八年春，王正月，宋公、曹伯、衛人、邾人伐齊。夏，師救齊。五月戊寅，宋師及齊師戰于甗，齊師敗績。狄救齊。《傳》：宋襄公以諸侯伐齊。齊人殺無虧。以説宋。齊人將立孝公，不勝四公子之徒，遂與宋人戰。宋敗齊師，立孝公而還。胡氏曰：「伐齊之喪，奉少奪長，其罪大，故其責詳。書『師救齊』者，善魯也。救者善，則伐者惡矣。凡書『救』者，未有不善之也。書『狄救齊』者，許狄也，許夷狄則罪諸夏矣。許之，曷爲不稱『人』？深著中國諸侯之罪也。凡伐者爲客，受伐者爲主。今齊人受伐，

【二五】齊師敗績者　「績」原作「續」，據《春秋集義》卷二十二改。

以宋爲主者，曲在宋也。凡師直爲壯，曲爲老。書『齊師敗績』者【二五】，責齊臣也。或曰：桓公、管仲嘗屬孝公於宋襄，以爲世子矣，則何以不可立乎？曰：不能制命，雖天王欲撫鄭伯以從楚，《春秋》猶以大義裁之而不與也。桓公君臣乃欲以私愛亂長幼之節，其可哉？獨不見宣王與仲山甫爭魯侯戲、括之事，其後如之何也？《春秋》深罪宋公，大義明矣。」許氏曰：「桓公攘服夷狄，雖恃兵力，亦以禮讓恩信，能結其心。觀狄之救、楚之盟，有以見公之遺烈矣。」愚按：嫡庶不分，繼嗣不定，此有國之大患。以桓公、管仲之君臣，而昧於此，及諸子爭立，無虧爲國人所殺。孝公立十年，而其子爲公子潘所殺。潘立，是爲昭公，十九年卒。子舍立，又爲公子商人所殺。商人立，是爲懿公，四年而遇弒。國人迎公子元，立之，是爲惠公。蓋變亂相尋二十餘年而後已。夫子頹、子帶之禍，桓公、管仲所親覩也，而不之戒，卒使禍流後嗣，甚於王室，豈非來世之永鑒哉！

秋八月丁亥，葬齊桓公。胡氏曰：「桓公九合諸侯，不以兵車，威令加乎四海。雖名方伯，實行天子之事，然而不能慎終如始，付託非人，柩方在殯，四鄰謀動其國家而莫之恤，至於九月而後葬，以此見功利之在人淺矣。《春秋》明道正義，不急近功，不規小利，於齊桓、晉文之事有所貶而無過褒，以此。」

《國語》：桓公問管仲曰：「吾欲從事於諸侯，其可乎？」管子對曰：「未可。鄰國未吾親也。君若欲從事於天下諸侯，則親鄰國。」桓公曰：「若何？」管子對曰：「審吾疆埸，而反其侵地；正其封疆，無受其資；而重爲之皮幣，以驟聘眺於諸侯，以安四鄰，則四鄰之國親我矣。爲游士八十人，奉之以車馬、衣裘，多其資幣，使周游於四方，以號召天下之賢士。皮幣玩好，使人鬻之四方，以監其上下之所好，擇其淫亂者而先征之。」桓公問曰：「夫軍令則寄諸内政矣，齊國寡甲兵，爲之若何？」管子對曰：「制重罪贖以犀甲

【二六】索訟者三禁　「索」原作「禁」，據《國語》卷六《齊語》改。

【二七】莫敢不來服　「敢」原無，據《國語》卷六補。下同。

【二八】至于石杭　「杭」，《國語》卷六作「枕」。

【二九】南城於周　「於」原無，據《國語》卷六補。

一戟，輕罪贖以鞼盾一戟，小罪讁以金分，宥閒罪。索訟者三禁而不可上下【二六】，坐成以束矢。美金以鑄劒戟，惡金以鑄鉏、夷、斤、斸。」甲兵大足。桓公曰：「吾欲南伐，何主？」管子對曰：「以魯爲主。反其侵地堂、潛。」「吾欲西伐，何主？」曰：「以衛爲主。反其侵地臺、原、姑與漆里。」「吾欲北伐，何主？」曰：「以燕爲主，反其侵地柴夫、吠狗。」即位數年，東南多有淫亂者，萊、莒、徐夷、吴、越，一戰帥服三十一國。遂南征伐楚，濟汝，踰方城，望汶山，使貢絲于周而反。荆州諸侯莫敢不來服【二七】。遂北伐山戎，制令支、斬孤竹而南歸。海濱諸侯莫敢不來服。與諸侯飾牲爲載，以約誓于上下庶神，與諸侯戮力同心。西征攘白翟之地，至于西河，方舟設泭，乘桴濟河，至于石杭【二八】。懸車束馬，踰大行與辟耳之谿拘夏，西服流沙、西吴。南城於周【二九】，嶽濱諸侯莫敢不來服，而大朝諸侯於陽穀。兵車之屬六，乘車之會三，諸侯甲不解纍，兵不解翳，弢無弓，服無矢。隱武事，行文道，帥諸侯而朝天子。魯有夫人、慶父之亂，二君弑死，國絶無嗣。桓公使高子存之。翟人攻邢，桓公築夷儀以封之。翟人攻衛，衛人出廬于曹，桓公城楚丘以封之，與之繫馬三百。天下諸侯稱仁焉。於是天下諸侯知桓公之非爲己動也，是故歸之若市人。桓公知諸侯之歸己也，故使輕其幣而重其禮。故天下諸侯罷馬以爲幣，縷綦以爲奉，鹿皮四分；諸侯之使垂櫜而入，稛載而歸。桓公知天下諸侯多與己也，故又大施忠焉。可爲動者爲之動，可爲謀者爲之謀，軍譚、遂而不有也，諸侯稱寬焉。通齊國之魚鹽于東萊，使關市譏而不征，以爲諸侯利，諸侯稱廣焉。築葵茲、晏、負夏、領釜丘，以禦戎、翟之地，所以禁暴於諸侯也；築五鹿、中牟、蓋與、牡丘，以衛諸夏之地，所以示權於中國也。教大成，定三革，隱五刃，朝服以濟河，而無怵惕焉。唯能用管夷吾、甯戚、隰朋、賓胥無、鮑叔牙之屬而伯功立。按：《國語》所云，不無誇詞，姑附于此而已。

《史記》：管仲既任政相齊，以區區之齊在海濱，通貨積財，富國强兵，與俗同好惡。故其稱曰：「倉禀實而知禮節，衣食足而知榮辱，四維不張，國乃滅亡。下令如流水之原，令順民心。」故論卑而易行，俗之所欲，因而予之；俗之所否，因而去之。其爲政也，善因禍而爲福，轉敗而爲功。桓公實怒少姬而襲蔡，管仲因而伐楚，責包茅之不入。桓公實北伐山戎，管仲因而令燕修召公之政。於柯之會，桓公欲背曹沫之約，管仲因而信之，諸侯由是歸齊，故曰：「知與之爲取，政之寶也。」管仲卒，齊國遵其政，常彊於諸侯。蘇氏《古史》曰：「戰國之際，諸子著書，因管仲之説而益增之，其廢情任法遠於仁義者，多申、韓之言，非管子之正也。至其甚者，言治國則以智欺其民，言治外則以術傾鄰國，於是有不貲之寶，石壁菁茅之謀，使管仲而信然，則天下亦將以欺奪報之，尚何以霸哉？」又曰：「《史記》稱管仲善因禍爲福云云，今考之，此三説皆非也。桓公會諸侯于陽穀，是歲有蕩舟之事，故明年伐楚，因遂侵蔡。蔡在楚之北，故《春秋》先書侵蔡，其實本爲伐楚動也。山戎病燕，故桓公爲燕伐之，非不義也，亦何待令燕修召公之政，而後可哉？如曹沫之事，予以《左氏》攷之，魯莊公十年，沫始以謀干莊公，用之敗齊於長勺。自是魯未嘗敗。十三年而會齊侯于柯，安得所謂三戰二敗，沫以匕首刼齊桓、求侵地者哉？公羊氏采異説，載於《春秋》，其後戰國游士遂以爲口實，而實非也。莊公之禦齊，沫問所以戰，以小惠、小信爲不足恃，惟忠爲可以一戰。沬蓋知義者也，而肯以其身爲刺客之用乎？《春秋》宋、楚盟于城下，齊、魯盟于夾谷，皆以要盟不書，書『平』及『會』而已。使沬信以匕首刦桓公，得非要盟乎？而《春秋》書公會齊侯，盟干柯，足以知其非要盟也。《公羊》既失之，太史公又以爲然，今不取。」　按：不貲之寶，石璧菁茅之謀，見於《管子·輕重》篇，唐杜佑《通典》載之【三〇】。其説謂以龜爲寶，名之曰不貲，用以易國人之重貨；　琢石爲璧【三一】，而告於周，凡諸侯朝聘，非石璧不行，諸侯皆以重幣請之。齊菁茅之屬亦皆此意。此蓋商賈下俚之謀，管氏雖崇功利，亦必以信義飾之，不至是也。蘇氏辨之當矣，然仲所以得此名者，蓋其爲國以彊兵豐財爲事，其設鹽禁也，必下令曰農功方作，大夫毋崇臺榭宮室，北海之衆毋得聚庸而取鹽。意本在專取海之利，而借妨農以爲辭，它皆類此。故戰國之士，因廣其説，託之於仲爾。要之，後出論管氏者，非失之誇，則失之誣。獨當以《春秋》、《語》、《孟》之言爲準，則其功罪是非有不可揜者，餘當畧之。

《論語》：子曰：「管仲之器小哉！」朱子曰：「器小，言其不知聖賢大學之道，故局量褊淺，規模卑狹，不能正身修德以致主於王道。」或曰：「管仲儉乎？」曰：「管氏有三歸，官事不攝，焉得儉？」或人蓋疑器小之爲儉。三歸，臺名。事見《説苑》。攝，兼也。家臣不能具官，一人常兼數事，管仲不然。皆言其侈。「然則管仲知禮乎？」曰：「邦君樹塞門，管氏亦樹塞門。邦君爲兩君之好，有反坫，管氏亦有反坫。管氏而知禮，孰不知禮？」或人反疑不儉爲知禮。屏謂之樹。塞，猶蔽也。設屏於門，以蔽内外也。好，謂好會【三二】。坫在兩楹之閒，獻酬飲畢，則反爵於其上。此皆諸侯之禮，而管仲僭之，不知禮也。孔子譏管仲之器小，其旨深矣。或人不知而疑其儉，故斥其奢，以明其非儉。或又疑其知禮，故又斥其僭，以明其不知禮。蓋雖不復明言小器之所以然，而其所以小者，於此亦可見矣。故程子曰：「奢而犯禮，其器之小可知。」蓋器大，則自知禮而無此失矣。　蘇氏曰：「自脩身正家以及於國，則其本深，其及者遠，是謂大器，揚雄所謂『大器猶規矩準繩，先自治而後治人』者是也。管仲三歸、反坫，桓公内嬖六人而霸天下，其本固已淺矣。管仲死，桓公薨，天下不復宗齊。」　黄

【三〇】見於管子……通典載之　原作「見於管子唐杜佑通典載之輕重篇」，據文意改。

【三一】琢石爲璧　「璧」原作「壁」，據《管子·輕重》改。

【三二】好謂好會　「好謂」原脱，據《論語集注》卷二補。

氏曰：「局量褊淺，規模卑狹，蓋以二句而形容其小也。局量指其心之藴畜而言，規模指其事之發見而言。心者，器之體；事者，器之用。褊淺卑狹，一體一用，無非小也。不能正身修德，則心之所向可知；不能致主於王道，則事之所就可知。局量褊淺，則規模必卑狹，未有不能正身修德，而能致主於王道也。」

問管仲。曰：「人也。奪伯氏駢邑三百，飯蔬食，没齒無怨言。」朱子曰：「人也，猶言此人也。伯氏，齊大夫。駢邑，地名【三三】。齒，年也。桓公奪伯氏之邑以與管仲，伯氏自知己罪，而心服管仲之功，故窮約以終身而無怨言。荀卿所謂『與之書社三百，而富人莫之敢拒』者，即此事也。」或問：「管仲、子産孰優？」朱子曰：「管仲之德，不勝其才。子産之才，不勝其德。然於聖人之學，則概乎其未有聞也。」

子路曰：「桓公殺公子糾，召忽死之，管仲不死，未仁乎？」子曰：「桓公九合諸侯，不以兵車，管仲之力也。如其仁，如其仁！」

子貢曰：「管仲非仁者歟？桓公殺公子糾，不能死，又相之。」子曰：「管仲相桓公，霸諸侯，一匡天下。民到于今受其賜。微管仲，吾其被髮左衽矣！」二條説見《甲記》六卷。

《家語》：子貢問於孔子曰：「今之人臣孰爲賢？」子曰：「吾未識。往者，齊有鮑叔，鄭有子皮，則賢者矣。」子貢曰：「齊無管仲，鄭無子産？」子曰：「賜，汝徒知其一，未知其二也。汝聞用力爲賢乎？進賢爲賢乎？」子貢曰：「進賢賢哉！」子曰：「然。吾聞鮑叔達管仲，子皮達子産，未聞二子之達賢己之才者也。」

公孫丑問曰：「夫子當路於齊，管仲、晏子之功可復許乎？」朱子曰：「丑，齊人，孟子弟子也。孟子未嘗得政，丑蓋設辭以問。」孟子曰：「子誠齊人也，知管仲、晏子而已矣。或問乎曾西

【三三】駢邑地名　「地」字原脱，據《論語集注》卷七補。

曰：『吾子與子路孰賢？』曾西蹵然曰：『吾先子之所畏也。』『然則吾子與管仲孰賢？』曾西艴然不悦，曰：『爾何曾比予於管仲？管仲得君，如彼其專也；行乎國政，如彼其久也；功烈，如彼其卑也！爾何曾比予於是？』」孟子引曾西與或人問答如此。曾西，曾子之孫。先子，曾子也。桓公獨任管仲四十餘年，是專且久也。管仲不知王道而行霸術，故言功烈之卑也。楊氏曰：「孔子言子路之才，曰：『千乘之國，可使治其賦也。』使其見於施爲，如是而已。其於九合諸侯，一正天下【三四】，固有所不逮也。然則曾西推尊子路，而羞比管仲者，何哉？譬之御者，子路則範我馳驅而不獲者也；管仲之功，詭遇而獲禽耳。曾西，仲尼之徒，故不道管仲之事。」曰：「管仲，曾西之所不爲也，而子爲我願之乎？」曰，孟子言也。曰：「管仲以其君霸，晏子以其君顯。管仲、晏子猶不足爲與？」曰：「以齊王，由反手也。」王，去声。由，猶通。

孟子曰：昔湯之於伊尹，學焉而後臣之，故不勞而王。桓公之於管仲，學焉而後臣之，故不勞而霸。桓公之於管仲，且猶不敢召，而況不爲管仲者乎？

荀子曰：管仲之爲人，力功不力義，力智不力仁。

程子曰：有道未至而言至者，如管子曰：「思之思之，又重思之，思之不通，鬼神將通之。非鬼神之力也，迺精氣之極也。」循其言，亦可以入道，然管子實未嘗知道。又《晉語》齊姜氏曰：「昔管仲有言曰：『畏威如疾，民之上也；從懷如流，民之丁也；見懷思威，民之中也。』」此亦名言，朱子取之。愚按：管仲執政四十餘年，以四事攷之，恣己之欲，何有於正己？養君之欲，何有於格君？謀國則有合諸侯、正天下之功，而道則未盡。用人則一時之大夫，如鮑叔、甯戚、隰朋、賓胥無之徒，雖皆與聞國政，然數子之謀議功業，於

【三四】一正天下　「正」，《孟子集注》卷三作「匡」。

內外傳悉無所攷，豈仲之爲政也專，故同列不得以自見其材歟？《列子》稱其將殁，以隰朋爲薦，內外傳、《史記》皆不及之，《列子》多寓言，未必信然。仲與朋實同歲而死。漢高帝與諸葛武侯爲後日計，皆豫擬數人，故其後卒賴之。使仲實嘗薦一隰朋，而不知朋死之無以繼，亦非爲國長慮者也。老蘇氏譏其不能如蕭何之引曹參，而東萊呂氏亦謂其以一身任國政，而不能旁招俊乂，以爲齊子孫之託，其亦有指哉！

晏嬰。襄十七年《傳》：齊晏桓子卒，杜氏曰：「晏嬰父也。」晏嬰麤縗斬，斬，不緝之也。縗，在胸前。麤，三升布。苴絰、帶、杖，菅屨，苴，麻之有子者，取其麤也。杖，竹杖。菅屨，草屨。食鬻，居倚廬，寢苫，枕草。此禮與《士喪禮》畧同，其異唯枕草耳。然枕凷亦非《喪服》正文。其老曰：「非大夫之禮也。」時之所行，士及大夫縗服各有不同。晏子爲大夫，而行士禮，其家臣不解，故譏之。曰：「唯卿爲大夫。」晏子惡直己以斥時失禮，故孫辭畧答家老。《檀弓》：「曾子曰：『晏子可謂知禮也已，恭敬之有焉。』有若曰：『晏子一狐裘三十年，遣車一乘，及墓而反。國君七个，遣車七乘，大夫五个，遣車五乘，晏子焉知禮？』曾子曰：『國無道【三五】，君子恥盈禮焉。國奢，則示之以儉；國儉，則示之以禮。』」鄭氏曰：「時齊方奢【三六】，矯之是也。」

二十二年秋，欒盈自楚適齊。晏平仲言於齊侯曰：「商任之會，受命於晉。受錮欒氏之命。今納欒氏，將安用之？小所以事大，信也，失信不立。君其圖之。」弗聽。退告陳文子曰：「君人執信，臣人執共【三七】，忠信篤敬，上下同之，天之道也。君自棄也，弗能久矣。」爲二十五年齊弒其君光傳。冬，會于沙隨，復錮欒氏也。晉知欒盈在齊，故復錮也。欒盈猶在齊，晏子曰：「禍將作矣！齊將伐晉，不可以不懼。」爲明年齊伐晉傳。

二十三年，齊侯伐衛，自衛將遂伐晉。晏平仲曰：「君恃勇力以伐盟主，若不濟，國

【三五】國無道　「道」原作「禮」，據《禮記注疏》卷九改。

【三六】時齊方奢　「齊」字原脱，據《禮記注疏》卷九補。

【三七】君人執信臣人執共　原作「君人執共」，據《春秋左傳正義》卷三十五補。

之福也。不德而有功，憂必及君。」

二十五年，齊崔杼弒其君光，晏子立於崔氏之門外，聞難而來。其人曰：「死乎？」曰：「獨吾君也乎哉？吾死也。」言己與衆臣無異。曰：「行乎？」曰：「吾罪也乎哉？吾亡也。」自謂無罪。曰：「歸乎？」曰：「君死，安歸？言安可以歸。君民者，豈以陵民？社稷是主。臣君者，豈爲其口實？社稷是養。言君不徒居民上，臣不徒求禄，皆爲社稷。故君爲社稷死，則死之；爲社稷亡，則亡之。謂以公義死亡。若爲己死而爲己亡，非其私暱，誰敢任之？私暱，所親愛也。非所親愛，無爲當其禍。眉山蘇氏曰：「賢哉晏平仲！事君不以私。我豈犬馬哉？從君求蓋帷。殺身固有道，大節要不虧。君爲社稷死，我則同其歸。」且人有君而弒之，吾焉得死之，而焉得亡之？言己非正卿，見待無異於衆臣，故不得死其難也。將庸何歸？」將用死亡之義，何所歸趣。門啓而入，枕尸股而哭，以公尸枕己股。興，三踊而出。人謂崔子：「必殺之！」崔子曰：「民之望也！舍之得民。」舍，置也。叔孫宣伯之在齊也，宣伯，魯叔孫僑如，成十六年奔齊。叔孫還納其女於靈公。嬖，生景公。還，齊羣公子。納宣伯女於靈公。丁丑，崔杼立而相之，慶封爲左相。盟國人於大宮，大宮，大公廟。曰：「所不與崔、慶者。」晏子仰天歎曰：「嬰所不唯忠於君、利社稷者是與，有如上帝！」乃歃。盟書云：『所不與崔、慶者，有如上帝。』讀書未終，晏子抄答易其辭，因自歃。

二十八年，齊慶封來奔。杜氏曰：「崔杼之黨。」《傳》：慶氏亡，與晏子邶殿，其鄙六十，邶殿，齊別都。以邶殿邊鄙六十邑與晏嬰。弗受。子尾曰：「富，人之所欲也，何獨弗欲？」對曰：「慶氏之邑足欲，故亡。吾邑不足欲也，益之以邶殿，乃足欲。足欲，亡無日矣！在外，不得宰吾一邑，不受邶殿，非惡富也，恐失富也。且夫富，如布帛之有幅焉，爲之制度，使無遷也。夫民，生厚而用利，於是正德以幅之，言厚利皆人之所欲，唯正德可以爲之幅。使無黜嫚，黜，猶放也。謂之幅利。利過則爲敗，吾不敢貪多，所謂幅也。」

二十九年，吳公子禮聘于齊，説晏平仲，謂之曰：「子速納邑與政。無邑無政，乃免於難。齊國之政，將有所歸，未獲所歸，難未歇也。」杜氏曰：「歇，盡也。」故晏子因陳桓子以納政與邑，是以免於欒、高之難。難在八年。

昭三年，齊侯使晏嬰請繼室於晉。既成婚，杜氏曰：「許婚成。」晏子受禮。受賓享之禮。叔向從之宴，相與語。叔向曰：「齊其何如？」問興衰。晏子曰：「此季世也，吾弗知。齊其爲陳氏矣。不知其他，唯知齊將爲陳氏。公棄其民，而歸於陳氏。棄民不恤。齊舊四量，豆、區、釜、鍾。四升爲豆，各自其四，以登於釜。四豆爲區，區斗六升。四區爲釜，釜六斗四升。登，成也。釜十則鍾。六斛四斗。陳氏三量，皆登一焉，鍾乃大矣，登，加也。加一，謂加舊量之一也。以五升爲豆，五豆爲區，五區爲釜，則區三斗【三八】，釜八斗，鍾八斛是也。以家量貸，而以公量收之。貸厚而收薄。山木如市，弗加於山。魚鹽蜃蛤，弗加於海。賈如在山、海，不加貴。民參其力，二入於公，而衣食其一。言公重賦斂。公聚朽蠹，而三老凍餒。三老，謂上壽、中壽、下壽，皆八十已上，不見養遇。國之諸市，屨賤踊貴。踊，刖足者屨，言刑多。民人痛疾，而或燠休之，燠休，痛念之聲，謂陳氏也。其愛之如

【三八】則區三斗　「三」原作「二」，據《春秋左傳正義》卷四十二改。

父母，而歸之如流水，欲無獲民，將焉辟之？箕伯、直柄、虞遂、伯戲，四人皆舜後，陳氏之先。其相胡公、大姬，已在齊矣。」胡公，四人之後，周始封陳之祖。大姬，其妃也。言陳氏雖爲人臣，然將有國，其先祖鬼神已與胡公共在齊矣。叔向曰：「然。雖吾公室，今亦季世也。戎馬不駕，卿無軍行，言晉衰弱，不能征討救諸侯。公乘無人，卒列無長。百人爲卒。言人皆非其人，非其長。庶民罷敝，而宮室滋侈。滋，益也。道殣相望，餓死爲殣。而女富溢尤。女，嬖寵之家。民聞公命，如逃寇讎。欒、郤、胥、原、狐、續、慶、伯，降在皂隸。八姓，晉舊臣之族也。皂隸，乃賤官也。政在家門，大夫專政。民無所依，君日不悛，以樂慆憂。慆，藏也。悛，政也。公室之卑，其何日之有？言今至。讒鼎之銘讒，鼎名也。曰：「昧旦丕顯，後世猶怠。」昧旦，早起【三九】也。丕，大也。言夙興以務大顯，後世猶解怠。況日不悛，其能久乎？」晏子曰：「子將若何？」問何以免此難。叔向曰：「晉之公族盡矣。肸聞之，公室將卑，其宗族枝葉先落，則公從之。肸之宗十一族，同祖爲宗。唯羊舌氏在而已，肸又無子。公室無度，幸而得死，豈其獲祀？」

初，景公欲更晏子之宅，曰：「子之宅近市，湫隘囂塵，不可以居，請更諸爽塏者。」爽，明。塏，燥。辭曰：「君之先臣容焉，先臣，晏子之先人。臣不足以嗣之，於臣侈矣。且小人近市，朝夕得所求，小人之利也。敢煩里旅？」旅，衆也。不敢勞衆爲己宅。公笑曰：「子近市，識貴賤乎？」對曰：「既利之，敢不識乎？」公曰：「何貴何賤？」於是景公繁於刑，繁，多也。有鬻踊者。故對曰：「踊貴屨賤。」既已告於君，故與叔向語而稱之。愚按：叔向、晏子皆當時賢

【三九】昧旦早起　「旦」原作「日」，據《春秋左傳正義》卷四十二改。

者，見國有危亡之漸，盡忠以告其君可也。異國相遇，各言其情，則非人臣之義矣。景公爲是省於刑。君子曰：「仁人之言，其利博哉！晏子一言而齊侯省刑。《詩》曰：『君子如祉，亂庶遄已。』《詩·小雅》。如，行也。祉，福也。遄，疾也。言君子行福，則庶幾亂疾止也。其是之謂乎！」及晏子如晉，公更其宅，反，則成矣。既拜，拜謝新宅。乃毀之，而爲里室，皆如其舊。本壞里室，以大晏子之宅，故復之。則使宅人反之。還其故室。「且諺曰【四〇】：『非宅是卜，唯鄰是卜。』卜良鄰。二三子先卜鄰矣，二三子謂鄰人。違卜不祥。君子不犯非禮，去儉即奢爲非禮。小人不犯不祥，古之制也。吾敢違諸乎？」卒復其舊宅。公弗許，因陳桓子以請，乃許之。《傳》言齊、晉之衰，賢臣懷憂，且言陳氏之興。

十年齊惠欒、高氏耆酒，杜氏曰：「欒、高二族皆出惠公。」信内多怨，説婦人言，故多怨。彊於陳、鮑氏而惡之。惡陳、鮑。夏，有告陳桓子曰：「子旗、子良將攻陳、鮑。」亦告鮑氏。桓子授甲而如鮑氏，遭子良醉而騁，欲及子良醉，故騁告鮑文子。遂見文子，文子，鮑國。則亦授甲矣。使視二子，二子，子旗、子良。則皆將飲酒。桓子曰：「彼雖不信，彼，傳言者。聞我授甲，則必逐我。及其飲酒也，先伐諸。」陳、鮑方睦，遂伐欒、高氏。子良曰：「先得公，陳、鮑焉往？」欲以公自輔助。遂伐虎門。欲入，公不聽，故伐公門。晏平仲端委立于虎門之外，端委，朝服。四族召之，無所往。四族：欒、高、陳、鮑。其徒曰：「助陳、鮑乎？」曰：「何善焉？」言無善義可助。「助欒、高乎」？曰：「庸愈乎？」罪惡不差於陳、鮑。「然則歸乎？」曰：「君伐焉歸？」公召之而後

【四〇】且諺曰　「且」或以爲「曰」字之誤，指晏子所云，於義更順。參見洪亮吉《春秋左傳詁》卷十五引沈彤語。

入。按：四族之爭，晏子無偏助之私，而一相助君，可謂知人臣之義矣。公卜使王黑以靈姑銔率，吉。請斷三尺焉而用之。王黑，齊大夫。靈姑銔，公旗名。斷三尺，不敢與君同。五月庚辰，戰于稷。稷，祀后稷之處。欒、高敗，又敗諸莊。莊，六軌之道。國人追之，又敗諸鹿門。鹿門，齊城門。欒施、高強來奔。陳、鮑分其室，晏子謂桓子：「必致諸公。讓，德之主也，讓之謂懿德。凡有血氣，皆有爭心，故利不可強，不可強取。思義爲愈。義，利之本也，蘊利生孽。蘊，畜也。孽，妖害也。姑使無蘊乎？可以滋長。」桓子盡致諸公，而請老于莒。

二十年，齊侯疥，遂痁，杜氏曰：「痁，瘧疾。」期而不瘳，諸侯之賓問疾者多在。多在齊。梁丘據與裔款二子，齊嬖大夫。言於公曰：「吾事鬼神豐，於先君有加矣。今君疾病，爲諸侯憂，是祝、史之罪也。諸侯不知，其謂我不敬，君盍誅於祝固、史嚚以辭賓。」欲殺嚚、固以辭謝來問疾之賓。公說，告晏子。晏子曰：「日宋之盟，日，往日也。宋盟在襄二十七年。屈建問范會之德於趙武。趙武曰：『夫子之家事治，言於晉國，竭情無私。其祝、史祭祀，陳信不愧。其家事無猜，其祝、史不祈。』家無猜疑之事，故祝、史無求於鬼神。建以語康王。楚王。康王曰：『神人無怨，宜夫子之光輔五君以爲諸侯主也。』」五君：文、襄、靈、成、景。公曰：「據與款謂寡人能事鬼神，故欲誅於祝、史，子稱是語【四一】，何故？」對曰：「若有德之君，外内不廢，無廢事。上下無怨，動無違事，其祝、史薦信，無愧心矣。君有功德，祝、史陳説之，無所愧。是以鬼神用饗，國受其福，祝、史與焉。與受國福。其所以蕃祉老壽者，爲信君使也，其言忠信於鬼神。

【四一】子稱是語　「子」原作「于」，據《春秋左傳正義》卷四十九改。

其適遇淫君，外内頗邪，上下怨疾，動作辟違，從欲厭私。使私情厭足。高臺深池，撞鍾舞女，斬刈民力，輸掠其聚，掠，奪取也。以成其違，不恤後人。暴虐淫從，肆行非度，無所還忌，不思謗讟，不憚鬼神，神怒民痛，無悛於心。其祝、史薦信，是言罪也。以實白神，是爲言君之罪。其蓋失數美，是矯誣也。蓋，掩也。進退無辭，則虚以求媚。作虚辭以求媚於神。是以鬼神不饗其國以禍之，祝、史與焉。所以夭昏孤疾者，爲暴君使也，其言僭嫚於鬼神。」公曰：「然則若之何？」對曰：「不可爲也。言非誅祝、史所能治。山林之木，衡鹿守之；澤之萑蒲，舟鮫守之；藪之薪蒸，虞候守之；海之鹽蜃，祈望守之。衡鹿、舟鮫、虞候、祈望，皆官名也。言公專山澤之利，而不與民共。縣鄙之人，入從其政；偪介之關，暴征其私；介，隔也。迫近國都之關。言邊鄙既入服政役，又爲近關所征税相暴【四二】，奪其私物。承嗣大夫，强易其賄；承嗣大夫，世位者。布常無藝，藝，法制也。言布政無法制。徵斂無度。宫室日更，淫樂不違；違，去也。内寵之妾，肆奪於市；肆，放也。外寵之臣，僭令於鄙。詐爲教令於邊鄙。私欲養求，不給則應；養，長也。所求不給則應之以罪。民人告病，夫婦皆詛；祝有益也，詛亦有損。聊、攝以東，聊、攝，齊西界也。姑、尤以西，姑、尤，齊東界也。其爲人也多矣！雖其善祝，豈能勝億兆人之詛？君若欲誅於祝、史，脩德而後可。」公説，使有司寬政，毁關，去禁，薄斂，已責。除逋責。十二月，齊侯至自田，晏子侍于遄臺，子猶馳而造焉。杜氏曰：「子猶，梁丘據。」公曰：「唯據與我和夫！」晏子對曰：「據亦同也，焉得爲和？」公曰：「和與同異乎？」對曰：「異。和如羹焉，水、

【四二】相暴 「相」原作「枉」，據《春秋左傳正義》卷四十九杜預注改。

火、醯、醢、鹽、梅，以烹魚肉，燀之以薪。燀，炊也。宰夫和之，齊之以味，濟其不及，以洩其過。濟，益也。洩，減也。君子食之，以平其心。君臣亦然，亦如羹。君所謂可而有否焉，臣獻其否，以成其可。獻君之否，以成君可。君所謂否而有可焉，臣獻其可，以去其否。是以政平而不干，民無爭心。故《詩》曰：『亦有和羹，既戒既平。《詩》頌殷中宗，言中宗能與賢者和齊可否，其政如羹，敬戒且平。和羹備五味，異於大羹。鬷嘏無言【四三】，時靡有爭。』鬷，總也。嘏，大也。言總大政能使上下皆如和羹。先王之濟五味、和五聲也，以平其心，成其政也。聲亦如味，一氣，須氣以動。二體，舞者有文武。三類，風、雅、頌。四物，雜用四方之物以成器。五聲，宮、商、角、徵、羽。六律，黃鍾、太簇、姑洗、蕤賓、夷則、無射也。陽聲爲律，陰聲爲吕。此十二月氣。七音，周武王伐紂，自午及子凡七日。王因此以數合之，以聲昭之，故以七同其數，以律和其聲，故謂之七音也。八風，八方之風。九歌，九功之德，皆可歌也。六府、三事，謂之九功。以相成也。言此九者合，然後相成爲和樂。清濁小大，短長疾徐，哀樂剛柔，遲速高下，出入周疏，以相濟也。周，密也。君子聽之，以平其心。心平德和，故《詩》曰：『德音不瑕。』《詩·豳風》也。義取心平則德音無瑕闕。今據不然，君所謂可，據亦曰可；君所謂否，據亦曰否。若以水濟水，誰能食之？若琴瑟之專壹，誰能聽之？同之不可也如是。」飲酒樂。公曰：「古而無死，其樂若何！」晏子對曰：「古而無死，則古之樂也，君何得焉？昔爽鳩氏始居此地，爽鳩氏，少皞氏之司寇也。季萴因之，季萴，虞、夏諸侯，代爽鳩氏者。有逢伯陵因之，逢伯陵，殷諸侯，姜姓。蒲姑氏因之，蒲姑氏，殷、周之間代逢公者。而後大公因之。古若無死，爽

【四三】鬷嘏無言　「嘏」原作「假」，據《春秋左傳正義》卷四十九改。下同。

鳩氏之樂，非君所願也。」齊侯甘於所樂，志於不死，晏子稱古以節其情願。

二十六年，齊有彗星，杜氏曰：「出齊之分野。」齊侯禳之。祭以禳除之。晏子曰：「無益也，祇取誣焉。誣，欺也。天道不諂，諂，疑也。不貳其命，若之何禳之？且天之有彗也，以除穢也。君無穢德，又何禳焉？若德之穢，禳之何損？《詩》曰：『惟此文王，小心翼翼，昭事上帝，聿懷多福。厥德不回，以受方國。』《詩·大雅》。翼翼，共也。聿，惟也。回，違也。言文王德不違天人，故四方之國歸往之。君無違德，方國將至，何患於彗？《詩》曰：『我無所監，夏后及商。用亂之故，民卒流亡。』逸《詩》也。言追監夏、商之亡，皆以亂故。若德回亂，民將流亡，祝、史之爲無能補也。」公説，乃止。

齊侯與晏子坐于路寢，公歎曰：「美哉室！其誰有此乎？」景公自知德不能久有國，故歎也。晏子曰：「敢問何謂也？」公曰：「吾以爲在德。」對曰：「如君之言，其陳氏乎！陳氏雖無大德，而有施於民。豆、區、釜、鍾之數，其取之公也薄，謂以公量收。其施之民也厚。謂以私量貸。公厚斂焉，陳氏厚施焉，民歸之矣。《詩》曰：『雖無德與女，式歌且舞。』《詩·小雅》。義取雖無大德，要有喜説之心，欲歌舞之式用也。陳氏之施，民歌舞之矣。後世若少惰，陳氏而不亡，則國其國也已。」公曰：「善哉！是可若何？」對曰：「唯禮可以已之。在禮：家施不及國，民不遷，農不移，工賈不變，守常業。士不濫，不失職。官不滔，滔，慢也。大夫不收公利。」不作福。公曰：「善哉！我不能矣。吾今而後知禮之可以爲國也。」對曰：「禮之可以爲國也久矣，與天地並。有天地則禮義興。君令臣共，父慈子孝，兄愛弟敬，夫和妻柔，姑慈婦聽，禮也。君令而不違，臣共而不貳，父慈而教，子孝而箴，箴，諫也。兄愛而友，弟敬而順，夫和而義，妻柔而正，姑慈而從，從，不自專。婦聽而婉：婉，順也。禮之善物也。」公曰：「善哉！寡人今而後聞此禮之上也。」對曰：「先王所稟於天地以爲其民也，是以先王上之。」稟，受也。《正義》曰：「大夫稱家，家之所施，不得施及國人。言國人是國君之所有，大夫不得妄施遺之，以樹己私惠。陳氏施及國人，是違禮也。《洪範》曰：『惟辟作福，惟辟作威，臣無有作福作威。臣之有作福作威，其害于而家，凶于而國。』是言作福作威，君之利也。大夫不得聚收公利，自作福也。陳氏作福以招國人之心【四四】，施民作福，是收公利也。」按：《左氏》所載晏子言論止於此，而《史記·齊世家》稱齊、魯夾谷之會，是歲晏嬰卒，蓋定公十年也。自晏子諫納欒盈，至此五十餘年矣。

《論語》：子曰：「晏平仲善與人交，久而敬之。」又《家語》子貢問於孔子曰：「夫子之於子産、晏子，可謂至矣。敢問二大夫之所自爲，與夫子之所與之者？」孔子曰：「夫子産於民爲惠主，於學爲博物；晏子於君爲忠臣，而於行爲恭敏：故吾皆以兄事之，而加愛敬。」

《孟子》：昔者齊景公問於晏子曰：「吾欲觀於轉附、朝儛，遵海而南，放于琅邪。吾何脩而可以比於先王觀也？」朱子曰：「轉附、朝儛，皆山名也。遵，循也。放，至也。琅邪，齊東南境上邑名。觀，游也。」晏子對曰：「善哉問也！天子適諸侯曰巡狩，巡狩者巡所守也；諸侯朝於天子曰述職，述職者述所職也。無非事者，春省耕而補不足，秋省斂而助不給。夏諺曰：『吾王不遊，吾何以休？吾王不豫，吾何以助？一遊一豫，爲諸侯度。』述，陳也。省，視

【四四】招國人之心　「心」原作「喜」，據《春秋左傳正義》卷五十二孔穎達疏改。

也。斂，收穫也。給，亦足也。夏諺，夏時之俗語也。豫，樂也。巡所守，巡行諸侯所守之土也。述所職，陳其所受之職也。皆無有無事而空行者，而又春秋循行郊野，察民之所不足而補助之。故夏諺以爲王者一遊一豫，皆有恩惠以及民，而諸侯皆取法焉，不敢無事慢遊以病其民也。今也不然：師行而糧食，飢者弗食，勞者弗息。睊睊胥讒，民乃作慝。方命虐民，飲食若流。流連荒亡，爲諸侯憂。今，謂晏子時也。師，衆也。二千五百人爲師。《春秋傳》曰：「君行師從。」糧，謂糗糒之屬。睊睊，側目貌。胥，相也。讒，謗也。慝，怨惡也。言民不勝其勞而起謗怨也。方，逆也。命，王命也。若流，如水之流，無窮極也。諸侯，謂附庸之國、縣邑之長。從流下而忘反謂之流，從流上而忘反謂之連，從獸無厭謂之荒，樂酒無厭謂之亡。此釋上文之義。從流下，謂放舟隨水而下。從流上，謂挽舟逆水而上。從獸，田獵也。荒，廢也。樂酒，以飲酒爲樂也。亡，猶失也。言廢時失事也。先王無流連之樂，荒亡之行。惟君所行也。」言先王之法，今時之弊，二者惟在君所行耳。景公說，大戒於國，出舍於郊。於是始興發補不足。召太師曰：「爲我作君臣相説之樂！」蓋《徵招》、《角招》是也。其詩曰：「畜君何尤？」畜君者，好君也。戒，告命也。出舍，自責以省民也。興發，發倉廩也。太師，樂官也。君臣，己與晏子也。樂有五聲，三曰角爲民，四曰徵爲事。《招》，舜樂也。其詩，《徵招》《角招》之詩也。尤，過也。言晏子能畜止其君之欲，宜爲君之所尤，然其心則何過哉？孟子釋之，以爲臣能畜止其君之欲，乃是愛其君者也。《史記》：「晏平仲嬰事齊靈公、莊公、景公【四五】，以節儉力行重於齊。既相齊，食不重肉，妾不衣帛。其在朝，君語及之則危言，語不及之則危行。國有道即順命，無道即衡命。以此三世顯名於諸侯。越石父賢，在縲紲中。晏子出，遭之塗，解左驂贖之，載歸。弗謝，入閨。久之，越石父請絶。晏子懼然，攝衣冠謝曰：『嬰雖不仁，免子於厄，何子求絶之速也？』石父曰：『不然。吾聞君子詘於不知己而信於知己者。方吾在縲紲

【四五】景公　「景」原作「厲」，據《史記》卷六十二《管晏列傳》改。

中，彼不知我也。夫子既以感悟而贖我，是知己。知己而無禮，固不如在縲紲之中。』晏子於是延入爲上客。晏子爲齊相，出，其御之妻從門間而闚其夫。其夫擁大蓋，策駟馬，意氣揚揚，甚自得也。既而歸，其妻請去。夫問其故，妻曰：『晏子長不滿六尺，身相齊國，名顯諸侯。今者妾觀其出【四六】，志念深矣，常有以自下者。今子長八尺，乃爲人僕御，然子之意自以爲足，妾是以求去也。』其後夫自抑損。晏子怪而問之，御以實對。晏子薦以爲大夫。太史公曰：吾讀管氏《牧民》、《山高》、《乘馬》、《輕重》、《九府》及《晏子春秋》，詳哉其言之也。其書世多有之，是以不論，論其軼事。管仲世所謂賢臣，然孔子小之，豈以爲周道衰微，桓公既賢，而不勉之至王，乃稱霸哉？語曰：『將順其美，匡救其惡，故上下能相親也。』豈管仲之謂乎？方晏子伏莊公尸哭之，成禮然後去，豈所謂『見義不爲無勇』者邪？至其諫説，犯君之顔，此所謂『進思盡忠，退思補過』者哉！假令晏子而在，予雖爲之執鞭，所忻慕焉。」按：晏子歷事三君五十餘年，始則政在崔、慶，既又政在陳氏，權臣制國之命，晏子雖賢，不得與聞國政，故其見於傳記者，大抵從容諷議，而當景公時，幾於言聽諫從，然齊國終不振者，未嘗任之以政故也。或曰：使平仲當國用事，其能弭陳氏之禍乎？曰：此未可知也。然觀其論禮之可以爲國，則其識見規模過人遠矣。禮所以辨君臣、等上下者也，使君臣上下之分截然以明，則雖有權强之臣，且將退聽，安得有它日簒弑之禍哉！景公問政於孔子，孔子以君君、臣臣、父父、子子對之，異時見用於魯，欲收三家之政，必自隳三都始，其曰「家不藏甲，大夫無百雉之城」者，所以正名辨分，而銷君弱臣强之患也。晏子之見，蓋有合於斯，惜景公之不能用也。自聖門言之，則管、晏均爲可憾；而自二人言之，則九合之功，晏未必能爲，而三歸、反坫，亦晏之所必不爲也。

【四六】妾觀其出　「妾」原作「每」，據《史記·管晏列傳》改。